D1740444

COLLECTION POSITIONS ANTHROPOLOGIQUES

dirigée par Joseph Pestieau
en collaboration avec Eric Schwimmer et Raymond Bélanger
coordonnée par Yvon Johannisse

DU MÊME AUTEUR

Carcajou et le sens du monde,
récits montagnais-naskapi.
Québec, Editeur officiel du Québec, 1974 (3ᵉ édition).

Le Rire précolombien dans le Québec d'aujourd'hui.
Montréal, L'Hexagone/Parti Pris, 1977.

Destins d'Amérique:
les autochtones et nous.
Montréal, L'Hexagone, 1979.

Le sol américain: propriété privée
ou terre-mère...,
Montréal, L'Hexagone, 1981.

Canada: derrière l'épopée, les autochtones
(en collaboration avec Jean-René Proulx),
Montréal, L'Hexagone, 1982.

RÉMI SAVARD

La voix des autres

L'HEXAGONE

Maquette de couverture:
Jean-Marc Côté

Illustration de couverture:
Penashue Pepine (de La Romaine)
photo de Serge Jauvin

Illustrations intérieures:
Atanass Mark (de La Romaine)
et pierre tombale de Penashue Pepine
dans le cimetière de La Romaine
photos de Rémi Savard

cartes et tableaux:
Lucien Goupil

Photocomposition:
Atelier LHR

Editions de l'Hexagone
900, rue Ontario est
Montréal, Québec
H2L 1P4
Téléphone: (514) 525-2811

Distribution:
Québec Livres
4435 boulevard des Grandes Prairies
Saint-Léonard, Québec,
H1R 3N4
Téléphone: (514) 327-6900
Zénith 1-800-361-3946

Dépôt légal: troisième trimestre 1985
Bibliothèque nationale du Québec
Bibliothèque nationale du Canada

©Editions de l'Hexagone et Rémi Savard, 1985
ISBN 2-89006-224-4

à Anthiusse et Gaël de Sept-Iles
à Migis et Uapen de la région d'Amos
à Tshaki et Atanass de La Romaine
à Tshiuetin de la rue Casgrain à Montréal
et aux autres pousses les plus fraîches
des peuples algonquiens

«*Ballotée entre la collecte toujours pressée de nouveaux débris et l'élaboration de théories qui requièrent des moyens matériels et humains de plus en plus considérables, la perspective d'un retour réflexif vers son point de départ effectif paraît de jour en jour plus improbable. Elle* [*l'ethnologie*] *espère sans doute s'en aviser* trop tard, *quand sa* matière *aura effectivement disparu. Mais cette matière dure, elle est douée de force lente, et seuls s'en aperçoivent ceux-là qui, peu pressés d'*arriver, *savent encore penser lentement.*»

Monod, J., 1972: 406

1.   Tshakapesh et Bing Crosby

Jeudi, 11 février 1971. Pien[1] souffle la bougie. La lumière de la lune filtre aussitôt à travers la toile de la tente. Odeur de cire chaude rapidement dissipée. Il parle ensuite d'un certain personnage qui se serait réfugié dans la lune. Sa dernière phrase avant de s'endormir: «Il était très fort ce *Tshakapesh*». J'étais chez les *Paukuaushipiunnut*. Sur la rive ouest du fjord recevant les eaux de la rivière Saint-Augustin. Seize tentes. Une centaine de personnes. Sur l'autre rive, un village *en dur* au nom prononcé à l'anglaise: *Saint-Augustine*. Un millier de Blancs. A l'embouchure de la Saint-Augustin que les gens de Pien nomment *Paukuaushipu*. Comme leurs prédécesseurs rencontrés quelque trois siècles plus tôt par un certain Louis Jolliet, dont l'histoire a surtout retenu l'exploration qu'il fit d'un autre cours d'eau au nom également algonquien: le *Mississipi*.

Juillet 1694. Côte de plus en plus basse, incertaine. On avait quitté Québec fin avril. Au-delà de la silencieuse Anticosti s'étirant entre fleuve et golfe, souvenir atténué de hautes terres plus chaudes, la côte semble hésiter à pointer vers le nord pour son millénaire rendez-vous cristallin avec Terre-Neuve. Innombrables îlets constamment battus par les eaux glacées de l'Atlantique Nord. Vagues rugissantes aux crêtes irisées déployant d'éphémères arcs-en-ciel salés dans le plein soleil de juillet. Au fil des eaux protégées par les îles, le vol rectiligne des moyacs[2]. Labyrinthe rocheux blanchi de fiente grouillant de nichées enfouies dans ses rides secrètes. D'où des mouettes soudain s'arrachent en cercles sonores et inquiets quand s'approche, encore ivre de roulis et de tangage, un «vaisseau de six pierriers, et quatorse pieces de canon, auecques une Esquipage de 18. personnes, compris un R.p. Recollect et trois cadets»[3].

---

1. Adaptation phonétique montagnaise du nom chrétien *Pierre*.
2. Oiseau du genre canard qui se tient dans le golfe Saint-Laurent et sur les côtes du Labrador (Dionne, N.E., 1909: 447).
3. Jolliet, L., 1944: 171.

Monseigneur le comte de Frontenac avait confié à Louis Jolliet alors âgé de 48 ans le soin d'aller «a la descouuerte De Labrador, païs des Esquimaux»[4]. Le 1er juillet 1694 il est au lieudit Gros Mécatina. Sur la grève, quelqu'un a fait du feu pour attirer l'attention des marins. Des gens regroupés autour d'un certain Missinabano, «homme aagé de 70 ans et plus, allié a nos sauuages de Mingan, mais qui n'y estoit pas venû de nostre temps,[5] quoy que vint années s'estoient passées. — en outre homme bien fait, d'une des plus haute taille, d'une humeur fort douce, n'aymant que le vin et mesme peu, mais qui auoit trois femmes, dont une fort ieune, auecques une fille d'un an fort iolie»[6].

Le 2 juillet, l'explorateur note dans son journal de bord: «Ce missinabano, partit en canot, pour descendre dix lieues plus bas, a la Riuerre pegoüasiou[7], il ne voulut pas se mettre dans le nauire parce que il auoit une cache de loumarin a prendre en chemin: deux canots des autres s'y embarquerent et nous nous en fusmes a la dite Riuiere, que nous auions choisi auec eux pour l'endroit le plus seur, a placer le nauire de touts vents pendant le peu de traitte que nous voyons pouuoir faire auecques eux; nous y seiournasmes en l'attendant, et d'autres qui s'y deuoient treuuér, cette Riuierre est belle, grande, et profonde»[8].

Le 6 juillet, après avoir pris congé du groupe de Missinabano, le seigneur d'Anticosti met le cap vers le nord-est. Le mauvais temps le force à se réfugier à la rivière Saint-Paul alors nommée rivière des Esquimaux[9]. Là «Deux sauuages de ceux qui auoient quitté et fui mingan a la nouvelle du siege des Anglois a Quebec, vinrent a bord auec leurs castors, c'est ce qui nous obligea a rester, nonnobstant le vent bon»[10]. Le voyage reprend le 9 juillet: «nous partisme a midy, dans la brume, les sauuages dès le matin s'estoient embarqués pour s'en retourner a la R. pegoüachiou, ou les autres les attendirent, pour entrer dans les bois ensembles, chercher leur vie, et les lieux propres a hyuerner, comme ils ont coustumes tous les ans»[11].

---

4. *Ibidem*.

5. «Le 10 mars 1679, Duchesneau lui accorda, conjointement avec son beau-père, Jacques de Lalande, *les îles et îlets* appelés Mingan» (Delanglez, J., 1950: 241).

6. Jolliet, L., *op. cit.*: 179.

7. La Saint-Augustin.

8. Jolliet, L., *op. cit.*: 180. Il n'a pas dû s'avancer beaucoup dans le fjord dont les bas-du fjord (carte 1, p. 23).
mis l'ancre à l'entrée du friod (carte 1, p. 18).

9. D'après Missinabano, des Inuit avaient passé l'hiver précédent dans la région (*Ibid.*: 179).

10. *Ibid.*: 182.

11. *Ibidem*.

Pegoüasiou, pegoüachiou et, ailleurs dans son journal, *pegouasioupi,* autant de façons pour Jolliet de transcrire le nom de cette voie de pénétration montagnaise vers l'intérieur, tel qu'il avait tenté de l'entendre de la bouche des gens de Missinabano.

Paukuaushipu. J'y suis donc au début de l'année 1971. Dans l'exercice de mes fonctions d'anthropologue. Fin d'après-midi du 11 février. Vacarme de moto-neige ramenant aux tentes les successeurs du groupe rencontré par Jolliet. Ils ont assisté au dernier d'une série de cours pour adultes, organisée conjointement par les deux paliers superposés d'un gouvernement étranger. Depuis l'automne précédent, cinq fois la semaine, en barque, en moto-neige ou à pied, ils traversèrent ainsi chez les Blancs pour y être initiés aux oeuvres de Shakespeare par un tout jeune homme venu à cette fin du Nouveau-Brunswick. D'ici quelques jours ils remonteront la *Paukuaushipu* pour aller «chercheur leur vie» auprès des troupeaux de caribous. Mais ce soir, dans le sous-sol du temple catholique et moyennant un léger prix d'entrée, il paraît qu'on pourra assister à la projection du film américain *Say one for me.* En vedette, Bing Crosby!

Pendant que nous mangeons les pommes de terre et la bannique[12] encore chaude, le tout arrosé de thé noir et bouilli, la nuit finit de s'installer. Traverser à pied le fjord gelé prend une vingtaine de minutes. Ce soir-là la blancheur de la lune se diffuse jusqu'à l'horizon, faisant miraculeusement surgir de l'ombre tout le relief du paysage. Pien ouvre la marche. Mani[13] vient derrière. Ils sont respectivement âgés de 23 et 20 ans. Elle est enceinte. Le froid sec fait résonner chacun de nos pas. Des moto-neige nous dépassent. Des cousins. Des tantes emmitouflées. Pétarades de moteurs. Rires sonores vite emportés. Seul Pien a parlé durant le trajet. Pour dire qu'il avait déjà vu le film trois fois. Outre sa langue montagnaise de souche algonquienne, il sait quelques mots d'anglais. Au pensionnat de Sept-Iles tenu par des religieuses, Mani avait appris un peu de français. Elle aura accouché avant la prochaine lune. Dans quelques jours, Pien se joindra aux chasseurs de caribous.

Dès la fin du premier rouleau, plusieurs regagnent les tentes. Je les suis. Et quand Pien souffle la bougie vers 23 heures, Bing Crosby n'existe plus. *Tshakapesh,* celui qui est dans la lune, l'a remplacé à l'écran formé par la toile qui nous abrite. Mani borde l'enfant qu'elle vient d'aller cueillir sous une autre tente. Pien parle de *Tshakapesh.* A la prochaine lune, il y aura de la viande de caribou. Et un enfant de plus.

---

12. Pain sans levain des Indiens.
13. Adaptation phonétique montagnaise du nom chrétien *Marie.*

Un tiers de millénaire avant cette nuit claire du 11 au 12 février 1971, plus d'un demi siècle avant le passage de Jolliet à *Paukuaushipu*, alors qu'il n'était question ni d'anthropologie ni de cinéma américain, on avait aussi parlé au jésuite Paul Le Jeune de ce «Tchakabech voulant aller au ciel»[14].

Parti de Honfleur le 18 avril 1632, et après une escale à Gaspé, le voilier transportant le religieux aurait jeté l'ancre à Tadoussac le 18 juin suivant[15]. «C'est icy que i'ai veu des Sauuages pour la premiere fois [...]. A nostre arriuée à Tadoussac les Sauuages reuenoient de la guerre contre les Hiroquois, et en auoient pris neuf, ceux de Quebec[16] en tenoient six, et ceux de Tadoussac trois»[17].

Ces Indiens du Saguenay, de même que ceux de Québec où Le Jeune débarquait le 5 juillet suivant, étaient déjà connus des pêcheurs normands, basques, bretons, portugais. Et ce, depuis une ou deux générations avant le passage officiel de Jacques Cartier en ces lieux (1534). Plus récemment, en 1600, Pierre Chauvin avait établi un comptoir à Tadoussac. Il était muni de lettres patentes émises par Henri IV. Une partie des membres de son expédition y avait même passé l'hiver 1600-1601, pendant que le dénommé La Roche tentait désespérément d'établir une colonie à l'Ile de Sable pour le compte du même monarque[18]. En arrivant à Tadoussac avec Champlain, le 26 mai 1603, Pont-Gravé ramenait de France deux Montagnais. Au cours de cette saison de navigation, Champlain avait remonté le fleuve jusqu'à Montréal et le Saguenay sur une distance de 12 à 15 lieues[19]. Il aurait aussi exploré la Côte Nord, de Tadoussac jusqu'aux environs de Sept-Iles[20]. Ainsi eut-il sans doute l'occasion de rencontrer plusieurs *Montagnés*[21]. Mais c'est surtout à Tadoussac, où il reviendra souvent par la suite, ainsi qu'à Québec où il érigera son *habitation* en juillet 1608, que commencèrent à se tisser les difficiles relations officielles franco-montagnaises.

14. Le Jeune, P., 1972e: 54.
15. Il semble exister une certaine confusion au sujet de cette date. Après avoir écrit: «le 18. Iuin nous mouïllasmes», Le Jeune ajoute quelques lignes seulement plus bas: «Nous auons seiourné depuis le 14. Iuin, iusque au 3. de Iuillet, c'est à dire 19. iours» (Le Jeune, P., 1972a: 3.4).
16. Dans la *relation* de 1632, Le Jeune écrit indifféremment *Quebec* et *Kepec*.
17. *Ibid.*: 4.5.
18. Trudel, M., 1963: 228-244.
19. *Ibid.*: 260.
20. Laverdière, C.H., 1870: 25-54.
21. Comme pour *Québec*, l'orthographe de *Montagnais* varie souvent sous la plume de Champlain: *Montagnés, Montaignes, Montagnez, Montagnets*. Le Jeune en fait autant, ajoutant parfois *Montagnards*.

Champlain considéra très tôt ces gens comme les principaux adversaires de son entreprise coloniale, les soupçonnant de souhaiter un retour aux relations commerciales avec les Rochelois et les Basques[22]. En arrivant à Tadoussac, au printemps 1603, lui et Pont-Gravé n'avaient pu empêcher les Basques d'y poursuivre leurs activités de traite avec les Montagnais. Mousquets et canons auraient alors fait comprendre à ces deux envoyés du Lieutenant-général de la Nouvelle-France (Pierre Du Gua de Monts) qu'il serait préférable d'attendre d'être en France pour y vider l'affaire[23]. Cette méfiance de l'administration française envers les Montagnais se prolongera: «Champlain, qui les fréquente depuis 1608, avoue en 1624 que 'l'on n'a point d'ennemis plus grands'»[24].

En juillet 1634, quand les jésuites Le Jeune et Buteux accompagnèrent le Sieur La Violette chargé d'ouvrir un poste aux Trois-Rivières, ils y trouvèrent encore des Montagnais en visite chez ceux qui devaient être des Attikamek. Le 18 février 1635, Le Jeune y baptisa du nom d'Anne une femme qui mourut quelques jours plus tard. «Vn Sauuage m'ayant informé qu'elle n'estoit point de ce pays cy, ie l'interrogeay quelques iours deuant sa mort de sa patrie; elle me dit, que ceux de sa Nation s'appelloient *ouperigoue ouaouakhi*[25]; qu'ils habitoient bien auant dans les terres plus bas que Tadoussac, de mesme costé; qu'on pouuoit par des fleuues descendre de leur pays dans la grande riuiere de Sainct Laurens [...] qu'ils parlent le langage Montagnais»[26] Le jésuite se demandait «si ce ne sont point ceux que nous appellons Bersiamites»[27]. Il rapporta même un échantillon de la langue parlée par cette montagnaise moribonde; après qu'il eut menacé «du feu d'enfer [...] ceste pauure malade épouuantée», elle s'était mise à crier «*Nitapoueten, nitapoueten*, ie croy, ie croy»[28]. Dans un dictionnaire publié récemment par des Montagnais de La Romaine (basse Côte-Nord), on trouve: «*ni tapueten*, je crois, j'obéis»[29]. Quant aux Montagnais que Le Jeune avait accompagnés durant l'hiver 1632, il s'agissait d'un groupe se déplaçant de part et d'autre du Saint-Laurent entre Tadoussac et Trois-Rivières. Ainsi devaient-ils rencontrer des congénères au lac *Piougamik*[30] «sur les riues duquel habite

---

22. Trudel, M., 1966: 356-357.
23. *Ibid.*: 153.
24. *Ibid.*: 356.
25. Le sens de cette expression m'échappe: *ouaouakhi* pourrait renvoyer à une forme sinueuse (Mailhot, J. et Lescop, K., 1977: 372-373). Il pourrait s'agir d'un toponyme descriptif.
26. Le Jeune, P., 1972d: 18.
27. *Ibidem*. Betsiamites (ou Bersimis).
28. *Ibid.*: 9.
29. La Romaine, 1978: 330.
30. Rebaptisé *Lac Saint-Jean* vers 1650.

la nation du Porc-Epic que nous cherchions»[31], ainsi qu'au pays des *Oumamiouek*[32] où se trouvaient les jésuites en 1651[33]. Et avant la fin du XVIIe siècle Jolliet rencontrera des Montagnais à Mingan, à Kégaska, autour de La Romaine, à Gros Mécatina, à Saint-Augustin, à la rivière Saint-Paul, etc.

Partout où on allait il se trouvait des gens qu'on avait pris l'habitude d'appeler *Montagnais*, sans doute parce qu'ils passaient le plus clair de leur temps à voyager loin de la côte près de laquelle se tenaient les visiteurs européens. Pour ces derniers un tel phénomène n'allait pas de soi. La dimension *mobilité*, sans être tout à fait étrangère à leur propre conception du peuplement, ne pouvait cependant qu'être linéaire et transitoire. Ils arrivaient bien à concevoir des déplacements géographiques même considérables (et pour cause...), à la condition toutefois que de tels périples ne se prolongent pas en une folle et perpétuelle transhumance, mais aboutissent à l'établissement définitif d'un groupe humain sur un nouveau territoire. Tel avait été le cas en Europe depuis le début de la dynastie mérovingienne. Habitués au sédentarisme à l'intérieur de frontières tenues pour fixes, les dirigeants européens ne saisirent jamais très bien la nature des rapports entretenus par ces groupes aussi bien entre eux qu'avec le territoire. Ainsi, et à quelques reprises, Le Jeune fera montre d'irritation à ce sujet: «Il me semble que les nations qui ont vne demeure stable se conuertiroyent aisement»[34]; «il me semble qu'on ne doit pas esperer grande chose des Sauuages, tant qu'ils seront errants: vous les instruisés aujourd'huy, demain la faim vous enleuera vos auditeurs, les contraignant d'aller chercher leur vie dans les fleuues et dans les bois»[35]; «ils ressemblent aux oyseaux de passage de leur pays; parfois il se trouue en certaine saison, des tourterelles en si grande abondance, qu'on ne voit point les extremitez de leur armée quand elles volent en gros; d'autrefois en les mesme saison, elles ne paroissent qu'en bien plus petites trouppes; il en est de même de quantité d'autres oiseaux, de poissons et d'animaux terrestres, ils varient selon les années, et nos Sauuages les imitent en cette inconstance [...]; tantost ils viennent en gros, puis en détail»[36].

Mais si l'interminable errance de ces nomades posait de sérieux problèmes logistiques à la pastorale jésuite, elle avait aussi l'irremplaçable

31. Lalemant, J., 1858: 65.
32. Betsiamites.
33. Ragueneau, P., 1858: 14.
34. Le Jeune, P., 1972a: 6.
35. Le Jeune, P., 1972c: 11.
36. Le Jeune, P., 1972e: 10-11.

mérite d'en justifier la nécessité auprès du public européen pour qui le mot *culture* n'était pas encore tout à fait dégagé de l'idée de *labourage*. Car comment des peuples aussi inconstants n'auraient-ils pas tout autant erré par «leurs Coustumes et leur Croyance»? C'est là le titre du chapitre XI de la *relation* de 1637, dans lequel Le Jeune faisait état de ce *Tshaka-pesh* dont Pien me parlait le 11 février 1971, à la veille de retomber dans l'«inconstance des oyseaux de passage», après avoir tourné le dos à Bing Crosby et déserté le sous-sol enfumé de l'église de Lauréat Lord — oblat de Marie Immaculée et ex-aumonier dans les forces armées canadiennes.

Tshakapesh. Le personnage ne m'était pas inconnu. Ni les multiples péripéties de son histoire que dans certains milieux on persiste à nommer *mythe*. Tout simplement. Comme on parle d'un marteau, d'une paire de souliers ou d'un fruit exotique. Et depuis que vous en faites la cueillette comme celle des pommes, ne serait-on pas en droit d'attendre la savante compote d'automne? *Mythologie des Montagnais, religion…, cosmologie…, vision du monde…* Comme si chacun de ces termes ne renvoyait pas d'abord à un mode inédit d'insertion dans l'univers. Le nôtre. Celui du signe écrit. Jamais la circularité d'une telle démarche ne me parut aussi évidente et dérisoire que cette nuit-là.

Mais d'où vient et où conduit l'urgence de circonscrire ainsi les énoncés des autres dans un cadre qui leur donnerait enfin un sens pour nous? Salles de cours, chaires universitaires, articles de revues, sociétés savantes, ouvrages scientifiques. L'appellation *mythe* elle-même, et l'intérêt trouble suscité par le référent qu'elle paraît si empressé d'enclore.

Quand mon hôte de Saint-Augustin évoquait le personnage de *Tshaka-pesh* je pressentais que, pour saisir un tant soit peu le sens de ses paroles, il me faudrait arriver d'abord à élucider les raisons de ma présence sous sa tente. Comprendre ce que signifiait *être dans l'exercice de mes fonctions d'anthropologue*. Cette idée me fit sourire; personne n'en attendait tant. Ni Pien qui ronflait déjà. Je m'endormis à mon tour.

En juillet de l'année précédente, à l'embouchure de la rivière Unamen[37], Penashue Pepine[38] m'avait également parlé de *Tshakapesh*. Je cherchais moi-aussi un conteur de *mythe* et le chef de La Romaine m'avait introduit à lui. Né en 1902, Penashue mourut le 13 janvier 1978. Au cours des huit dernières années de sa vie il me fit plusieurs autres récits. C'est toutefois par celui de *Tshakapesh* qu'il avait choisi de com-

---

37. Où on trouve la communauté montagnaise de La Romaine.

38. Inscrit dans le registre des Blancs sous le nom de François Bellefleur, sa pierre tombale porte celui de Penashue Pepine. *Penashue* est une adaptation phonétique de *François* prononcé à l'ancienne. *Pepine* (le *i* est à peine prononcé) pourrait être une adaptation de *Bellefleur*

mencer. Et je n'étais pas le premier à qui des gens de langue algonquienne s'étaient efforcés de faire comprendre cette histoire[39]. Moins
d'un an avant son décès, soit le 27 juillet 1977, Penashue avait conduit
150 des siens devant la quatrième chute de la rivière Unamen. C'est que,
trois semaines plus tôt, un groupe de neuf hommes de sa communauté
avaient été la cible de coups de feu en provenance du club privé de pêche
La Grande Romaine Fishing Club, à qui Québec continue à louer des
droits exclusifs sur cette rivière à saumon. «Robert Schmon, propriétaire
du club [...] est aussi président directeur-général de l'Ontario Paper co.,
président de l'Illinois Atlantic corps., Baie Comeau co., Quebec and
Ontario Transportation co., Quebec North Shore Paper co., Manicoua-
gan Power co., etc., vice-président de la Tribune co., directeur de la Ban-
que canadienne nationale, Ontario Hydro, etc.»[40]. Robert Schmon était
au club le soir où un de ses employés tira en direction des Indiens. Deux
ans plus tard, le 20 juin 1979, reconnaissant avoir «illégalement, sans
excuse légitime, utilisé une arme à feu de façon à mettre en danger la
sécurité d'autrui, commettant par là un acte criminel, le tout contrairement à l'article 86 b-c du code criminel»[41], l'employé en question s'en
tirait avec une sentence suspendue.

Durant la courte nuit du 28 au 29 juillet 1977, après avoir tendu ses
filets dans cette rivière *clubée*, la foule s'était rassemblée sur une petite
pointe de sable pour y entendre le conteur de *Tshakapesh* chanter les
pêches et les chasses des ancêtres au rythme du tambour, et pour y danser
la reconquête de sa rivière au profit des futures générations.

Est-il besoin de souligner que, pour Penashue, *Tshakapesh* n'était pas
un *mythe*. Ce dernier n'existe que pour ceux qui, après avoir hérité du
terme, ont fini par faire comme s'il désignait une réalité. Nous verrons
plus loin à quelle fin des savants d'Europe se mirent un jour à parler de
mythe avant même que des chaires d'anthropologie n'apparaissent dans
leurs universités, et pourquoi un tel *construit* devint ensuite l'un des
objets privilégiés de ce nouveau savoir institué au milieu du XIXe siècle.
Depuis lors l'anthropologie n'a cessé d'en trouver, d'en recueillir, d'en
classifier et de tenter de les expliquer. Il est pourtant une dimension du
phénomène sur laquelle elle est demeurée à toutes fins utiles silencieuse:
la presque totalité des *mythes* ainsi recueillis le fut dans le cadre d'entretiens entre telle personne issue de la société coloniale et telle autre

39. Voir le tableau 1 à la page 97.
40. Panasuk, A.M. et Proulx, J.R., 1981: 278, note 2.
41. Jugement no 650-01-000933-77 prononcé par le juge Yvon Mercier de la Cour des
session de la paix, district de Mingan, Province de Québec, Canada, à Sept-Iles, le 20 juin
1979.

provenant de la société autochtone. Mais à la lecture des travaux anthropologiques ayant porté sur ce dossier obscur, tout semble s'être passé
comme si les fameux *mythes* avaient été saisis au vol à l'insu même des
usagers. Le destinataire blanc est mystérieusement absent du dossier, et
l'entretien présenté comme s'il s'était instauré entre autochtones seulement, comme au temps où les Européens n'avaient pas encore posé les
yeux sur leur pays. La qualité des interlocuteurs n'est pourtant pas sans
effet sur le message lui-même. Surtout quand l'un des deux sait de
science certaine que l'autre le tient plus ou moins pour une sorte de
demeuré. C'est sur la base de l'évacuation de cette importante fonction
expressive de la communication que s'édifièrent gaiement plus d'une
théorie du *mythe*. En raison même de cet *oubli*, le discours savant risquait de rester prisonnier de son propre contexte d'énonciation et de
réception, soit de la dynamique inhérente à la société coloniale elle-
même. C'est ainsi que, sous le couvert d'une prétendue ouverture à l'autre, s'articulait un bruyant soliloque culturel. On en vient ainsi à se
demander si de nombreuses *grilles*, savamment mises au point sous le
prétexte avoué de saisir le sens de ce qu'on appelait *mythes*, n'ont jamais
eu d'autres fonctions que celle d'en atténuer la portée.

Pour en arriver à récupérer le véritable contexte d'énonciation dont
l'évacuation avait permis de parler de *mythe*, il faut donc rechercher,
grâce à un certain décapage du discours savant, ce qui a ainsi conduit
notre tradition de pensée à créer, à maintenir et de temps à autre à raviver
un bavardage officiellement chargé de tenir des propos sur les voisins et
surtout sur leurs discours. En d'autres termes il convient d'abord de disposer du contexte d'énonciation des théories explicatives elles-mêmes, si
l'on veut être en mesure de laisser jouer à nouveau celui qu'elles se sont
employées à nier. «Qu'est-ce qui fait parler la mythologie-science?», se
demandait Marcel Detienne. «Et d'où parle-t-elle? Comment, à travers
quelles pratiques, ce savoir a-t-il délimité son territoire? A la suite de quel
partage a-t-il pris forme?»[42] Ces questions ont plus qu'un intérêt purement encyclopédique; les sources anciennes de ce savoir rejoignent les
conditions actuelles de sa perpétuation. C'est à cette tâche que je m'em-
ploierai d'abord, en faisant plus ample connaissance avec les divers com-
mentateurs de *Tshakapesh (deuxième partie)*. On aura compris qu'il
n'est pas dans mes intentions de faire table rase des observations actuellement disponibles au sujet de ce personnage, mais de leur permettre de se
dilater au-delà de leurs propres conditions d'émergence. Je chercherai
ensuite à synthoniser avec le minimum de bruit une écoute du message
que Penashue Pepine de La Romaine me transmettait en juillet 1970, et

42. Detienne, M., 1981: 16.

auquel Pien de Saint-Augustin faisait allusion en février 1971 (*troisième partie*). En guise d'écho au récit de Penashue Pepine, et pour suivre de plus près l'analyse proposée, on trouvera un corpus de quarante-neuf variantes recueillies entre 1637 et 1978, dans un triangle géographique dont les angles renvoient à la côte atlantique du Labrador, au Grand Lac des Esclaves dans les Territoires du Nord-Ouest et à l'Etat du Montana aux Etats-Unis (*quatrième partie*).

Carte n° 1: *Croquis de l'embouchure de la rivière Saint-Augustin, tiré du journal de Louis Jolliet allant à la découverte du Labrador en 1694 (Jolliet, L., 1694: 181, fig. 8).*

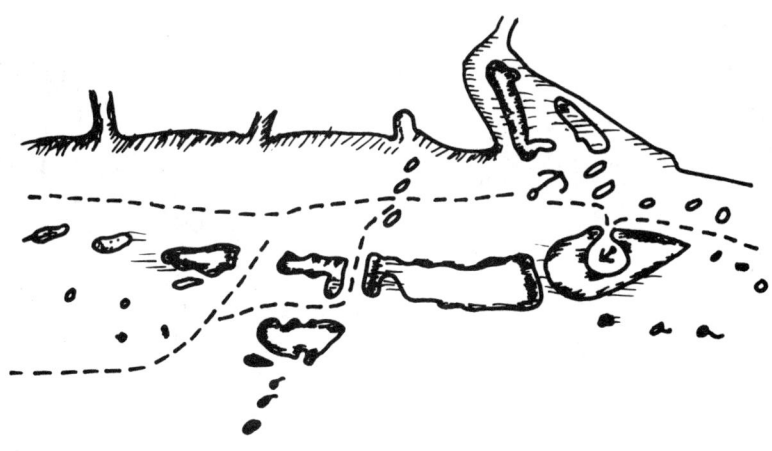

Carte n° 2: *Lieux mentionnés*.

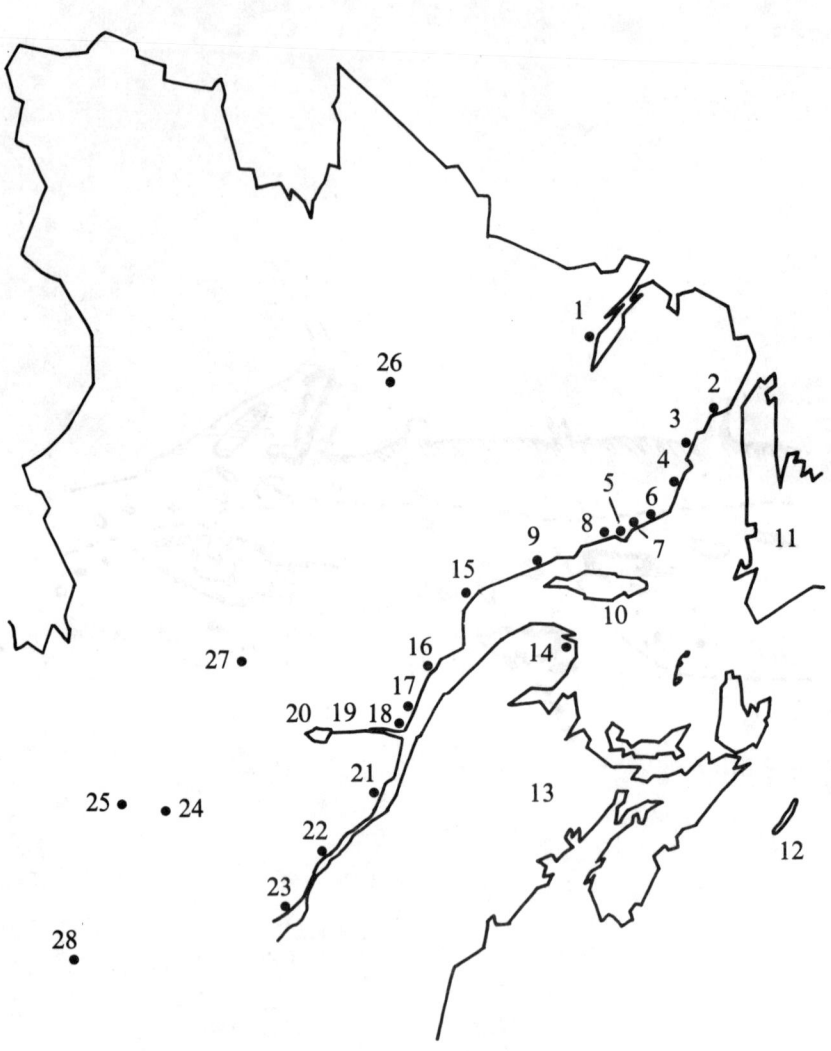

1. Northwest River
2. Riv. Saint-Paul
3. Riv. Saint-Augustin
4. Gros Mécatina
5. Kégaska
6. La Romaine
7. Musquaro
8. Natashquan
9. Mingan
10. Anticosti
11. Terre-Neuve
12. Ile de Sable
13. Nouveau-Brunswick
14. Gaspé
15. Sept-Iles
16. Betsiannites
17. Escoumains
18. Tadoussac
19. Riv. Saguenay
20. Lac Saint-Jean
21. Québec
22. Trois-Rivières
23. Montréal
24. Val d'Or
25. Amos
26. Schefferville
27. Mistamini
28. Timigami

2. Comment Tshakapesh devint un «mythe»

2.1. *Tshakapesh, Mahomet et la modernité*

Avant de résumer le récit qu'on lui avait fait de *Tshakapesh*[1], le jésuite Le Jeune prévenait ses lecteurs en ces termes: «Ie leur ai ouy raconter quantité de fables, du moins ie me figure que les plus sensez d'entr'eux tiennent ces contes pour des fables. I'en toucherai vne seule, qui me semble fort ridicule»[2]. Et après avoir rapporté une partie seulement de la *fable* en question, il ajoutait: «Ie me suis laissé dire que les Mahometans croient que la Lune tomba jadis du Ciel, et se rompit. Mahomet voulant remedier à ce desordre la prit, la fit passer par sa manche, et par ce mouuement la refit et la renuoia en sa place. Ce conte de la Lune est autant croiable que celuy qui ie viens de rapporter du Soleil. Pour conclusion, *Beati oculi qui vident quae nos videmus*! Bien heureux ceux que la bonté de Dieu a appellés à l'eschole de la verité. Que rendront-ils à sa Majesté pour ce bien faict? Vne constance en la Foy, et vne resolution ferme de viure conformément aux maximes qu'elle nous enseigne, puis que ceux qui ne suivent pas les sentiers que ce flambeau leur découvre, meritent de cheminer dans les tenebres»[3].

Les deux phrases d'introduction, de même que les références à Mahomet et à Louis XIII, sont aussi significatives que le récit qu'elles ont l'air de simplement encadrer et que d'ailleurs Le Jeune n'hésite pas à abréger[4]. Dans une France analphabète à 90%, elles constituent autant de clins d'oeil en direction de lecteurs et de lectrices dont on peut supposer qu'ils ou elles se recrutaient plutôt dans l'entourage bigarré de la Cour, que parmi les *croquants* des campagnes et les *va-nu-pieds* des villes sur qui s'abattait alors une répression brutale.

---

1. Voir pages 248-251.
2. Le Jeune, P., 1972e: 54.
3. *Ibid.*: 55.
4. «Ie serois trop long de raconter toutes tes[sic] auentures de cet homme-enfant [...]. Pour abreger [...].» (*Ibid.*: 54).

«Du moins ie me figure que les plus sensez d'entr'eux tiennent ces contes pour des fables», écrivait donc Le Jeune. Langage de la *première
modernité*, selon l'expression de Denis Richet. Qu'est-ce à dire? «Les
réformes du XVIe siècle — luthérienne, calviniste, et tridentine — tradui-
sent, par delà l'opposition des dogmes et des courants théologiques, une
tentative commune et gigantesque d'*acculturation*. Menée par des élites,
ecclésiastiques et laïques, cette tentative, plus précoce en terre protes-
tante qu'en pays catholique, se heurta longtemps à la résistance obstinée
des masses à qui l'on prétendait arracher leur culture, leur équilibre men-
tal traditionnel, leurs fêtes, et jusqu'à leurs fous. Là encore, c'est entre
1640 et 1680 que la partie est gagnée, au moment où se prépare, mais
dans les élites, la déchristianisation»[5].

Quant au rapprochement entre Montagnais et Mahométans, lui non
plus n'avait rien de factice. C'est la prise de Constantinople qui, en 1453,
avait déclenché les entreprises d'exploration aux Amériques. Dès le 8 janvier 1455, le pape Nicolas V autorisait le monarque portugais «à envahir,
à poursuivre, à capturer, à vaincre et à soumettre tous les Sarrazins et
païens quels qu'ils soient, et autres ennemis du Christ où qu'ils soient»
(bulle *Romanus Pontifex*). Quand la papauté fera volte-face (bulle *Subli-
mis Deus*, 1537), interdisant de s'emparer des terres déjà habitées même
par des idolâtres[6], l'évangélisation de ces derniers deviendra le but avoué
des entreprises coloniales. Ainsi la présence de païens[7], sur les territoires
convoités par tel ou tel monarque, donnait à son entreprise le halo de
croisade indispensable pour éviter de devenir victime d'une décision
papale favorable à une couronne rivale. Il était donc du meilleur ton de
feindre de croire que la dispersion des ténèbres du paganisme constituait
une pieuse obsession royale. Les propos du bon religieux ne peuvent
donc être ramenés à de simples flatteries gratuites; ils attestent au contraire d'un recours sans doute spontané à la rhétorique de l'époque, surtout depuis que, moins de cinquante ans auparavant, l'abjuration de la
foi calviniste par Henri IV avait réactualisé cette exigence du discours
politique français.

En ce temps-là comme aujourd'hui, politique intérieure et extérieure se
confondaient souvent. Si l'abjuration du roi avait apaisé tout autant
l'Espagne que le parti catholique et mis fin aux guerres religieuses qui
déchiraient alors la France, la paix avait permis à Sully de remettre de

---

5. Richet, D., 1973: 13.
6. Cette modification de la doctrine papale prit racine dans l'enseignement des théolo-
giens de l'université de Salamanque, notamment Francisco de Vitoria.
7. Du latin *paganus* (paysan, habitant d'un pays). Ce terme est un dérivé de *pagus*
(pays).

l'ordre dans les finances du royaume, rendant ainsi possible les premières aventures coloniales françaises. Mais pour avoir l'air de rassurer la papauté, celles-ci se devaient d'apparaître comme d'aussi généreuses croisades que celles parties d'Espagne et du Portugal. En retour elles permettaient l'espoir de dividendes à ceux qui les soutenaient financièrement, et d'une longueur d'avance à la Couronne française dans la course à l'hégémonie européenne laissée vacante par la mort de Philippe II d'Espagne. Quant à l'assassinat du roi Henri, deux ans après la fondation de Québec, il montrait bien que n'était pas définitivement écartée en France la reprise des sempiternelles empoignades religieuses jadis alimentées, sinon provoquées, par l'Espagne et l'Angleterre. Plus que jamais, en ce début de XVIIe siècle, le maintien de la monarchie française et des intérêts de ceux qui sentaient alors le besoin de s'y rallier passait tout naturellement par la profession de foi catholique.

Né lui-même huguenot et converti au catholicisme à sa majorité[8], le jésuite Le Jeune connaissait bien toute cette dynamique. Il savait également que ce n'était pas mettre en doute la piété des bienfaiteurs de la Nouvelle-France que de tenir compte des profits qu'ils escomptaient. C'est d'ailleurs le procureur de la Mission jésuite qui avait convaincu Richelieu de fonder la Compagnie des Cent Associés. Monseigneur le Cardinal lui-même avait été le premier à signer un contrat d'association[9]. La composition de cette compagnie dite aussi *de la Nouvelle-France* reflétait assez bien l'échiquier politique de l'ancienne; «Le plus grand nombre des associés est formé par la noblesse de robe et de finance: conseillers et secrétaires du Roi, grands commis de l'Etat, échevins des villes, membres des parlements. Il y a quelques capitaines en la Marine, dont Champlain (N° 52). Et puis un grand nombre de marchands-bourgeois de Paris, de Rouen, de Bordeaux, de Dieppe, de Calais, du Havre, de Libourne. Ils joueront la principale part dans l'exploitation du commerce de la compagnie»[10].

Georges Duby a montré comment, dans leurs luttes contre les seigneurs féodaux, les rois francs avaient pu compter sur l'appui d'évêques menacés comme eux par le régionalisme politique. S'inspirant de croyances pré-chrétiennes (indo-européennes), ces hommes d'église avaient alors lié l'ordre social au maintien de trois Etats hiérarchisés devant remplir autant de fonctions: «servir Dieu, conserver l'Etat par les armes, tirer de la terre la nourriture»[11]. *Orare, pugnare, laborare*; «le premier, le

---

8. Trudel, M., 1963: 256.
9. Campeau, L., 1975: 9-10.
10. *Ibid.*: 13-14.
11. Duby, G., 1978: 14.

second, le tiers état. Ou plutôt trois ordres [...]. Le plus élevé tourné vers
le ciel, les deux autres vers la terre, employés tous les trois à soutenir
l'Estat [...], l'ordre moyen procurant la sécurité, l'ordre inférieur nour-
rissant les autres. Trois fonctions donc, complémentaires. Solidarité
triangulaire. Triangle: une base, un sommet, et cette ternarité surtout
qui, mystérieusement, procure le sentiment de l'équilibre»[12]. C'est à ce
modèle en forme de triangle hiérarchique qu'on eut alors recours pour
tenter de raffermir le centralisme monarchique.

Quand les évêques de la fin du premier millénaire formulèrent cette
«figure triangulaire sur quoi [...] s'érigea le rêve d'une société une et
trine comme la divinité qui l'a créée et la jugera»[13], le Tiers Etat, celui
dont la fonction était de travailler (*laborare*), se définissait tout naturellement par l'agriculture (*labourage*). Au temps de la relance économique
française sous le règne d'Henri IV, Sully utilisait encore un slogan de
type *agro-alimentaire*: «Labourage et pâturage sont les deux mamelles de
la France»[14]. Pourtant, et depuis un bon moment déjà, une nouvelle catégorie sociale prenait forme dans les bourgs et risquait de brouiller la
silhouette classique du triangle mythique. Spécialisés dans les finances et
le commerce, ceux qu'on appellera les *bourgeois* étaient alors regardés
avec suspicion et mépris par les nobles, auxquels ils avaient la désagréable habitude de vouloir se substituer dans l'entourage immédiat du roi.
Ce dernier appréciait pourtant leur habilité à remplir ses coffres, ce qui lui
donnait les moyens d'écraser par les armes toute velléité féodale. A la
mort d'Henri IV, quand on dut réunir les Etats généraux, l'hétérogénéité
du *Tiers* était manifeste. Mais comme il était à prévoir en cette période de
crise politique, les vieux thèmes des évêques de l'an 1 000 refirent surface. Toutefois leur formulation, en ce début du XVIIe siècle, ne pouvait
éviter de faire état de la nouvelle classe sur laquelle le pouvoir monarchique s'appuyait. Duby rapporte cette phrase tirée du *Traité des Ordres et
Simples Dignitez*, publié en 1610 par le parisien Charles Loyseau: «Les
uns sont dédiés particulièrement au service de Dieu; les autres à conserver
l'Estat par les armes; les autres à le nourrir et le maintenir par les exercices de la paix. Ce sont nos trois ordres ou estats generaux de France, le
Clergé, la Noblesse et le Tiers-Estat»[15]. Ainsi, à la fonction nourricière
classique du Tiers, Loyseau ajoutait le maintien de l'Etat par *les exercices*

---

12. *Ibid.*: 11.
13. *Ibid.*: 16.
14. Bainville, J., 1924: 188.
15. Duby, G., *op. cit.*: 11.

de la paix, c'est-à-dire le commerce et les finances[16]. En 1637, le Tiers est surtout composé de commerçants, dont le destin politique passera encore longtemps par une alliance avec le pouvoir royal. Et ce sont eux qui ont la plus grande part dans la compagnie chargée de soutenir la colonie de la vallée du Saint-Laurent.

C'est donc à tout ce beau monde que Le Jeune rapportait quelques bribes de la *fable* de *Tshakapesh*, comme en font foi ses propos tirés du premier chapitre de la *relation* de 1637: «Ie croyois auoir parlé si amplement l'année passée, des sentiments d'affection qu'ont plusieurs personnes de merite pour la nouuelle France, que ie ne pourrois plus rien escrire sur ce suiet, sans vser de redites; mais l'amour qu'on porte au salut de nos pauures Sauuages se va dilatant auuec des accroissemens si notables, que nous serions condamnez d'ingratitude deuant Dieu et les hommes, si nous n'en benissions le ciel, et n'en rendions quelque tesmoignage à la terre. Ie ne veux pas reïterer ce que i'ay dit des affections de nostre grand Roy, des soins de Monseigneur le Cardinal, des grandes despenses de Messieurs les Associez et Directeurs, lesquels me tesmoignent n'auoir receu aucune lettre particulière de ma part au retour de la flotte, ce qui ne les a pas empeschés de m'honorer d'vn grand témoignage de leur affectation; mais ie les supplie tres-humblement de croire que ie leur auois rendu ce deuoir, comme aussi à quantité de personnes tres-honorables, qui n'ont receu aucune de mes nouuelles, ie ne sçay par quel sort mes lettres ne leur ont esté renduës. Au reste ces Messieurs me parlent en des termes, dignes d'estre mis au iour, apres m'auoir declaré le desir qu'ils ont d'amplifier le Royaume de Iesus-Christ. Voicy comme ils poursuiuent: *Nous auons appris et tenons pour regle certaine, que pour former le corps d'vne bonne Colonie, il faut commencer par la Religion, elle en est l'estat comme le cœur en la composition de l'homme, la première et viuifiante partie; c'est sur elle que les fondateurs des grandes Republiques ont ietté le plan de leurs edifices, qui ne dureroient pas s'ils auoient un autre fondement: ainsi nous protestons qu'elle sera tousiours precieusement traittée, et qu'en toutes rencontres nous la ferons presider en la nouuelle France.* Mon cœur tient vn long discours, lisant ces paroles, ausquelles ma bouche ne donnera pour response que deux mots. *Fiat, fiat, in nomine Domini.* Dauid voulant bastir la maison de Dieu, establit puissamment la sienne»[17].

16. Encore à la fin du XVIIIe siècle, pour enjoindre ses fidèles de se plier aux décisions du Gouvernement impérial et éviter qu'ils ne soient contaminés par les révolutions américaines et françaises, l'évêque de Québec avait recours au même schéma. «Mgr Plessis est un homme d'Ancien Régime qui pense la société en termes d'Ordre: le Clergé, la Noblesse et le Tiers Etat» (Ouellet, F., 1976: 103).

17. Le Jeune, P., 1972e: 2-3.

Ainsi, et sans qu'il soit nécessaire de douter de la bonne foi de tous, chacun s'acharne à poursuivre un objectif distinct et contribue de la sorte au développement d'une formation sociale qui lui survivra. N'est-ce pas là le destin de tout être, tel qu'il apparaît à la faveur d'un décalage historique? Photos anciennes, regards figés dans lesquels on devine encore les enjeux désormais dérisoires d'une partie depuis lors terminée. Objectifs contradictoires aussi. Si les jésuites avaient réussi à transformer les chasseurs montagnais en cultivateurs sédentaires, comme ils le souhaitaient tant, la base économique de cette colonie aurait aussitôt disparu. C'était d'ailleurs là l'opinion des marchands, et ce bien avant l'arrivée du jésuite Le Jeune[18]. N'y avait-il pas pourtant quelque chose d'un peu scandaleux pour d'honnêtes Européens dans le fait de voir les Indiens s'adonner en permanence à la chasse, une activité qu'on leur avait appris à considérer comme l'apanage des princes et des rois? Déjà au temps de Charlemagne, «Toute une législation forestière s'est formée, dont l'application est confiée à des forestiers (forestarii). Parmi les dispositions qui s'y rencontrent, beaucoup concernent le droit de chasse, réservé au roi, et la répression du braconnage [...]»[19]. En décembre 1620, lors de leur arrivée à Plymouth, les Pélerins du *May Flower* en étaient toujours là: «Winter was prime hunting time, but the pious Pilgrims had never learned to hunt. In England, hunting was for aristocrats only. The humble Pilgrims would have been called poachers if they had ventured into a nobleman's forest preserve. No modern camper is as ignorant of woodland lore as were the settlers of 1620»[20]. La chasse n'ayant de sens qu'à titre d'extension de la fonction guerrière (*pugnare*) de l'aristocratie, on comprend la facilité avec laquelle la propagande coloniale a parfois réussi à présenter les peuples autochtones comme autant de ramassis de guerriers sanguinaires et sans loi.

Mais, pour l'instant, on s'accommode assez bien de cette contradiction. La référence à *Tshakapesh* sert à exprimer la coïncidence toute conjoncturelle des intérêts de ceux qui *écrivent* et *lisent* à son sujet. Le temps viendra où l'expansionnisme occidental exigera un diagnostic plus acéré, plutôt que cette brève évocation qui, de l'avis même de Le Jeune, suffisait alors amplement à discréditer ceux qui *racontaient* et *écoutaient* la longue histoire de *Tshakapesh*. De *fable ridicule* qu'elle est encore au XVIIe siècle, elle deviendra *mythe* dans l'usage linguistique des savants réformateurs du XIXe.

18. Trudel, M., 1966: 358.
19. Bayet, C. et autres, 1981: 352.
20. Hutchins, F.G., 1979: 16-17.

2.2. *Tshakapesh, Homère et les nationalités*

Dans leur lettre au jésuite Le Jeune, les Messieurs de la Compagnie se voyaient donc comme «les fondateurs des grandes Républiques». Fioriture de style très *Renaissance*. Obséquieux rappel des humanités grécolatines, que la communauté de leurs correspondants se flattait d'avoir introduites dans un enseignement de pointe dispensé aux enfants des nouvelles élites d'Europe. «L'ordre comptait 125 collèges en 1574 et 521 en 1640 [...]. Les Jésuites enseignaient gratuitement. Il reste que leur clientèle se situait forcément dans les classes aisées de la société et notamment parmi les fils d'officiers»[21]. En 1637, justement, le fils d'un maître tapissier venait de terminer ses études classiques au collège des Jésuites de Clermont. S'il avait persisté dans l'étude du droit, comme le souhaitait son père, c'est sans doute sous le nom de Jean-Baptiste Poquelin qu'il aurait été connu. Il adopta celui de Molière, et le snobisme de la Renaissance commença à en prendre pour son rhume.

Une révolution culturelle s'amorçait qui, c'est une règle du genre, avait des allures de vaste révolution de palais. C'est alors que la belle unanimité aux dépends de *Tshakapesh* commença à se lézarder. Prenant les missionnaires à parti, le Baron de La Hontan en vint à faire l'éloge des *naturels* d'Amérique. Cette image du *bon sauvage* interviendra souvent par la suite, dans le discours tenu par l'intelligentsia en vue de discréditer le régime qu'elle fera tomber, le 21 janvier 1793, en même temps que la tête de Louis XVI. Sous ce nouveau déguisement, *Tshakapesh* se voyait confié un rôle analogue à celui que lui avait réservé l'imagerie des Jésuites du début du XVIIe siècle: la *vedette américaine* d'un spectacle conçu par et pour les Européens. Mais l'intérêt pour les écrits d'Amérique allait en s'émoussant. Quand vinrent la célèbre boutade voltairienne sur les quelques arpents de neige et ses gorges chaudes à l'endroit aussi bien des oeuvres missionnaires que des croyances stupides des *naturels*, il devenait évident qu'une bonne partie de la mode parisienne se tournait vers d'autres *chinoiseries*. Comme par hasard, ceci coïncidait avec la perte des principaux intérêts américains de la France.

Dès la fin du XVIIe siècle, la grande épopée missionnaire en Nouvelle-France avait commencé à montrer des signes d'épuisement. En Europe, le discours clérical proprement dit éprouvait quelques difficultés. Les contradictions dont on s'était jadis accommodé commençaient à s'exacerber. Puisque tant de gens d'Eglise (mais qui n'en étaient pas à l'époque?) avaient crié sur tous les toits que trop de peuples étaient sans religion, ne tenait-on pas là la preuve que celle-ci n'était en rien l'oeuvre

---

21. Delumeau, J., 1967: 427.

d'un quelconque créateur? Qu'elle n'avait rien à voir avec la nature de l'homme? Tout au plus simple accident historique ne servant désormais que d'entrave à la glorieuse marche de l'humanité vers le progrès. Les missionnaires risquaient ainsi de se retrouver dans les ténèbres d'où ils avaient toujours voulu extirper les Indiens. Le vent commençait à gonfler les voiles de l'athéisme. L'Occident amorçait le rapatriement, dans l'ordre naturel, de ce que son intérêt lui avait jusque-là dicté de placer bien au-delà. La notion de *nature*, comme telle, prenait forme. «Le XVIIe siècle a besoin de la nature pour penser le monde. Nature naturée d'un Dieu au mieux constitutionnel [...]. Mythe de la nature surtout pour penser l'ordre social et humain en dehors des mondes chrétiens [...]. Bienheureuse nature. Elle permet de démolir tranquillement l'édifice chrétien en en conservant juste assez pour continuer d'être... comme avant»[22].

Les porte-parole du peuple de Dieu se devaient de réagir. Ce fut encore un jésuite, Jean-François Lafiteau, qui porta les coups les plus sérieux à l'idéologie montante. Après avoir étudié et enseigné dans divers centres européens (Pau, Saintes, Paris, Limoges, Bordeaux), il obtint de ses supérieurs la permission de traverser en Nouvelle-France. Son premier séjour dura six ans et se déroula à une époque de calme relatif pour cette colonie (1712-1717). Suite à l'effondrement des cités huronnes de la région des Grands Lacs au milieu du XVIIe siècle, directement causé par les menées clérico-commerciales françaises dans cette région[23], les Jésuites avaient entrepris d'évangéliser les vainqueurs de nos *alliés* hurons. La tâche exigeait un certain doigté, mais les bons pères croyaient sans doute pouvoir compter sur leur expérience européenne en matière d'éducation des élites. Ayant réussi à baptiser quelques membres des divers segments de la confédération iroquoise (Haudenosaunee), ils les avaient incités à se regrouper à Laprairie près de Montréal. A l'arrivée de Lafiteau, en 1712, ce groupe venait d'être déplacé du côté des rapides de Lachine. C'est à la mission de Sault Saint-Louis (Kanawake), auprès de cette communauté de *French praying Indians* (comme les nommèrent les autres Iroquois), que Lafiteau passa le plus clair de son temps. La vie d'un missionnaire commençait alors à y prendre des airs d'administration paroissiale routinière. Lafiteau avait des loisirs. En plus d'herboriser dans la région, il lut les écrits de ses prédécesseurs en terre canadienne (Récollets et Jésuites) et s'entretint avec de vieux missionnaires à la retraite. De retour à Paris en 1717, il travailla à la préparation d'un manuscrit dont la première édition parut en 1724, sous le titre provocateur de *Moeurs des Sauvages améri-*

22. Chaunu, P., 1966: 40.
23. Trigger, B., 1976.

cains comparées aux moeurs des premiers temps[24].

Reprochant à certains de ses prédécesseurs (il pensait sans doute aux Récollets) d'avoir apporté de l'eau au moulin de l'athéisme en déniant aux *sauvages* toute espèce de discours religieux, Lafiteau entendait démontrer le caractère universel de la *vraie* religion. Même dans le fouillis des superstitions américaines, on pouvait toujours retrouver un lointain écho de la révélation divine faite au premier couple habitant le paradis terrestre. Comme le suggérait le titre de son ouvrage, il établissait de multiples parallèles entre les peuples américains et ceux de l'antiquité, pour mieux arracher celle-ci des mains des philosophes du *progrès*. Mettant ainsi indirectement à nu la barbarie des *Anciens*, il visait à les récupérer dans une vision apologétique leur accordant tout autant qu'aux *américains* une filiation quelconque, si ténue soit-elle, avec le couple du paradis terrestre. «Les Sauvages ont erré, comme les Anciens, dans l'objet, dans la fin, et dans tous les devoirs du culte divin. [...] Leurs superstitions sont grossières et criminelles, ils en ajoutent tous les jours de nouvelles aux anciennes: mais sont-elles plus criminelles et plus grossières que celles des Grecs et des Romains, qui ayant porté les sciences et les arts à la plus haute perfection n'ont retiré de leurs lumières, et de toute leur philosophie, d'autre fruit que celui d'avoir gâté la religion par une multitude infinie de fables très ridicules et très insipides, et d'avoir honoré des dieux plus méprisables que les hommes qui les encensaient»[25].

Message subliminal: que l'Europe suive ses nouveaux maîtres si imbus d'antiquité gréco-latine et si sceptiques sur le plan religieux, et elle s'engagera dans le même processus de décadence.

Il s'agissait de désamorcer la bombe de l'athéisme sans risquer pour autant de tomber dans les excès lahontaniens. Le prosélytisme avait toujours sa raison d'être: aider les Indiens à sortir de cette léthargie dans laquelle ils avaient fini par sombrer, «éclairer des lumières de la Foy cette multitude innombrable de Nations que le Démon tenait sous son esclavage, qui étaient ensevelies dans les ténèbres de l'erreur, dans les ombres de la mort, et plongées dans toutes les horreurs que doivent produire une brutale férocité, et tous les égarements de l'idolâtrie»[26].

24. Très rapidement, aux XVIIIe siècle, l'ouvrage fut traduit en hollandais et en allemand. En 1974, la *Champlain Society* publiait à Toronto une traduction anglaise (Fenton, W.N. et Moore, E.L.). Récemment (1983), chez François Maspero, paraissait une édition française abrégée.

25. Lafiteau, J.F., 1983: 29.

26. Lafiteau, J.F., 1724, tome 1: 27.

Un nouveau rôle était ainsi créé pour les Indiens, encore une fois mobilisés par la lutte de pouvoir se jouant sur le front de la philosophie politique européenne: celui d'*êtres déchus,* d'*égarés.* C'est bien ainsi que le coup fut ressenti par les adversaires de la religion. Ils ne pouvaient penser s'en tirer par l'habituelle accusation d'obscurantisme; l'Académie des Sciences de Paris, dont le secrétaire n'était alors nul autre que Fontenelle, venait de publier un mémoire de Lafiteau dédié au duc d'Orléans relatant les circonstances de sa découverte, sur les rives du Saint-Laurent, de «la précieuse plante du gin-seng de Tartarie»[27].

La seule mise en parallèle de la Barbarie et de l'Antiquité constituait déjà une sorte de scandale; elle heurtait l'esthétisme de la Renaissance que les Jésuites eux-mêmes, ces «grands agents de diffusion de l'enseignement humaniste»[28] avaient tant contribué à promouvoir. Elle risquait surtout d'ouvrir une brèche dans l'idéologie montante du progrès de l'esprit humain. Depuis la fin du Moyen Age, on avait misé sur une certaine conception de l'Antiquité selon laquelle la Grèce aurait été le berceau du rationalisme, le lieu et le moment où les dragons hideux de l'obscurantisme auraient reçu leurs premiers coups mortels. A la Renaissance, pour mieux discréditer l'idéologie cléricale dominante, les aspirants au pouvoir s'étaient ainsi mis à la mode *retro* d'un certain paganisme judicieusement expurgé de ses aspérités les plus déraisonnables, voire scabreuses, qui auraient risqué de ternir la réputation rationaliste de nos illustres ancêtres. Or voilà que, par un curieux retour des choses, le jésuite projetait une lumière un peu trop crue sur ce tableau antique jusque-là joliment et pudiquement dosé de clair-obscur, en assimilant nos grands ancêtres à la barbarie américaine qui commençait à provoquer les haut-le-coeur de plusieurs lettrés d'Europe. Quand on s'en aperçut, le mal était déjà fait. En plus de prêter foi à des fables qui n'avaient rien de très scientifique, les Grecs honoraient des dieux dont la conduite répugnait à la morale bourgeoise: meurtres cruels, inceste, anthropophagie, etc. L'échiquier philosophique européen était perturbé. Une pièce majeure avait ainsi été déplacée. Les hommes des Lumières se retrouvaient au plancher. En sapant le mythe fondateur du rationalisme, les clercs lui avaient rendu la monnaie de sa pièce; les plus obscurantistes n'étaient-ils donc plus ceux qu'on avait toujours crus tels? Pour faire obstacle au retour en force des théories de l'âge d'or et du paradis perdu, c'est à la Science qu'on aura recours. Et pour empêcher qu'elle ne soit récupérée

---

27. Cet événement scientifique fit miroiter d'importantes retombées économiques pour la colonie.

28. Delumeau, J., *op. cit.*: 427.

par des hommes d'Eglise tel Lafiteau, il faudra qu'elle se fasse elle-même religion nouvelle.

Après la guerre de Sept Ans (1756-1763) qui avait embrasé l'Europe, au terme de laquelle la Nouvelle-France était devenue colonie anglaise, on assista en Europe à ce qu'il est convenu d'appeler l'éveil des consciences nationales. En Allemagne, le phénomène prit la forme d'un mouvement littéraire pré-romantique valorisant les racines populaires de la collectivité, au détriment de la Cour jusqu'alors définie comme la source ineffable de toute culture valable. Les victoires napoléoniennes ne firent qu'amplifier ce courant. Nés à Hanau en 1785 et 1786, les célèbres frères Grimm (Jacob et Wilhelm) avaient déjà commencé à recueillir et à publier des contes et légendes germaniques. Sur ce mouvement littéraire devaient bientôt se greffer des préoccupations philologiques, qui donnèrent finalement lieu à la célèbre école allemande de *Grammaire comparée*. En confrontant les langues parlées du nord de l'Europe jusqu'à l'Inde, on en vint à reconstituer ce qui avait dû en être la souche: l'indo-européen. Mais, comme on l'a dit, cet engouement pour les racines de la culture populaire n'allait pas sans problème. Après tant de siècles de valorisation d'une culture policée dont les canons étaient définis à la Cour, et devant les prétentions *lumineuses* des nouvelles classes dirigeantes, certains aspects du discours antique étaient tout à fait intolérables. Les coups venus du camp de Lafiteau avaient fini par porter. Les savants allemands du XIXe siècle se crurent investis d'une mission sociale: fournir une explication *rationnelle* à ces grossiers errements, dont les traces se retrouvaient dans les cultures populaires contemporaines, sans pour autant mettre en péril la fonction idéologique qu'ils avaient attribuée aux penseurs de l'Antiquité gréco-latine. «Le XIXe siècle voit cette conjoncture jusqu'ici rare: la classe qui décide et commande est aussi, directement et sans relais — même si ce ne sont pas les mêmes individus qui exercent les deux activités —, la classe qui produit la connaissance. Le décret théorique rejoint alors le décret politique [...]. L'analyse et la spéculation laissent place à la parole définitive et fondatrice d'ordre à brève échéance. Le sacré est entré dans la science...»[29]. Les assises de la culture bourgeoise seront façonnées du haut des chaires universitaires. Sur ces questions d'intérêt hautement public, la réflexion sera conduite par les grammairiens Franz Bopp (1791-1867), Adalbert Kuhn (1812-1881), Max Müller (1823-1900), etc. Né en Allemagne, ce dernier travailla surtout en Angleterre. Le linguiste français Michel Bréal (1832-1915), né lui aussi en Allemagne, traduisit la *Grammaire comparée* de Bopp et s'intéressa personnellement aux croyances des peuples anciens.

---

29. Guillaumin, C., 1980: XXVI.

A l'orée de ces travaux sur les croyances indo-européennes, la bonne méthode scientifique exigeait que le problème soit correctement circonscrit. Tout ce qui chez les Anciens s'accordait assez bien avec les croyances religieuses du XIXe siècle, récusées certes par un certain athéisme, mais dans lesquelles ces chercheurs se reconnaissaient d'autant plus que le voltairianisme était très éloigné du romantisme germanique, fut rangé dans la catégorie dite *religion*. Quant aux embarrassantes incongruités que toute cette opération visait à étancher, elles se retrouvèrent dans un coin mal famé au-dessus duquel un écriteau annoncerait dorénavant *mythologie*. Ainsi naissait un nouvel objet scientifique portant significativement le même nom que la discipline qui devait s'en charger. La science de la *mythologie*, ou la *mythologie comparée*, «se présente comme une entreprise de salut public»[30]. Dans la seconde partie du XIXe siècle, les chaires universitaires de mythologie et/ou de religion comparée se mirent à pulluler en Europe.

Cette distinction *religion-mythologie*, qui tient elle-même lieu de mythe fondateur pour toute cette activité savante, n'était pas aussi neutre qu'on le croit parfois encore. Emile Benvéniste a montré que, «ne concevant pas cette réalité omniprésente qu'est la religion comme une institution séparée, les Indo-Européens n'avaient pas de terme pour la désigner»[31]. Et il ajoutait: «Dans les langues où une telle désignation apparaît, il est d'un grand intérêt de retracer le processus de sa constitution»[32]. Ainsi, à propos du terme latin *religio*, Benvéniste écrivait: «pour des raisons tant sémantiques que morphologiques, le mot se rattache à *relegere* 'recollecter, reprendre pour un nouveau choix, revenir à une synthèse antérieure pour la recomposer': la *religio* 'scrupule religieux' est ainsi, à l'origine, une disposition subjective, un mouvement réflexif lié à quelque crainte de caractère religieux. Fausse historiquement, l'interprétation par *religare* 'relier', inventée par les chrétiens, est significative du renouvellement de la notion: la *religio* devient 'obligation'», lien objectif entre le fidèle et Dieu»[33]. Pour bien saisir le sens de *religio*, il n'est rien de plus efficace que d'examiner celui du terme que les Romains lui opposaient: *superstitio*. «En effet la notion de 'religion' appelle pour ainsi dire en contraste celle de 'superstitions'»[34]. «*Superstitiosus* est celui qui est 'doué de la vertu de *superstitio*» c'est-à-dire 'qui uera praedicat', le devin, celui qui parle d'une chose passée *comme s'il y*

---

30. Detienne, M., 1979: 73.
31. Benvéniste, E., 1969: 265.
32. *Ibidem.*
33. *Ibidem.*
34. *Ibid.*: 272.

avait réellement été: la 'divination' dans ces exemples ne s'applique pas au futur, mais au passé. *Superstitio* est le don de seconde vue qui permet de connaître le passé comme si on y avait été présent, *superstes*»[35]. Pour notre propos, il importe de noter que le sens moderne de *superstitio* «apparaît en dernier dans l'histoire sémantique du mot [...]. Les Romains avaient horreur des pratiques divinatoires; ils les tenaient pour charlatanisme; *les sorciers, les devins étaient méprisés, et d'autant plus que pour la plupart, ils venaient de pays étrangers*[36]. *Superstitio*, associé de ce fait à des pratiques réprouvées, a pris une couleur défavorable. Il a dénommé de bonne heure des pratiques d'une fausse religion considérées comme vaines et basses, indignes d'un esprit raisonnable»[37].

Ainsi, en marquant *positivement* le premier terme de l'opposition *religion-mythologie*, ces chercheurs du XIXe siècle répétaient une opération romaine exigée par un contexte politique semblable au leur: l'instauration d'un ordre social nouveau. Mais à la différence de la classe dominante romaine, qui n'éprouvait que mépris pour le passé, le romantisme allemand relevait d'un courant de pensée ayant entrepris d'y puiser les éléments d'une solution de rechange. Dans l'univers tumultueux des croyances anciennes, cette référence romaine leur fournissait d'ailleurs non seulement un excellent modèle pour séparer le bon grain de l'ivraie, mais la preuve même que l'Antiquité recelait beaucoup plus de bon que des auteurs comme Lafiteau ne l'avaient laissé entendre.

Pour ce qui est du terme *négativement* marqué (mythologie), c'est chez les Grecs qu'on alla le chercher. Dans le vocabulaire de la Grèce préphilosophique, le terme *mythos* existait. Comme *logos*, il avait le sens de *parole*[38]. A partir du VIe siècle avant notre ère, l'histoire sémantique transformera peu à peu ces synonymes en antonymes. Philosophes et historiens eurent de plus en plus tendance à appliquer le terme *logos* à leurs propos savants, réservant *mythos* pour les discours évidemment peu crédibles des autres. «Entre 524 et 522, le parti des révoltés samiens, dressé contre la tyrannie de Polycrate, est connu sous le nom de *mythiê-tai*. Ce sont, comme l'expliquent les grammairiens anciens, les factieux, les fauteurs de trouble; plus précisément sans doute: les gens qui tiennent des propos séditieux [...] le *mythe* connote la révolution [...] et ce développement sémantique [...] se précise tout au long du Ve siècle, dans le lexique de Pindare et d'Hérodote, où le mot *mythe* [...] en vient à ne plus désigner que le discours des autres en tant qu'illusoire, incroyable et

35. *Ibid.*: 278.
36. C'est moi qui souligne.
37. *Ibid.*: 278-279.
38. Detienne, M., 1981: 96.

stupide»[39]. Quant au terme *mythologie*, il est de Platon qui désignait ainsi les histoires édifiantes nécessaires au maintien de la république des philosophes[40].

Ayant ainsi défini son objet, la science mythologique s'employa à l'exorciser. C'est surtout Max Müller qui donna à l'opération son caractère systématique. Il avait une conscience très nette de l'ampleur du danger et de la tâche à accomplir: expliquer pourquoi les Grecs avaient prêté foi à des croyances si insensées et attribué «à leurs dieux des choses qui feraient frissonner les plus sauvages des Peaux-Rouges. Dans les tribus les plus arriérées de l'Afrique et de l'Amérique, nous avons peine à trouver rien de plus hideux ni de plus révoltant»[41].

Dans l'histoire linguistique de l'humanité, Müller distinguait trois phases[42]: celle dite *rhêmatique*, celle des *dialectes* et celle des *littératures nationales*. Au cours de la première, on ne serait parvenu qu'à forger les termes de base renvoyant aux réalités les plus utilitaires de la vie courante (pronoms, prépositions, nombres, termes désignant les outils ménagers, etc.). Seules les familles linguistiques sémitique et aryenne seraient parvenues à sortir d'un tel état primitif, tandis que les langues touraniennes[43] y seraient demeurées fixées à jamais. En accédant seuls à la phase des *dialectes*, les Indo-Européens auraient abandonné cette grammaire grossièrement agglutinative caractéristique des langues touraniennes actuelles, pour accéder à un système grammatical dit *formatif*. Puis, suite à la diversification de la famille indo-européenne, on en serait arrivé à la présente phase, celle des *littératures nationales*.

A la phase des *dialectes*, on ne disposait évidemment pas encore de termes abstraits. Chaque objet ou phénomène était désigné par l'un ou l'autre de ses aspects sensibles. Et comme la même qualité sensible peut caractériser plusieurs objets ou phénomènes, il arrivait alors qu'un seul terme désigne de multiples référents (synonymie). A l'inverse, un même objet ou un même phénomène pouvant être appréhendé sous de multiples facettes, il arrivait aussi qu'un référent soit désigné de diverses façons (polyonymie). Avec le temps, les gens perdant de vue le sens premier de ce vocabulaire enfantin, le fouillis sémiotique devint tel qu'on ne s'y reconnaissait plus. Objets et phénomènes, doués de qualités sensibles propres aux humains qui les leur avaient données, devinrent autant d'êtres vivants, légendaires, mythiques. Müller s'est surtout attaché à

---

39. Detienne, M., 1979: 77-78.
40. *Ibid.*: 80.
41. Müller, M., 1868: 113-115, cité par M. Detienne, 1979: 72.
42. Toujours cette ternarité.
43. Selon Müller, ces langues se rencontraient de la Chine aux Pyrénées, du Cap Comorin (dans l'océan Indien) jusqu'en Laponie, en passant par le Caucase.

montrer que tel fut le cas des grands phénomènes naturels. «Les noms des forces de la nature se transforment en noms propres. 'Zeus fait tomber la pluie' surgit de l'expression 'le ciel pleut'. La langue a perdu sa transparence: le sens étymologique de 'Zeus': 'ciel lumineux', s'est obscurci. [...] L'humanité devient la proie des illusions d'un langage au sein duquel prolifère le discours étrange et déconcertant des mythes»[44]. «Pour Max Müller, la mythologie est le produit inconscient du langage dont l'homme n'est jamais le producteur mais seulement la victime. Le mythe relève de la clinique; et la science du langage est formelle: la mythologie est une maladie du langage dont la grammaire comparée mesure avec exactitude l'ampleur et les ravages»[45].

Ainsi se trouvaient rationnellement expliquées les incongruités des discours anciens, qui heurtaient tant la raison et la morale bourgeoises. L'intérêt de cette démarche, c'est qu'elle conservait aux victimes de cette *maladie* leur rôle d'avant-garde; maladie de croissance, cette acné de l'esprit ne pouvait sévir que chez ceux qui *évoluaient*. Les autres en étaient dispensés, leur destin étant de demeurer au stade le plus primitif.

Si, comme on l'a vu, la distinction *religion-mythologie* n'était pas tout à fait arbitraire, c'est qu'elle se calquait sur des «gestes de partage» du même type que ceux opérés par des philosophes de l'Antiquité déjà convaincus «que tout ce qui se trame de bouche à oreille dérive inéluctablement vers le fabuleux, c'est-à-dire vers ce qui fait obstacle à l'efficace d'un discours dont l'écriture abstraite doit renforcer l'action dans l'ordre politique»[46]. Mais la tâche de la science, au XIXe siècle, ne se bornera pas à expliquer les antiques sottises et leurs retombées dans les cultures populaires contemporaines. Ses services seront requis pour stigmatiser aussi bien les inquiétants propos d'un *Tiers* toujours exclu, que ceux des *Touraniens* de tout acabit, habitant les divers continents sur lesquels l'Europe consolidait alors son emprise coloniale. De l'arrière-scène où il n'avait finalement servi que de vague prétexte à pourfendre Sarrazins et monstres lubriques gréco-romains, *Tshakapesh* passera directement sous les feux de la rampe du discours savant.

2.3 *Mr Tylor's Science*[47]

Le peuple fut-il dupe du rôle que lui fit jouer la Bourgeoisie en 1789?

44. Detienne, M., 1981: 30.
45. Detienne, M., 1979: 74.
46. *Ibid.*: 80.
47. C'est ainsi que les contemporains de E.B. Tylor désignaient ce que lui-même aimait appeler la *science de la culture* (anthropologie) (Tylor, E.B., 1964: VII).

Pour qu'il appuie ceux qui firent rouler la tête de Louis XVI, on s'était acharné à lui répéter qu'il était finalement le seul détenteur du pouvoir légitime. Ne peut-on pas penser que le train était déjà en marche, quand les aspirants au pouvoir jugèrent venu le temps de s'y accrocher? Rapidement débordée par un mouvement qu'elle n'avait pas vraiment initié, la nouvelle classe dirigeante fut contrainte d'accepter une certaine *Restauration*. C'est que, loin de s'apaiser, l'agitation sociale témoignait d'une clairvoyance certaine envers les nouveaux maîtres. «Les temps ne sont plus loins où *La Marseillaise* va céder la place à l'*Internationale* en passant par la *Marseillaise du peuple*.

Ne posons pas encor les armes
Nous n'avons chassé que les rois (bis)
Si l'exploiteur de nos misères
Rêve encor de nous asservir
Marchons pour vaincre ou mourir
Au refrain sacré de nos pères!

On a bien lu: l'exploiteur remplace le tyran. Le drapeau rouge des grèves et des émeutes ouvrières, voire le drapeau noir des desperados de l'action violente, effacent les trois couleurs récupérées par Louis-Philippe»[48]. Pour garantir les intérêts des gérants du progrès, un nouveau discours idéologique s'imposait. Auguste Comte (1798-1857) attribuait toute cette agitation sociale au retard pris par le *positivisme* en matière de réflexion sociale, par rapport à ce qui s'était produit dans d'autres domaines du savoir (sciences de la nature). Progrès de l'esprit humain. Trois phases[49]: religion, philosophie, science. Emile Durkheim (1858-1917), qui fit tant par la suite pour faire éclore cette idée comtienne (sociologie) et qui ne peut être soupçonné de tiédeur positiviste, écrira: «Avant que les sciences ne fussent constituées, la religion remplissait le même office [...]. La science, d'ailleurs, a été l'héritière de la religion»[50].

En France, en ce milieu du XIXe siècle, la subversion prit entre autres formes celle d'une littérature dite de *colportage*, dont s'inquiétèrent les pouvoirs publics. Le fondateur des études sur la littérature et la culture populaires en France, Charles Nisard, dont l'*Histoire des livres populaires* parut en 1854, y décrit lui-même le contexte d'émergence de ce nouveau savoir: «Lorsque, frappé de l'influence désastreuse qu'avait exercé jusqu'alors sur tous les esprits cette quantité de mauvais livres que le colportage répandait presque sans obstacle dans la France entière, M. Charles de Maupas, ministre de la Police générale, eut conçu et exécuté le

---

48. Bory, J.L., 1972: 16-17.
49. Encore la ternarité.
50. Durkheim, E., 1922: 56-57.

sage dessein d'établir une commission permanente (30 novembre 1852), il eut la bonté de m'appeler à en faire partie, avec le titre de secrétaire adjoint. Cela me donna l'occasion et de rassembler ces petits livres et de les étudier avec le soin le plus scrupuleux»[51]. Michel de Certeau faisait remarquer, avec beaucoup d'à propos, que ces «études sur la culture populaire se donnent pour objet *leur* propre origine. Elles poursuivent à la surface des textes, devant elles, ce qui est en réalité leur condition de possibilité: l'élimination d'une menace populaire. Il n'est pas surprenant que cet objet d'intérêt prenne la figure d'une origine perdue: la fiction d'une réalité à trouver garde la trace de l'action politique qui l'a organisée. La littérature scientifique fait fonctionner comme une représentation mythique le geste qui est à sa naissance. Elle ne saurait donc introduire dans le discours, comme un objet ou un résultat de procédures rigoureuses, l'acte initial qui a constitué une curiosité en effaçant une réalité. Et, sans nul doute, elle ne résoudra pas ses contradictions internes tant que ce geste fondateur sera *oublié* ou *dénié*»[52].

Les manifestations de plus en plus fréquentes des consciences populaires européennes irritaient donc les classes dirigeantes, dont les actions policières proprement dites ne se distinguèrent pas toujours nettement de leurs discours savants. Momentanément sortis de l'ombre pour accélérer la déroute de l'Ancien Régime, les peuples redevenaient en liberté surveillée. Non plus cléricalement, mais académiquement.

Il n'y avait pourtant pas que cette agitation intérieure qui risquait de compromettre le destin politique de la bourgeoisie. Corollaire obligé de leurs préoccupations économiques, l'expansion coloniale provoquait des remous susceptibles de ternir la marque de commerce des nouveaux dirigeants de l'Europe: liberté, égalité, fraternité. A propos de la récupération des *trois couleurs* par Louis-Philippe, Bory ajoutait: «Et salies par le patriotisme colonial. Grâce aux incessants progrès industriels, le monde blanc ne doute plus de sa suprématie — en même temps que son appétit s'accroît à la mesure de ses besoins en débouchés neufs et en matières premières. La France déguste l'Algérie; la Russie, le Turkestan; l'Angleterre, l'Afghanistan, Aden, Hong-kong, l'Afrique du Sud, l'Afrique centrale; les USA, le Texas (bientôt le pétrole); on oblige la Chine à céder ses comptoirs; et des expéditions blanches guignent les deux pôles»[53].

51. Cité par Certeau, M. de, 1974: 56-57.
52. *Ibid.*: 72-73.
53. Bory, J.L., *op. cit.*: 17. De nature fondamentalement coloniale lui-aussi, le Canada jouit pourtant encore d'un traitement de faveur auprès des historiens et des observateurs, à moins qu'ils ne le confondent tout simplement avec les USA.

Une extension du discours savant s'imposait. La philologie s'avérait incapable de suffire à la tâche. Marquée du romantisme de ses origines qui la rendait suspecte de passéisme, elle avait aussi le tort d'être trop allusive à l'endroit des peuples d'Afrique, d'Amérique, etc. Aussi, élargissant le point de vue de leurs collègues allemands à l'ensemble du genre humain, et y introduisant une forte dose de *Lumière* pour le purger des rapports douteux qu'il avait pu entretenir avec des théoriciens évoquant un âge d'or ancien, deux anglais furent à l'origine d'une nouvelle branche du savoir: l'américain Lewis Henry Morgan (1818-1881) et le britannique Sir Edward Burnett Tylor (1832-1917). Et des chaires d'anthropologie commencèrent à apparaître dans les diverses universités d'Amérique et d'Europe. Réaffirmation de l'optimisme historique. Que les peuples ne perdent donc pas patience. Le bonheur est pour demain, tout au plus pour après-demain, à la condition qu'on ne mette aucune entrave au travail des gérants du *progrès*. Et à nouveau la ternarité: *sauvagerie, barbarie, civilisation.* Ainsi devaient refaire surface les *naturels*, dont l'intelligensia européenne avait fini par se lasser. Mais le regard s'étant depuis lors fortement historicisé, on parlerait maintenant de *primitifs.* Charles Darwin venait tout juste de faire paraître son *Origine des espèces au moyen de la sélection naturelle* (1859). Depuis un moment déjà, tout ce qu'il y avait de philosophes progressistes clamaient que l'humanité était en marche vers le meilleur. Et voilà qu'une science, considérée depuis Comte comme au-dessus de tout soupçon idéologique, semblait confirmer cette vue: l'humanité avait peu à peu évolué à partir d'espèces inférieures. Et Darwin avait l'air d'en remettre: ce processus étant sélectif, il n'allait pas sans déchet. Valorisation de la force. Pas d'omelette sans quelques oeufs cassés. La nature des choses. C'est de cette eau trouble que sortit la science de messieurs Morgan et Tylor.

Morgan s'attacha à l'étude des institutions sociales et des techniques, entendant démontrer «comment les sauvages, avançant à pas lents et presque imperceptibles, se sont élevés jusqu'à la barbarie; et comment les barbares, par un mouvement progressif analogue, ont finalement atteint la civilisation»[54]. On aura compris qu'une telle grille *historique* servait à la lecture de différences *comtemporaines*. L'intérêt de Tylor se portait plutôt vers les langues, les croyances, les coutumes, les valeurs qui déterminaient les comportements et façonnaient les institutions. Pour désigner ce niveau de réalité, il emprunta aux historiens allemands le terme *culture*. Et pour bien comprendre l'état de civilisation auquel sa société

---

54. Préface à la 1ère édition (1877) de *Ancient Society* (L.H. Morgan), Meridian Books, 1963, citée par E. Terray, 1969: 21.

était parvenue, Tylor prétendait qu'il fallait regarder sans broncher l'état de barbarie d'où elle était sortie. La chose était possible, puisque tant de peuples contemporains en étaient encore à cette misère. «In studying the phenomena of knowledge and art, religion and mythology, law and custom, and the rest of the complexe whole which we call civilization, it is not enough to have in views the more advanced races, and to know their history so far as direct records have preserved it for us. The exploration of the state of things in which we live has often to be sought in the condition of rude and early tribes; and without a knowledge of this to guide us, we may miss the meaning even of familiar thoughts and practices [...]»[55]. En plus de nous faire prendre la mesure exacte de notre avancement, l'examen de nos origines permettrait de mettre en lumière la racine des grossières superstitions dont Sir Tylor déplorait, comme bien d'autres, la survivance dans les couches populaires européennes. La science de la culture se présentait comme la science des réformateurs: «To impress men's minds with a doctrine of development, will lead them in all honour to their ancestors to continue the progressive work of past ages, to continue it the more vigorously because lith has increased in the world, and where barbarie hordes groped blindly, cultured men can often move onward with clear view. It is harsher, and at times even painful, office of ethnography to expose the remains of crude old culture which have passed into harmful superstition, and to mark these out for destruction. Yet this work, if less genial, is not less urgently needful for the good of manking. Thus, active at once in aiding progress and in removing hindrance, the science of culture is essentially a reformer's science»[56].

Dans cette extension de l'enquête menée par les collègues allemands, Tylor demeurait assez fidèle à la définition qu'ils avaient donnée du *mythe*: «myths, whose origin and development are being brought more and more clearly into view on our times by the labours of Adalbert Kuhn and Max Müller, and their school [...]»[57]. Et encore: «there are found among savage tribes myths like in their character, and therefore no doubt in their origin, to those of the great Aryan race which have in our times been so successfully traced to the very point where they arose out of the contemplation of Nature»[58].

Le cycle amorcé par les propos de Lafiteau était ainsi complet. Les *primitifs* sont nos cousins. Soit. Mais loin d'avoir souffert de sénilité

55. Tylor, E.B. 1964: 1.
56. Tylor, E.B., 1958: 539.
57. Tylor, E.B., 1964: 167.
58. *Ibid.*: 193-194.

précoce, c'est d'un curieux arrêt de développement dont ils auraient été affectés. La cause? A quoi bon la chercher? Ne faut-il pas plutôt tenter d'enrayer le mal et éviter surtout qu'il ne se propage?

Mis en présence d'un *mythe*, Tylor se posait deux types de questions:

1. Comment ce mythe se trouve-t-il là où on le rencontre? A-t-il été produit sur place? Y est-il arrivé d'ailleurs?
2. Quel degré de confiance doit-on accorder à ce qui y est raconté? Faits réels, pure fabulation ou mélange des deux?

Le premier type de question renvoyait à ce qui est longtemps demeuré un des dilemmes de l'anthropologie: *création indépendante* versus *diffusion d'un point à un autre*. La première hypothèse découlait de l'orthodoxie évolutionniste: l'évolution est seule responsable de l'état dans lequel se trouve une culture. L'autre renvoyait à une grille anthropologique allemande qui s'apprêtait à se substituer à l'évolutionnisme anglo-saxon: c'est la diffusion de traits culturels à partir de grands foyers qui a façonné les diverses cultures. La question se posait quand on se trouvait en présence de similitudes culturelles. Tylor penchait souvent vers la seconde de ces hypothèses, prenant toutefois bien soin de ne pas apporter de l'eau au moulin du *diffusionnisme*, dont la vision pessimiste de l'histoire lui était inacceptable. Il en arrivait même à se servir des phénomènes de diffusion pour renforcer l'explication évolutionniste: si une coutume peut se transplanter d'une société à une autre, c'est que les deux sociétés en sont au même point d'évolution. Sans quoi il y aurait rejet.

L'autre question, celle de la véracité du mythe, conduisit Tylor à s'intéresser à *Tshakapesh*. Pour lui, un mythe ne pouvait être que le contraire d'un énoncé scientifique. Ce dernier étant vrai par définition, le mythe ne pouvait être que pure fabulation. Ces deux termes renvoyant aux deux pôles de l'évolution de l'esprit, on se devait de rencontrer ici et là des énoncés qui, quoique tout englués dans le brouillard mythique, comportaient néanmoins quelques lueurs encore faibles en comparaison du discours scientifique auquel Tylor identifiait son propos. Comment se présentaient ces humbles balbutiements? Mis en présence de faits réels le primitif en rendait compte dans ses mythes, mais de façon tout à fait insatisfaisante. Par exemple, des ossements de mammouths devenaient autant d'indices d'anciens combats entre des monstres et des géants. Pour désigner ces énoncés contenant des grenailles de vérité sous un amas de faussetés, Tylor proposait l'expression *mythe d'observation*. Dans cette discussion, le fondateur de l'anthropologie s'attarda à deux personnages importants du récit de *Tshakapesh*: le monstre gigantesque qui dévora les parents du héros, et la petite musaraigne masquée ayant délivré le soleil pris au piège. J'y reviendrai en cours d'analyse.

C'était donc cette fois comme tel que *Tshakapesh* faisait sa rentrée sur les scènes savantes d'Europe. Démonstration éclairée du retard pris par les humanités des autres continents. Actuelle diversité des peuples savamment placée sous une lentille stéréoscopique *dernier cri*, pour créer l'illusion d'une profondeur de champ historique rendant plausible la propagande coloniale.

2.4. *Far West et aires culturelles*

Vers la fin du XIXe siècle, dans le sillage de L.H. Morgan et sous la conduite énergique de F. Boas, l'Amérique du Nord s'apprêtait à devenir un haut-lieu d'observation et de production anthropologiques. Ceci nous vaudra entre autres choses une récolte d'informations au sujet de *Tshakapesh*. Pendant ce temps, alors que Tylor poursuivait ses travaux en Angleterre, des chercheurs allemands étaient à jeter les bases de ce qui allait bientôt s'offrir comme une solution de rechange à l'évolutionnisme anglo-saxon.

Réduisant le champ du *progrès* au domaine finalement assez restreint de ce qu'il appelait les *idées élémentaires*, Bastian (1826-1905) avait proposé de s'attarder surtout aux facteurs externes responsables de la diversité culturelle. Le géographe allemand F. Ratzel (1844-1904) insista pour sa part sur la dimension spatiale des hypothèses de Bastian. Puis F. Grabner (1877-1934) et le Père W. Schmidt (1868-1954)[59] développèrent ce courant de recherche. La notion-clé de l'école dite *diffusionniste* fut celle de *cercles culturels*. Il s'agissait d'ensembles harmonieux d'éléments économiques, religieux, technologiques, etc. ayant prévalu à divers moments privilégiés de l'histoire de l'humanité. Les morceaux souvent méconnaissables de ces beaux vases, brisés sous l'effet toujours corrosif du temps, se seraient dispersés çà et là le long d'itinéraires de commerce, d'exploration, de guerres, de migrations de toutes sortes. Le savant, refaisant à rebours le chemin de la diffusion, cherchait à reconstituer sous le mode du souvenir les antiques joyaux à jamais disparus. Retour en force des théories de l'Age d'Or. Par delà l'optimisme un peu béat des évolutionnistes anglo-saxons, le diffusionnisme germanique rejoignait les propos de Lafiteau. Contrairement à Tylor qui plaçait le *monothéisme* au terme d'une longue évolution religieuse amorcée par l'animisme, le missionnaire Schmidt affirmait la priorité de la croyance au

---

59. Missionnaire autrichien de la Société du Verbe divin, il fonda la revue *Anthropos* (Detienne, M., 1981: 41).

Grand Dieu, dont la silhouette se serait par la suite disloquée en de multiples idoles. Ainsi se poursuivait en Europe la lutte des *Anciens* et des *Modernes*.

Le diffusionnisme répondait aussi, dit-on parfois, à des préoccupations d'ordre pratique, notamment celle de mettre de l'ordre dans les sous-sols encombrés des musées d'histoire naturelle, où n'en finissaient plus de s'accumuler objets divers et œuvres d'art rapportés des quatre coins du globe. «Le diffusionnisme a une origine muséo-graphique, écrivit J. Poirier: c'est le classement des objets, l'analyse de l'affinité des styles, qui ont amené à souligner l'importance des phénomènes de diffusion culturelle»[60]. Corollaire du colonialisme, cette vaste opération de pillage exigeait sans doute des méthodes efficaces de classement et de rangement.

Mais si le libéralisme économique avait pu prétendre un moment être le dernier cri en matière de formule susceptible d'assurer le bonheur des peuples, l'illusion était maintenant dissipée en Europe. Le socialisme se présentait comme la phase ultime de l'évolution. Les théoriciens du socialisme furent impressionnés par *Ancient Society* que L.H. Morgan fit paraître en 1877. On a souligné «l'admiration que Marx et Engels ont portée à l'oeuvre de Morgan. [...] Marx lut *Ancient Society* entre décembre 1880 et mars 1881, et ne prit pas moins de quatre-vingt-dix-huit pages de notes»[61]. On appréciait surtout l'insistance de Morgan sur le rôle déterminant des «arts de la subsistance» dans l'évolution progressiste des sociétés. La popularité de l'anthropologue newyorkais, dans les milieux socialistes européens, ne fut certainement pas sans rapport avec le discrédit dans lequel il tomba aux yeux des penseurs américains. Pour ces derniers, il importait de mettre en sourdine un discours grâce auquel certains rangeaient au grenier de l'histoire un capitalisme en pleine expansion chez eux.

L'Amérique était alors engagée dans la conquête de l'Ouest. Déjà au cours des années 1830, Abraham Lincoln avait participé à des combats contre les Indiens. Le 26 décembre 1862, à titre de président des Etats-Unis, il donnait le feu vert à «la pendaison de 39 guerriers à Mankoto»[62]. Ces pendus provenaient d'un groupe de 800 Sioux qui, «poussés par la faim et exaspérés par la morgue et la haine des soldats et des marchants»[63], avaient répondu à l'appel de leur chef Petit Corbeau. Ce dernier les avait pressés de se dresser contre l'envahissement de leurs

---

60. Poirier, J., 1968: 45.
61. Terray, E., 1979: 25.
62. Jacquin, P., 1976: 166.
63. *Ibidem*.

terres par les Blancs. A la même époque, le colonel américain Chivington déclarait: «Les soldats ont été formés pour tuer les Indiens, et il faut qu'ils continuent à tuer les Indiens»[64]. C'est ce même colonel «qui avec 700 miliciens et 40 obusiers, se rend en novembre 1864 au campement de Sand Creek, où se trouvent alors plus de 600 Cheyennes et Arapahos. Chivington donnera cet ordre: *tuez-les et scalpez-les tous, les petits comme les grands, les larves deviennent des poux*»[65]. En 1865 William Sherman était chargé de la lutte de la *more advanced society* contre les *rude and early peoples* de l'ouest américain. «Nous devons répondre aux Sioux avec une ardeur agressive, disait-il, même s'il faut aller jusqu'à les exterminer, hommes, femmes et enfants. Il n'y a pas d'autre solution pour aller jusqu'à la racine du problème»[66]. Dans le cadre de cette politique d'extermination, la famine devenait une arme de tout premier-plan. Sherman invitait de façon pressante «tous les chasseurs d'Amérique du Nord et de Grande-Bretagne à venir abattre des buffalos»[67]. A peine dix ans plus tard, un de ses successeurs se félicitera de ce que «les chasseurs feront l'année prochaine plus pour régler l'irritante question indienne que l'armée n'a pu faire durant les trente dernières années [...]. Qu'ils tuent jusqu'à l'extermination complète le bison, c'est la seule façon de fonder une paix durable et de favoriser l'avance de la civilisation»[68]. Et tandis que le général Connor stimulait ses troupes en hurlant: «Attaquez et tuez tout Indien mâle âgé de plus de 12 ans»[69], le général Sheridam proférait sa célèbre maxime: «Les seuls Indiens bons que j'ai jamais vus étaient morts»[70].

Dans ce qui était en train de devenir l'Ouest canadien, le dernier quart du XIXe siècle en fut également un d'affrontement. Indiens et Métis s'opposaient à la canadianisation unilatérale de leurs terres, ce qui exigea l'envoi de troupes venues d'Angleterre et du Canada oriental, ainsi que la mise sur pied d'un corps policier spécialement mandaté à cette fin[71]. La première route transcanadienne fut construite en toute hâte pour acheminer dans l'Ouest ces convois militaires. Un dirigeant métis et plusieurs chefs indiens furent pendus. D'autres se retrouvèrent dans les prisons canadiennes.

64. Cité par Jacquin, P., *op. cit.*: 166-167.
65. *Ibid.*: 167.
66. Cité par Jacquin, P., *op. cit.*: 168.
67. *Ibid.*: 168.
68. *Ibid.*: 172-173.
69. *Ibid.*: 170.
70. *Ibid.*: 171.
71. La *Royal North West Mounted Police*, devenue ultérieurement la *Royal Canadian Mounted Police*.

Mort, sang, violence. De telles bavures finirent par devenir insupportables à une certaine opinion publique. Ceux qui ternissaient ainsi l'image progressiste des Etats anglo-saxons nord-américains n'avaient donc rien compris aux enseignements de la science moderne! Celle-ci n'avait-elle pas démontré que le processus évolutif est à l'oeuvre dans tous les quartiers de la grande famille humaine? Il se trouve encore aujourd'hui des auteurs pour se pâmer devant cette «vision grandiose» que les évolutionnistes «se faisaient du phénomène humain»: «on n'a pas assez remarqué que cette méthode impliquait la notion d'humanité *intégrée* au sein de laquelle concouraient, à des *degrés* divers, mais pour la même civilisation, les diverses ethnies: les disparités culturelles reconnues étaient dès lors la conséquence de situations diverses dans une échelle temporelle, et non pas celle de dispositions congénitales; en réalité, et on ne l'a pas assez mis en lumière, cet évolutionnisme était anti-raciste»[72]. Ce qu'il y avait surtout de remarquable, dans ce discours savant, c'est que l'*intégration* effectivement souhaitée devait se faire à l'intérieur de l'*ethnie* à qui l'accumulation de capitaux, les muscles et la technologie conféraient alors une confortable position de domination.

Puisque le processus d'évolution se trouvait partout dans l'espèce humaine, du moins à l'état latent, il revenait donc aux *more advanced* de tendre généreusement la main aux *rude and early*, afin de les aider à se hisser jusqu'aux échelons supérieurs de la civilisation où nous n'avions fait que les précéder de quelques millénaires. Noblesse obligeait! La supériorité blanche s'en sortait indemne, même si elle n'était fondée qu'en fait et non plus en droit. Des groupes éclairés se portèrent ainsi à la défense des Indiens. Nous n'avions pas le droit, entendait-on alors, de les exterminer, mais l'obligation morale de les assimiler. Les politiciens ne tardèrent pas à saisir tout l'intérêt qu'il y avait à soustraire l'affaire des mains des militaires; par leurs excès, colonels et généraux risquaient de compromettre la bonne marche de l'opération coloniale. Et il en coûterait moins cher au trésor public de miser sur le dévouement des tenants du progrès. Il suffirait de consentir le temps et les efforts nécessaires à la transformation des Indiens en bons sujets de Sa Majesté ou en citoyens loyaux à la République. Ils parleraient bientôt l'anglais, chanteraient docilement aux services religieux dominicaux, cultiveraient laborieusement un lopin de terre petit mais bien à eux, payeraient des taxes à l'Etat et consacreraient leurs maigres épargnes accumulées dans les banques à se procurer les denrées que leurs nouvelles occupations ne leur permettraient plus de produire eux-mêmes. Ainsi libérées, leurs terres garanti-

---

72. Poirier, J., *op. cit.*: 34.

raient aux spéculateurs fonciers des profits intéressants aussitôt ré-
investis dans la production de biens et de services devenus depuis lors
indispensables. «A partir des années 1870-1880, la *politique indienne* du
gouvernement américain se modifia quelque peu; du génocide on passe à
l'ethnocide»[73]. Du côté canadien, ce courant d'opinion favorisa la mise
en place d'une administration coloniale rigoureuse, curieux mélange
d'obséquiosité et d'inquisition fondé sur le principe que la récupération
des terres indiennes passerait par l'éradication de toutes traces de cultures et/ou de collectivités autochtones. Tout ceci n'allait pas sans une
certaine naïveté favorisée par l'idée qu'on se faisait alors de la supériorité
blanche et de la fragilité indienne. Les titres des lois canadiennes de
l'époque furent des trouvailles d'euphémisme, dont l'astuce échappe
encore souvent à l'opinion publique[74]. La nouvelle politique ne manquait
cependant pas de fermeté, surtout quand les autochtones s'entêtaient à
refuser une main si généreusement tendue. Ces propos du sénateur
Pendleton de l'Ohio en témoignent: «Ou bien ils doivent changer leur
mode de vie, ou bien ils doivent mourir. Nous pouvons le regretter, nous
pouvons désirer qu'il en soit autrement, nos sentiments d'humanité
peuvent être choqués par cette alternative, mais nous ne pouvons nous
cacher le fait qu'il s'agit d'une alternative et que ces Indiens doivent
changer leur mode de vie ou être exterminés»[75]. Ce genre d'alternative,
sous une forme à peine amoindrie, sous-tend souvent encore la réflexion
blanche au sujet des autochtones.

Ainsi, de part et d'autre d'une frontière canado-américaine encore
incertaine, l'établissement d'un Etat capable de résister aux tentations
hégémoniques du voisin exigeait le maintien de l'ordre dans ces régions
occidentales, où un flot sans précédent d'immigrants européens nécessi-
tait la saisie des terres indiennes. Pour ce faire, la politique d'acculturation présentait, du moins en théorie, l'énorme avantage de travestir toute
l'opération en une vaste œuvre de bienfaisance, dont missionnaires,
fonctionnaires et anthropologues, non sans parfois s'appuyer les uns sur
les autres, se disputeront souvent le mérite.

Toute une pléiade d'«ethnologues commencent à s'intéresser aux
Indiens. T. Masson dresse la liste des noms de tribus, ses travaux le conduisent à la formation, en 1879, du *Bureau of American Ethnology* au

73. Jacquin, P., *op. cit.*: 181.

74. Acte pourvoyant à l'émancipation graduelle des Sauvages (32-33 Victoria, chap. 6);
Acte à l'effet de conférer certains privilèges aux bandes les plus éclairées du Canada, dans le
but de les habituer à l'exercice des pouvoirs municipaux ou Acte de l'avancement des Sauvages (47 Victoria, chap. 28); etc.

75. Congressional Records; volume II, 46th Congress, 3rd Session, 1881, cité par Keith,
S., 1972: 25-26.

Smithsonian Institute de Washington. C'est à cette époque que débute la publication du *Handbook of American Indian*, auquel participeront Cushing, Kroeber, Boas, Hewitt et Fewhes»[76]. Au même moment commençait à paraître le *Journal of American Folklore*, dont le contenu témoigne de l'intérêt académique pour les populations indiennes. On aurait employé le terme *acculturation* pour la première fois en 1880; il faudra toutefois attendre quelques décennies avant qu'il ne devienne un mot-clé du discours anthropologique[77]. Pour ce qui est du *Bureau of American Ethnology*, on pensait surtout en le créant «à une étude que l'on dirait aujourd'hui *prospective* des chocs culturels qui affecteraient les populations indiennes progressivement incluses dans un champ social et culturel radicalement étranger»[78].

Venu en Amérique dans le cadre d'un *terrain* chez les Inuit de la Terre de Baffin, en 1883, l'allemand Franz Boas dut saisir assez vite l'intérêt de s'y installer à demeure; il deviendra un puissant animateur de l'anthropologie américaine, expédiant ses étudiants aux quatre coins de l'Amérique d'abord, du monde ensuite quand les USA commencèrent leur expansion en Asie[79]. En Allemagne, Boas avait été mis en contact avec le courant de pensée développé par Bastian. Mais il ne s'y inféoda pas plus qu'il ne se fit le porte-parole de l'évolutionnisme. Avant de pouvoir être en mesure de trancher entre les effets d'une loi naturelle d'évolution et ceux de la diffusion d'un point à un autre, Boas disait que l'anthropologie devait passer de la déduction à l'induction. Mais d'autres raisons militaient en faveur de cette mise en veilleuse du débat théorique. D'une part l'évolutionnisme était de plus en plus récupéré par les théoriciens du socialisme. D'autre part le pan-germanisme commençait à avoir mauvaise presse en Amérique. L'immigrant Boas mit donc au point une vaste opération de ratissage, au terme de laquelle seulement on pourrait trancher entre ce qui relève de la nature fondamentale de l'homme et ce qui est attribuable aux contacts directs ou indirects entre les peuples. Cette campagne de *terrain* exigeait des méthodes rigoureuses de classement; Wissler, Radin, Spier et Kroeber travaillèrent avec la notion d'*aire culturelle* (cultural area). L'Amérique indienne vit alors s'abattre sur elle un redoutable quadrillage savant, et ce au moment où les autochtones assistaient au déferlement massif sur leurs terres de vagues d'immigrants fuyant l'Europe. Près de 16 millions aux USA seulement entre 1870 et 1900.

76. Jacquin, P., *op. cit.*: 182.

77. Chaunu, P., 1969: 361-362.

78. Mercier, P., 1966: 70-71.

79. Sous la plume de Margaret Mead, des noms comme *Mundugomor, Arapesh, Chambuli, Samoa* évoquent cette percée américaine en Asie du sud-est.

Mais par delà l'homogénéité culturelle relative propre à chaque aire, Boas a beaucoup contribué au développement de la notion de relativité culturelle: les différences de comportement résultent de processus d'enculturation auxquels président des valeurs culturelles différentes. Au moment où se développait le pan-germanisme, les intellectuels américains jonglaient avec le débat *nature/nurture*. Boas, pour des raisons faciles à comprendre, entendait démontrer scientifiquement le caractère déterminant du second terme.

Ainsi s'adonnait-on en ce début du XXe siècle à un minutieux inventaire des mythes, des rituels, des langues, des objets techniques, etc., dans l'espoir avoué d'en arriver un jour à trancher entre les deux tendances formant alors le dilemme théorique de l'anthropologie. Sans jamais effacer la *diffusionniste*, dont l'expansion américaine elle-même faisait alors la pénible démonstration, la *psychologique* sera de plus en plus favorisée sous la forme d'une anthropologie psychologique comme telle (influences freudiennes: Mead, Kluckholm, Benedict, etc.) et d'un certain néo-évolutionnisme (Steward, White, Redfield, etc.).

F.G. Speck fut un élève de Boas, qui lui confia le nord-est de l'Amérique. De 1908 à 1932, il aurait visité onze des vingt-six *bandes* qu'il crut distinguer dans une aire géographique limitée au nord-est par la présence des Inuit, au sud-ouest par celle des Tête-de-Boule (aujourd'hui appelés *Attikamek*) et des Algonquins[80]. Il identifiera ainsi ces onze bandes: Lac Saint-Jean, Chicoutimi, Tadoussac, Nichikun, Michikamau, Natashquan, Escoumains, Shelter Bay, Sainte-Marguerite, Moisie, Mistassini.

On s'étonne un peu de voir Speck s'enfermer ainsi dans les toutes récentes frontières québécoises; les Cris du Québec sont apparentés à ceux qui occupent le versant ouest de la baie James[81]. Comment Speck désignerait-il cette région culturelle dont on lui avait confié la responsabilité? Au XVIIIe siècle, en plus des *Cris*, on distinguait parfois deux sous-ensembles: les *Montagnais* et les *Naskapi*. Les premiers étaient rencontrés à l'embouchure des rivières venant du nord se jeter dans le Saint-Laurent. Quant aux seconds, on les connaissait par ouï-dire grâce aux *Montagnais* qui les rencontraient là où les Européens n'allaient pas. Les missionnaires oblats auraient donné à la distinction une signification pastorale: les *Montagnais* avaient déjà reçu les secours de la religion, tandis que les *Naskapi* demeuraient encore sous l'emprise de Satan. La différence tenait donc surtout aux facilités d'accès.

---

80. Voir la carte 3 page 57.

81. Ce n'est qu'en 1912 que le parlement canadien confia au Québec une portion de l'ancienne Terre de Rupert.

Vers les années 1890, en visitant les populations du district d'Ungava (nord du Québec), l'américain Lucien Turner constata que: «They applied the term Ne ne not[82] — true, ideal men — to themselves, although known by the epithet Naskopie, which was applied to them by the Mountaineeers of the southeastern portion of the region»[83]. Et au sujet du terme *Naskopies*, il précise que: «The Mountaineers applied to the more northern Indians the term of reproach, *Naskopies*. This word denotes the contempt the Mountaineers felt for the Naskopies when the latter failed to fulfill their promise to assist in driving the Innuit from the country»[84].

Mathieu André et Jérome Saint-Onge, deux *Montagnais* de Scheffer-ville, ont confirmé récemment le sens péjoratif de ce terme. Ils sont toutefois formels: *naskapi* n'est rien d'autre que cela, soit un épithète malveillant. A la façon de *paysans, culs terreux* dans la bouche des citadins français, *naskapi* aurait été jadis employé par certains *Montagnais* remontant les rivières Sainte-Marguerite et Moïsie pour caricaturer des congénères habitant le district d'Ungava. Selon les deux *Montagnais*, ces gens auraient été presque entièrement exterminés au XIXe siècle soit par des épidémies, soit par des famines le plus souvent planifiées par la Compagnie de la Baie d'Hudson[85]. L'interprétation de M. André et de J. Saint-Onge rejoint ainsi celle de L. Turner, à une nuance près: la référence aux Inuit que les *Naskapi* auraient refusé de combattre.

En 1909, sans tenir compte des observations de L. Turner, l'anthropologue R.B. Dixon reprenait à son compte la distinction *Montagnais — Naskapi*. «For purposes of convenience, écrivait-il alors, the Algonkin tribes here discussed may be divided into four geographical groups, — a Western, comprising the western Cree, Saulteux, Ojibwa, Meconimi, Pottawatami, and Fox; a Central, made up of the Missisagua and Ottawa; an Eastern, including the Micmac, Abnaki, and Maliseet; and a North-eastern, including the Nenenot or Nascopi of Labrador and the Montagnais»[86].

En 1929, G. Hallowell voulut disposer de cette question héritée de l'épopée missionnaire: «The time seems ripe to challenge the bisective terminology which it has been customary to apply to the Indian population of Labrador. The more we get to know about these Indians the

---

82. Il s'agit sans doute d'une transcription de la forme plurielle du terme montagnais *innu*, soit *innut*. «*innu*, être humain, Indien» (voir la note 178, page 204).

83. Turner, L., 1894: 183.

84. *Ibid.*: 181.

85. Lamothe, A., film *Ninan Nitassinan*, 1980. Ce faisant, la Cie voulait les rendre plus dépendants de ses comptoirs d'échange.

86. Dixon, R.B., 1909: 1.

Carte n° 3: *Bandes indiennes du Québec-Labrador selon F.G. Speck (Speck, F.G. 1931).*

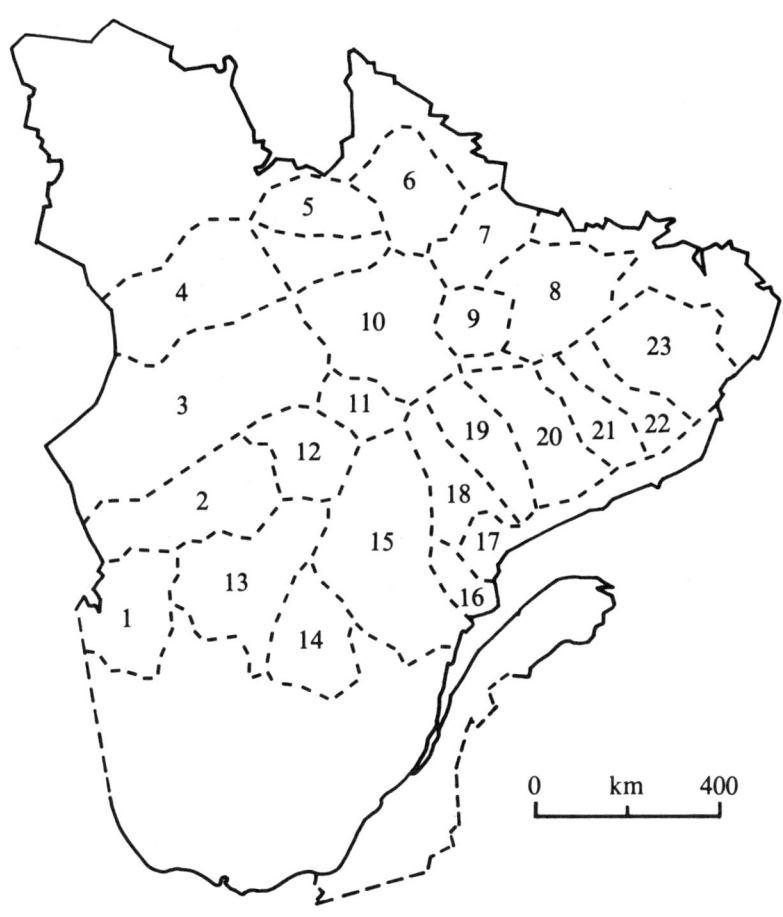

1. Rupert's House
2. East Main
3. Big River
4. White Whale River
5. Ungava
6. Barren Ground
7. Davis Inlet
8. North West River
9. Michikamau
10. Petitskapau
11. Kaniapiskau
12. Nichikun
13. Mistassini
14. Lake St John
15. Bersimis
16. Godbout
17. Shelter Bay
18. Ste Marguerite
19. Moisie
20. Mingan
21. Natashquan
22. Musquaro
23. Saint Augustin

clearer it becomes that this differentiation is arbitrary, if not actually misleading. There are indeed slight differences in language and culture to be encountered as we go from north to south as well as from west to east. But in neither of these directions it is possible to draw a hard and fast line between bands on any linguistic or ethnological basis and say, these Indians are Naskapi and those Montagnais [...]. At present it seems more rational to either refer to the bands by name thus localizing them according to the extent of their hunting territories, or, in speaking inclusively to use the hyphenated term Montagnais — Naskapi, on Labrador Indians»[87].

Ce problème terminologique ne cessera d'embarrasser Speck. En 1931, il paraissait hésiter encore à laisser tomber le terme *Naskapi*: «This term has grown from an epithet meaning *uncivilized people* or those who have no religion, as applied to the hunters of the interior. I do not think it an advisable term to retain as a specific tribal designation, although its priority and general use for the northern and eastern bands of the peninsula need not be abandoned»[88]. Mais quelques pages plus loin, quoique d'assez mauvaise grâce, il semblait devoir adopter une des suggestions de Hallowell: «While retaining the terms Montagnais and Naskapi in a general sense for the inhabitants of the Labrador peninsula, by using the form Montagnais-Naskapi agreed upon by Hallowell and myself for the group as a whole, I would suggest recognition of the geo-graphical band names in more explicit literature dealing with their history and culture»[89].

Or voilà que quatre ans seulement plus tard Speck opérait ce qui ressemble à une volte-face. Dans un ouvrage portant sur cette région, il reprenait en substance le contenu de certains articles parus dans diverses revues scientifiques. L'ouvrage était plus spécialement basé sur des travaux ayant porté sur les onze bandes qu'il avait visitées. La localisa-tion de ces groupes, dans la perspective d'un choix à tout prix entre les termes *Montagnais* et *Naskapi*, aurait dû militer en faveur du premier. Le titre de cet ouvrage fut pourtant *Naskapi, the Savage Hunters of Labrador!*[90] A la fin du livre, on peut lire comme un aveu de dernière minute: «Naskapi is a term of disdain in the mouths of northern natives[91]. It denotes a person so impoverished in property of mind that he

---

87. Cité par Speck, F.G., 1931: 576, note 42.

88. *Ibid.*: 559.

89. *Ibid.*: 576.

90. Speck, F.G., 1935a.

91. L'utilisation du qualificatif *northern* est typique du style ambigu de Speck. Ceux qui employaient le terme *naskapi* l'appliquaient généralement à des voisins vivant plus au nord.

has no religion; that is, religion in the sense of a code to live by and through which to communicate with the unseen forces that govern destiny. On the lips of those who use the term, moreover, it means a person who has intelligence so low as to have no inventions, no possessions. All this partly true, but only from the angle of comparaison of one whose life is enriched by the acquisitions of trade or by association with a domain of knowledge and teaching outside his own sphere[92]. As a term of reproach it can only be applied by one who has acquired advantages through opportunity which has been denied to the other. It grossly overlook the fact that the *uneducated* in his struggle to live in a severe environment must possess a greater resource fulness than he who boars the protection of more numerous acquired inventions. To be held in disdain is always the lot of those poor in worldly goods through no fault of their own»[93].

En refermant cet ouvrage le lecteur risquait donc de se retrouver en pleine confusion. Tout semble d'ailleurs avoir été fait pour qu'il en soit ainsi. S'agissait-il d'une étude portant sur les pseudo-*Naskapi* ou plutôt sur leurs voisins du sud, qui leur appliquaient parfois cette épithète peu flatteuse? Ce qu'il y a en effet de plus déroutant dans cette volte-face de Speck, ce n'est pas qu'il ait décidé de revenir au terme unique *Naskapi* mais que, contre toute attente, il en ait inversé l'usage séculaire. Car si l'ouvrage met l'accent sur une région, c'est sur la partie méridionale de ce peuplement. Comment expliquer de telles contorsions qui marquent encore la littérature anthropologique?[94]

Il aurait sans doute été assez terne et peu commercial de coiffer l'ouvrage soit du terme français *Montagnais*, soit même de l'appellation composée *Montagnais-Naskapi* à laquelle l'auteur avait semblé se rallier en 1931. Pourtant, à l'intérieur de l'ouvrage, il n'hésitait nullement à recourir à l'un ou l'autre de ces modes de désignation. Les raisons ayant présidé au choix de ce titre apparaissent déjà en filigrane dès les premières pages.

«Among the host of thoughts that sometimes impress themselves upon mind are those bringing before the imagination the peopling of vast areas in North America before the arrival of Europeans. And there follows a vision of the era of first contact with the old world. Among the various part of America which can so be conjured up in vision, there are some

92. Speck était donc au courant du contexte ayant permis aux gens plus acculturés du sud de désigner leurs congénères septentrionaux par le terme *naskapi*.

93. *Ibid.*: 233.

94. J'ai moi-même trempé dans cette confusion, en intitulant un ouvrage *Carcajou et le sens du monde, récits montagnais-naskapi* (Savard, R., 1974).

for which we have abundant material in published sources upon which to draw, notably the Carolinas, the Virginia and the northern New England coasts. But the scenes of wild life, of uncivilized tribes and barbarous events — barbarity marquing the behavior of whites as well as natives — are mostly of the past, and so they have become tinted with the soft light of distance and romance. It is largely in the more northern latitudes that we come within the borderline of the life of the past merging with that of the present, where those conditions survive under which native man in northeastern North America still lives in the environment which has continued to be his normal one from many prehistoric generations to the present»[95].

Même si ce sont là des propos susceptibles de mettre en haleine le plus blasé des amateurs de safari, on aurait tort de les attribuer seulement à une quelconque coquetterie d'ethnograhe. Ils visaient surtout à confirmer le caractère *primitif* des cultures étudiées par Speck, à un moment où un tel disgnostic se trouvait contesté par d'autres chercheurs oeuvrant au nord-est de son *terrain*, auprès de populations qu'un certain usage avait désigné par le terme *naskapi*. On touche là à une querelle académique ayant marqué toute la carrière de Speck: la nature des formes précolombiennes d'organisation socio-territoriale chez les Indiens des vingt-six bandes qu'il avait recensées.

Le problème se posait de la façon suivante: dans quelle mesure l'économie marchande introduite chez eux par le commerce des fourrures avait-elle altéré ces formes précolombiennes? Très peu, répondait Speck, pour qui la propriété de territoires familiaux transmis de pères en fils, telle qu'il avait cru l'observer chez les Algonquins, les Ojibwa et peut-être les Montagnais du sud-ouest, avait constitué de tous temps l'articulation majeure de cette organisation socio-territoriale. D'autres prétendaient au contraire qu'il s'agissait là d'une adaptation à la nouvelle économie de marché véhiculée par les comptoirs. W. Strong était de ceux-là. Ils affirmaient que dans les bandes du nord-est, où la traite était apparue plus tardivement, on ne retrouvait aucune trace du modèle proposé par Speck. Afin de sauvegarder l'ancienneté de ce modèle, Speck invoquera des différences écologiques justifiant la présence, avant l'arrivée des blancs, de deux types d'organisation sociale: l'un fondé sur une appropriation privée du territoire, l'autre sur un usage plus collectif de ce dernier.

En accolant le terme *naskapi* à *ses Indiens*, Speck cherchait sans doute à réaffirmer sa conviction qu'ils offraient «a vision of the era of first

95. Speck, F.G., 1935a: 13.

contact with the old world» et qu'en arrivant chez eux, on accédait à «the borderline of the life of the past merging with that of the present»[96]. L'intérêt suscité par cette querelle donne une idée de l'importance de l'enjeu. Les opposants de Speck furent souvent des chercheurs néo-évolutionnistes directement ou indirectement influencés par les idées socialistes. Le débat eut une portée mondiale. Le dossier québécois, espérait-on, permettrait de trancher enfin pour ou contre le caractère naturel de la propriété privée. Des ethnologues soviétiques s'intéressèrent à l'affaire. Speck défendra jusqu'au bout la version chère au capitalisme américain, contre ceux pour qui la propriété privée se ramenait à un épiphénomène tardif dans l'évolution de l'espèce humaine.

Peut-on imaginer aujourd'hui que l'expansion du capitalisme américain ait pu un jour avoir besoin, pour se justifier, d'affirmer de façon aussi péremptoire un titre de propriété des Indiens sur leurs territoires et le caractère séculaire de leur adaptation harmonieuse à l'environnement...?

Sur le front des productions symboliques, auxquelles Speck consacra une partie importante de son œuvre, les choses se passaient plus calmement. La contestation y était à peu près inexistante, pour la bonne raison que les opposants négligeaient à toute fin pratique ce domaine classique de l'anthropologie. Pas plus que la propriété des moyens de production ne devait être attribuée à l'arrivée des commerçants européens, la religion ne pouvait l'être à celle des missionnaires qui les accompagnèrent. Propriété privée et religion, ces deux piliers de l'Amérique blanche traditionnelle alors secouée par une crise économique et tentée par le collectivisme et l'athéisme, se devaient d'être inscrites dans les fibres mêmes de la nature humaine. Les Indiens étaient donc à nouveau entraînés dans une querelle étrangère: «The Montagnais-Naskapi, by comparaison with those more advanced types of civilization having abundant social dissipations and materialistic distractions, appear to be dominated by religious associations»[97]. Et pour ce qui est du caractère précolombien de ce discours religieux: «There has been little alteration in the *spirit* of Montagnais-Naskapi culture, despite the many material innovations which has been acquired from Europeans»[98].

Dans cette quête en vue de saisir «the spirit of native religion of the Montagnais-Naskapi»[99] Speck ne tarda pas à se trouver en présence de *Tshakapesh*. «The unelaborated natural philosophy of the Northeast

96. *Ibidem.*
97. *Ibid.*: 16.
98. *Ibid.*: 30.
99. *Ibid.*: 232.

seems to have consisted of scarcely more cosmology than we find among the Eskimo. The earth appears always to have existed in about the same form. The great changes in nature seem to have been brought about in the transformations of men and animals. In general, the animal have evolved from human beings trough the operations of magic or the machination of conjurors. And among them, as the mythical heroes, there is the pre-eminent figure of *Tsəka'bec*, whose role assumes the prominence of that of a culture-hero. These statements apply to all the band divisions of the peninsula that has been so far consulted»[100]. «In the category of mythical heroes, or more properly perhaps, traditional heroes, we come to one in particular who eclipses his contemporaries and in him we encounter the focus of human importance; the trickster-transformer, under the sobriquet, is *Tsəka'bec*»[101].

Déjà en 1915, Speck avait publié deux versions du récit de ce personnage recueillies chez les Ojibwa de Timigami (nord de l'Ontario)[102]. En 1925 il en avait fait paraître huit autres provenant du Lac Saint-Jean, de Mistassini et de l'embouchure du Saguenay[103]. L'année même où *Naskapi, the Savage Hunters of Labrador* paraissait en librairie (1935), Speck publiait une note de quelques pages dans la revue *American Anthropologist*[104]. Il y discutait un article inclus dans une livraison antérieure de ce périodique[105]. On se souviendra que Strong travaillait plus au nord que Speck, et qu'il y avait entre eux une querelle larvée concernant le terme *naskapi*; chacun voulait en quelque sorte se l'approprier. Cette fois, la discussion portait sur ce qu'on a appelé the *elephant problem* jadis abordé par Tylor[106], c'est-à-dire sur la nature du monstre ayant dévoré les parents de *Tshakapesh*. Strong inclinait à y voir le souvenir du mammouth ayant jadis vécu en Amérique: «certain leading anthropologist incline to the belief that the elephant tribe was extinct when man first entered the North American continent. Since the association of the two is still a matter of dispute, all evidence bearing on the problem is worthy of examination and careful consideration. It hardly needs to be pointed out that the final conclusion in this mater may have a direct bearing on the theories of those who see in every elephant-like artifact, carving or legendary animal of the New World, a reflecion of the modern Asiatic

100. *Ibid.*: 20.
101. *Ibid.*: 53.
102. Voir pages 309-310.
103. Voir pages 241-248; 262-263.
104. Speck, F.G., 1935b: 54.
105. Strong, W.D., 1934.
106. Voir p. 48.

elephant»[107]. Pour sa part, Speck attribuait cette référence à une activité imaginaire: «The trend of opinion among the infirmants is that the tale in question relates to a carnivorous of the bear kind living in a former age when *Tsəka'bec* was upon earth! And with this view I coindice»[108].

Dans cet affrontement qui demeure courtois, par mammouth interposé, chaque auteur ne manquait pas d'utiliser le terme *naskapi* à sa convenance. A certains moments, Speck arrivait assez mal à dissimuler sa mauvaise humeur: «Indulging in a glance again at the reference to the supposed *mammoth* [...] to which Dr Strong gave some attention»[109]. Cette querelle nous valut deux nouvelles versions du récit de *Tshakapesh*[110].

Speck était plus boasien que son maître. Sur le plan théorique, il se tenait *au neutre*. Sa préoccupation première consistait à démontrer le caractère primitif des cultures auxquelles il s'intéressait. Il faut aussi savoir qu'une de ses activités majeures consistait à enrichir la muséologie américaine d'objets rapportés de ses voyages dans le Nord-est. Il n'était sans doute pas inintéressant que les fiches signalétiques indiquent le caractère précolombien de ces objets. *Tshakapesh*, forme élémentaire du discours religieux. Tout juste ce qu'il fallait à l'auteur pour alimenter le débat politique américain, plus particulièrement pour établir le bien-fondé du capitalisme. La religion et la propriété privée, mythes fondateurs de l'Amérique blanche. Les vestiges des peuples autochtones, exterminés pour faire place au nouvel ordre économico-social, serviraient encore à ce dernier de justifications posthumes. Dans cette opération recyclage de déchet, *Tshakapesh* passait derrière les vitres du musée *réaganien*, à titre de spécimen d'une «unelaborated natural philosophy».

Au cours des années 1940, *Tshakapesh* fut aussi mentionné dans d'autres travaux anthropologiques. Katharina Luomala s'attarda à une des aventures du héros: le piégeage du soleil au moyen d'un collet. Impressionnée par la distribution intercontinentale de ce motif, elle publia une étude sur de nombreuses variantes recueillies en Amérique, en Afrique et en Océanie[111]. La problématique de ce travail est classique: il s'agit de déterminer si cette vaste distribution résulte d'un processus de diffusion ou d'autant de créations indépendantes les unes des autres. Comparant les diverses variantes, l'auteur conclut à l'absence de diffusion d'un continent à l'autre. Par ailleurs, la diffusion aurait joué à

107. *Ibid.*: 87.
108. Speck, F.G., 1935b: 161.
109. *Ibidem*.
110. Voir pages 238-240; 264-265.
111. Luomala, K., 1940.

l'intérieur de chaque continent. Ainsi, à partir de variantes provenant des régions forestières du nord de l'Amérique, des Plaines, de la vallée du Mackenzie, voire même de la Californie, Luomala concluait ainsi: «In the absence of any date that I know of to link the theme to an Asiatic source, my conclusion is that the evidence as known at present points toward the motif of sun-snaring being an invention of proto-Algonkians in pre-Colombian times, and that by the time of the arrival of Europeans, these tribes had developed an elaborate myth around the theme which diffused west, north, and south across the continent»[112]. Selon l'auteur, le foyer américain serait la région sise entre la baie d'Hudson, les Grands Lacs et le fleuve Saint-Laurent. Dans une étude portant sur la mythologie des Algonquiens du nord et du nord-est, publiée en 1946, Margaret W. Fisher faisait l'inventaire des connaissances au sujet de divers personnages légendaires. A propos de *Tshakapesh*, qu'elle caractérisait par l'expression «hero-dwarf of the Montagnais-Naskapi», elle écrivait alors: «There is some evidence on which to rest the hypothesis that this dwarf had a counterpart of equal importance in earlier Wabanaki mythology. The cycle of adventures attributed to him has been recorded in considerable detail from both the Cree and the Ojibwa, but without the overtones of deep religious significance which it has among the Montagnais-Naskapi. To a somewhat lesser extent this cycle has also been reported from the Algonquin, and strong echoe of it have been reported from the Menomini»[113].

On s'intéressait donc aux coordonnées spatio-temporelles de *Tshakapesh* dont le sens ou le non-sens, selon le cas, était comme pris pour acquis.

2.5. *Mythes, barrages et ingénierie sociale*

A l'automne 1964 je commençai à enseigner au département d'anthropologie de l'Université de Montréal[114]. De 1956 à 1960 j'avais étudié la sociologie à l'Université Laval de Québec, où un professeur avait piqué ma curiosité pour une discipline synthèse dont il avait promis de nous entretenir: l'*anthropologie*. Comme la chose est fréquente, les aléas du calendrier académique ne lui laissèrent que quelques heures pour nous en parler. On était à la toute fin du régime duplessiste. La phase héroïque des sciences sociales québécoises brillait alors de ses derniers feux sous la forme d'une agitation politique estudiantine. A de rares exceptions près,

112. *Ibid.*: 23-24.
113. Fisher, M.W., 1946: 235-236.

ce radicalisme étudiant gênait nos maîtres alors sur le point de toucher les rentes de leur propre contestation. J'ai souvent pensé, depuis, que ce contexte n'était pas étranger à la subite jonction des termes *révolution* et *tranquille*. Quant à nous, l'enthousiasme de la jeunesse nous aveuglait sans doute au point de nous empêcher de voir que nous risquions de couper la branche sur laquelle il nous tardait tant par ailleurs de nous installer! Etait-ce ce qui donnait aux disciplines alors enseignées dans ces facultés, du moins à mes yeux, un certain air vieillot de fin d'époque? Un besoin impérieux de changer d'air, la fenêtre anthropologique entrouverte, la possibilité sans doute de renouer avec une adolescence m'ayant donné l'occasion d'entrer en contact avec des autochtones, tout cela finit par m'amener à l'Ecole pratique des hautes études de Paris. La lecture d'une introduction à l'oeuvre de Marcel Mauss, écrite par Claude Lévi-Strauss[115], m'avait depuis quelque temps semblé offrir une source d'inspiration à laquelle le milieu universitaire québécois avait jusqu'alors trop peu puisé. Une thèse me fournit l'occasion de me faire les dents sur un corpus de *mythes* inuit recueillis dans le district nord-groenlandais de Thulé par l'archéologue danois Erik Holtved[116]. C'est durant ce séjour parisien que l'anthropologie apparut comme telle dans les annuaires universitaires de Montréal et de Québec.

L'approche de Lévi-Strauss devait exercer sur moi une influence durable. Il commença à s'adonner à l'ethnologie durant la seconde guerre mondiale. S'inspirant entre autres des intuitions de Marcel Mauss quant aux rapports entre le *social* et la *langue*, il en vint à explorer de façon rigoureuse les relations méthodologiques entre la linguistique post-saussurienne et l'ethnologie. Il s'attaqua d'abord à un dossier classique de l'anthropologie, auquel le nom de Morgan était associé: les régimes matrimoniaux et les systèmes de parenté. On pouvait penser que, dans ce domaine, l'espèce humaine s'était laissée aller à multiplier les formules à l'infini. Surtout depuis que l'historicisme (évolutionnisme et diffusionnisme) s'était avéré inapte à expliquer une telle variabilité, et que le fonctionnalisme cherchait encore des *lois naturelles* susceptibles de rendre compte à la fois de son étendue et de ses limites. Dans un ouvrage paru en

114. Le terme *anthropologie* n'apparut qu'en 1961 dans la liste des unités d'enseignement des universités francophones du Québec. Cette année-là un département d'anthropologie voyait le jour à la faculté des sciences sociales de l'Université de Montréal, tandis que le département de sociologie de l'Université Laval (Québec) en devenait un de sociologie et d'anthropologie; en 1970, l'Université Laval créait son propre département d'anthropologie.

115. Lévi-Strauss, C., 1950.

116. Holtved, E., 1951.

1949[117], Lévi-Strauss entreprit de démontrer que cette floraison en apparence sans raison et sans limite découlait du jeu d'un nombre fort restreint de règles qui, pour échapper à la conscience des usagers, n'étaient pas moins rigoureusement logiques. L'inconscient mobilisé par cette démonstration différait de celui des psychanalystes, se rapprochant plutôt de celui qui caractérise le fonctionnement des règles phonologiques rendant possible la communication verbale.

Mais c'est surtout du domaine des *mythes* que, depuis Tylor, se dégageait une forte impression d'imaginaire sans contrainte, voire de délire. Depuis que s'étaient estompées les perspectives historicistes, diverses tentatives d'explication tantôt fonctionnalistes, tantôt mystiques, se rejoignaient dans l'impuissance à tenir un discours sur le *mythe*. Georges Dumézil a bien décrit ces tâtonnements: «Il y a une cinquantaine d'années, et moins encore, on se croyait bien près de tout expliquer en réduisant les phénomènes religieux à un élément commun, en les dissolvant dans une notion commune à laquelle on donnait un nom pêché dans les mers du sud: des plus sauvages aux plus raisonnées, les religions ne sont que les mises en œuvre variées de ce *mana*; force mystique éparse, sans contour propre et prête à s'enfermer dans tous les contours, indéfinissable mais caractérisée par cette impuissance même où elle laisse le discours, elle est présente partout où l'on peut parler de religion, et des mots précieux comme *sacer* et *numen, hagnos* et *thambos, brahman, tâo*, la *Grâce* même du christianisme, en sont des variations ou des dérivés. Une génération de chercheurs s'est consacré à établir cette uniformité. Avec raison peut-être. Mais on s'est ensuite aperçu qu'ils n'avaient pas gagné grand-chose: ils avaient donné un nom barbare à ce que je ne sais quoi qui fait que, de tout temps, les voyageurs, les explorateurs ont reconnu, sans erreur sur leur caractère spécifique, les actes religieux qu'ils rencontraient. Et ce qui paraît aujourd'hui frappant, ce qui appelle l'étude, ce n'est plus cette force diffuse et confuse dont on rencontre en effet partout la notion, mais qui n'est partout la même que parce qu'on ne peut rien en dire; ce sont au contraire les *structures*, les *mécanismes*, les *équilibres* constitutifs de toute religion et définis, discursivement ou symboliquement, dans toute théologie, dans toute mythologie, dans toute liturgie. On est venu — ou revenu — à l'idée qu'une religion est un système différent de la poussière de ses éléments; qu'elle est une pensée articulée, une explication du monde. Bref, c'est sous le signe du *logos* et non sous celui du *mana* que se place aujourd'hui la recherche»[118]. Ainsi

117. Lévi-Strauss, C., 1949.
118. Dumézil, G., 1948: 5.

la science indo-européenne, qui jadis avait cru devoir expliquer les incohérences des mythes en faisant appel à une sorte de maladie de croissance linguistique, entendait maintenant démontrer que de telles bizarreries ne provenaient que de notre façon de lire les mythes, que les éléments ayant tant heurté nos sensibilités renvoyaient aux articulations parfaitement huilées d'un discours plus rigoureux encore que tout ce qu'auraient pu souhaiter les grammairiens du XIXe siècle. En un certain sens, Lévi-Strauss fut à Dumézil ce que Tylor avait été à Müller; il développa pour l'espèce humaine une méthode dont on a parfois souligné les points de rencontre avec celle que Dumézil avait mise au point à partir de données indo-européennes. Mais, entre les deux époques, bien des choses avaient changé dans le discours des sciences sociales. Si Dumézil concentrait ses efforts sur les Indo-européens, il était loin de penser que ceux-ci détenaient le monopole de la mythologie. Quant à Lévi-Strauss, toute son entreprise visait à démontrer l'existence d'une pensée rigoureuse là où Tylor n'avait vu que balbutiements informes. Battu en brèche dans les sciences sociales, l'évolutionnisme s'était réfugié dans le discours du matérialisme historique où les non-Indo-européens recevaient une attention à peu près égale à celle que les spécialistes de la grammaire comparée avaient jadis prêtée aux Touraniens.

Pour en revenir à l'analyse lévi-straussienne des *mythes*, si on parvenait à expliquer chaque facette de ce qui passait encore pour un délire *animiste* par le jeu de règles présidant de façon contraignante à son énonciation, la mythologie apparaîtrait comme un monde entièrement logique dont l'étendue et les limites pouvaient être expliquées par la méthode structurale. Pour une entreprise théorique qui misait sur les rapports entre la *langue* et le *social*, la mythologie offrait un avantage certain: «Le mythe fait partie intégrante de la langue; c'est par la parole qu'on le connait, il relève du discours»[119]. La linguistique aussi avait changé; elle n'était plus celle qui, au XIXe siècle, avait donné naissance à la science dẽs *mythes*. Lévi-Strauss aborda le *mythe* comme un énoncé propre à un niveau spécifique de langage particulièrement cher aux peuples de tradition orale. Comme tout énoncé, le *mythe* aurait deux faces: le *signifié* et le *signifiant*. Or c'est à ce dernier, représenté par l'*histoire racontée*, que nous aurions jusque-là réduit le phénomène. Comme si l'usage prolongé de l'écriture nous avait en quelque sorte éloignés d'un certain art de la parole et de l'écoute, favorisant ainsi un diagnostic conforme aux intérêts coloniaux. Cherchant la logique de ces discours en deçà du niveau où elle se trouvait, il devenait aisé d'y voir le triomphe de l'illogisme. Pour

119. Lévi-Strauss, C., 1958: 230.

briser un tel aplatissement du phénomène, Lévi-Strauss proposait d'envisager l'*histoire racontée* comme le support d'images impliquées dans une logique paradigmatique n'ayant que des rapports indirects avec la logique syntagmatique propre au récit. Pris ainsi au niveau de cette logique concrète d'images, tel *mythe* particulier est envisagé comme une des combinaisons possibles dont l'ensemble forme un groupe dit *de transformation* correspondant à un ensemble de *mythes*. A la faveur de migrations, de contacts, d'échanges, un tel *groupe* en arrive à déborder les frontières ethniques. Partie d'un *mythe* des Bororo du Brésil, l'enquête mythologique de Lévi-Strauss se déploie jusqu'à la Côte Nord-ouest de l'Amérique du Nord, tentant ainsi de suggérer la validité de l'hypothèse combinatoire sur laquelle elle se fonde[120]. Un des acquis de toute cette opération, c'est la réhabilitation du *primitif* à titre de sujet parlant, dont la rigueur du discours ne le cède en rien à celle du discours savant porté sur lui.

On a parfois reproché à l'auteur des *Mythologiques* d'avoir étudié son objet de façon toute formelle, sans référence aux autres dimensions de l'existence des usagers du *mythe*. Mais il suffit de parcourir cette œuvre pour se convaincre du peu d'intérêt de ce genre de critique. Elle fourmille au contraire de références précises et toujours pertinentes aux données économiques, religieuses, technologiques et sociales formant la trame existentielle des peuples concernés. Et ces détails sont loin de se réduire à des enluminures; leur statut théorique tient à la distance séparant le structuralisme du formalisme[121].

Une des limites de cette approche des *mythes* peut se comprendre à la lumière de la distinction saussurienne entre la *valeur* et la *signification* des signes linguistiques. Cette dernière renverrait à la relation entre le signe et son référent, tandis que la première désignerait la case sémiotique résultant des relations entre l'ensemble des signes formant le système de la langue. Pour De Saussure, la *valeur* était première; c'est en elle que se fondait la *signification*. Si le sujet parlant peut avoir une certaine conscience de cette dernière, c'est aux étages inconscients de son esprit que la *valeur* opère. Ce qui importait au linguiste suisse n'était pas d'abord ce que disaient et comprenaient les gens, mais comment ils y parvenaient. Il n'en demeure pas moins que, pour espérer atteindre la *valeur*, l'analyste ne peut en aucun cas faire l'économie de la *signification*. C'est précisément parce que la *valeur* aurait une priorité logique dans l'exercice de la fonction symbolique, que la signification doit *d'abord* être prise en considération par quiconque entend décrire le système d'une langue. Pour en

120. Lévi-Strauss, C., 1964, 1966, 1968, 1971.
121. Lévi-Strauss, C., 1960.

revenir au *mythe*, on voit difficilement comment il peut être possible d'en atteindre le paradigme, c'est-à-dire la façon dont il s'y prend pour signifier, si on évite la question de sa *signification* consciente pour les usagers. Or, on a peut-être conclu trop vite que cette *signification* se trouvait épuisée par l'*histoire racontée* elle-même. Il s'avère que les *mythes* étudiés par l'anthropologie ont presque tous été recueillis au moment où les sociétés d'où ils provenaient faisaient une expérience sans précédent: la situation coloniale. Se pourrait-il qu'un tel traumatisme ait laissé si peu de traces conscientes dans cette production imaginaire? Surtout que celle-ci nous est parvenue dans le cadre d'entretiens entre des représentants de la société coloniale et ceux de la société dominée. Si tel était le cas, n'aurions-nous pas là la preuve que les autochtones sont inaptes à tenir des propos pertinents sur ce qu'il advient d'eux? Et que tout ce discours inopportun, si rigoureux soit-il au niveau de ses structures inconscientes, se réduirait à une simple survivance d'époques antérieures au colonialisme? Il me semble qu'il y a là une façon de disposer à bon compte, sous prétexte de rigueur scientifique, de préoccupations parfois qualifiées de morales. La sémiotique n'ignore cependant plus ce que Umberto Eco appelait la *circonstance*. «C'est par le jeu croisé des circonstances et des présupposés idéologiques et la multiplicité des codes et des sous-codes, écrivait-il, que le message, qui nous apparaissait [...] comme le point final d'une chaîne communicative, se présente maintenant comme *une forme vide à laquelle on peut attribuer divers sens possibles*»[122]. Et il ajoutait: «Ce problème de la formalisation des circonstances est encore à résoudre, mais même s'il n'est pas encore résolu d'une manière formellement élégante, la sémiotique n'a aucune raison de nier l'impact considérable de la circonstance sur la communication»[123].

A l'inverse de l'entreprise lévi-straussienne, une abondante production anthropologique récente d'inspiration marxiste a retenu l'expérience coloniale comme fait déterminant. Ainsi pouvions-nous espérer voir enfin comblée cette lacune des *Mythologiques*. Mais, encore imbu d'évolutionnisme et de progressisme, ce courant de pensée a toujours eu une tendance marquée à tenir la mythologie pour peu digne d'intérêt, sinon pour suspecte. Religieusement convaincu de détenir le monopole de l'imaginaire valable, il a constamment réduit celui des autres à une sorte de phénomène pathologique. Non pas à une maladie du langage, comme le faisaient les philologues du XIXe siècle, mais à une sorte de toxicomanie collective (opium du peuple). Etudier la mythologie, c'était déjà

---

122. Eco, H., 1972: 117.
123. *Ibidem*.

accorder à ces hallucinations plus d'importance que la *grille* n'en autorisait. C'était comme réintroduire subtilement une fonction déterminante dans ce que la science marxiste avait ramené au rang de reflet non seulement interte mais faux. Ainsi, par une sorte de complicité inattendue avec ceux qu'ils qualifiaient d'*idéalistes*, ces auteurs en venaient à refuser aux *autres culturels* toute possibilité d'envisager un avenir défini en des termes autres que ceux prévus par un des discours provenant de la société dominante. Ainsi privé du sien, l'autochtone ne peut apparaître que comme la victime passive, sinon inconsciente, de ce qui lui arrive. Et si, à travers ce que nous persistons à qualifier de *mythes*, c'était aussi de ça qu'il parlait? Comme les révoltés samiens du VIe siècle avant notre ère, dressés contre le tyran Polycrate dont le parti avait été nommé *mythiêtai* par les thuriféraires du pouvoir[124].

Mais revenons à l'année 1966 qui précédait celle du centenaire de la Confédération canadienne. Un industriel montréalais d'origine hongroise s'intéressait au harnachement des chutes Churchill (Labrador); il fabriquait l'équipement nécessaire à la construction de barrages hydro-électriques. Grand amateur de folklore, ce capitaine d'industrie avait conçu le projet de publier en édition de luxe les légendes des Indiens occupant les territoires que le barrage s'apprêtait à engloutir partiellement. Un tel *projet du centenaire* lui permettrait d'offrir en guise de cadeau des fêtes à ses clients autre chose que le traditionnel calendrier, tout en attirant l'attention de qui de droit sur ses habiletés dans la fabrication de pièces entrant dans la construction de barrages. L'Université de Montréal reçut une subvention de 12 000 dollars pour la collecte et la traduction. Une centaine de *mythes* furent ainsi recueillis sous ma direction à North-West River et à Schefferville, ce qui permit à des étudiants et à des étudiantes de faire un *stage de terrain* et même de produire quelques thèses de maîtrise. Selon les termes du contrat, notre rôle devait s'arrêter là. La compagnie se chargeait de recruter un écrivain de langue anglaise, afin de préparer le manuscrit dont la publication eut lieu en 1969[125]. En introduction, P. Desbarat écrivit: «*This book*, the work of many people, *is also a product of the dam at Churchill Fall* [...]. Through a happy combination of people — the young Québécois researchers from the university, the Indians who perhaps recognized in them the traits of another troubled minority [...] — there emerged a collection of legends still rough from the telling»[126]. Il était un peu naïf de penser que les Indiens aient reconnu en nous «the trait of another

---

124. Detienne, M., 1981: 96.
125. Desbarat, P., 1969.
126. *Ibid.*: VII. C'est moi qui souligne.

troubled minority». C'est plutôt dans l'imaginaire anglo-canadien que ne pouvait manquer de surgir cette «happy combination». Jeune scientifique en quête d'une place au soleil, l'opération m'était alors apparue comme une aubaine. Au-delà des intérêts du commanditaire, parfaitement connus à l'époque, n'y avait-il pas là la noble possibilité de développer un savoir tout en contribuant bien sûr à la valorisation de la culture autochtone? C'est ainsi que se fit la jonction entre une activité de recherche se croyant toute pure et les calculs marchands d'un grand quincaillier escomptant tirer sa part de profit de l'appropriation de territoires ancestraux autochtones par les pouvoirs publics. Le projet, discuté à l'occasion de deux repas au Mount Stephen Club de la rue Drummond à Montréal, fut le point de départ d'une certaine activité de recherche et d'enseignement qui se traduisit par des articles dans les revues savantes, des communications lors de colloques nationaux et internationaux, des thèses d'étudiants, etc. Et c'est ainsi que *Tshakapesh* refit surface, cette fois dans l'écriture québécoise[127].

Toute cette opération mythographique imbue de méthode structurale avait tendance à considérer le *changement social* comme devant relever d'un champ d'étude autre que le sien. Nous étions pourtant partie prenante, par la commande évoquée précédemment, dans le processus de bouleversement des sociétés amérindiennes...

Pendant ce temps, à l'Université McGill de Montréal, l'anthropologie amérindienne s'était développée dans le sens d'une des préoccupations majeures de l'anthropologie américaine de l'époque: l'étude du changement social, parfois appelée *anthropologie appliquée*[128]. Pour la plupart de ceux qui oeuvraient dans ce champ, l'analyse des *mythes* paraissait compromise avec un certain immobilisme, une propension suspecte à valoriser le passé. Comme on vient de le voir, cette impression n'était pas dépourvue de tout fondement. Ainsi, pendant que nous nous employions à scruter les structures inconscientes de l'imaginaire des autochtones du Nord-Est québécois, nos collègues de McGill s'efforçaient avec une bonne volonté sans doute égale à la nôtre de prendre la mesure des changements survenus dans le mode de vie de ceux du Nord-Ouest.

En 1971, au moment où le gouvernement québécois annonçait à grand renfort de publicité son projet de harnachement des rivières de la baie

---

127. Cette activité de recherche a fourni plusieurs des variantes du corpus utilisé dans le présent ouvrage. En 1971, M. Lefebvre publiait une étude portant sur 7 de ces variantes (Lefebvre, M., 1971). La même année, dans un tout autre contexte, Y. Barriault faisait paraître son étude d'un récit de *Tsakapesh* recueilli à Mingan (Québec) (Barriault, Y., 1971).

128. Comme si l'anthropologie avait déjà été autre qu'appliquée.

James, les collègues de McGill, dont c'était le *terrain* privilégié et aux yeux desquels le projet gouvernemental faisait miroiter des changements colossaux à mesurer, furent appelés à jouer un rôle déterminant dans cette épopée. Il faudra un jour décrire l'impact de ces experts sur ce qu'il est convenu d'appeler les *choix politiques* des autochtones de cette région, ainsi que la fascination trouble, sinon l'envie, qu'une telle activité provoqua chez certains anthropologues francophones. «Sur le plan pratique, a-t-on pu écrire, les résultats sont impressionnants et on sait aujourd'hui que l'Etat, les entrepreneurs et les Amérindiens demandent et utilisent volontiers ces experts en solutions sociales»[129].

Depuis les premières réactions d'agacement des Cris lors de l'annonce du sort qu'on réservait à leurs rivières, jusqu'à la signature d'une entente avec les deux paliers de gouvernement en 1975[130], en passant par les travaux d'expertise requis par l'enquête Malouf et les laborieuses négociations qui s'ensuivirent, ces experts en *solutions sociales* pesèrent de tout leur poids sur le destin des populations concernées. Dans un ouvrage récent qui tente d'évaluer le mérite de toute l'opération, des chercheurs de ce milieu écrivent: «Derrière la Convention de la Baie James il y a une supposition fondamentale: c'est qu'il est possible pour les Cris d'influencer les politiques administratives du gouvernement d'une façon pratique, en participant aux travaux de comités où siègent les représentants des communautés cris à côté des fonctionnaires provinciaux. En d'autres mots, on a supposé qu'il est plus efficace d'oeuvrer dans ces comités, au sein de la bureaucratie provinciale, que de s'en tenir aux stratégies conventionnelles dont se prévalent les membres de la société euro-canadienne. Il est plus réaliste, selon cette doctrine, de se servir des méthodes bureaucratiques que de participer aux mécanismes démocratiques ordinaires où les Cris, trop peu nombreux, n'auraient aucun poids»[131]. Pour bien saisir la portée d'un tel réalisme il faut savoir que, comme les traités du XIXe siècle et du début du XXe siècle, la *Convention* éteignait définitivement le titre foncier détenu jusque-là par les signataires autochtones.

Qui donc fut à l'origine d'une telle doctrine? Dans le même ouvrage, quelques pages plus loin, on croit deviner des éléments de réponse à cette question. «Il a donc souvent fallu avoir recours aux conseillers techniques et juridiques pour contribuer à la partie technique des travaux des comités. Dans bien des cas, ces travaux sont d'une nature tellement spécialisée qu'aucun Cri ne possède une formation suffisante pour qu'il

129. Bouchard, S., 1979: 191.
130. Gouvernement du Québec, 1976.
131. La Rusic, I., 1979: 132-133.

puisse participer; les Cris doivent alors s'instruire tant bien que mal avec l'aide des experts qui travaillent auprès d'eux. Voilà un autre procédé lent, et qui n'aide pas à réduire le coût des consultations techniques. Il en résulte en plus que si l'on doit nommer un nouveau membre cri, comme il arrive fréquemment, l'apprentissage est à recommencer; *la continuité des politiques cries tient donc principalement à la présence d'un groupe stable d'experts*»[132].

Voilà où nous en sommes. La Convention de la Baie James, qui devait permettre aux autochtones d'infléchir les décisions gouvernementales, créait d'abord un marché quasi permanent pour ceux qui en avaient conçu les mécanismes. On sait par ailleurs que les autochtones ne consentirent à signer cette Convention que lorsque leurs conseillers les eurent convaincus, comme jadis les missionnaires l'avaient fait lors de la signature des traités, que c'était à prendre ou à laisser[133].

Tshakapesh était ainsi forcé de signer une procuration à l'intention des spécialistes. Sa parole n'a plus cours aujourd'hui dans les antichambres du *pouvoir*, où on avait pourtant promis de l'accueillir. Centres de recherches, thèses, colloques, honoraires de consultants, etc. D'autant plus que le *réalisme* de la Convention devait créer un précédent; «En quelques occasions, le ministre des Affaires indiennes a parlé de la Convention en s'y référant comme un *modèle* à suivre dans les prochains règlements»[134]. Subventions, bourses, etc. Ce genre de *réalisme* plut sans doute aussi aux grands technocrates de Québec; la Convention se présente sous la forme d'une avalanche de comités de tout acabit, véritable labyrinthe administratif où s'enchevêtrent, entre autres choses, les juridictions fédérale et provinciale, et qui aboutit invariablement au bout du compte à un pouvoir décisionnel non-autochtone. Seuls les spécialistes sauront s'y retrouver. Il faudra aussi s'adonner durant plusieurs années à d'importantes études d'évaluation de l'application de ce chef-d'oeuvre de délire administratif.

On comprendra l'amertume de certains anthropologues francophones. Plutôt que de tenir des propos irresponsables sur l'autodétermination des peuples, plutôt que de s'obstiner à considérer que le problème n'en est pas un d'expert mais de politique, n'aurions-nous pas pu faire le nécessaire pour qu'un tel *eldorado* ne soit ouvert qu'aux anglophones? On comprend aussi l'espoir de certains d'entre nous: les Montagnais, *terrain* traditionnel des chercheurs francophones, en sont présentement au point où se trouvaient les Cris en 1973. Encore entachées d'un titre foncier

---

132. *Ibid.*: 136. C'est moi qui souligne.
133. Berger, T.R., 1977.
134. La Rusic, I., *op. cit.*: V-VI.

autochtone, leurs terres sont aussi l'objet de la convoitise des pouvoirs publics et des investisseurs. Que voilà une excellente occasion d'assurer la survie toujours précaire de l'anthropologie en faisant alliance avec les technocraties gouvernementales. Il suffira de bien peser ses mots, de mesurer ses interventions publiques. Eviter surtout que la question cesse d'être vue comme un problème d'experts. Car si chacun se permet d'avoir des idées sur nos rapports avec les autochtones, on risque encore une fois de manquer le bateau. Expressions à éviter: *colonialisme, ethnocide, génocide, autodétermination, racisme*, etc.

Mais *Tshakapesh* en a vu d'autres. D'autant plus couru qu'on aspire à lui régler son compte, l'exotisme a-t-il déjà eu la moindre existence hors du souci de substituer notre imaginaire à celui des autres, notre réalité à la leur? *Tshakapesh*, cible et témoin de quatre siècles d'efforts en ce sens, depuis le goupillon vieillot des disciples de Saint-Ignace jusqu'aux grilles chromées de l'anthropologie des experts. A Saint-Augustin on me disait qu'il était très fort. Cela lui a sans doute permis d'éviter tous les traquenards, d'échapper aux coups de filet les mieux préparés. Il a récemment appris à se méfier des experts-consultants.

2.6. *La face cachée de l'anthropologie*

L'anthropologie serait-elle alors irrémédiablement condamnée à cette perpétuelle complicité avec les pouvoirs, qui n'est peut-être pas sans rapport avec la perte d'intérêt pour les propos qu'elle persiste à vouloir tenir sur les autres? C'est possible, encore qu'il faille y regarder de plus près.

«La littérature scientifique, nous rappelait Michel de Certeau, fait fonctionner comme une représentation mythique le geste fondateur qui est à sa naissance. Elle ne saurait donc introduire dans le discours, comme un objet ou un résultat de procédures rigoureuses, l'acte initial qui a constitué une curiosité en effaçant une réalité. Et, sans doute, elle ne résoudra pas ses contradictions internes tant que ce geste fondateur sera *oublié* ou *dénié*»[135]. L'auteur réfléchissait alors aux études consacrées aux cultures populaires. Presque dans les mêmes termes, mais cette fois à propos de l'anthropologie, Jean Monod écrivait: «Ballottée entre la collecte toujours pressée de nouveaux débris et l'élaboration de théories qui requièrent des moyens matériels et humains de plus en plus considérables, la perspective d'un retour réflexif vers son point de départ effectif paraît de jour en jour plus improbable. Elle [...] espère sans

---

135. Certeau, M. de, *op. cit.*: 73.

doute s'en aviser *trop tard*, quand sa matière aura effectivement disparu. Mais cette matière dure, elle est douée de force lente, et seuls s'en aperçoivent ceux-là qui, peu pressés *d'arriver*, savent encore penser lentement»[136].

Quelles seraient donc ces *contradictions internes* liées au *geste fondateur*, à ce *point de départ* sur lequel Monod désespérait de voir l'anthropologie opérer un *retour réflexif*? Quelle tare congénitale la pousse donc à toujours voir des sociétés moribondes dans les groupes auxquels elle consacre autant d'énergie? De quoi aurait-elle donc omis de tenir compte pour qu'en soit arrivée à lui échapper cette «force lente dont sa matière est douée»? Omission? L'orgueil de l'anthropologie est pourtant d'avoir parlé de tout. Contrairement à ses disciplines sœurs, elle refusa de se cantonner dans le technologique, le démographique, l'économique, le politique, le religieux, etc. L'art, le chant, la danse et la cuisine firent également l'objet de ses propos. Elle ambitionna même, non sans raison, d'intégrer le biologique. Non pas que cette démarche parfois qualifiée *d'holistique* puisse être réduite à de l'éclectisme. D'un auteur à l'autre, au cours de son histoire, elle a laborieusement cherché, souvent avec succès, à débusquer l'impact réel de chacune des nombreuses variables que son projet la conduisait à prendre en considération. La recherche du *système des systèmes* fut même parfois perçue comme un de ses traits spécifiques. Alors?

Sa *contradiction interne* pourrait bien ne pas tenir à une omission, mais à la difficulté qu'elle semble avoir éprouvée de prendre *simultanément* en considération deux dimensions de son objet: *l'imaginaire* des autochtones et la *situation coloniale* dans laquelle ils vivent. Non pas que les anthropologues n'aient pas abondamment traité chacun de ces thèmes. Mais tout se passe comme si, dans le discours global tenu par l'anthropologie, ceux-ci étaient en quelque sorte mutuellement exclusifs. Soit que les auteurs se soient plus ou moins confinés à l'un ou l'autre, soit qu'ils les aient abordés tous les deux en prenant bien soin d'éviter toute contamination entre eux. Dans un cas comme dans l'autre, soit que la dénonciation de la violence coloniale se présentait un peu à la façon d'un hommage posthume, à titre de remboursement d'une dette privée à l'endroit d'informateurs ou d'informatrices dont les sociétés étaient de toute façon condamnées à disparaître, soit que l'imaginaire propre à ces gens en était réduit au rang d'un idéalisme non seulement inapte à favoriser leur libération, mais encore responsable du maintien de l'oppression pesant sur eux. Un peu à la façon d'une escouade anti-terroriste chargée

---

136. Monod, J., *op. cit.*: 404.

de désamorcer une quelconque charge explosive, la corporation des anthropologues s'employait ainsi à tenir éloignés l'un de l'autre ces deux éléments dont la rencontre aurait risqué de faire sauter les plombs de l'Etat subventionnant.

On touche là au *geste fondateur*, à ce *point de départ* sur lequel on comprendra que tout *retour réflexif* puisse apparaître comme une blague de mauvais goût, sinon une trahison à l'endroit de la corporation. L'apparition des chaires d'anthropologie, au milieu du XIXe siècle, répondait à la nécessité de mettre au point une lecture aseptique de situations risquant de compromettre le nouvel ordre économique et social. Pour se prémunir contre la résistance des autres discours culturels, dont l'élimination représentait alors la condition même de l'établissement du sien, l'Etat libéral avait un impérieux besoin d'énoncés à la fois favorables et au-dessus de tout soupçon. A l'idéologie religieuse sur laquelle s'était fondé l'Ancien Régime, on substitua le *naturalisme*. Or la crédibilité même de cette biologie sociale passait par la mise entre parenthèses la plus étanche possible de tout ce qui pouvait en rappeler le contexte d'énonciation, le *geste fondateur*, le *point de départ*. Ainsi se trouvait remisé dans l'arrière-cour du discours savant ce qui en constituait à la fois l'origine et la source permanente. Est-ce un hasard si une telle amnésie évoque celle de cet Etat, dont le souci premier a également toujours été de faire oublier son vrai visage de classe pour apparaître en toute transparence comme l'ineffable reflet de la volonté populaire?

Et qu'importe à l'Etat que l'anthropologie dénonce parfois sa dimension coloniale, pourvu qu'elle se conforme au mandat implicite qu'il lui a confié: tenir éloignés l'un de l'autre le dossier colonial et celui de l'imaginaire. En entretenant ainsi de sérieux doutes sur la pertinence actuelle du discours autochtone, on fait du même coup apparaître comme inévitable le succès du colonialisme. Que ce soit pour le célébrer ou le condamner à finalement assez peu d'importance. Ainsi, depuis ses débuts jusqu'à maintenant, l'anthropologie dresse minutieusement l'inventaire de sociétés dites *moribondes*, contribuant ainsi puissamment à enfoncer dans l'imagination populaire l'inévitabilité de l'ordre nouveau. Les ruines laissées par l'avance de ce dernier se transforment en autant de débris patiemment classifiés de sociétés présumées *mortes de leur belle mort*, et reconstituées ensuite en tableaux de la vie quotidienne dans la fixité morbide des vitrines de ces musées des horreurs entretenus par l'Etat magnanime à l'intention des promeneurs et promeneuses du dimanche.

Pour sortir d'une telle impasse dans laquelle elle ne peut d'ailleurs espérer mieux qu'une existence de plus en plus fantomatique de mauvais amuseur public, l'anthropologie n'a d'autre solution que «d'introduire dans [son] discours [...] l'acte initial qui a constitué une curiosité en effaçant une réalité»[137]. En plus de perdre ainsi sa rigoureuse et inutile vertu héritée du scientisme des Lumières, dont d'ailleurs personne n'est plus tellement dupe, elle soulagera enfin ses dossiers du halo surréaliste ayant jadis fait les beaux jours de son numéro de cirque. C'est alors seulement que, par un procédé qui n'est paradoxal qu'en apparence, l'objectivité avec laquelle elle se croit obligée de nous rabattre les oreilles aura peut-être quelques chances de voir le jour. Sinon elle poursuivra sa chute libre dans une sorte d'absorption manifeste ou déguisée par la technocratie. L'anthropologie doit cesser de couvrir pudiquement l'Etat, afin que la lumière la plus crue en vienne à inonder ses dossiers. Ceux-ci ne feront qu'y gagner en clarté. Et la moisissure arrêtera peut-être d'envahir les divers quartiers de cette discipline.

La difficile et peut-être impossible raison d'être actuelle de l'anthropologie, c'est d'arriver à se libérer des servitudes subtiles et séculaires d'un Etat qui lui assure sa subsistance, en dénonçant sans relâche le caractère éminemment *construit* des certitudes que ce même Etat s'est toujours réjoui de la voir diffuser dans l'opinion publique. De cette façon, plutôt que de s'en tenir au rôle de recenseur de *formes élémentaires* dont une certaine intelligentsia a besoin comme d'un miroir lui renvoyant l'image magnifique de sa culture *avancée*, l'anthropologie pourrait devenir l'interlocutrice privilégiée de multiples tentatives contemporaines cherchant à briser le monopole politique de l'Etat. Son expérience séculaire l'ayant fait côtoyer des sociétés où le *public* et le *privé* tendent à se confondre en dehors de tout appareil d'Etat, il lui suffirait d'un minimum d'imagination pour se défaire du carcan idéologique qui lui inspire cette vénération maladive envers les pouvoirs publics, tout en empêchant ce dernier de mettre à profit son propre savoir.

On peut aussi se demander si ce ne serait pas le refus des anthropologues d'assumer pleinement leur statut de sujets historiques impliqués dans le chassé-croisé constant entre leurs propres sociétés et celles de leurs *informateurs*, qui entraîne la négation d'un tel statut aux hommes et aux femmes des sociétés dont ils réclament d'être vus comme les spécialistes? Ne serait-ce pas ce qui les a finalement confinés dans une position de réceptivité minimale? L'imaginaire de ces voisins, avec toute sa pertinente subversité, nous demeurera *systématiquement* inaccessible si nous persistons à l'immerger d'abord dans le formol de nos grilles aseptisantes, pour éviter qu'il ne trouble l'état d'hypnose dans lequel nos Etats ont réussi à plonger bon nombre d'entre nous.

Démythologiser Tshakapesh, c'est d'abord prendre acte du fait qu'il relève d'un discours dont on avait grand besoin de nous dissimuler la

---

137. Certeau, M. de, *op. cit.*: 73.

pertinence. C'est aussi accepter d'être l'objet du regard de ces hommes et de ces femmes que la raison d'Etat nous avait finalement contraint à définir comme les témoins passifs de plus en plus rares d'un passé révolu, que nos gouvernements tiennent encore dans une tutelle d'acier, que nos forces de l'ordre humilient, frappent et tuent impunément à l'occasion, que plusieurs d'entre nous persistent à voir, selon les circonstances, soit comme d'amusantes survivances du passé, soit comme de dérisoires déchets de l'Histoire. *Démythologiser Tshakapesh*, c'est enfin cesser de souscrire, comme à un axiome, à l'extinction prochaine de ces peuples. Le fait même qu'une telle prédiction revienne périodiquement depuis près d'un siècle devrait suffire à la disqualifier, si elle n'était pas inhérente au geste fondateur du savoir dans lequel elle tire sa substance. «Cette matière dure, elle est douée de force lente, et seuls s'en aperçoivent ceux-là qui, peu pressés d'*arriver*, savent encore penser lentement»[138].

---

138. Monod, J., *op. cit.*: 404.

3.   Tshakapesh dans le discours algonquien

3.1. *La voix autorisée de Penashue Pepine*

Penashue Pepine fut élevé par son grand-père paternel, de qui il disait tenir le récit. Il était âgé de 67 ans quand il me le raconta à La Romaine, en juillet 1970. Dans les jours qui suivirent, un jeune Montagnais de North West River (Matthew Rich) procéda à la transcription du document sonore en langue montagnaise, ainsi qu'à la traduction littérale en anglais. Quand l'une ou l'autre de ces opérations posait quelque problème, M. Rich allait en discuter avec le narrateur. La traduction française est de moi; elle diffère légèrement de celle publiée en 1971[1]. Ce texte écrit ne rend évidemment pas justice à l'énoncé verbal de Penashue Pepine. L'élégance d'une langue classique, le geste, les vibrations de la voix, le corps et les yeux n'auront pas survécu à l'opération.

3.1.1. *Le récit d'un homme*

«Viens avec moi. Allons chercher de l'écorce de bouleau», dit Tshakapesh[2] à son épouse. Et alors ils partirent à pied. Là-bas, au flanc d'une colline, entre des falaises, il y avait des arbres. C'est là qu'ils allèrent. En montant, ils se retrouvèrent devant Katshituasku[3]. Ils furent tués. Leur seul enfant était une fille. Comme ils tardaient à revenir, elle alla les chercher. Elle se rendit bien compte qu'ils avaient été tués[4]. Tout

---

1. Lefebvre, M., *op. cit.*: 78-80.
2. Il s'agit ici du père du héros. Le jeune traducteur s'étonnait d'une telle homonymie. Normalement, disait-il, le fils aurait dû se nommer *Tshakapeshiss* (terminaison diminutive). Il attribuait une telle irrégularité au fait que, à la naissance du héros, son père était déjà mort.
3. Ce monstre est parfois désigné par le terme «*mask^u*: ours (générique), ours noir (Euarctos americanus)» (Mailhot, J. et Lescop, K., *op. cit.*: 106). «Euarctos americanus americanus (Pallas), American Black-Bear; Ours noir (Fr.); *mask* (M.)» (Harper, F., 1961: 99). «**maxkwa*: bear» (Aubin, F.G., 1975: 85).
4. Et dévorés, comme on le verra.

ce qu'elle trouva ce fut son jeune frère[5]. Il était minuscule[6]. Katshituasku n'avait fait que mâcher l'utérus sans le briser. C'est tout ce qu'elle put ramener chez elle[7]. Là elle le déposa dans un grand plat qu'elle referma au moyen d'un couvercle[8]. Mais, ayant fait sauter ce dernier d'un coup de pied, il se dressa. Son jeune frère se leva donc et se mit à vouloir jouer. «Ma soeur aînée, fais-moi un arc», dit-il. Elle lui en fit un petit. Alors il s'amusa à tirer des flèches. Il brisait souvent son arc. Chaque fois que la chose se produisait, elle lui en faisait un plus gros. Pour finir, elle en fit un d'un arbre entier. Il grandit et finit par se demander: «Comment se fait-il que nous n'ayons personne pour prendre soin de nous, ni père ni mère?» Il vint poser la question à sa soeur aînée. «Ma soeur aînée, comment se fait-il que nous soyons seuls? Notre père et notre mère ne sont pas là?» «Comment pourraient-ils y être?, lui répondit-elle. Ils ont été tués par Katshituasku. Je t'ai trouvé. Toi seul n'avais été que mâché.» «C'est donc ça!», dit Tshakapesh. Alors il partit à pied. Il demanda à sa soeur aînée[9]: «Où se tient ce Katshituasku?» «Tu n'en viendras jamais à bout. Ne va pas le voir. Les collines là-bas. Dans un passage encastré entre des falaises. En haut. C'est là qu'il se tient.» «Ça suffit, ma soeur aînée. Tu me remplis d'effroi». Tandis qu'il s'éloignait tout en décochant des flèches, il se disait: «Je ne crois pas un mot de ce que m'a dit ma soeur aînée»[10]. Quand elle lui avait parlé de ça, elle lui avait dit: «Katshituasku te tuera. Ne va pas le trouver». Il avait alors répondu: «J'irai ailleurs». Il prit donc une autre direction[11]. Mais une fois hors de vue, il s'en alla vers Katshituasku. Il n'était pas encore très grand. Il grimpa sur la colline et se retrouva tout à coup dans le sentier de l'ours. Les traces de ce dernier indiquaient qu'il avait marché en zigzag. Plus loin, quand la forêt devenait plus dense, le sentier se redressait. Tout en montant, Tshakapesh chantait: «Je cherche Katshituasku, celui qui a tué mon père et ma mère». C'est ce qu'il chantait. Katshituasku l'entendit. «Ah!, se dit-il, voilà venir en chantant celui que j'avais rejeté»[12]. Il[13] dit à

---

5. Cette femme était enceinte.

6. Par la suite, le narrateur précisa qu'il ne mesurait que quelques centimètres.

7. Dans une conversation ultérieure, le narrateur confia qu'elle l'avait ramené dans un morceau d'écorce.

8. Selon le narrateur, il s'agissait d'un plat en bois recouvert d'un morceau d'écorce de bouleau.

9. Avant de s'en aller.

10. Ce qu'il ne croit pas, c'est que sa vie puisse être en danger. Le narrateur a senti le besoin de préciser ce point, comme l'indiquent les phrases suivantes.

11. Pour tromper sa soeur.

12. Le foetus que *Katshituasku* n'avait pas mangé.

13. *Katshituasku.*

l'ours noir[14] d'aller à sa rencontre. «Dès qu'il te verra, il tombera mort», lui dit-il. L'ours noir se leva et y alla. Tshakapesh l'entendit venir. «Ce n'est pas le bon», se dit-il[15]. L'ours noir sortit de la forêt et dit: «Qui cherches-tu donc?» «Je cherche Katshituasku, celui qui a tué mon père et ma mère. Ce n'est pas toi que je veux voir. Regarde bien ce que je pourrais te faire[16]. Retourne chez toi!» Ce fut ensuite au tour de l'ours blanc[17] d'aller à sa rencontre. «Pourquoi n'irais-tu pas, lui dit-on[18]. Tu as l'air si terrible qu'il va mourir dès qu'il te verra. Va le trouver». Tshakapesh l'entendit se dresser sur ses pattes et s'approcher. «Ce n'est pas le bon», lui-dit-il. «C'est Katshituasku que je cherche, celui qui a tué mon père et ma mère. Va-t-en chez toi». L'ours blanc revint chez lui. «Que t'a-t-il dit?», lui demanda Katshituasku. «Il m'a dit la même chose: Je veux rencontrer Katshituasku qui a tué mon père et ma mère.» «A ton tour Matasho[19], dit Katshituasku. Tu as l'air si terrible. Va le trouver. Il mourra de peur». Matasho se dressa sur ses pattes. Tshakapesh l'entendit venir. «Ce n'est pas encore celui que je cherche à voir». Matasho sortit de la forêt et demanda: «Qui cherches-tu donc?» «Retourne d'où tu viens, répondit Tshakapesh. Celui que je veux voir est Katshituasku, celui qui a tué mon père et ma mère. Regarde bien[20]. De retour chez lui, Matasho dit: «Il m'a fait la même réponse qu'aux autres». «C'en est trop, déclare Katshituasku. Simplement en m'apercevant, il tombera mort». Tshakapesh l'entendit venir. «C'est bien lui cette fois. C'est Katshituasku», se dit-il. Katshituasku descendait[21]. Tshakapesh enterra son arc au pied de la colline. «Il va sûrement m'y repousser quand il se mettra à me flairer et à me lécher»[22]. Katshituasku sortit à son tour de la forêt. L'enfant était couché dans le sentier. Il simulait la mort. «C'est donc lui qui tient tant à rencontrer Katshituasku! Juste à m'entendre venir, il est tombé mort de peur», dit Katshituasku. Il le lécha partout. «Je souhaite qu'il me repousse vers là-bas», pensa Tshakapesh. Katshi-*

---

14. Voir la note 3, page 81.

15. Il l'identifie par le bruit de ses pas.

16. Il le menace sans doute de son arc.

17. «uap pask^w: polar bear» (M. Rich). «*wa:paxkwa: white bear» (Aubin, G.F., *op. cit.*: 151). «uapask^u: ours polaire (Thalarctos maritimus)» (Mailhot, J. et Lescop, L.K., *op. cit.*: 361). «uapashk: ours blanc» (La Romaine, *op cit.*: 403).

18. C'est *Katshituasku* qui parle ainsi à l'ours blanc.

19. Le narrateur voyait là une sorte d'ursidé à poils longs.

20. Il répète sans doute la menace faite à l'ours noir.

21. *Katshituasku* se tient généralement sur une hauteur.

22. Le traducteur avait rendu ce passage par: il va sûrement me repousser là-bas à coups de trompe. A Montréal, il avait manifesté un grand intérêt pour le débat scientifique concernant la nature de *Katshituasku* (réminiscence de mammouth, selon certains). Plus loin, je reviendrai sur ce débat.

*tuasku le repoussa effectivement vers l'endroit où il avait caché son arc,
puis alla le retrouver. «Je souhaite qu'il me repousse encore», pensa à
nouveau Tshakapesh. Katshituasku se remit à le lécher partout, même
sous les bras. Tshakapesh avait peine à ne pas rire[23]. Cette fois Katshituasku le repoussa juste à l'endroit où son arc avait été caché. Alors
Tshakapesh se leva, ce qui fit presque fuir l'autre. «Qui cherches-tu
donc?», demanda Katshituasku. «Celui qui a tué mon père et ma mère.
Katshituasku. C'est lui que je veux voir». L'autre dit alors: «Comment
pourrais-tu le tuer? Il est si dur». «Comment est-il dur?» «Comme cette
épinette rouge qui se dresse là-bas. Ton père fut tué par Katshituasku.
Tire donc sur cette épinette rouge». Tshakapesh décocha une flèche et
l'arbre se brisa en morceaux. Ce qui fit presque fuir l'autre. «Il doit bien
être plus dur que ça! Comment est-il dur?» «Comme la falaise que tu
vois là-bas. L'arête de cette falaise. C'est comme ça qu'il est dur. Tire
donc dessus». Tshakapesh tira une flèche qui arracha l'arête de la falaise.
Cette fois Katshituasku prit vraiment la fuite. Tshakapesh alla récupérer
sa flèche. L'autre dévalait la pente à la course. En le poursuivant, Tshakapesh chantait. Je ne sais pas ce qu'il chantait. Mon grand-père
l'ignorait[24]. Il finit par le rejoindre. Il lui tira une flèche dans la hanche,
ce qui le fit tomber sur le côté. «J'ai vengé mon père que Katshituasku
avait tué», dit-il. «Tue-moi. Cesse de me faire souffrir», implora l'autre.
«N'est-ce pas là simple justice? Ne m'as-tu pas toi-même torturé en tuant
mon père? C'est ma soeur qui m'a trouvé. Le tortionnaire, c'est plutôt
toi». Après lui avoir ainsi parlé, il le tua et l'éventra. Il cherchait les os de
son père et de sa mère, mais ne trouva que leurs cheveux. S'il avait trouvé
les os, il aurait pu les faire revivre. «Ça deviendra des usnées barbues»[25],
dit-il en les lançant dans les arbres. «Que devrais-je ramener?, pensa-t-il.
La tête. Et pour ma soeur? Un morceau d'épaule». Voilà ce qu'il décida
d'emporter. Rendu chez lui, avant même d'entrer sous la tente, il cria à
sa soeur aînée: «J'ai vengé mon père et ma mère, qui furent tués par
Katshituasku». «Tu es allé trouver Katshituasku!», dit-elle. «Oui, j'y
suis allé. Fais-moi rôtir la tête d'ours à la corde[26]. Le morceau d'épaule,*

---

23. Situation absurde. Le monstre tant redouté ne réussit qu'à faire rire, en le chatouil-
lant, l'enfant qui devait mourir de peur en le voyant.

24. Celui de qui le narrateur disait tenir ce récit.

25. «Ces lichens qui pendent comme des chevelures aux branches des conifères», écrivait
le botaniste Jacques Rousseau (Rousseau, J., 1952: 199).

26. «*Shakapueu*, il fait un rôti tourné au bout d'une corde» (Mailhot, J. et Lescop, K.,
op. cit.: 263). «*sakap8an*, rôti à la broche, à la corde» (Silvy, A., 1974: 143). Près d'un feu,
la pièce de viande est suspendue à une corde, dont l'autre extrémité est fixée à quelque
chose (bâton planté à l'oblique, trépied, etc.). De temps à autre on tord la corde qui se
déroule ensuite lentement, assurant à toutes les faces du morceau de viande une exposition
égale au feu.

fais-le rôtir pour toi. Moi, je retourne à la chasse à l'écureuil». L'écureuil, voilà tout ce qu'il chassait[27]. Il s'en alla. Soudain il entendit pleurer sa soeur aînée. «Je me demande ce qu'elle a à pleurer ainsi. Ça doit avoir un rapport avec ma tête d'our». Il l'avait prévenue de ne pas en manger. Mais elle lui avait semblé si appétissante, en cuisant, qu'elle en avait pris une bouchée de chaque côté. C'est alors qu'elle n'avait plus été capable d'ouvrir la bouche. Tshakapesh revint donc vers elle. «Qu'est-ce qui ne va pas?», lui demanda-t-il. Sa bouche était complètement fermée. «Que faire?» Il décida d'utiliser un bâton pour lui ouvrir la bouche. «Elle sera ouverte de trois doigts. C'est ainsi que s'ouvrira la bouche de ceux qui naîtront plus tard», déclara-t-il. Il dota donc sa soeur aînée d'une ouverture buccale grande de trois doigts[28]. «N'en mange jamais plus. C'est l'épaule que tu dois manger», lui dit-il. Puis il retourna chasser l'écureuil. Au retour il mangea sa tête d'ours. Après le repas il dit à sa soeur aînée: «Je vais à la chasse à l'écureuil». Et il s'en alla[29]. A quelque temps de là il rêva. «Ma soeur aînée, dit-il, j'ai rêvé que tu m'avais perdu. Ma flèche était tombée à l'eau. Quand j'ai voulu la récupérer, un poisson m'a avalé». Il alla se promener et tirer de l'arc. Il tardait à revenir. «Ce doit être ce dont il m'a parlé», pensa-t-elle. Elle alla donc à la recherche de son frère, mais ne trouva que son arc et ses flèches. Elle pleura. Ensuite elle fit un hameçon et se mit à pêcher. Elle lança l'hameçon à l'eau. «Truite[30], va mordre à l'hameçon de ma soeur aînée», dit Tshakapesh. Elle sortit le poisson de l'eau. Le premier qu'elle prit avait un gros ventre. Elle en prit plusieurs autres. Sa pêche terminée, elle se mit à les éventrer[31]. Le premier lui avait semblé avoir un gros ventre. Ce fut lui qu'elle ouvrit d'abord. A peine l'avait-elle ouvert que Tshakapesh se projeta hors du poisson. «Ouf! ma soeur aînée, tu as failli me couper», dit-il. Et il s'en alla marcher à nouveau. Le seul gibier qu'il chassait était l'écureuil. Il partit. Soudain il entendit des gens. Il les entendit creuser la glace. «Ma soeur aînée doit bien savoir quelque chose à leur sujet. Je vais aller lui en parler». Il revint et dit: «Ma soeur aînée, j'ai entendu des gens percer la glace». «Oh!, répondit-elle, ne va pas les trouver. Ils chassent le

27. Intrigué de voir un tel héros s'adonner à une chasse aussi triviale, j'en parlai au narrateur. «C'est peut-être parce qu'il avait commencé à chasser très jeune et sans son père», me répondit-il. On rapprochera cette réponse du commentaire du traducteur sur l'homonymie père-fils (voir la note 2, page 81).

28. Le narrateur fit le geste suivant: l'auriculaire retenu par le pouce à l'intérieur de la paume de la main, les trois autres doigts tendus et collés l'un contre l'autre.

29. Le narrateur avait fait partir son héros trop vite. Il se reprend.

30. «matameku, truite mouchetée, Salvelinus fontinalis» (Mailhot, J. et Lescop, K., *op. cit.*: 108); «matamek, trout (book) Salvelinus fontinalis» (Harper, F., 1964: 86).

31. «uanimeshet, ...clean the fish» (M. Rich).

castor géant. Quand quelqu'un s'amène, il lui font attraper le castor[32] qui l'entraîne alors sous l'eau». «Assez, ma soeur aînée. Tu me remplis d'effroi. J'irai ailleurs». Il prit une direction opposée. «Je n'irai pas», avait-il dit à sa soeur aînée. C'est cependant là qu'il alla. «Je ne crois pas un mot de ce qu'elle m'a dit. Je vais aller les trouver», se dit-il. Il se dirigea vers eux. Il parvint au lac. Son arc était bandé. «Voilà un visiteur[33] qui s'en vient, dirent-ils. Laissons-le attraper le castor. Nous nous amuserons bien de le voir entraîné sous l'eau». Tout en approchant, Tshakapesh tirait à l'arc. Sa flèche faisait une courbe. Quand il arriva près d'eux, on lui dit: «Attrape le castor!» «Nous rirons bien quand il sera entraîné sous l'eau», se disaient-ils en préparant l'endroit d'où Tshakapesh devait saisir le castor. «Voilà un visiteur! Attrape le castor». «Comment ça attrape le castor? Moi je n'ai jamais vu faire ça», dit Tshakapesh. «Alors regarde-nous faire. Tu le feras ensuite». Il les observa. Il y en avait un qui forçait le castor à sortir, tandis que deux[34] autres l'attrapaient. «Tu feras ainsi». «D'accord, mais je ne le ferai qu'une seule fois». «Assieds-toi là». Ils lui avaient déjà préparé une place pour s'asseoir. Il l'améliora en enlevant un peu de neige. «Il est très avisé», se dirent certains de ceux qui l'observaient. Une fois bien installé, il cria: «Allez-y». Ils se mirent alors à secouer la cabane. Quand le castor sortit, d'une seule main il l'attrapa et le mit sur la neige. Puis il l'assomma. «Il l'a eu facilement», pensa un des chasseurs. Tshakapesh fixa ensuite une corde à son castor. «Il s'en va!», se dit un autre. «Attends, étranger. On verra bien ce que tu recevras lors du partage. Ils ne te l'ont pas donné ce castor». «Votre castor sera celui que vous tuerez. C'est seulement celui-là que vous pourrez réclamer». Il y en avait un qui le tenait pour l'empêcher de s'en aller. Tshakapesh lui tordit le bras. «Lâchez-le, dirent-ils. Ce doit

32. Technique de chasse au castor qui requiert force et habileté. Pendant que ses partenaires frappent sur la cabane de l'animal pour l'effrayer et le forcer à sortir, l'*attrapeur* attend près du trou pratiqué dans la glace juste au-dessus de la sortie, et sous lequel la bête doit passer à cause d'une série de piquets plantés au fond de l'eau en forme d'entonnoir. Dès qu'une légère vague se forme à la surface de l'eau ouverte, et qu'il sent le dos du castor lui glisser sous la main immergée dans l'eau glacée, l'*attrapeur* referme les doigts pour saisir la queue de l'animal et le hisser rapidement hors de l'eau. Le castor est aussitôt assommé. Un castor mâle adulte pèse parfois jusqu'à 23 kg; ses dents peuvent causer des blessures graves.

33. «*mateo pietutet*, visitor is coming» (M. Rich). «*manteu*, un étranger» (La Romaine, *op. cit.*: 128). Sur la basse Côte-Nord, il m'est arrivé d'entendre *manteu tekushinit* pour annoncer la naissance d'un bébé (un étranger est arrivé). A la variante 5, le foetus du héros est désigné de la façon suivante: *ne matau tshakapesh*.

34. Ces castors devaient être énormes, car il leur fallait se mettre à deux pour les extraire de l'eau. Tout pouvait donc leur laisser croire que l'enfant inexpérimenté (c'est ainsi que *Tshakapesh* leur apparaissait) serait facilement entraîné par le castor.

être Tshakapesh. Tout ce qu'il entreprend, il le réussit». Il revint chez lui en traînant son castor. «Ma soeur aînée, je ramène un castor». «Tu es sûrement allé là-bas!» «J'y suis allé». Puis il repartit. «Fais cuire le castor en mon absence», dit-il avant de s'en aller. Soudain il entendit des gens qui grattaient des peaux[35]*. Il n'y alla pas tout de suite. «Ma soeur aînée doit bien savoir qui sont ces gens. Je vais aller lui en parler». Arrivé chez lui, il dit: «Ma soeur aînée, j'ai entendu des gens là-bas» — «Oh! C'est une femme cannibale. Elle a deux filles. N'y va pas. Leur mère tue. Dès qu'elle aperçoit quelqu'un, elle le tue» — «Assez, ma soeur aînée. Tu me remplis d'effroi». Avant de partir, et sans que sa soeur ne s'en aperçoive, il prit une peau d'oiseau des neiges. Puis il s'en alla dans une autre direction. «J'irai ailleurs», dit-il en partant. Mais une fois rendu dans la forêt, il se dit: «Je ne crois pas un mot de ce qu'elle m'a dit». Il changea alors de direction et alla vers celles qu'il avait entendues. Les filles étaient occupées à gratter les peaux. Elles se mirent à folâtrer*[36]*. Leur mère se tenait dans la tente. Tout en s'approchant, il avait fixé sa peau d'oiseau des neiges sur ses poils. Elle entendit rire ses filles et regarda dehors*[37]*. Elle aperçut son gendre. «Qu'est-ce qui vous fait tant rire, mes filles? Serait-ce un jeune homme?» «Ah!, dirent-elles, un geai s'envole en emportant les poils de caribou que nous lui lançons»*[38]*. «Il ne s'agit pas*

---

35. La préparation des peaux requiert, entre autres opérations, celle du grattage généralement effectuée par les femmes; il s'agit d'enlever les surplus graisseux de la surface intérieure, parfois aussi les poils de l'autre côté (caribou, orignal, castor). Lucien Turner a
fourni une bonne description de ces diverses opérations, ainsi que les outils qu'elles requièrent (Turner, L., *op. cit.*: 293-295).

36. En apercevant *Tshakapesh*.

37. Par l'ouverture de la tente.

38. «*uīskatshān*, geai gris (Periosoreus canadensis)» (Mailhot, J. et Lescop, K., *op. cit.*:
391). «*Oiskitshan* or *Oiskitsan*, Perisoreus canadensis nigricepillus (Ridgway), Labrador
Jay, Whisky Jack» (Harper, F., 1958: 95). «*8ikatchan*, pie» (Silvy, A., *op. cit.*: 108). Animal semi sédentaire, le geai aime se tenir autour des campements pour attraper le moindre
résidu animal. Le grattage des peaux produisant de tels résidus, il était plausible qu'un geai
s'approche des filles. «At Lac Aulneau one, two or three Whisky Jacks were noted nearly
every day from July 23 to August 2, being attracted, as usual, to the camp garbage dump»
(Harper, F., 1958: 96-97). «These birds afford the Indians much amusement by their
boldness in trying to steal meat» (Speck, F.G., 1925: 26, note 1). «Si l'oiseau qu'ils nomment *Ouichcatchan*, qui est quasi de la grosseur d'vne pie, et qui luy ressemble, (car il est
gris aux endroicts que la pie est noire, et blanc où elle est blanche) se presente pour entrer
dans leur Cabane, ils le chassent fort soigneusement, pource, disent ils, qu'ils auroient mal
à la teste. Ils n'en donnent point de raison; ils l'ont, si on les croit, experimenté. Ie les ay
veu prendre le gesier de cét animal, le fendans et regardans dedans fort attentiuement; mon
hoste me dit: Si ie trouue dedans vn petit os d'Orignac (car cét oyseau mange de tout), ie
tueray vn Orignac; si ie trouue vn os d'Ours, ie tueray vn Ours, et ainsi des autres animaux»
(Le Jeune, P., 1972c: 26).

de ça. Il s'est couvert de plumes d'oiseau des neiges». Alors les filles parlèrent à Tshakapesh de leur mère. «Ne mange pas la graisse que t'offrira notre mère. C'est de la graisse humaine. Elle est jaune. Tu ne mangeras que celle que nous te donnerons». Ensuite elles firent entrer son gendre, et le firent asseoir entre elles de l'autre côté[39]. On se mit alors en frais de le faire manger. La mère découpait sa graisse jaune. C'était une cannibale. Quand sa graisse fut découpée, elle dit: «Mes filles, peut-être veut-il en manger?» «N'en mange pas, lui dirent-elles. C'est de la graisse humaine». Cette graisse avait l'air gluante. «Mes filles, j'en ai assez de vous tendre la graisse!» Mais elles ne la prirent pas. «Mes filles, nous allons nous battre. On verra bien comment il est fort». «Ne lui fais rien. Nous voulons l'épouser» — «Je ne lui ferai aucun mal. Tout ce que je souhaite, c'est de me mesurer avec lui». Elle revêtit son costume de combat[40]. Puis elle se saisit de Tshakapesh. «Enlevez-vous de là», dit-elle à ses filles. «Laissez-moi faire», leur dit Tshakapesh. Elles cessèrent de s'interposer. «Je ne combattrai qu'une seule fois avec toi», dit-il à la vieille. «Ne le tue pas», dirent-elles. «Je ne le tuerai pas». Ils commencèrent donc à lutter. Elle s'en saisit sans effort. «Mes filles, il n'est pas fort du tout. Les autres l'étaient beaucoup plus». Puis elle enleva de sa pierre le sable qui la recouvrait. La pierre était maculée de sang. «Ne le tue pas», dirent les filles. C'était justement la pierre sur laquelle elle assommait ses victimes. «Je ne vais pas le tuer», dit-elle. Elle saisit son gendre à nouveau, mais ne put l'arracher du sol. Elle criait: «Mes filles, il est très fort. Tantôt il devait se laisser faire. Il est très fort». Elle essaya à nouveau, mais sans réussir à le faire bouger. Alors Tshakapesh dit: «Je vais maintenant passer à l'attaque. Que devrais-je lui faire? Je ne la tuerai pas si elle devait ensuite vous manquer. Sinon, je la tuerais». «Nous en serions ravies», dirent-elles. Elles prirent le tisonnier. «Lâche-moi, dit-elle à Tshakapesh, elles me font enrager» — «Ne la lâche surtout pas; elle nous tuerait». «Alors attention», dit Tshakapesh. Son gendre la saisit alors, la souleva de terre et la projeta sur sa propre pierre. La voilà assise,

---

39. Selon le traducteur, la mère se trouvait d'un côté du feu, tandis que *Tshakapesh* était assis de l'autre côté entre les deux filles.

40. «*umashitshekupa*, her wrestling coat» (M. Rich). Citant Hind (1863, vol. 2: 13) à propos d'un être maléfique féminin, Lefebvre écrit: «On se la représentait couverte de vêtements *faits de cheveux* des hommes et des femmes dont elle avait causé la mort. On verra que les variantes [...] font allusion à une *robe de combat* que portait la vieille quand elle se battait mais sans qu'aucune caractéristique n'en soit précisée. Il s'agit probablement de cette robe faite des cheveux de ses victimes» (Lefebvre, M., *op. cit.*: 122-123). Le traducteur de la variante 1 rend le terme *umashitsaunkupa* par «son costume de combat»; la variante 24 nous apprend que la sœur du héros l'avait prévenu de ne pas s'approcher des gens qui grattent les peaux, «car il s'agissait d'une femme vêtue de peaux des victimes des géants».

appuyée contre sa pierre. Il l'a tuée. «Allons chez moi, dit-il aux filles. Ma soeur aînée est toujours si seule. Vous lui tiendrez compagnie. Toute la journée elle est seule». Il vécut alors avec elles. Il dit à sa soeur aînée: «Je te ramène des femmes. Elles te tiendront compagnie». «Tu as sans doute tué leur mère!» «Elles m'ont dit de le faire. Et puis ça te fera des compagnes». Il en prit une pour épouse. Ensuite il se prépara à s'en aller. «Je vais chasser l'écureuil. Reste avec ma soeur aînée[41]». Il partit donc. A nouveau il entendit du bruit. Comme des gens qui joueraient à la balle[42]. «Ma soeur aînée doit bien savoir de quoi il en retourne. Je vais aller lui en parler». De retour chez lui, il dit à sa soeur aînée: «J'ai entendu des gens là-bas. Ils jouent à la balle» — «Oh! Ne va pas les trouver. C'est une tête d'ours[43] qui leur sert de balle. Ce sont des Mistapeut[44]. Quand quelqu'un va chez eux, ils lui lancent la tête qui les mord aussitôt» — «Oh! Ma soeur aînée, tu me remplis d'effroi. J'irai ailleurs. Regarde-moi aller». Il prit effectivement une autre direction. Mais dès qu'il fut derrière les arbres, il se dit: «Je ne crois pas un mot de ce que m'a dit ma soeur aînée. J'irai les voir». Il prit cette direction. Leur terrain était bien dégagé et bien nivelé. Un des joueurs faisait montre d'une grande habilité à saisir la balle. Même quand on la lui lançait avec force, il courait, parvenait à l'attraper et la leur renvoyait. Il était très agile. «Je souhaite le prendre celui-là, se dit Tshakapesh. Ma soeur aînée pourrait en faire son mari. Je souhaite qu'on lui lance la tête par ici». C'est justement ce qu'ils firent. Et quand l'habile joueur passa près de lui, il s'en saisit. «Allons chez moi, lui dit-il. Tu épouseras ma soeur aînée. Elle est toujours seule. Tu l'épouseras». Ils voulurent l'empêcher de partir. «Laisse-le donc partir, dit Tshakapesh. Vous pourrez continuer à jouer à la balle». Il n'y a que des hommes ici. Etes-vous des hommes ou des femmes? Vous pouvez continuer à jouer à la balle»[45]. Comme ils refusaient toujours de laisser partir le jeune homme, Tshakapesh en attrapa un et lui tordit le bras jusqu'à ce qu'il se lamente. «Laissez-le donc aller, dirent certains. Ce

41. Il parle sans doute à son épouse.

42. Dans un ouvrage ancien sur les jeux des Indiens d'Amérique du Nord, Culin rapporte divers types de jeux de balle: balle frappée avec les pieds, au moyen d'une raquette, jeu de crosse, jonglerie, etc. (Culin, S., 1975: 561-714). L'auteur cite Cartwright au sujet d'une partie de balle observée au XVIIIᵉ siècle chez les Montagnais de Camps islands (Labrador): «At sunset the Indians amused themselves with playing at ball. This amusement consisted only in tossing the ball at pleasure from ont to another, each striving who should get it» (Cartwright, G., 1792: 237, cité par Culin, S., *op. cit.*: 708).

43. «*ustakuanaskunu tuuatsheut*, with bear head they play ball» (M. Rich).

44. Pluriel de *mistapeu*. «Les Mistapeut sont des êtres géants qui habitent une terre mythique» (Bacon, P. et Vincent, S., 1979: 70). Voir aussi Vincent, S., 1973. Dans son dictionnaire proto-algonquien, Aubin donne la forme *meʔθaːpeːwa* (Aubin, G.F., 1975: 88).

45. Le sens de cette phrase reste obscur (voir la note 204, page 151).

doit être Tshakapesh. Rien ne peut l'arrêter». Il s'en alla donc avec son compagnon. «Allons chez moi. Tu épouseras ma soeur aînée. Elle est seule». En arrivant chez lui, il cria à sa soeur aînée: «Je te ramène un homme; il vivra avec toi. Tu es toujours seule» — «Tu es donc allé là-bas!» — «J'y suis allé. Tu vas te marier. Et moi, je suis toujours seul pour chasser l'écureuil». Ils vécurent là quelque temps. Il ne chassait que l'écureuil. Ainsi vécurent-ils d'écureuils durant quelque temps. Un jour il entendit des gens se balancer[46]. *«Je me demande bien qui sont ces gens, dit-il à son beau-frère. Ne nous en approchons pas. Allons d'abord en parler à ma soeur aînée. Elle doit sûrement savoir quelque chose à leur sujet». Revenu chez lui, il dit à sa soeur aînée: «Nous avons entendu des gens se balancer» — «Oh! Ne va pas les trouver, ils se balancent au-dessus d'une chute, de chaque côté de laquelle sont attachées les cordes. La balançoire va et vient juste au-dessus de la chute. En bas se trouve une marmite d'eau bouillante. Quand on se balance, ils coupent la corde. On tombe alors dans la marmite» — «Assez ma soeur aînée. Tu me remplis d'effroi. J'en ai assez. Nous n'irons pas là. C'est ailleurs que nous irons. Regarde-nous partir». Ils s'éloignèrent dans une autre direction. Il avait emporté sa vessie de graisse*[47] *sans que sa soeur s'en rende compte, et l'avait cachée contre lui. De même que des plumes d'oiseau des neiges. «Allons les trouver, dit-il à son beau-frère. Allons voir ce qu'ils font». Un peu avant d'arriver, Tshakapesh dit: «Nous approchons maintenant. Quand ils nous inviteront sur la balançoire, tu t'abstiendras. C'est moi qui irai. Tu me regarderas faire. Quand ils auront coupé la corde et que je serai rendu dans leur marmite, sois bien attentif aux plumes. Dès*

---

46. Mentionnée par la plupart des variantes montagnaises du corpus, cette balançoire est absente du matériel plus occidental, à une exception près: la variante 49 provenant des Kutenai, un groupe établi dans le nord du Montana et dans l'Idaho. Selon Culin, la pratique de la balançoire est rare chez les Indiens d'Amérique du Nord: «Only four notices of the swing occur, one of which appears to refer to a late and civilized form» (Culin, S., *op. cit.*: 730). Ces quatre cas sont arapaho (groupe linguistique algonquien), pawnee et wichita (groupe linguistique caddoan) et dakota (groupe linguistique sioux). Chez les Arapaho, la référence à la balançoire se trouve également dans un mythe: «Dr A.L. Kroeber relates a flood myth in which Crow-Woman, the wife of a man, urges a girl named River-Woman, whom her husban has taken as a new wife, to go with her to a swing which she had hung on a tree that leaned over a pool in the river. After refusing three times, the girl went and swung, when the rope broke and she fell into the pool and was drowned» (*Ibidem*).

47. «*upitshipiman*, his grease» (M. Rich). «This is the small grease container made of bladder of small animal, which the hunter carries with him. When food is prepared he squeezes a little grease from the bladder into it. It is called *opitcima'n*» (Speck, F.G., 1925: 27, note 3; à propos de la variante 19). Pour la variante 15, provenant du Lac Saint-Jean, Speck donne le terme *opitcipman*, qu'il explique ainsi: petite vessie animale servant de contenant pour la graisse (*Ibid.*: 14, note 1). (Voir la note 203, p. 208).

qu'elles commenceront à flotter en surface et que l'eau se mettra à bouillir, j'ouvrirai mon sac de graisse et celle-ci viendra flotter à la surface. Tu leur diras alors de venir s'asseoir près de la marmite. Tout autour. C'est moi qui me balancerai». Ils continuèrent ensuite d'avancer. «Ah! Des visiteurs nous arrivent. Venez donc vous balancer». «Mais nous n'avons jamais vu faire ça», dit Tshakapesh. «Alors regardez bien comment on fait». L'un d'eux se mit à se balancer au-dessus de la chute. De chaque côté, on le poussait. Le mouvement de va-et-vient se fit rapide. «Vous voyez!, dirent-ils. «Oui, répondit Tshakapesh. Je le ferai, mais une seule fois». Il grimpa sur la balançoire. On lui donna des élans. Il allait maintenant à vive allure. Au plus fort du mouvement, la corde fut coupée. Tshakapesh vint tomber au milieu de la rivière. Plus précisément dans la marmite. Tous accoururent. Le beau-frère guettait la remontée des plumes. L'eau se mit à bouillir. Les plumes firent surface. «Approchez-vous de la marmite, leur dit-il. La graisse va bientôt monter. Vous pourrez alors en prendre». Ils approchèrent. Tshakapesh ouvrit alors son sac et la graisse se mit à fondre. Puis il se dressa, renversant l'eau tout autour. Après quoi il s'épila le corps. Partout. Sauf sur la tête et au-dessus des yeux. «C'est tout ce qu'ils auront de poils, les humains qui naîtront», décréta-t-il. «Allons chez nous», dit-il. Il avait froid. Il n'avait plus de poils. De retour chez lui, il dit à sa soeur aînée: «Ils nous ont fait bouillir. Nous sommes allés nous balancer». «Pourquoi y être allé?» «Simplement pour les voir. Ils nous ont invités à nous balancer. J'ai accepté. Ensuite ils ont coupé la corde. Je me suis retrouvé dans une marmite pleine d'eau bouillante». Il n'avait plus de poils, sauf sur la tête et au-dessus des yeux. Elles lui fabriquèrent des vêtements. De nouveau il partit chasser. «Ne m'accompagne pas, dit-il à son beau-frère. Cette fois j'irai seul». Il retourna chasser l'écureuil. Sa flèche resta prise dans un arbre. Un écureuil grimpait à la course dans cette épinette blanche[48]. Tshakapesh monta aussi pour récupérer sa flèche. Quand il l'eut atteinte, il souffla sur l'arbre. Il entendit alors le sifflement de l'écureuil qui grimpait. «Je me demande bien à quoi ça ressemble là-haut», se dit-il. Il continua sa montée jusqu'à ce qu'il atteigne à nouveau l'écureuil. Il souffla encore et entendit l'écureuil monter en sifflant. Puis plus rien. «Je me demande bien à quoi ça ressemble là-haut», se dit-il. Il continua à monter. Arrivé là où l'écureuil s'était arrêté, il souffla encore et sur l'épinette blanche et sur l'écureuil. Aussi put-il à nouveau entendre ce dernier grimper. Et il l'entendit arriver de l'autre côté[49]. Puis, plus rien. «Je me

48. Il avait du viser cet écureuil.
49. Ce conteur procède de façon allusive. D'autres précisent généralement que c'est le souffle du héros qui faisait croître l'épinette blanche.

demande bien à quoi ça ressemble là-haut», pensa-t-il. Enfin il y arriva.
C'était un autre territoire[50]. *Il alla l'explorer. Il nota ainsi que quelqu'un*
y avait marché. On y trouvait des traces toutes fraîches d'écureuils. Bien
battues, elles allaient dans toutes les directions[51]. *Revenant sur ses pas, il*
vérifia qu'on venait tout juste de passer après lui. «Qui ça peut bien
être?», se demanda-t-il. Il tendit alors un collet[52] *et s'en éloigna un peu. Il*
marchait encore quand la nuit tomba subitement. «Qu'est-ce que c'est?

50. «*assī*: sol, mousse, terre, terrain, territoire, pays» (Mailhot, J. et Lescop, K., *op. cit.*: 32). «*assī*: terrain, région, province, pays» (La Romaine, *op. cit.*: 29). «*asti*, pl. *astiga*: terre, pays» (Silvy, A., *op. cit.*: 19). «**axki*: land» (Aubin, G.F., 1975: 16). «A la manière du terme *terre* [...] *assī* désigne un très grand nombre de réalités. Il réfère aussi bien à l'élément qui s'oppose à *nipī* 'eau', à la surface du globe, qu'à la matière dans laquelle les végétaux croissent, et qui s'oppose par exemple à *ashinī* 'roche' et à *neku* 'sable'. Il survient aussi dans la taxonomie des plantes où il sert d'étiquette à une catégorie de végétaux qui comprend les différentes sortes de mousse et de lichens. Il peut aussi référer à la terre dans le sens du monde, comme on peut le voir dans l'opposition *assīt* 'sur la terre' versus *uāskūt* 'au ciel'. Il désigne également toute étendue à la surface du globe, qu'il s'agisse d'une toute petite portion de cette surface que l'on désignerait en français par le terme *terrain* ou d'une portion plus grande qu'on appellerait *une terre* (comme celle d'un cultivateur) ou d'une surface plus grande encore qui pourrait avoir comme équivalent français soit *région* ou *pays* ou encore le pluriel *terres* et même *continent*» (Mailhot, J. et Vincent, S., 1980: XI).

51. C'était donc un excellent territoire de chasse.

52. Le collet est largement utilisé par les chasseurs pour attraper diverses espèces animales (lièvre, lynx, orignal, etc.). Comme le confiait un Attikamek à John M. Cooper, «We set snares only for those animals whose heads are larger than their necks» (Cooper, J.M., 1938: 5). Dans le sentier qu'emprunte l'animal, on fixe un noeud coulant fait de brins végétaux, de cuir ou de tendon (plus récemment on utilise du fil de métal: laiton, fer, etc.). Pour le lièvre, le noeud est suspendu à quelques dix centimètres du sol, l'autre extrémité de la corde est retenue à un morceau de bois assez fort pour résister aux efforts déployés par le gibier en vue de se libérer. On mentionne généralement deux catégories de collets à lièvre: le *collet fixe* et le *collet à ressort*. Sur la base d'observations faites à Mistassini, Edward S. Roger a ainsi décrit le collet fixe pour le lièvre: «Stationary hare snares [...] were in common use in 1953-54. A pole was inclined across a hare runway at right angle to it. To the pole a copper wire noose which hung directly over the runway was attached, and on either sides of the noose a vertical stick was erected. Beyond these were small twigs placed to form a barrier extending for about a foot. Two small sticks were located under the noose, placed either vertically or crossed, and moss was placed at the base of them. The sticks forced the hare to jump and become entangled in the noose» (Roger, E.S., 1967: 76). On doit au même auteur la description suivante du collet à ressort pour le lièvre: «Stakes supporting a crossbar were set on either sides of the path. At one side of the trail, a sapling, if convenient, was trimmed of its branches, or was erected. The tree was bent, and a noose was attached to the end. The noose was then secured to the crossbar and was held open with small twigs. The hare, on becoming entangled in the noose, released the knot [...] securing the noose to the crossbar. This then freed the bent pole which automatically straigthened, lifting the animal into the air» (*Ibidem*: 77). Pour Cooper, «The lifting pole serves more than one purpose. It effactually completes the strangling operation. It prevents the animal from gnawing the snare line. It lifts the snared animal out of reach of animal prowlers»

Peut-être mon collet». Il y alla à la course. Le soleil[53] y était pris et s'y débattait. Il se mit à en lancer[54]. L'écureuil s'y brûla. Il lança la souris pour qu'elle coupe le collet. La dernière ainsi lancée fut la musaraigne masquée[55]. Elle réussit. «Ouf!, se dit-il. J'ai presqué tué le monde[56]». Ensuite il redescendit chez lui. «Nous vivrons là-bas. L'écureuil y est abondant». Rendu chez lui, il dit: «Ma soeur aînée, j'ai trouvé un territoire là-haut». Ils décidèrent d'y aller. Le lendemain, quand ils furent au pied de l'épinette blanche, il leur dit: «Il y a beaucoup d'écureuils là-haut». Son beau-frère grimpa le premier. Ensuite vint son épouse. Puis sa soeur aînée. Tshakapesh fermait la marche[57]. «Je monterai le dernier, dit-il. Quand le vertige vous fera tomber, je vous saisirai au vol». Il leur dit qu'il les attraperait au vol si le vertige les faisait tomber. Ils grimpèrent et arrivèrent là-haut. «Je me demande bien quoi faire de l'arbre? Quand l'humain de l'avenir passera par ici, c'est bien sûr qu'il cherchera à grimper. Je vais donc le souffler». Il souffla sur l'épinette blanche, qui reprit sa taille originale. «Allez là où vous serez dorénavant, dit Tshakapesh. Moi, je me tiendrai dans la lune[58]». Son beau-frère, il le plaça dans l'étoile du matin[59]. C'est là que tu seras», lui dit-il. Quant à sa soeur aînée

(Cooper, J.M., op. cit.: 32-33). Selon des informations recueillies chez les Attikamek de Obidjiwan, «Various bait are used, where baits are used at all. In summer John Iserhoff uses no bait at all for rabbit snare; the snare is just set up in a rabbit runway. In winter he used birch branches as bait, the rabbit being partial to birch bark as winter food» (Ibidem: 36). Chez les Cris de Moose Factory, la même auteur avait appris de Willy McLeod qu'il utilisait en hiver, somme appât, «willow, especially wī'jubi ('grey willow', salix bebbiana Sargent)» (Ibidem). Le chasseur s'efforcera souvent de faire disparaître toute odeur humaine du collet, en le frottant au moyen d'essences végétales (feuilles, écorces, etc.). Enfin, «For moonlight nights, [...], the wire [lorsqu'il s'agit de fil métallique] is blackened with birchbark smoke, so it will not shine» (Ibidem: 32).
53. «pishimu, the sun» (M. Rich).
54. Il lança des petits animaux pour qu'ils coupent le collet et libèrent ainsi l'astre.
55. «tshĭnistuī-āpikushĭsh, musaraigne masquée» (Sorex cinerus) (Mailhot, J. et Lescop, K., op. cit.: «tsinistoapokloshish, Sorex cinereus, Kerr» (Harper, F., 1961: 31). Pour les Montagnais, la musaraigne masquée est vue comme une sorte de āpikushĭsh au museau effilé. āpikushĭsh, souris (générique) (Mailhot, J. et Lescop, K., op. cit.: 21). Ce dernier terme semble renvoyer à l'idée de découdre en coupant; āpikusham, il découd quelque chose en coupant (Ibidem). tshĭnistuī renvoie à quelque chose d'effilé, décrivant sans doute le museau pointu de cette espèce.
56. «tshekat nepatain asii, almost I killed the earth» (M. Rich). Voir la note 50, page 92.
57. Où est donc passée l'autre femme?
58. «nin kata'an pishimut, It will be in the moon» (M. Rich). On aura noté que M. Rich traduit ici par «lune» le terme qu'il avait antérieurement traduit par «soleil». Il n'y a sans doute là aucune erreur de sa part. Je reviendrai plus loin sur cette difficulté.
59. «uapanutshekatashk, l'étoile du matin» (La Romaine, op. cit.: 402).

et à sa femme, je me demande bien où ils les a placées. C'est tout. Ça se
termine là.

3.1.2. *Un récit venu de loin*

Le héros dont parlait Penashue Pepine était inscrit dans un certain
réseau social: son père, sa mère et ses neveux ou nièces[60], avec lesquels ses
relations furent réduites au minimum (ses parents moururent avant sa
naissance et il tua les enfants de sa sœur dès qu'elle les eut mis au
monde); sa sœur, qui lui servit de substitut parental tout au long de son
existence terrestre; enfin un beau-frère, une belle-sœur et une épouse.
Les relations de filiation disparaissent, au profit de celles entre germains
et entre conjoints[61]. Les trois personnages reliés au frère et à la sœur
proviennent d'un monde peuplé d'êtres généralement hostiles, que le
héros dut affronter au cours de son existence. Ce sont dans l'ordre le
super-ours qui dévora ses parents, la truite qui l'avala, les chasseurs de
castors, la femme cannibale, les joueurs de balle, les gens à la balançoire
et l'astre pris au collet.

Un examen non exhaustif de divers rapports de terrain et de collections
déjà publiées a permis de retrouver quarante-neuf contes relatant au
moins une des aventures périlleuses du héros de Penashue Pepine. De ce
corpus de variantes, 91,8% proviennent de groupes dont les langues sont
apparentées à la grande famille linguistique algonquienne (Montagnais,
Cris, Attikamek, Algonquin, Ojibwa, Menomini)[62]. Les Tchippewayan
du Nord-Ouest canadien (famille linguistique athapascane) y sont repré-
sentés dans une proportion de 6,1%. Enfin, une variante provient des
Kutenai du Montana[63]. Les aires géographiques de ces trois familles
linguistiques sont contiguës. Pour la très grande majorité de ces variantes, je ne disposais que d'un texte anglais (37/49) ou français (6/49).
Quatre autres se présentaient sous la forme d'une transcription en langue
indienne accompagnée d'une traduction soit anglaise soit française.

---

60. Le sexe des enfants de sa sœur n'est pas mentionné.

61. La variante 11 fait exception: le héros a un fils et une bru.

62. Ces termes ont peu à voir avec la façon dont ces groupes se désignent eux-mêmes, les
uns les autres. Ils utilisent généralement une expression composée d'un toponyme (souvent
un cours d'eau) et d'une des variations dialectales de la forme proto-algonquienne *ileniwa*
(Aubin, G.F., *op. cit.*: 35): *innu, ilu, iriniu*, etc. (Voir la note 82, page 56).

63. «A group having a distinct language, sometimes called Kitunahan, having some
similarities to Shoshonean. They lived in northern Montana and Idaho» (Stoutenburgh,
J.L., 1940: 205).

Enfin, deux variantes étaient partiellement transcrites en indien, partiellement en anglais. A une exception près (Kutenai), les variantes partiellement ou totalement transcrites en langue indienne étaient étroitement apparentées à l'énoncé de Penashue Pepine; il s'agit de cinq récits montagnais, dont quatre proviennent de North-West River et un de Natashquan. Compte tenu de ce fait, qui n'est pas sans rapport avec mon investissement dans l'extrême nord-est américain, j'ai cru bon d'intégrer le récit de Panashue Pepine à ce groupe de cinq variantes montagnaises partiellement ou entièrement transcrites en langue indienne. Autour de ce noyau auquel je m'en tiendrai le plus possible, j'ai disposé les quarante-quatre autres variantes en cercles concentriques déterminés en fonction de la distance géographique et culturelle les séparant du noyau:

cercle 1

Immédiatement autour du noyau se trouvent trois variantes montagnaises particulièrement proches du récit de Penashue Pepine. La raison pour laquelle je les ai exclues du noyau est qu'elles ne sont disponibles qu'en français. La première fut recueillie au même village (La Romaine), en 1967, auprès d'un autre narrateur. La seconde vient de Saint-Augustin. La troisième, de Mingan. Ces trois communautés sont situées sur la basse Côte-Nord du Saint-Laurent.

cercle 2

Les huit variantes concernées nous sont parvenues grâce au jésuite P. Le Jeune (vers 1637), à l'anthropologue F.G. Speck (entre 1912 et 1921) et à son collègue W.S. Strong (1930). Il s'agit encore de variantes montagnaises, disponibles cette fois en anglais ou en français. A l'exception de celle de Strong, trouvée sur la côte atlantique, ces variantes proviennent de la partie occidentale du territoire montagnais (Québec, Tadoussac, Lac Saint-Jean, Escoumains).

cercle 3

Avec ces treize variantes disponibles en anglais, nous quittons la tradition montagnaise proprement dite pour pénétrer dans le monde des Cris du Nord-Ouest québécois. J'ai placé dans ce groupe une version recueillie chez les Indiens récemment appelés Naskapi, et que plusieurs considèrent comme des Cris.

cercle 4

Les Attikamek sont également immédiatement voisins des Monta-

Carte n° 4: *Localisation des variantes.*

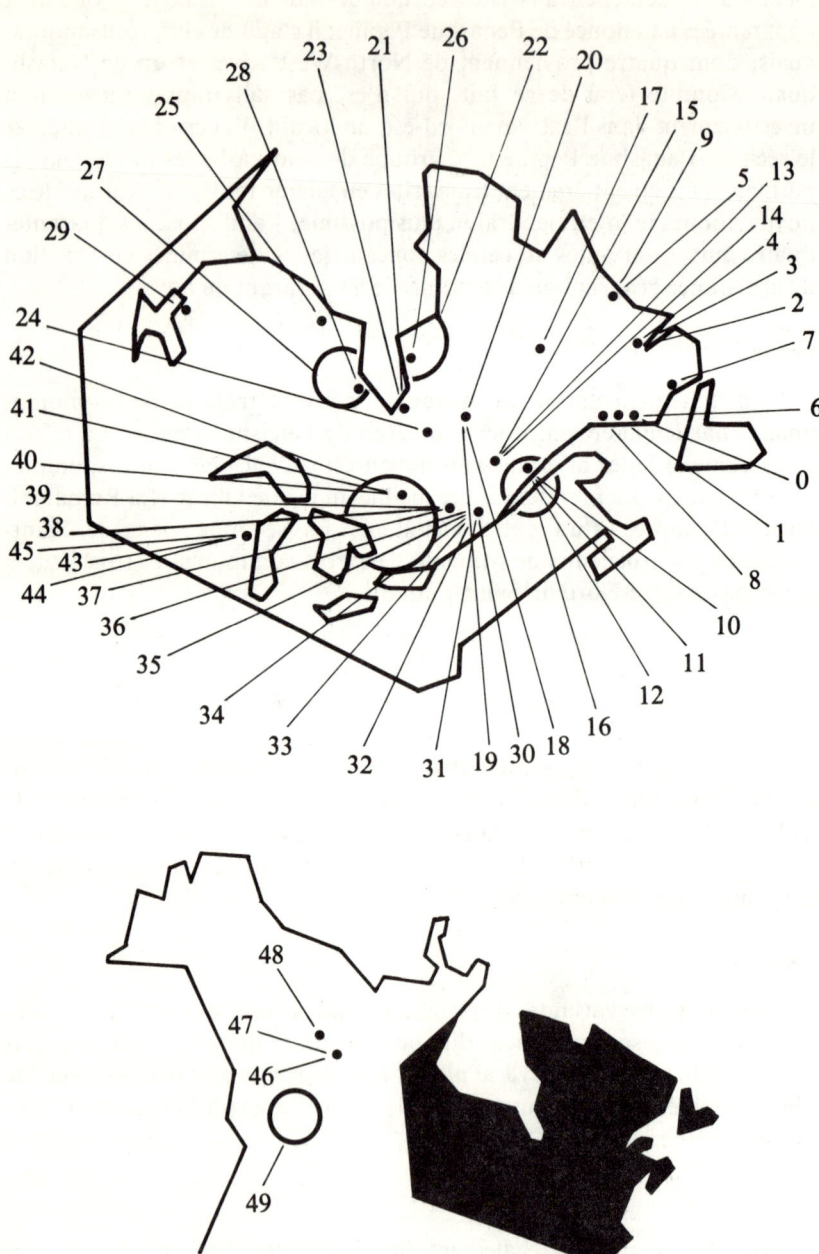

Tableau n° 1: *Coordonnées du corpus*

I	II	III	IV	V	VI	VII	
0	TSHAKAPESH	1970	La Romaine	mo	ALG	I-F	
1	,,	1978	Natashquan	,,	,,	,,	
2	,,	1963	Northwest River	,,	,,	I'-A	NOYAU
3	,,	1967	,,	,,	,,	,,	
4	,,	,,	,,	,,	,,	I-A	
5	,,	,,	,,	,,	,,	,,	
6	,,	,,	La Romaine	,,	,,	F	
7	,,	1973	St-Augustin	,,	,,	,,	CERCLE 1
8	TSHAKAPISH	1968*	Mingan	,,	,,	,,	
9	DJÁKABISH	1930*	Davis Inlet	,,	,,	A	
10	TSƏQA'BEC	1915-21	Tadoussac-Escoumains	,,	,,	,,	
11	,,	,,	,,	,,	,,	,,	
12	,,	1919	,,	,,	,,	,,	
13	,,	1915-21	Lac St-Jean	,,	,,	,,	CERCLE 2
14	TSƏKA'BEC	,,	,,	,,	,,	,,	
15	,,	1921	,,	,,	,,	,,	
16	TCAKABECH	1632-37	Québec-Tadoussac	,,	,,	F	
17	TSHAHAPASH	1967	Schefferville	cr	,,	A	
18	TSƏKA'BEC	1915	Mistassini	,,	,,	,,	
19	,,	,,	,,	,,	,,	,,	
20	TSƏKABEC	1915-21	,,	,,	,,	,,	
21	TCIK'APIS	1920*	Rupert House	,,	,,	,,	
22	CHAKAPESH	1895	,,	,,	,,	,,	
23	CHAKAPASH	?	,,	,,	,,	,,	CERCLE 3
24	CHA-KA-BAESH	1896	Waswanipi	,,	,,	,,	
25	CHAKAPASH	1892	York Factory	,,	,,	,,	
26	CHIKAPASH	1965*	Fort George	,,	,,	,,	
27	CHA-KAPESH	?	Bay James	,,	,,	,,	
28	TCIKÁPIS	1910*	Albany	,,	,,	,,	
29	(non nommé)	?	Norway House	,,	,,	,,	
30	TCAKABISH	1933	Manouan	at	,,	F	
31	TCIKABIS	1925	St-Maurice	,,	,,	A	
32	,,	,,	,,	,,	,,	,,	
33	,,	,,	,,	,,	,,	,,	CERCLE 4
34	,,	,,	,,	,,	,,	,,	
35	,,	,,	,,	,,	,,	,,	
36	,,	,,	,,	,,	,,	,,	

I	II	III	IV	V	VI	VII	
37	TCAKABESH	,,	Grand Lac Victoria	al	,,	,,	
38	,,	1926	,,	,,	,,	,,	CERCLE 5
39	,,	,,	,,	,,	,,	,,	
40	TCAKA'BIS	1913*	Ontario Nord	oj	,,	,,	
41	(non nommé)	,,*	,,	,,	,,	,,	CERCLE 6
42	,,	1830*	?	,,	,,	,,	
43	,,	1910*	Wisconsin	me	,,	,,	
44	,,	,,*	,,	,,	,,	,,	CERCLE 7
45	,,	1890*	,,	,,	,,	,,	
46	,,	1880*	Athabasca	tc	ATH	F	
47	AYÁS	1910*	,,	,,	,,	A	
48	TUMAXALE	,,*	Peace River	,,	,,	,,	CERCLE 8
49	TSA'KAP	1891	Montana	ku	KUT	I-A	

Légende

I	variante	me	menomini
II	nom du héros	tc	tchippewayan
III	date de cueillette	ku	kutenai
IV	lieu de cueillette	ALG	algonquien
V	groupe	ATH	athapascan
VI	famille linguistique	KUT	kutenai
VII	transcription disponible	I	indien
mo	montagnais	I'	partiellement indien
cr	cris	F	français
at	attikamek	A	anglais
al	algonquin	*	information imprécise
oj	ojibwa		

gnais. Ils ont fourni sept variantes, dont six nous sont parvenues en anglais et une en français.

cercle 5

Avec ces cinq variantes, il semble que nous franchissions un écart culturel plus significatif. Bien qu'apparentés culturellement et linguistiquement aux Montagnais, aux Cris et aux Attikamek, les Angonquins se ressentent de la forte culture ojibwa du nord des Grands Lacs. Ces variantes ne sont disponibles qu'en anglais.

cercle 6

Du monde ojibwa nous sont parvenues en anglais trois variantes.

cercle 7

Plus au sud, au Wisconsin, un autre groupe algonquien (Menomini) a livré trois variantes disponibles en anglais.

cercle 8

Avec ce dernier cercle, nous quittons le vaste monde algonquien. Il est constitué de trois variantes provenant de groupes du Nord-Ouest canadien parlant des langues apparentées à la famille linguistique athpascane (dont deux sont en anglais et une en français), ainsi que d'une variante du Montana venant d'un groupe dont la langue n'est apparentée à aucune autre famille linguistique amérindienne. Cette variante kutenai est disponible et en anglais et en langue autochtone.

Certaines des variantes relatent les sept aventures mentionnées dans le récit de Penashue Pepine. D'autres n'en rapportent que quelques-unes. D'autres enfin se limitent à une seule. Cette segmentation du récit est généralement le fait des narrateurs ou des narratrices. Toutefois, dans certains cas, il se pourrait qu'un collectionneur ait présenté comme autant de contes séparés les divers épisodes d'un même récit. Les variantes rapportant plusieurs aventures ne le font pas toujours dans l'ordre choisi par Penashue Pepine. A l'exception des rencontres avec le super-ours et l'astre, qui se présentent respectivement presque toujours en position initiale et finale, les autres aventures sont disposées dans un ordre variable selon les narrateurs et les narratrices. Il arrive même parfois qu'une de ces aventures soit insérée dans une autre. Par exemple, l'incident du poisson-avaleur apparaîtra entre les deux rencontres avec le super-ours: le meurtre des parents et la vengeance du fils. Parfois aussi deux de ces aventures seront reliées comme les maillons d'une chaîne: les derniers éléments de l'une surgissant au sein d'une autre, ces deux aventures étant parfois séparées par quelques autres. Mais de façon générale on dispose d'une aventure avant d'en aborder une autre et, à l'exception des rencontres avec le super-ours et l'astre (le plus souvent en position initiale et finale), les aventures se présentent en ordre variable. Le tableau suivant aidera à se faire une idée de ce phénomène. Il est basé sur l'ordre de succession des aventures adopté par Penashue Pepine, soit:

A   super-ours
B   poisson avaleur
C   chasseurs de castors
D   femme cannibale
E   joueurs de balle
F   gens à la balançoire
G   astre piégé.

On pourra y vérifier la très grande stabilité positionnelle des aventures A et G. Pour ce qui est de la portion montagnaise du corpus (noyau + cercles 1 et 2), les variantes comportant plus d'une aventure non seulement privilégient ces deux-là, mais les situent toujours en position initiale et finale. Pour ce qui est du cercle 3 (Cris), six des variantes contenant ces deux aventures se conforment à ce modèle. Quant aux cinq derniers cercles (4, 5, 6, 7 et 8), ils renvoient le plus souvent à des variantes à aventure unique (14 sur 20); deux des six autres adoptent également l'ordre montagnais. Ainsi, sur les vingt-cinq variantes du corpus contenant plus qu'une aventure, dix-huit placent celle du super-ours (A) au début du récit et celle de l'astre piégé (G) à la fin.

On verra que le récit est *monté* comme une sorte de trajectoire circulaire faisant d'une certaine façon coïncider ses points de départ et d'arrivée.

Ce phénomène de segmentation du récit remet en question l'identité même des unités comptabilisées dans le corpus: *mythes, partie de mythes ou groupes de transformation*[64]? Se pourrait-il que les éléments d'un *groupe de transformation* soient énoncés tantôt d'un seul trait, tantôt en diverses occasions? On pourrait aussi imaginer que dans telle ou telle région périphérique on n'utiliserait qu'un ou deux éléments du *groupe*, quitte à les combiner avec d'autres tout à fait inédits pour en arriver à

---

64. Pour employer la terminologie de l'analyse structurale des mythes.

Tableau n° 2: *Rang des aventures (base de comparaison: variante 0)*

VARIANTES			AVENTURES					

0	A	B	C	D	E	F	G	
1	A	B	A	C	F	E	D	G
2	A	B	A	D	F	C	G	
3	A	B	F	C	D	G		
4	A	D	F	C	B	G		
5	A	C	F	D	B	G	C	G

NOYAU

6	A	B	A			
7	A	E	D	C	B	G
8	A	B	A	D	E	C	F	G

CERCLE 1

9	A
10	G
11	G
12	D
13	F
14	G
15	D
16	A	G

CERCLE 2

17	A	F	D	C	B	G	C	G
18	G
19	D
20	A
21	A	B	C	D	G
22	A	G
23	B	G	A

CERCLE 3

VARIANTES   AVENTURES

24	A	C	D	F	G	
25	D	B	G	A		
26	A	B	C	D	A	G
27	A	C	G			
28	A	B	A	D	C	G
29	A	B	G	A		

30	D	G	
31	A		
32	B		
33	D		CERCLE 4
34	D		
35	A	G	
36	C		

37	A		
38	C		CERCLE 5
39	G		

40	C		
41	G		CERCLE 6
42	A	G	

43	G		
44	A	G	A	CERCLE 7
45	G		

46	G		
47	G		
48	G		CERCLE 8
49	B	F	C	A

former un nouveau *groupe de transformation*[65]. Si le *groupe* a une priorité logique par rapport à ses éléments constitutifs (les *mythes*), sa genèse concrète pourrait se faire à partir des *mythes* eux-mêmes. Alors, au lieu de parler de segmentation et de non-segmentation, il conviendrait peut-être d'y voir un processus de concrétion plus ou moins avancé selon les cas. Quant au *groupe de transformation*, cette combinatoire dont on s'est parfois demandé si elle ne relevait pas exclusivement de la méthode d'analyse, on pourrait en retrouver la trace dans le fait que ses diverses composantes seraient centrées sur un même personnage, en l'occurrence *Tshakapesh*. Ainsi en serait-il de cet autre personnage légendaire montagnais (Carcajou), dont les diverses aventures racontées bout à bout ou séparément forment une version de ce que des spécialistes ont déjà proposé d'appeler le *cycle du Trickster*[66]. Si tel était le cas, il faudrait revoir l'idée voulant que la combinatoire inhérente au *groupe de transformation* échappe à la conscience des usagers. Ce n'est pas parce que celle qu'ils en auraient en arrive à s'exprimer en des termes différents de ceux des analystes qu'elle n'aurait aucun droit à l'existence. *Mythe* ou *groupe de transformation*, le récit de Penashue Pepine sera examiné ici dans la perspective suivante: il avait pour lui et les siens une signification actuelle dont il voulait me faire part quand il me le raconta. Cet homme n'avait rien d'une sorte d'amplificateur rapportant mécaniquement et sans trop les comprendre les conversations que des *mythes*, aux étages inconscients de son esprit, auraient tenues entre eux.

3.2. *La Terre-Mère*

La stabilité positionnelle des aventures A et G dans le corpus n'a rien d'étonnant: elles correspondent respectivement à l'arrivée sur terre du héros et à son départ vers le ciel empyré. En plus de *Tshakapesh* et de sa soeur[67], qu'on retrouvera lors de chacune des autres aventures, ces portions extrêmes du récit font état de deux personnages auxquels s'en prend le héros: un super-ours en position initiale (A) et un astre en position finale (G). En plus de ces quatre vedettes, on trouve en A les parents du héros et les divers émissaires du super-ours, en G les acolytes du héros (musaraigne, etc.) et les conjoints de ce couple frère-soeur. C'est cepen-

---

65. Ce pourrait être le cas des variantes 25 (Cris du nord du Manitoba), 44 (Menomini du Wisconsin) et 48 (Athapascan du nord de l'Alberta).

66. Savard, R., 1974.

67. Dans certaines variantes éloignées du noyau du corpus, la soeur est remplacée par la mère ou la grand-mère du héros (vg. variantes 40 et 43).

dant entre *Tshakapesh*, le super-ours et l'astre que la véritable partie se joue.

3.2.1. *Un héros «assinien»*[68]

A trois siècles d'intervalle deux dictionnaires montagnais-français mentionnent le nom du héros: «*Tcakabech*, nom de garçon fabuleux» (1674-1678)[69] et «*Tshakāpesh*, nom du héros d'une légende» (1977)[70]. Dans le corpus utilisé par le présent ouvrage, quarante-trois des cinquante variantes nomment le personnage central[71]. Sur ces quarante-trois noms, quarante sont nettement apparentés à celui que prononçait Penashue Pepine (*Tshakapesh*). Les sept variantes muettes à ce sujet se situent pour la plupart au-delà du cercle 5. Les trois variantes provenant de familles linguistiques non-algonquiennes attribuent au héros les noms suivants: *Ayás* et *Tumaxale* (famille athapascane), *Tsa'kap* (famille kutenai). On aura noté la consonnance algonquienne de ce dernier nom mentionné par la variante sans doute la plus éloignée du récit de Penashue Pepine. L'ancienneté du terme *Tshakapesh* est attestée par le dictionnaire de Silvy, et amplifiée de quelques quarante ans par la mention qu'en fit le jésuite Le Jeune (1632-1637)[72]. De sa signification, on sait très peu de choses. Speck proposa quelques traductions. Selon lui les Montagnais du Lac Saint-Jean et de Mistassini le traduisaient par «young man who draws a line (cord) behind him; young man who trails a line»[73]. Ceux de Tadoussac lui auraient par ailleurs proposé «finished man»[74]. Speck aurait aussi entendu «small man»[75]. Ces deux dernières hypothèses renvoient à des traits du personnage évoqués dans le corpus. En effet, «homme accompli» sied très bien à ce héros incarnant de multiples façons le premier être réellement humain, véritable Adam algonquien (perte de toison, origine du vêtement, etc.). Quant à l'expression «petit homme», elle correspond également à ce que prétendent plusieurs variantes; de façon plus précise, elles nous apprennent que le héros peut modifier sa taille à volonté dans le sens du nanisme ou du gigantisme. Pour endormir ses adversaires, il se présente souvent à eux sous la forme d'un

68. Je me permets ce néologisme, construit à partir du terme montagnais *assī* (Voir la note 50, page 92).

69. Silvy, A., *op. cit.*: 153.

70. Mailhot, J. et Lescop, K., *op. cit.*: 324.

71. Voir le tableau 1, page 97.

72. Variante 16.

73. Speck, F.G., 1925: 3, note 2; 1935: 54.

74. Speck, F.G., 1925: 3, note 3. Variante 11.

75. Speck, F.G., 1935a: 54.

jeune enfant. Mais dès que l'autre ainsi mis en confiance passe à l'attaque, *Tshakapesh* se transforme en géant. Après que le super-ours eut flairé le bébé prétentieux voulant s'en prendre à lui, apprend-ton à la variante 3, *Tshakapesh* devint plus grand qu'une épinette blanche. Pour ce qui est de la première hypothèse (*jeune homme traînant une corde*), elle ne peut manquer de nous rappeler la fin du récit, quand le héros emporte une corde pour piéger l'astre. Elle s'accorde aussi avec la seule autre traduction proposée par le corpus, soit l'*araignée* (variante 17). Toutefois la variante 43 montre le héros descendant du ciel au bout d'une corde, dont l'autre extrémité vient d'être passée au *cou* du soleil. Et selon la variante 11, *Tshakapesh* se retrouve «pendu par un pied au bout d'une corde». Ce sont là les trop rares éléments actuellement disponibles quant à la signification de ce nom. Speck avouait son impuissance; il s'agirait d'un terme ancien, «possibly one that cannot be accurately etymologized»[76].

La naissance d'un héros se doit d'être un peu spéciale. Arraché du ventre de sa mère avant la fin de la gestation, par un super-ours qui s'en défait aussitôt comme d'une quantité négligeable, il est aussitôt recueilli par sa sœur. A l'exception de la variante 2, selon laquelle cette fille se contente de déposer le fœtus à la chaleur, les cinq autres variantes du noyau nous disent qu'elle le mit dans un contenant le plus souvent refermé. Comme c'est là qu'il termine sa croissance utérine, le contenant doit être remplacé à quelques reprises par un plus grand. La nature de ces contenants change d'une variante à l'autre: écorce de bouleau (0), souche évidée (3), récipient de bois ou de métal (1, 4, 5). Pour ces derniers, le terme le plus souvent employé est *assik*u[77]. La variante 1 utilise le terme *unakan*[78], qui semble désigner plus particulièrement un plat en bois. Selon la variante 4, le tout premier contenant aurait été un sac à amorce[79]

---

76. *Ibidem*.

77. «Vaisseau, casserole, chaudière» (Mailhot, J. et Lescop, K., *op. cit.*: 32). «*astik8*, chaudière» (Silvy, A., *op. cit.*: 19). «*assiuk*, une chaudière, un seau» (La Romaine, *op. cit.*: 30).

78. «*unakan*, plat, récipient, vaisselle» (Mailhot, J. et Lescop, K., *op. cit.*: 399).

79. «*nekapimiutit*: a cap box» (M. Rich). «Before the general acquisition of rifles of the modern type the Indians of the whole northern region used the muzzle-loading guns discharged by means of the cap lock. This required carrying with them in the field the pouch containers for shot, percussion caps and powder [...]. The shot pouch, which is the larger of the two, is known everywhere among the bands as *pi'tɑcəna'n*, the cap bag as *ma'təcanan*, 'match bag', or *ka'pmiuc*, 'cap container'. [...] The cap pouch is large enough for two fingers. For the percussion caps and leaden shot, pouches were made to hang suspended on the front of the body held by a cord or bandolier passing around the neck» (Speck, F.G., 1935a: 213, notre soulignement). Le terme montagnais pour «munition» est *ashinī*, qui désigne aussi la pierre, la roche, le minérai (Mailhot, J. et Lescop, K., *op. cit.*: 28).

sans doute fabriqué en peau d'animal. Dans le cercle 1, la variante 7 parle de contenants en écorce de bouleau appelés *tshipikunan*[80], utilisés pour conserver diverses espèces de baies. Selon la variante 8, la fille aurait mis le foetus dans un petit coffre de bois ensuite refermé. Dans le cercle 2, la variante 9 nous apprend qu'elle nettoya le foetus avec de la mousse[81] avant de le déposer dans un plat en bois. Enfin, au cercle 3, la variante 17 contient un important détail: après des séjours dans des récipients de dimensions variables, le héros se retrouve dans une petite tente à suer construite en terre[82]. Cette tente est généralement faite de peaux animales. Et pour qu'il puisse sortir de cette coquille ici argileuse, sa soeur dut la briser. *Terre, métal, mousse, bois, écorce, munitions*, autant d'éléments qui du point de vue linguistique évoquent le caractère «assinien» de l'utérus artificiel dans lequel le héros termine sa gestation[83]. Il naît donc vraiment de *assī*, la terre, dans laquelle on le déposa après qu'il eut été dépouillé de l'enveloppe maternelle.

Les parents de *Tshakapesh* étaient d'ailleurs déjà fortement marqués en termes végétaux. Leur présence en forêt au moment de leur meurtre est généralement justifiée par une quête végétale. Dans le noyau, quand le motif est précisé, on apprend qu'ils allaient cueillir de l'écorce de bouleau (0 et 3,) du bois de bouleau (4) ou simplement du bois (5). Les variantes 1 et 2 ne donnent aucune précision à ce sujet. Dans le cercle 1 la variante 6 dit qu'ils virent une forêt de bouleaux et s'y rendirent. Pour la variante 7, ils sont bel et bien en quête d'écorce de bouleau. La variante 8 est la seule à parler d'expédition de chasse. Au cercle 2, la variante 9 précise qu'ils allaient chercher le bois nécessaire à la fabrication de cuillères. Au cercle 3, la variante 17 nous dit que l'écorce de bouleau qu'ils allaient cueillir devait servir à faire un canot.

Plus tard le héros tuera le super-ours, l'éventrera et cherchera dans ses entrailles quelques résidus de ses parents. Ce qu'il y découvre généralement, ce sont leurs cheveux. Selon la variante 2 il y aurait aussi trouvé les testicules de son père. La variante de Penashue Pepine (0) prétend que, s'il avait pu récupérer ainsi quelques-uns de leurs os, il lui aurait été possible de les faire revivre. Mais, pour la plupart des autres variantes, il lui aurait suffi de souffler sur les cheveux pour ramener ses parents à la

---

80. «*tchibik8ragan*, plat d'écorce sans couture» (Silvy, A., *op. cit.*: 154).

81. Le terme *assī* désigne aussi la mousse végétale (note 50, page 92).

82. «Ils plantent des bastons en terre faisants vne espece de petit tabernacle fort bas [...] qu'ils entourent et couurent de peaux, de robes, de couuertures. Ils mettent dans ce four quantité de grosses pierres qu'ils ont faict chauffer, et rougir dans vn bon feu, puis se glissent tout nuds dans ces estuues» (Le Jeune, P., 1972c: 19-20).

83. Voir la note 50, page 92.

vie. Un raisonnement malthusien l'aurait convaincu de n'en rien faire. Sinon, pensa-t-il, la mort n'existerait pas; il y aurait alors beaucoup trop de monde sur le territoire (ou sur la terre, *assī*). Selon quatre des six variantes du noyau (0, 1, 2 et 3) il lança les cheveux dans les arbres, créant ainsi une espèce de lichen appelée usnée barbue[84]. Les testicules paternels furent également accrochés à un conifère, où ils devinrent de la gomme d'épinette blanche[85]. Deux variantes du cercle 1 mentionnent cette métamorphose des cheveux en usnées (6 et 8). Cette dernière (8) précise que les cheveux maternels et paternels étaient respectivement blancs et noirs; la variante 2 (noyau) en faisait autant. Il s'agit sans doute de justifier l'existence d'espèces d'usnées de couleurs différentes. Comme les variantes 4 et 5, d'autres se limitent à la découverte des cheveux dans le ventre du super-ours, sans qu'il soit question de leur végétalisation: cercle 2 (variante 1), cercle 3 (variantes 20, 21, 22, 24, 26, 27, 28) cercle 7 (variante 44), cercle 8 (variante 49). La variante 25 (cercle 3) introduit une situation intermédiaire entre les variantes à métamorphose et les autres: un cheveu de chacun des parents est enveloppé dans de l'écorce de bouleau et suspendu à un arbre. Toujours dans le cercle 3, la variante 29 substitue aux cheveux mentionnés à la variante 25 des touffes de poils prélevées par le héros sur le super-ours. Tout ceci évoque un rituel funéraire observé par le missionnaire Le Jeune: «Le 7. iour de Mars, nous enterrasmes son corps à la façon des Chrestiens. Or il arriua que ses parens, aians enueloppé ie ne sçay quel petit paquet d'escorce auec son corps, la vouloient deterrer le lendemain; ie m'y opposai et pressai fort le Sauuage qui me portoit cette parole, de me dire ce que c'estoit; en fin il me dit que c'estoit vn peu de ses cheueux, qu'ils auoient couppés et enueloppés dans l'escorce, et que ce petit paquet auoit esté mis auec le corps par mégarde; qu'il le falloit retirer pour le donner au plus proche

---

84. «*minapakan*: dry branches» (M. Rich), «*mīnāpākun*: usnées barbues» (Mailhot, J. et Lescop, K., *op. cit.*: 118). Le genre usnea relève de l'ordre le plus important des lichens, celui des parmélies. Au sujet de ces cheveux transformés en espèce végétale, Lefebvre écrit: «C'est aux Usnea qu'ils sont identifiés, 'ces lichens qui pendent comme des chevelures aux branches des conifères', remarquait lui-même le botaniste-ethnographe Jacques Rousseau (1952: 1999)» (Lefebvre, M., *op. cit.*: 101). En anglais, on a les expressions *Hairy lichens* et *Beard lichens*.

85. «*uastekatshu*: tar» (M. Rich). «*uashtekatshi*: de la gomme d'épinette transparente» (La Romaine, *op. cit.*: 416). Il pourrait s'agir de gomme d'épinette blanche. «Picea glauca (Moench) Voss. — Epicéa glauque. — Epinette blanche. — (White Spruce). — [...] Sa résine est la plus ancienne des 'gomme à mâcher'. C'est avec la radicelle de l'épinette blanche que les Indiens cousaient l'écorce de Bouleau dans la fabrication des canots. L'épinette blanche était probablement l'*annedda*, spécifique contre le 'mal de terre', dont l'usage fut enseigné à Cartier par Domagaya» (Marie-Victorin, 1964: 143).

parent de la deffuncte. Ie me moquai de leurs superstitions, et comme il me dit que cét homme se pourroit fascher, ie luy dis en riant, qu'il couppast vn petit des cheueux de sa teste, ou qu'il prist vn peu de poil d'Orignac, pour donner à son parent; que cela luy seroit bien aussi vtile, que ce qu'il demandoit. Il se mit à rire, et s'en alla»[86]. Généralement, quand nos variantes distinguent la couleur des cheveux maternels et paternels ramenés par le héros, les premiers sont remis à sa sœur et il garde pour lui les seconds. Ce traitement réservé aux cheveux des parents (soit suspendus aux arbres dans une enveloppe d'écorce, soit transformés en lichens pendus aux branches des conifères) évoque aussi un rituel funéraire réservé au gibier: suspension aux arbres des restes d'animaux non aquatiques (caribou, porc-épic, perdrix, etc.), ceux des animaux aquatiques (poisson, castor, rat-musqué etc.) devant retourner à l'élément liquide (*nipī*). On sait que l'opposition *nipī/assī* renvoie à celle du *liquide* et du *sec*[87]. Ainsi, tant par les motifs les ayant conduits sur les lieux de leur mort que par leur transformation réelle ou rituelle en espèces végétales, les parents du héros sont fortement identifiés à l'élément terrestre (*assī*) dans lequel leur fils termina sa gestation.

Après cette naissance inédite, le jeune héros aura quelques difficultés à se doter d'outils convenant à sa remarquable force physique. Sa sœur lui fabriqua un arc jouet; comment aurait-elle pu savoir? Quand l'arc se brisa entre les mains de son frère, elle lui en offrit un plus solide. Mais elle eut beau en faire d'autres de plus en plus à la mesure de sa force, aucun ne résista. Finalement des arbres entiers lui tinrent lieu d'arc et de flèches. Une exception, la variante 8 au cercle 3, selon laquelle une côte de baleine devint l'arc de *Tshakapesh*. Dans le noyau, quand l'espèce est précisée, il s'agit d'une épinette rouge[88] (variantes 3, 4 et 5). A la variante

---

86. Le Jeune, P., 1972e: 19.

87. Note 50, page 92.

88. M. Rich traduit le plus souvent le terme *uatshinakan* par *tamarac* (variantes 2 et 3). Une seule fois il le rendra par *juniper* (variante 5). Dans les traductions anglaises des variantes cris de la fin du XIXᵉ siècle. On employait généralement aussi le terme *tamarack* pour désigner l'arbre détruit par le héros (variantes 24 et 26). Dans une version plus récente, pour laquelle nous ne disposons pas du texte original, Speck nous dit qu'il s'agit d'un *tamarack* (variante 20). Au terme *uātshinnākan*, Mailhot et Lescop donnent *épinette rouge* (*Larix Laricina*) (Mailhot, J. et Lescop, K., *op. cit.*: 371). Dans une ancienne édition du dictionnaire Webster, on trouve: «tam'a-rack... n. Perch. of Amer. Indian origin a. Any of several American larches, esp. *Larix laricina* of the so-called *tamarack swamps* of northern regions. b. Either of the tamarack pines» (Webster New International Dictionary, 1909: 2110). «*Larix laricina* (Du Roi) Koch. — Mélèze larcin. — Epinette rouge. — (Larch, Tamarack). — Arbre de 15-20 m.; feuilles (long. 10-25 mm.). Floraison printanière. Terrains humides, tourbeux ou granitiques. Général dans son habitat. [...] Le seul de nos conifères à se dépouiller de ses feuilles pendant l'hiver. Son aire géographique est très vaste et il

17 (cercle 3), il est question d'un génévrier; ne disposant pas du texte indien, il devient impossible de préciser la nature de l'espèce. Bref l'épinette rouge paraît s'imposer pour l'arc et les flèches du héros; au moyen de cette arme gigantesque il affrontera l'assassin de ses parents. Pour prendre la mesure de sa force, ce dernier le soumet généralement à une double épreuve: viser d'abord un arbre, ensuite un rocher. Ce test est fréquemment mentionné dans le corpus. En plus de le retrouver dans chaque variante du noyau, on le rencontre douze fois: cercle 1 (6, 8) cercle 2 (9), cercle 3 (17, 20, 22, 23, 24, 25, 26, 27, 29). Dans trois autres cas, l'épreuve est simplifiée: la variante 21 (cercle 3) où le héros se contente d'abattre l'arbre, la variante 37 (cercle 5) où le rocher est détruit devant la sœur avant même qu'il n'aille rencontrer le super-ours, la variante 49 (cercle 8) où ce dernier se satisfait de l'arbre abattu. Dans dix de ces cas l'arbre en question est une épinette rouge, comme celle ayant servi à fabriquer l'arc et les flèches du héros (0, 1, 2, 3, 4, 5, 20, 24, 26, 27). Deux variantes parlent plutôt de pin (6 et 21). Les variantes 9 et 23 optent pour le génévrier. Ailleurs l'espèce n'est pas précisée. Enfin, sauf pour la variante 3 (noyau), l'ordre de cette double épreuve est le suivant: arbre — rocher. Ainsi, en raison de la nature de ses armes, le héros a déjà de bonnes chances de triompher à la première étape. Avec le rocher (*ashinī*)[89] on monte d'un cran pour atteindre ce que le domaine *assī* recèle de plus dur, à l'exception du héros lui-même qui en est le fils.

Au terme du récit, on retrouve le héros aux prises cette fois avec un problème qui semble le dépasser: il lui est impossible d'aller libérer l'astre qu'il a piégé, en raison de la chaleur intense se dégageant du collet. C'est qu'il est en présence de ce que *assī* a de plus sec[90]. S'il ne libère pas l'astre

se plaît aux habitats les plus divers. Son impuissance à supporter l'ombre des autres arbres est probablement la raison de sa prédilection pour les tourbières, où tant de concurrents plus ou moins calciphiles sont éliminés. Dans la formation de nos tourbières, il y a un stade du Mélèze succédant au stade des Ericacées; mais le Mélèze est à son tour déplacé par l'Epinette noire au fur et à mesure du dessèchement. — Vers 1874, une mouche-à-scie (Lygaeonematus erichsonii) détruisit presque complètement cette espèce; les jeunes pousses seules échappèrent. Mais cinquante ans après, l'espèce avait reconquis à nouveau sa place au soleil. — Le mélèze est un de nos arbres les plus précieux à cause de ses grandes dimensions, de sa force et de sa durée. — Le nom d'''épinette rouge'', appliqué universellement par les Canadiens français au mélèze, est très ancien; il était déjà généralisé en 1664. Nos ancêtres, venus des provinces françaises de la plaine (Normandie, Perche, Poitou), ont voulu réunir, sous un même vocable (épinette) diversement qualifié, tous les résineux qui leur étaient moins familiers. On sait qu'en France le mélèze (Larix decidua) ne se trouve que dans les montagnes du Sud-Ouest» (Marie Victorin, *op. cit.*: 142). L'écorce de la jeune épinette rouge joue un rôle important dans la pharmacopée montagnaise.

89. Voir la note 50, page 92.

90. *assī* s'oppose à *nipī* comme le *sec* au *liquide*.

avant qu'il expire, dit-il dans certaines variantes, il aura tué *assī*. On parvient ainsi à la limite du destin du héros, où il risque de tuer sa mère la Terre, tout comme le super-ours avait tué la femme à l'intérieur de laquelle il avait vécu la première étape de sa gestation. Pour éviter ce type d'autodestruction, *Tshakapesh* aura recours à des animaux, le plus souvent des petits mammifères terrestres. De ceux-ci, ce sera le plus petit qui permettra d'éviter la catastrophe. Mais auparavant plusieurs autres échoueront. Dans le noyau, la situation se présente de la façon suivante:

	inaptes		aptes
0	écureuil[91]	souris[92]	musaraigne masquée[93]
1	souris	écureuil	musaraigne masquée
2	souris[94]	écureuil[94]	taupe[94]
3	—	—	musaraigne[94]
4	écureuil	hermine[95]	musaraigne masquée
5	écureuil	hermine	musaraigne masquée

Ailleurs dans le corpus, c'est la musaraigne ou la souris qui libère l'astre piégé. Et parmi les espèces inaptes on trouve alors le crapaud, la grenouille et les insectes. Cette liste n'est pas toujours fermée; on dira parfois que toutes les espèces s'essayèrent avant que la souris ou la musaraigne n'y parvienne. Cependant, dans ces cas, il faudrait tenir compte de ce que nous savons par ailleurs des taxonomies zoologiques algonquiennes; le terme générique pour *animal* est le même que celui servant à désigner une catégorie particulière, celle des quadrupèdes[96]. Au sujet de ces espèces, une impression se dégage du corpus: elles semblent en quelque sorte placées sous le contrôle du héros. Parfois il ne s'agit que de

91. «*anakutshāsh*, écureuil (générique), écureuil roux (tamiasciurus hudsonicus)» (Mailhot, J. et Lescop, K., *op. cit.*: 15). «Tamiasciurus hudsonicus laurentianus Anderson, Laurentian Red Squirrel; Ecureuil rouge (Fr.), *nikotshash* or *anikotsash* (M.)» (Harper, F., 1961: 41). «**anyikwa*: squirrel» (Aubin, F., *op. cit.*: 12). La bande rousse, qui va du dessus de la tête au bout de la queue, est souvent attribuée à la tentative de l'écureuil pour approcher l'astre piégé.

92. *āpikushīsh* (Voir la note 55, page 93). Le terme semble renvoyer à l'idée de découdre, de tirer les fils, de délier, de désemballer.

93. *tshīnistuī — āpikushīsh* (Voir la note 55, page 93). *tshīnistuī* indique quelque chose d'effilée, référant au museau pointu de cette musaraigne.

94. Pour la dernière partie de ces variantes, je ne disposais pas du texte indien.

95. «*shīkushīsh*, belette (Mustela erminea)» (*Ibid.*: 278). «Mustela erminea richardsonii Bonaparte [...], socoshish» (Harper, F., 1961: 114).

96. «*aueshish*, animal (générique) animal à quatre pattes» (Mailhot J. et Lescop, K., *op. cit.*: 45).

peaux conservées chez lui, sur lesquelles il lui suffit de souffler pour que
l'animal revive. Pour cette question, il est instructif d'examiner attentivement la variante 11 (cercle 2), qui offre sans doute le maximum de variation par rapport au récit de Panashue Pepine. Les éléments fondamen-
taux de ce dernier s'y retrouvent, un peu à la manière des traits d'un
visage renvoyés par un miroir déformant. Nous reviendrons parfois à ce
curieux reflet donnant du relief aux autres variantes. Le récit débute à
l'époque où le soleil régnait en maître, au point que sa chaleur mettait en
danger les êtres vivants: tout était trop sec. Le père du héros, nous dit-on,
était alors le maître de tous les oiseaux et des petits mammifères terrestres. Ces bêtes vivaient tout autour de lui, elles étaient à sa disposition.
Quand il en avait besoin, il lui suffisait de les appeler. Cette notion de
maîtres des animaux est familière aux algonquinistes. Dans leurs études
portant sur les classifications animales montagnaises, Bouchard et Mailhot ont fait état de l'une d'elles «qui répartit les *animaux indiens dans
des royaumes* [...] chacun étant régi par un être que les Montagnais
appellent *ucima.w chef, maître ou we.si.sucima.w maître des animaux*
ou encore *ka.te.pe.ntak contrôleur*»[97]. Selon ces deux auteurs
u.huwa.pe.w, qu'on pourrait traduire par l'expression *homme grand
duc*[98], serait le maître d'une classe d'espèces comprenant le porc-épic, le
lièvre, le corbeau, l'harfang des neiges, la chouette épervière, le tetraoni-
dae, etc.[99] Pour mettre fin à la sécheresse menaçant la survie des animaux
dont il avait la garde, ainsi que celle de sa famille, cet homme décida de
tuer le soleil. Il voulait le faire au moyen d'un piège de bois, mais son fils
(le héros) le lui déconseilla. Seul un collet convenait, disait-il. C'est d'ailleurs le héros lui-même qui se chargea de cette *chasse*. L'obscurité totale
qui s'ensuivit fit comprendre au père qu'on était allé trop loin; si on n'y
voyait rien, comment les humains et les animaux pourraient-ils trouver
leur subsistance? On tenta alors de libérer l'astre; le lièvre, les oiseaux, la
souris «qui peut courir si près du sol», même le héros protégé par une
peau. Personne ne put s'approcher assez du soleil pour le libérer. C'était
trop chaud. Les choses en restèrent là pour un temps. Le monde se trouvait plongé dans l'obscurité. Pour se nourrir, la famille ne comptait que
sur le poisson pêché par la mère[100]. Un jour qu'il accompagnait celle-ci,

97. Bouchard, S. et Mailhot, J., 1973: 61.
    98. «*ūhū*, grand duc (Bubo virginianus)» (Mailhot, J. et Lescop, K., *op. cit.*: 382). «*o
sho or o o owl*, Horned Bubo virginianus heterocnemis (oberholser)» (Harper, F., 1958:
82-83). Selon Harper, cette espèce se nourrit de souris et son nom relève de l'onomatopée.
En composition avec le terme *nāpeu*, homme, homme marié, mâle (Mailhot, J., et Lescop,
K., *op. cit.*: 154), *ūhū* donne *ūhū-āpeu*.
    99. Bouchard, S. et Mailhot, J., *op. cit.*: 62.
    100. Selon cette variante, le héros n'a pas de sœur.

l'hameçon arracha accidentellement un œil du héros. Il pria alors son père de remplacer cet organe brisé par un œil de hibou. L'homme convoqua un représentant de cette espèce et transplanta un de ses yeux dans l'orbite de son fils. Plus tard, quand il prit femme, les services de son père furent encore requis pour la munir d'une paire d'yeux aussi efficaces. Le jeune couple eut un fils à qui il était évident qu'ils avaient transmis leur remarquable acuité visuelle. *Tshakapesh* lui transmit également son nom: *Tsakapeshiss* (petit Tshakapesh)[101]. Ainsi, selon cette variante, le héros se trouve à être le fils du maître des petits animaux terrestres: lièvres, souris, hermines, musaraignes, écureuils, etc. Et parmi cette faune plus ou moins domestique, le hibou occupe une position particulière en raison de sa capacité à mieux voir dans l'obscurité. Ayant finalement hérité de celle-ci, le héros fait un peu lui-même figure de prince de cette catégorie animale.

Pour en revenir aux autres variantes du corpus, on apprend que le super-ours recommande au héros de découper son corps en petites pièces devant être lancées en l'air et sur la terre. Les premières prirent leur vol, les secondes commencèrent à courir (4, 5, 9). Ces espèces pourraient bien être celles que les taxonomies montagnaises confient au bon soin de *ūhŭāpeu* (l'homme grand duc). Ce serait dans ce domaine que le héros aurait puisé pour libérer l'astre. Tout ceci va dans le sens d'une confirmation du caractère «assinien» du personnage.

Dans le cadre de ce portrait de *Tshakapesh*, il faut mentionner la parfaite orthodoxie de son style de chasse. On précise souvent qu'il a rêvé celle-ci avant de s'y adonner. Puis il la chante. En face de sa proie, il fait montre de remarquables qualités d'archer. A la suite de quoi il se conforme à la pratique de la suspension aux arbres, bien connue des algonquinistes, ainsi qu'aux prescriptions alimentaires comme telles. C'est en fait de l'instauration du bon usage entourant la chasse qu'il s'agit[102].

Tshakapesh, nous aurons l'occasion de le vérifier en prenant connaissance des aventures C, D, E et F, mit en marche le mode de production indien, ce qui inclut le discours rituel qui y est lié ainsi que l'organisation sociale qu'il implique. On le verra ainsi *capturer* une ou plusieurs épouses, à même le peuplement plus ou moins fantastique encerclant sa famille d'origine; c'est aussi là qu'il prélèvera, d'après certaines variantes, un conjoint pour sa sœur aînée.

---

101. Voir la note 2, page 81.

102. «l'Indien devait d'abord et avant tout établir certains rapports de type spirituel avec son éventuel gibier [...]: paroles magiques issues d'un rêve et chantées par la suite aux accords du tambour. Une fois le gibier tué et les ossements respectueusement rendus soit aux arbres soit à l'eau [...]» (Savard, R., 1977: 116-117). Quant au partage rituel du gibier, voir pages 113, 143, 144.

Jamais nommée, cette dernière a connu les parents du héros. C'est sans doute cette ancienneté qui lui confère une sorte de monopole du savoir. Son jeune frère ignore tout de ce qu'elle sait. C'est même ce qui fonde en quelque sorte son statut de héros; il a l'énergie d'un créateur. Le minimum d'informations dont il a besoin lui viendra de cette aînée savante mais craintive. Depuis que, en véritable substitut maternel, elle a veillé au bon déroulement des dernières phases de sa gestation, son attitude envers lui en est une de surprotection. A tel point que les variantes faisant l'économie du meurtre de la mère ne mentionnent même pas cette sœur (11 et 43). S'il apprit d'elle les secrets et les dangers du monde en friche qu'il était venu parfaire, c'est de lui qu'elle devra apprendre les exigences de l'ordre nouveau. Et elle aura des difficultés avec la didactique de son frère. Cinq des six variantes du noyau rapportent sa transgression de ce qui apparaît comme un tabou interdisant aux femmes de manger la tête de l'ours (0, 1, 2, 3, 4). Selon les variantes 0, 1, 3 et 4, sa bouche se referma aussitôt et elle dut attendre l'intervention de son frère pour pouvoir l'ouvrir. Cet incident se retrouve dans d'autres coins du corpus: variantes 8 (cercle 1) et 9 (cercle 2). A partir d'observations faites chez les Cris de Mistassini, qui connaissent bien ce récit, Adrian Tanner note: «There are two kinds of rules which must be followed when game meat is served: first, certain parts of the animal connote honour to the recipient, and thus are only served to suitable persons; second, but only in the case of the beaver and the *bear*, certain portions of the animal are referred to as man's food (naapew miicim), and other parts as woman's food (iskwew miicim) [...]. It is believed that a person who eats any food which is restricted by taboo to the opposite sex will become ill, usually suffering pain in part of the body corresponding to the part of the animal from which the offending food portion came [...] *The serving rules apply most strictly to the bear*»[103].

3.2.2 *Un super-ours énigmatique*

Ce personnage a eu droit à son quota d'encre universitaire. Durant les années 1930 et 1940, quelques auteurs reprirent à son sujet le débat amorcé par l'anthropologue anglais Tylor dans la seconde moitié du XIXe siècle. Ce dernier croyait, à la façon dont les Indiens parlaient de ce personnage, que leurs ancêtres auraient pu être contemporains des

---

103. Tanner, A., 1979: 161-162. C'est moi qui souligne. Je reviendrai sur la dimension hiérarchique du partage suggérée par cet auteur.

mammouths américains[104]. Strong et Speck, dont les opinions divergèrent souvent, ne s'entendaient pas non plus sur l'identification de celui qui avait dévoré les parents du héros. Strong penchait en faveur de Tylor[105], tandis que Speck ne voyait là que «mythological creature»[106]. Michelson se rangea du côté de Speck[107], alors que Montagu réitéra la position de Strong[108]. La reprise de ce débat, intéressant en soi, n'en indique pas moins la persistance de l'idée qu'on se faisait du *mythe*: un effort plus ou moins maladroit, de la part de gens mal partagés sur le plan de la rigueur, en vue de relater des faits *réels*. Le positivisme étant perçu comme le triomphe de la pensée humaine, le *mythe* ne pouvait qu'en être une forme élémentaire et balbutiante. Si, plutôt que de s'empresser de le confronter à des phénomènes d'un autre ordre, ces savants avaient eu la précaution d'examiner d'abord le voisinage immédiat du super-ours, soit les autres images du récit où on l'a trouvé, ils auraient sans doute fait l'économie de bien des hypothèses plus ou moins invérifiables. Il leur aurait cependant fallu se convaincre que le genre en question ne relève ni du documentaire ni du délire débridé.

Au sujet du nom du personnage, Speck écrivait: «The proper name [katchi.to.wɑck] [...] extends entirely across the Cree, Montagnais-Naskapi and without much dialectic variation!»[109]. C'est ce nom qui revient quatorze fois dans le corpus:

noyau	1	Katshituasku
,,	1	Katshituaushk
,,	2	Katshituasku
,,	3	Katshituusku
,,	4	Katshituseu
,,	5	Katshituask
cercle 1	6	Kakatshwa
,,	7	Katshituauk
cercle 2	9	Kātcheetohûskw
cercle 3	17	Katshitushk
,,	20	Katchi.to.wɑck
,,	21	Katci'tus
,,	24	Ka-chee-toe-musk
,,	26	Kachichidosk

104. Ce qui aujourd'hui semble un fait acquis.
105. Strong, W.D., 1934.
106. Speck, F.G., 1935b.
107. Michelson, T., 1936.
108. Montagu, M.F.A., 1944.
109. Speck, F.G., 1935b: 159-163 (variante 20).

Speck avait son idée sur l'étymologie du mot: «Its analysis is as follows: *tci.towɑ'o*, 'he is stiff', refering to an arm or leg; *-ɑckʷ*, final position stem substantive for 'bear'»[110]. Dans un autre article où il reprenait la même explication tout en suggérant la traduction *stiff-jointed bear* (ours aux articulations raides, inflexibles), Speck notait que les Montagnais utilisaient ce terme pour désigner l'éléphant: «The Montagnais living nearer to the settled country, who have seen pictures of animals of the world, give this name to the elephant. I found one hunter who had seen an elephant himself and said it was correct»[111]. Selon Speck, le terme désignerait donc un être purement imaginaire sans rapport avec le mammouth, mais dont le nom aurait été récemment utilisé pour désigner une réalité exotique.

Plus prudent que Speck, Michelson ne se risquait pas à proposer une explication étymologique ferme pour le nom de ce personnage. Après avoir signalé ses points d'accord et de désaccord avec la suggestion de Speck, il émettait une hypothèse. Contrairement à Speck, il n'y voyait aucun dérivé du verbe *tcitowa·o* (il est raide); ce serait là tout au plus, selon lui, une étymologie populaire répandue parmi les Indiens de Mistassini, mais dépourvue de tout fondement linguistique. Sur la base d'informations recueillies à Moose Factory, Michelson se demandait si le nom ne viendrait pas plutôt du verbe *tcito* (il gronde). Quand à la finale *-waskʷ*, il se ralliait à Speck pour y voir une référence aux ursidés[112].

Aucun des trois dictionnaires montagnais-français utilisés dans le présent ouvrage ne mentionne ce terme comme étant le nom d'un quelconque personnage légendaire. Dans le plus ancien des trois on trouve cependant *tchito8atin*, «cela est raide de froid, gelé», *tchito8ask8an*, «raide, difficile à plier, bois, etc.»[113] Si on relie le préfixe *ka-* (celui qui) au second de ces termes, et qu'on substitue la forme verbale (3ᵉ personne du singulier de l'indicatif présent) à la finale *-uau*, on obtient *katchito8ask8*, soit: celui (du bois) qui est raide, difficile à plier. Dans Mailhot et Lescop, on trouve *tshītuāskushu*[114]: «il a le corps raide, les membres raides». Il suffit d'y ajouter le préfixe *ka-* pour retrouver le nom du personnage, soit: celui qui a le corps, les membres raides. Ce dictionnaire donne aussi *kātshitusseu*, éléphant[115]. Dans le dictionnaire de La Romaine on trouve la forme verbale *tshitauau*, «solide»[116]. Les dic-

---

110. *Ibidem*.
111. Speck, F.G., 1935b.
112. Michelson, T., *op. cit.*: 141-143.
113. Silvy, A., *op. cit.*: 155.
114. Mailhot, J., et Lescop, K., *op. cit.*: 364.
115. *Ibid.*: 75.
116. La Romaine, *op. cit.*: 382.

tionnaires confirment donc Speck et infirment Michelson au sujet du verbe *tcitowa·o*[117]. Mais, à l'encontre de ces deux auteurs, ils ne nous suggèrent pas explicitement la référence aux ursidés. Enfin, l'un d'eux confirme Speck quant à l'usage du terme pour désigner une réalité non pas ancienne (mammouth) mais récente (éléphant).

A ces données linguistiques, on peut ajouter les éléments descriptifs fournis par le corpus. Sa taille est immense. Ses oreilles servent de litière ou de porte de tente. Sa démarche est lourde, ses traces rondes et profondes. La variante 0 précise que celles-ci sont sinueuses en terrain dégagé, rectilignes en forêt. Nombreuses sont les variantes insistant sur l'usage qu'il fait de son museau (0, 1, 2, 3, 5, 8, 17), que le traducteur de la variante 17 appelait d'ailleurs sa «trompe». Le corpus relie également le personnage au monde des ursidés, dont il apparaît comme le maître, le contrôleur (variantes 0, 1, 2, 3, 4, 5, 7, 8, 16, 17, 20, 21, 22, 24, 28, 29, 37, 44, 49). Ceci prend la forme d'une identification explicite à l'ours et/ou d'une association avec différents représentants du groupe des ursidés. Enfin plusieurs variantes insistent sur la rigidité du super-ours; «*tan mak espesh maskushit iteu* (how hard is he to kill)?», lui avait demandé le héros (variante 0). L'ours lui avait alors répondu: «Plus que l'épinette rouge, que le rocher...». Selon un dictionnaire montagnais-français du XVIIe siècle, *maska8achau* signifie «il a la peau dure», *maska8isi8*, «il est fort, dur» (Silvy, A., *op. cit.*: 63). On notera que le terme générique pour «ours» est *mask*[u] (Mailhot, J. et Lescop, K., *op. cit.*: 106).

On en arrive ainsi aux espèces que le super-ours envoie à tour de rôle vers le héros venu le tuer. L'examen du dossier de ces acolytes se limitera aux variantes du noyau, pour lesquelles je dispose du texte indien. A priori, il semble que l'ordre dans lequel se présentent les ursidés va du plus petit et du moins dangereux au plus gros et plus dangereux d'entre eux. Le jeune traducteur du récit de Penashue Pepine était fasciné par ce super-ours[118]. Souvent le soir, à La Romaine, il y revenait. Qui était-il donc? Je me souviens qu'il résuma un jour sa pensée par un geste. De la main, il évoquait un escalier en commençant par la marche du bas, disant que c'était la seule façon de connaître le super-ours: plus gros, plus dangereux, plus à craindre. Les termes *mask*[u] et *uapask*[u], apparaissant au tableau suivant, ne posent pas de problème linguistique[119]. Il en va autrement de *mitishu* (ou *mateshu*) et de *apashu*. Pour ce dernier terme, nous ne disposons que de la traduction proposée par M. Rich de North West

---

117. A noter que Michelson avait travaillé chez les Cris, alors que ces trois dictionnaires portent sur le parler montagnais.

118. Voir la note 22, page 83.

119. Voir les notes 3 (page 81) et 17 (page 83).

River, soit «ours grizzly». Au sujet de *mateshu* mentionné à la variante 0, Penashue Pepine affirmait qu'un certain Katnakush en avait tué un vers 1920. «Ceci se passait à l'intérieur, à un endroit situé plus bas que La Romaine. Katnakush n'avait, auparavant, jamais vu de ce type d'ours aux longs poils mais il en avait entendu parler dans les *atnokan*[120]. Quant il en aperçut un, *il se souvint des atnokan* et le tua»[121]. Selon M. Lefebvre, le narrateur de la variante 2 «désigne également une sorte d'ours brun qu'il dit n'avoir jamais vu, du nom de *miteshk*ʷ»[122]. Strong, qui oeuvra dans la région de Davis Inlet, écrivait que les gens utilisaient le terme *Méh-ta-shue* «for a brown bear, which in one of their legends is classed as fiercer than the black or white bear»[123], mais dont aucun d'eux n'avait vu la moindre trace. Par ailleurs, toujours selon Strong, «The Cree know the true grizzly of the barren grounds and call him *mistaya*»[124]. Harper en concluait que le grizzly aurait jadis vécu dans le nord de la péninsule Ungava[125]. Jacques Rousseau ne partageait pas cet avis[126], non plus que Strong qui était plutôt porté à croire que les gens de l'est avaient emprunté le terme aux Cris pour l'appliquer à l'ours brun[127]. Quel que soit le sens premier (grizzly) ou dérivé (ours brun) de *mitishu* ou *mateshu*, il ressort du corpus qu'il précède immédiatement l'arrivée du super-ours lui-même. C'est une sorte de second, tout comme *apashu*. Le super-ours représente donc le plus grand des ursidés, ce qui revient à dire le plus grand des mammifères terrestres de la région. Avant que ce domaine soit décapité par *Tshakapesh*, le super-ours régnait sur le monde. Sa silhouette plus ou moins éléphantesque, qui retint l'attention de tant d'analystes, pourrait bien provenir de la relation d'opposition que cette image entretient avec une autre située à la fin du récit: la musaraigne masquée, c'est-à-dire le plus petit des mammifères terrestres du Nord-Est américain. J'y reviendrai plus loin.

120. Légendes.
121. Lefebvre, M., *op. cit.*: 106.
122. *Ibidem*.
123. Strong, W.D., 1930.
124. *Ibid*.
125. Harper, F., 1961: 110.
126. Lefebvre, M., *op. cit.*: 106.
127. *Ibidem*.

Tableau n°3: *Le super-ours et ses acolytes:*
le domaine mask^u *(générique).*

Variantes	Ordre de présentation			
	1er	2e	3e	4e
0	*mask^u*	*uapask^u*	*mask^u*	*katshituask^u*
1	*uapask^u*	*katshituaushk^u*	—	—
2	*mask^u* (spécifique)	*uapask^u*	*katshituask^u*	—
3	*mask^u* (spécifique)	*mitish^u*	*katshituusk^u*	—
4	*mask^u* (spécifique)	*uapask^u*	*katshituse^u*	—
5	*mask^u* (spécifique)	*uapask^u*	*apash^u*	*katshituask*

3.2.3 *L'astre piégé: un piège linguistique*

J'ai déjà eu l'occasion de signaler ce problème lors de l'examen de la variante 0: on se souviendra que le traducteur rendait le terme montagnais *pīshim^u* tantôt par soleil, tantôt par lune[128]. Un dictionnaire montagnais-français donne pour *pīshim^u* «astre, soleil, mois»[129]. Le terme peut donc s'employer aussi bien pour la lune que pour le soleil. C'est par le contexte qu'on saura duquel des deux il s'agit. Si le contexte ne suffit pas, la langue montagnaise dispose de ressources permettant d'atteindre la précision requise, soit l'opposition *tshīshikāu/tipiskāu* (le

---

128. Voir la note 58, page 93.
129. Mailhot, J. et Lescop, K., *op. cit.*: 245.

jour/la nuit)[130]. On aura ainsi *tshīshikāu-pīshim*ᵘ (soleil)[131] et *tipiskāu-pīshim*ᵘ (lune)[132]. Les variantes dont le texte indien est disponible indiquent que le contexte est présumé assez connu pour que le conteur ou la conteuse utilisent indifféremment *pīshim*ᵘ. Dans certaines variantes on sent cependant le besoin de préciser, peut-être à l'intention du collectionneur peu familier avec cet usage linguistique. Dans les cas de variantes qui nous sont parvenues en anglais ou en français, toutes les confusions restent possibles. Après les avoir lues, on se demande souvent quel astre fut piégé, sur lequel le héros s'est-il réfugié, s'il s'agit dans les deux cas du même astre, etc. Notons cependant que plusieurs variantes relient ces événements à l'origine de l'alternance du jour et de la nuit, précisant que l'univers était dans un jour perpétuel avant que *Tshakapesh* ne piège l'astre[133]. La lune, du moins telle que nous la connaissons depuis, n'existait donc pas à l'époque; le héros n'aurait donc pas pu la prendre au collet. C'est ainsi que la variante 1 dit explicitement «*apu nta usht tepeshkat neshkat*», soit: il ne faisait jamais nuit autrefois. Les variantes 24 et 26 sont tout aussi formelles: «à cette époque il n'y avait pas de nuit» (24) et «il n'y avait jamais de nuit en ce temps-là» (26). D'autres cas sont moins clairs. Commentant la variante 2, Lefebvre écrivait: «Il y avait autrefois deux soleils. Il s'agit de celui qui est devenu soleil de nuit depuis que Tshakapesh, l'ayant pris au piège, l'a libéré»[134]. D'autres variantes font remonter l'alternance du jour et de la nuit à cet incident (6, 7, 17, 18). On est en droit de penser que, avant le piégeage, le jour régnait en maître. Ainsi certaines variantes signalent que le geste du héros causa l'obscurité (8, 11, 15). Enfin la variante 21 présente les choses de manière inédite: le soleil se débattant pour se libérer, «de tels efforts causèrent des grands éclats de lumières entrecoupés d'obscurité».

Attardons-nous maintenant aux quatre variantes pour lesquelles ce passage est disponible en langue indienne.

(variante 0)

C'est *pīshum*ᵘ qui est pris au collet, et le traducteur rend le terme par *soleil*. Mais quand le héros déclare: «*nin kata'an pishimut*», le traducteur propose: «I will be in the moon».

---

130. *Ibid.*: 321, 343.

131. *Ibid.*: 343.

132. *Ibid.*: 321.

133. Dans le cadre d'un entretien avec A. Joveneau de La Romaine, Penashue Pepine affirmait: «Je crois que la nuit n'existait pas jadis, seulement le jour» (Joveneau, A., communication personnelle, avril 1977).

134. Lefebvre, M., *op. cit.*: 69, note 1.

(variante 1)

C'est aussi *pīshumᵘ* qui est pris au collet, et il semble évident qu'il s'agit du soleil. Finalement le héros dit *«pishumusht nin ni ka tan»*, que le traducteur rendait par «dans la lune, moi, je vais être là». La fille de la narratrice présente lors de l'enregistrement demanda: «Y a-t-il quelqu'un dans le soleil?». Dans sa question, elle utilisa le terme *tshīshikāu-pīshimᵘ* (l'astre du jour). Sa mère lui fit alors la réponse suivante: *«eku* (et puis un) *tshishikanpishumua* (dans le soleil) *mak* (et) *utsekatukua* (dans les étoiles) *kassinu nua* (de toutes celles-là) *ishpanu* (il a assez) *tseitasiat* (pour ce dont il a besoin)». Cette réponse pourrait laisser croire que *Tshakapesh* se serait réfugié dans le soleil. Mais le traducteur, qui assista à cette conversation entre la mère et la fille, est formel. «Quant au mot *soleil*, m'écrivait-il, comme je te le disais oralement, ce mot a été soufflé par la personne qui enregistrait, sa fille. Et la dernière phrase est une réponse à sa question, cela ne veut pas dire qu'elle le pensait vraiment. Tsakapesh *est* dans la lune»[135].

(variante 4)

Le narrateur disait: *«uiuapimeu nenua pishimua eku nenua tipiskanipis-himua»*, que M. Rich rendait par «he wanted to see the sun and the night-sun». Puis *«takuta tee numikuanikua pishim»*, «I set a snare for the sun». Enfin *«tshemishinaushimuak eku pishim iteu»*, que M. Rich traduisait ainsi: «let's print ourselves on the sun, he said». Le héros serait-il donc rendu dans le soleil? On pourrait le croire en lisant cette autre phrase (*«uiasheskuak tsheuapimitakut»*), que M. Rich traduisait par «when it's a blue sky they will see us». Quand le ciel est bleu, c'est le soleil qu'on voit, non la lune. Il se pourrait toutefois que le traducteur, ayant antérieurement opté pour le soleil, ait ensuite été porté à confondre *uāsheskuan* (le ciel est clair) et *uāsheskunāu* (c'est bleu)[136]. D'autant plus que le conteur aurait ajouté: *«mak tasiiku nikatakunen iteu»*, que M. Rich traduira par «and my pot I will carry it, he said», on verra que ce dernier détail milite en faveur de la lune.

(variante 5)

Quant il est question de l'astre piégé, M. Rich traduit *pīshimᵘ* par «sun». Après le piégeage, une conversation a lieu entre le héros et sa proie. Le premier demande: *«ma'tshikatshi uitshimitinan iteu»* (could we lived with

---

135. Lapointe, R., communication personnelle, 8 avril 1981.
136. Mailhot, J. et Lescop, K., *op. cit.*: 365-366.

you?, he asked). «*eku iteu pishum* (and he said, the sun) *tshipaiskuashu-tinau iteu* (I would burn you all, he said)». «*Eku iteu tshakapesh ma'tshakatshi ishkuashunan iteu* (you will not burn us he said)». «*ee ituku uitshimuk kinipua iteu* (yes, he said, live with me)». Serions-nous donc en présence d'un héros finissant ses jours dans le soleil? La dernière phrase vient enlever toute ambiguité, le narrateur employant cette fois le terme explicite pour *lune*: «*na'a tshakapesh tsheitukuian nii iteu* (there this is *Tshakapesh*, they will say now and then, he said) *ekumak etakunii uiapamaku tapaskanpishum shaash'a* (that's what we say when we see him, night-sun)».

A la lumière de ces quatre variantes privilégiées, il semble bien que l'astre piégé ait été le soleil et que *Tshakapesh* se trouverait depuis lors dans la lune. Les variantes 2 et 3, pour lesquelles la transcription monta-gnaise manque, confirment le premier de ces points. Quant à la résidence définitive du héros, la variante 2 la situe «près du soleil», tandis que la variante 3 opte clairement pour la lune: «Vous voyez cette chose sur la lune, cette chose qui ressemble à un morceau de terre, c'est la marmite de *Tshakapesh*». Au-delà du noyau, plusieurs variantes affirment que c'est le soleil qui fut pris au collet (6, 7, 8, 16, 21, 22, 23, 24, 25, 26, 27, 28, 30, 35, 38, 41, 42, 43, 44, 45, 46, 47, 48). Quant à la résidence lunaire de *Tshakapesh*, il n'en est question que dans la portion mon-tagnaise du corpus, à une exception près (variante 26, Fort Georges). Ainsi, la variante 6 précise que le héros et sa soeur se trouvent respective-ment dans la lune et dans le soleil. La variante 7 ne laisse subsister aucun doute à ce sujet; selon la traductrice, le narrateur aurait répété les termes précis *tipiskāu-pīshim*ᵘ (lune) et *tshīshikāu-pīshim*ᵘ (soleil) pour indiquer les lieux où sont aujourd'hui le héros et sa soeur. Il ajoutait aussi: «Celui qu'on voit dans la lune, un seau à la main, c'est *Tshakapesh*. Tu dois bien toi aussi avoir vu là-haut, dans la lune, ce qui ressemble à un homme portant un seau. C'est lui *Tshakapesh*». La variante 8 insiste: «On le voit dans la lune. Vous autres Blancs vous dites que c'est le bonhomme qui scie du bois, mais c'est ça». «Depuis lors, il apparaît dans la lune», renchérit la variante 10.

Selon la très particulière variante 11, dont il fut question à propos des yeux du hibou, les choses se présentent de la façon suivante. Quand le héros eut piégé le soleil, il ne restait plus que la lune. Le fils du héros décida ensuite de tendre un collet pour attraper celle-ci. Mais le sentier de la lune et celui de son père coïncidant, ce fut *Tshakapesh* lui-même qui s'y prit. Et comme il s'agissait d'un collet à ressort[137], il resta pendu par

---

137. Voir la note 52 à la page 92.

un pied la tête en bas. Son fils lui dit alors: «Au lieu de la lune, c'est toi que j'ai pris. Te voilà puni pour avoir jadis attrapé le soleil. Tu demeureras ainsi et tu produiras toi-même de la lumière». Le récit se continue de la façon suivante: «Il abandonna ainsi son père pendu par un pied au bout d'une corde. Tsəqu'bec devint le soleil». Selon cette variante, le soleil et la lune sont tous les deux pris au collet, et le héros s'identifie alternativement à l'un et à l'autre. Quant il eut piégé le soleil, il devint plus ou moins la lune; quand son fils voulut prendre celle-ci, il fut définitivement transformé en soleil.

Dans l'état actuel des connaissances, on peut conclure que c'est le soleil que *Tshakapesh* aurait pris dans son collet. Quant à son destin lunaire, il vaut surtout pour la portion montagnaise[138], peut-être cri, du corpus. D'autres variantes le ramènent sur terre, où il termine son existence. L'analyse ultérieure permettra d'éliminer la confusion qui pourrait subsister.

3.2.4 *La ronde des personnages*

Cet examen détaillé des principaux personnages du récit de Penashue Pepine nous laisse avec un reste, qu'une lecture d'ensemble des aventures A et G permettra de réduire encore. L'erreur de plusieurs analystes aura été de renvoyer chacun de ces personnages hors du récit à travers lequel ils nous sont d'abord donnés, alors que certains de leurs traits tirent précisément leur origine des inter-actions que le récit leur prête.

Après que le super-ours l'eut brutalement *libéré* du ventre maternel, le héros revint *libérer* ses parents de l'estomac de leur assassin. Il y trouva effectivement leurs cheveux, quand ce ne fut pas aussi les testicules de son père. En soufflant sur ces résidus, il aurait sans doute pu faire revivre ses parents. Toute cette histoire se serait alors terminée là. Mais le destin d'un héros ne se réduit pas à une simple vendetta privée. Tout au long du récit, on verra qu'il était venu mettre en marche les principales articulations du mode de vie indien[139]. Aussi ne doit-on pas s'étonner de le voir s'abstenir de souffler sur les cheveux. S'il avait agi autrement, les futures générations en auraient fait autant de leurs défunts. Or la mort existe. Bien plus, selon le héros, elle est souhaitable pour éviter la surpopulation. Ainsi, plutôt que de ranimer ses parents, *Tshakapesh* actualisera les

---

138. C'est en apercevant la lune, on s'en souvient, que Pien de Saint-Augustin s'était mis à parler de *Tshakapesh*.

139. La variante 42 dit explicitement que «Les humains n'avaient pas encore commencé à manger de la nourriture animale. Ils vivaient uniquement de végétaux».

tendances végétales qui les caractérisaient déjà (quête de bois, d'écorce de bouleau, etc.); non soufflés, les cheveux devinrent lichens filandreux pendus aux branches des conifères et les testicules de la gomme d'épinette blanche.

Vers la fin du récit, après avoir accompli son oeuvre, le héros sera ramené malgré lui aux conifères, plus particulièrement à l'épinette blanche sur laquelle cette fois il ne retiendra pas du tout son souffle. Ce héros semble incapable de prendre conscience de l'élan créateur qui l'habite. Il est comme poussé par une force aveugle, que les sages conseils de sa soeur ne parviennent pas à enrayer. Mais s'il les avait suivis, le monde tel qu'on le connaît aujourd'hui n'existerait pas. Ainsi *Tshakapesh* ignorait-il, en soufflant sur cette épinette blanche, qu'il était en train de refermer la boucle de son destin terrestre. La mort n'a aucune prise sur lui, puisque c'est lui-même qui l'a instaurée pour les autres en refusant de souffler sur les restes de ses parents. Cette fois il souffle. C'est la fuite vers le haut qui se prépare. Ascension d'un personnage en quelque sorte né d'une vierge, sa soeur, sans laquelle la dernière phase de sa gestation aurait été compromise. Si un tel héros ne meurt pas, il lui faut aussi être né différemment des autres: comment pourrait-il hériter comme tout le monde d'un passé parental, quand il est d'abord venu pour créer un ordre nouveau? Le voilà donc qui souffle, souffle, monte, monte. Rendu là-haut, comme tant de fois auparavant, il perçut les indices d'un être étrange. Qui? Il ambitionnait de l'apprendre. D'où l'incident du collet. Après avoir studieusement déployé tout l'éventail de la culture, le voilà qui opère un curieux retour à la nature. Refusant tour à tour les matériaux généralement utilisés pour fabriquer un tel collet, il exige de sa soeur un de ses cheveux ou de ses poils pubiens, qu'il s'empresse quelquefois de passer entre ses lèvres[140]. On sait le rôle de substitut maternel joué par cette soeur. Après l'avoir en quelque sorte porté, elle l'éleva comme son fils, lui prodigua mille conseils, se montra même quelque peu possessive à son endroit. Au terme de son périple, sur la voie du retour à la *souche*(le mot n'est pas trop fort) parentale, à la veille de franchir à rebours la porte par laquelle il avait fait son apparition, *Tshakapesh* se devait de s'approcher du corps de sa soeur.

Pourtant, contrairement aux êtres qu'il avait dû affronter sur terre, celui qu'il allait rencontrer là-haut n'a rien d'agressif. Le héros prendra bien parfois prétexte d'un vêtement brûlé par les rayons trop vifs de l'astre; mais ce dernier est généralement lavé de tout soupçon. Comment aurait-il pu éviter ce malheur, alors que le héros insistait pour rester

---

140. Variantes 3, 5, 18, 22, 26, 42, 44, 45.

étendu de manière insolente au milieu de son sentier comme jadis dans celui du super-ours? Il lui aurait fallu faire l'impossible, soit dévier de sa course. Le héros paraît ignorer que, là où il est rendu, le mode de production indien n'a plus cours; il persiste à se conduire en prédateur. L'étrange collet fut donc tendu, et l'astre devint captif de ce qu'il faut bien interpréter comme un rappel du contenant maternel d'où le héros avait lui-même jadis été extrait: le collet en poil de sa sœur. On est donc vraiment parvenu à la limite de l'activité prédatrice, puisque le chasseur et sa proie se confondent. C'est un peu le serpent qui se mord la queue. «*tshekat nepataian asii*» s'écrira le héros en découvrant sa prise, soit «J'ai presque tué l'univers!» Pour une fois il lui faut faire marche arrière, soit rendre la liberté à cet alter ego pris dans les poils de sa sœur aînée. La chose n'est pas facile, la chaleur de l'astre captif risquant de tuer tous ceux qui s'en approchent. C'est la petite musaraigne masquée qui y parviendra, en raison sans doute de la longueur de son museau et de son aptitude à se déplacer sous le sol. Le héros se trouvant assimilé à sa proie, on peut dire que cette musaraigne le libère des poils de sa sœur comme le super-ours l'avait jadis libéré du ventre de sa mère. Situées aux deux extrémités du monde des mammifères terrestres, ces espèces marquent également les limites à l'intérieur desquelles doit se déployer le mode de production indien. Pour que ce dernier apparaisse, il avait fallu qu'intervienne le plus gros des mammifères terrestres; pour ne pas qu'il soit anéanti, c'est au plus petit qu'il faudra avoir recours. D'où la position de ces deux images aux extrémités du récit. C'est sans doute ce qui explique l'intérêt de ce dernier pour le museau de ces bêtes: si la *trompe* du super-ours avait permis au héros de se rapprocher de ses armes (arc et flèches), celle de la musaraigne lui permettra d'annuler l'arme risquant d'étouffer le soleil (collet). En raison de la fonction sémantique qu'elles occupent dans le récit, ces deux espèces ont tendance à s'identifier sur tous les plans à l'exception de celui de la taille.

Tournant autour de ces images, Tylor semble être venu assez près de trouver la solution. Ayant appris que, dans certaines régions de la Chine, on appelait les mammouths *gros rats* parce que leurs restes étaient toujours enfouis dans le sol, l'anthropologue britannique était d'avis que ce nom aurait parfaitement convenu à la souris géante; celle-ci, selon certaines sources amérindiennes, aurait été chargée de libérer le soleil pris au collet. La chaleur l'aurait fait fondre, d'où sa petite taille actuelle[141]. Ainsi ce super-ours, plus ou moins muni d'une trompe et parfois perçu comme un animal fouisseur, ne serait rien d'autre que la représentation

---

141. Tylor, E.B., 1964: 178-181. On retrouve ce détail à la variante 4, où la musaraigne est toutefois remplacée par un loir.

soufflée de la petite musaraigne masquée, celle-ci pouvant être définie comme le pendant miniaturisé du monstre imaginaire. *Katshituasku* ne proviendrait pas donc d'une observation mal conduite de fossiles animaux, mais d'un énoncé d'une rigueur telle qu'il n'hésite pas au besoin à créer de toutes pièces les images exigées par sa démonstration.

Pour en revenir au héros, il était parvenu à son insu dans un monde extraterrestre où la prédation équivaut à l'autodestruction. *Tshakapesh* est donc placé devant un choix impossible: mourir étranglé ou redescendre sur terre après avoir libéré l'astre. Mais ni l'un ni l'autre ne convient à un personnage de son espèce: pas plus qu'il ne meurt, un héros ne s'attarde après avoir accompli sa mission. Il libérera l'astre, redonnera sa dimension originale à l'épinette blanche (pour éviter aux humains la tentation de l'immortalité) et demeurera là-haut. Si l'astre piégé était déjà perçu comme son double, en raison de la nature du collet, la seule issue offerte au héros est de pousser plus loin encore cette identification: il avait pris *pīshim^u* dans son collet, *pīshim^u* il deviendra. Mais la confusion n'est pas totale. La proie libérée, c'est *tshīshikāu-pīshim^u*; *Tshakapesh* deviendra *tipiskāu-pīshim^u*. «C'est tout. Ça se termine là», disait Penashue Pepine.

Les catégories de *chasseur* et *chassé*, inhérentes au mode de production dont ce récit raconte l'émergence, offrent un outil de lisibilité de l'univers[142]. Le tout débute par une sorte d'anti-chasse; les rôles sont inversés. Alors que le gibier tient celui de chasseur, les parents de *Tshakapesh* en viennent à occuper la position de chassés. On a vu que ces gens n'étaient pas allés en forêt pour attraper du gibier. Afin d'en arriver à instaurer un mode de production étranger à ses parents, le héros rétablira les choses: il tuera, mangera et utilisera de diverses façons celui qui avait dévoré son père et sa mère. C'est cette attitude qu'il entend maintenir lorsqu'il découvre les traces de ce qu'il ignore encore être le soleil. Mais là ça ne marche plus; il a atteint la limite du mode de vie qu'il a mis en place. En G, plutôt que d'assimiler une nouvelle fois un super-gibier, c'est en quelque sorte ce dernier qui l'assimilera. Il ne s'agit cependant pas d'un simple retour à la situation initiale. Malgré les apparences, la fin du récit (G) se présente comme la réplique inversée de son début (A). L'astre n'agresse pas *Tshakapesh*, comme le super-ours l'avait fait pour ses parents avant de les absorber. C'est au contraire le héros qui prend l'initiative d'être absorbé par la gent *pīshim^u*. Si le récit avait débuté en-deça de la véritable chasse, la fin nous conduit au-delà, en un lieu où il faut plutôt pour survivre mettre fin à toute activité prédatrice. *Tshakapesh* aurait-il tardé à libérer sa proie qu'il en serait lui-même mort. Mais

---

142. Voir le tableau 4 à la page 127.

ce lieu est ailleurs. Et inaccessible, depuis que le héros a redonné à l'épinette blanche ses dimensions habituelles. Ici, en bas, la survie continue à exiger la mort du gibier.

3.3. *Le cercle des hommes et des femmes*

Les aventures B, C, D, E et F apparaissent dans le corpus respectivement dix-sept, dix-neuf, vingt-et-un, cinq et onze fois. A première vue, leurs positions semblent beaucoup moins stables que celles de A et G (tableau 2, page 101). Ainsi retrouve-t-on le plus souvent B soit immédiatement à la suite de l'aventure initiale (variantes 0, 3, 21, 26, 28), soit même inséré entre les deux moments de celle-ci: le meurtre et la vengeance des parents (variantes 2, 6, 8). La variante 1 offre un cas poussé d'intégration à l'aventure initiale: le super-ours se débarrasse du foetus en le lançant à l'eau, où il sera avalé par le poisson et ensuite «pêché» par la soeur. Ailleurs l'incident B se retrouve à l'autre extrémité du récit, soit juste avant l'aventure finale (variantes 4, 5, 7, 17, 24). Sans pour autant contredire aucun de ces cas, les variantes 29 et 49 présentent des configurations particulières: A - B - G - A (29) et B - F - C - A (49). Ainsi quand le *poisson avaleur* (B) n'est pas plus ou moins associé à l'ouverture du récit (A), c'est dans le voisinage immédiat de l'aventure finale (G) qu'on le retrouve. Or il nous a été donné de vérifier que ce récit était à bien des égards «monté» en cercle; sans pour autant se confondre, ses deux extrémités se rejoignent à la marge du mode de production plus particulièrement traité en C, D, E et F. Aussi, et malgré les apparences tenant au caractère linéaire de l'énoncé, la position de l'aventure du *poisson avaleur* (B) pourrait être aussi stable que celle du *super-ours* (A) et de l'*astre piégé* (G). Quant à la plus grande variabilité de position des aventures C, D, E et F, elle paraît précisément résulter de contraintes logiques que l'analyse tentera de mettre à jour. Il convient néanmoins dès maintenant de distinguer B du groupe C, D, E et F. Lors de ces dernières, les adversaires du héros n'attentent pas *directement* à sa vie; cette menace, quoique réelle, est toujours en quelque sorte médiatisée. Même s'ils entendent piéger *Tshakapesh*, ils ne le font jamais à la manière d'un gibier se prenant pour un chasseur comme en B et A (poisson et ours). On observe chez eux l'ébauche d'une technologie indienne, mais elle est encore utilisée à contre temps; pour attraper le héros, ils auront recours soit à une technique de chasse au castor (C), soit à une méthode de préparation des cuirs (D), soit à des objets récréatifs: balle (E) et balançoire (F). Sortant indemne de chacune de ces épreuves, *Tshakapesh* tirera d'ailleurs profit de ces diverses techniques. En A et B les choses se passent différemment.

Tableau n° 4: *Relations entre les aventures
A (super-ours) et G (astre-piégé).*

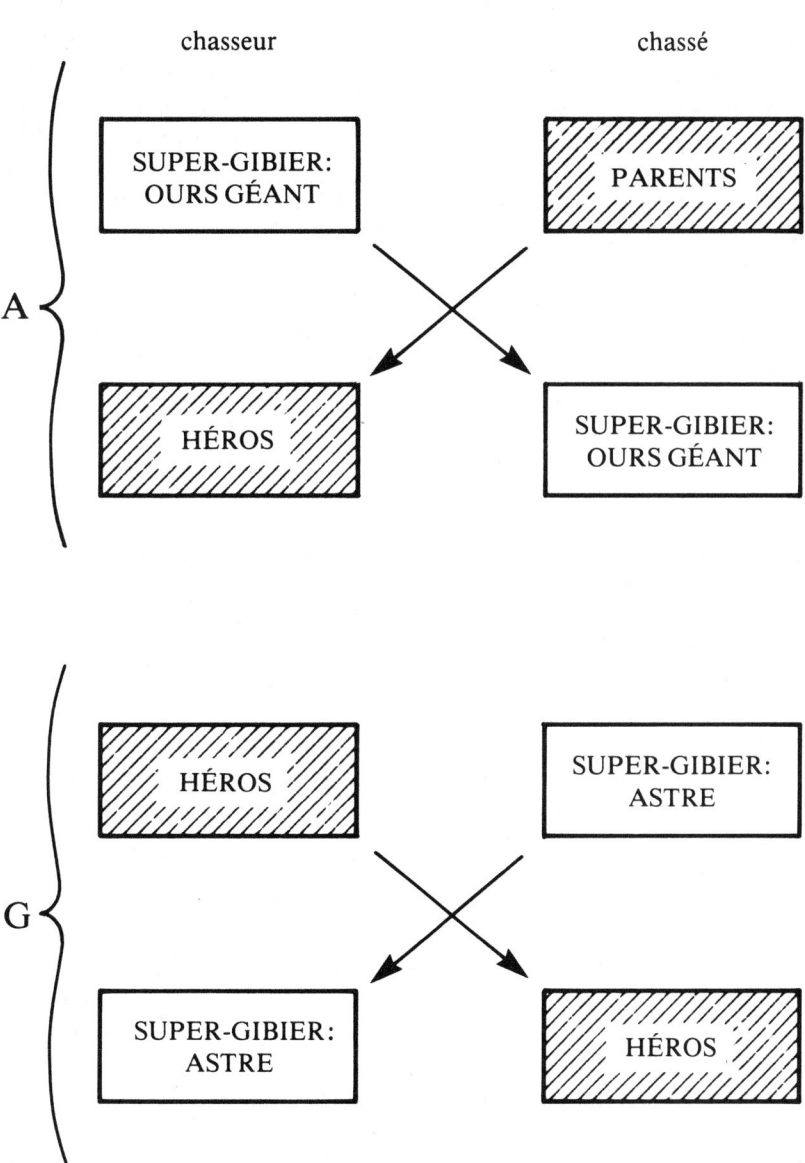

S'en prenant d'abord avec succès au héros (B) ou à ses parents (A), l'adversaire ne fait usage d'aucun moyen détourné. Gibier lui-même (ours ou poisson), il avale tout simplement sa victime. Dans les deux cas, le nécessaire renversement de la situation exige, du côté *humain* cette fois, la mise au point d'une technologie: l'arc et les flèches en A, la ligne et l'hameçon en B.

Si A et B traitent des rapports à l'intérieur de la famille biologique (père, mère, frère et sœur), le groupe C, D, E et F met l'accent sur la constitution de l'unité socio-économique de base à travers ses relations avec le monde extérieur. Dans les deux cas, quoique à des niveaux différents, la mise au point de cette sociologie indienne passe par le traitement des relations entre hommes et femmes. De toute façon, c'est à l'ensemble du tissu social que renvoie ce problème. Et pour éviter d'envisager les choses à travers le prisme de nos propres valeurs, il importe de prendre d'abord connaissance du mode de vie des groupes d'où nous est parvenu le récit de *Tshakapesh*. Etant donné l'origine des variantes privilégiées par le présent ouvrage (noyau, cercles 1 et 2), nous interrogerons à cette fin l'ethnographie ayant porté sur les communautés montagnaises.

3.3.1 *Regards ethnographiques*

En abordant ce dossier au début du XXe siècle, F.G. Speck avait déclenché un débat académique sur la nature de l'organisation socio-économique originelle des groupes chasseurs-cueilleurs de la péninsule du Québec-Labrador[143]. A partir d'observations conduites chez les Algonquins du Nord-Ouest québécois, il avait tendance à voir la bande indienne comme un ensemble de familles nucléaires réparties, durant la majeure partie de l'année, sur des territoires familiaux possédés et transmis de pères en fils ou de beaux-pères en gendres. La réunion estivale de ces familles était l'occasion d'échanges, de mariages, de célébrations diverses. Une telle bande était placée sous l'autorité d'un chef. La récente substitution de la trappe à la chasse n'aurait pas modifié substantiellement ce modèle précolombien d'organisation socio-économique; le missionnaire et le marchand auraient simplement élu domicile aux lieux de rencontre estivale des bandes. Au départ, Speck généralisa ces observations à l'ensemble des groupes du Québec-Labrador. Mais quand on lui démontra que le mode de vie des chasseurs-cueilleurs du Nord-Est ne correspondait pas à ce modèle, il proposa la persistance de deux formes précolombiennes adaptées à autant de niches écologiques.

---

143. Voir pages 60 et s.

A la suite de séjours à Natashquan et à Tsheshatshiu[144] au début des années 1950, E.B. Leacock tenta de faire le point sur cette question. Selon elle, la situation observée par Speck chez les Algonquins résultait d'un processus d'acculturation provoqué par le passage d'un mode de production basé sur la subsistance (chasse) et à un autre fondé sur l'échange (trappe)[145]. Adoptant une perspective néo-évolutionniste, Leacock propose que ces groupes pratiquèrent un tout autre mode de vie, jusqu'au jour où l'économie marchande instaurée par le comptoir introduisit dans leurs façons de faire les éléments constitutifs du modèle retrouvé par Speck dans le Nord-Ouest. Leacock ira jusqu'à laisser entendre que le discours anthropologique lui-même, tributaire du mode de vie au sein duquel il s'est développé, n'est pas parvenu à mettre au point les outils d'ananlyse adaptés à l'étude de sociétés qu'elle qualifie d'*égalitaires*[146]. Pour reconstituer cet ancien mode de vie, Leacock a procédé à un examen détaillé du portrait que le jésuite Paul Le Jeune avait tracé des Montagnais au début du XVIIe siècle[147].

Paul Le Jeune accompagnait Champlain en 1632, quand ce dernier revint prendre possession des établissements français de la vallée du Saint-Laurent contrôlés par les Anglais depuis 1629. C'est le 18 juin, à Tadoussac, que celui qui devait devenir leur missionnaire fit sa première rencontre avec des Montagnais. L'année suivante, le 12 novembre, il se joignait à un groupe quittant Québec pour aller parcourir ses territoires de chasse. Retour à l'*Habitation* le 22 avril 1634. Les *relations* qu'il a laissées sont empreintes de la certitude, caractéristique de cette époque, de détenir la vérité. Naïveté qui ne craint pas de décrire le mal jusque dans ses moindres replis. Presque une délectation. Ce qui nous vaut des descriptions d'autant plus précises qu'elles doivent justifier hors de tout doute le diagnostic: ils se conduisent comme des *chiens* ou des *pourceaux*; ils raisonnent comme des *ânes*, des *chevaux* ou des *mulets*. De cette lecture, Leacock a tiré des éléments lui permettant, croit-elle, de contredire Speck: la bande montagnaise, qui se formait en été à l'embouchure d'une rivière ou sur les rives d'un grand lac, n'avait rien d'une agglomération de *familles nucléaires*. «The *Jesuit Relations*, when analyzed in detail, reveal the seventeenth-century Montagnais-Naskapi

144. Northwest River.

145. Même si Leacock lui accorde ici le bénéfice du doute, ce qui lui permettra de développer sa propre argumentation, il n'est pas sûr que le diagnostic posé par Speck sur les groupes du Nord-Ouest ait reflété la situation réelle de ces derniers.

146. Si cet énoncé fait du sens, comme je le crois, il devrait s'appliquer aux conclusions de Speck sur le mode de vie des Algonquins du Nord-Ouest. Mais alors le schéma évolutionniste proposé par Leacock s'embrouille un peu.

147. Relations de 1633, 1634, 1635, 1636, 1637 et 1638.

band to have been, not a loose collection of families, but a seasonal coalition of smaller groups that hunted cooperatively through most of winter. These groups, in turn, were made up of several lodge groups that stayed together when they could, but separated when it was necessary to cover wider ranges for hunting. The lodge groups of several families, not individual families, were the basic socio-economic units»[148].

Speck aurait également eu tort de situer la prise de décision dans la personne d'un chef. Pour de telles sociétés égalitaires, le pouvoir est diffus et prend la forme du consensus. «The fact that concensus, freely arrived at, within and among multifamily units was both essential to everyday living and possibly has implications that we do not usually confront. Individual autonomy as a valuable principle persist to a striking degree among the descendents of hunter-gatherers[149]. It was linked with a way of life that called for great individual initiative and decisiveness along with the ability to be extremely sensitive to the feelings of lodge-mates. It suggest that personal autonomy was concomitant with direct dependence of each individual on the group as a whole. *Decision-making in this context calls for concepts other than ours of leader and led, dominant and deferent, no matter how loosly these are seen to apply*»[150] «*The basic principle of egalitarian band society was that people made decisions about the activities for which they were responsible*»[151].

Le jésuite Le Jeune, qui a au moins l'excuse d'avoir vécu plus d'un tiers de millénaire avant nos analystes sociaux, mesurait avec appréhension les efforts qu'il faudrait déployer pour modifier de telles mœurs: «ils naissent, vivent et meurent dans vne liberté sans retenüe»[152]. «or est-il tres-difficile de mettre ce joug quoi que tres-doux et bien leger, sur le col de personnes qui font profession de ne s'assuiettir à aucune chose qui soit au ciel ou en la terre»[153]. «Helas! qui aurait pouuoir d'arrester les

---

148. Leacock, E.B., 1981: 137-138.

149. Cette persistance, qu'il m'a souvent été donné d'observer, explique à la fois la mise en échec des puissants moyens de déstabilisation déployés par l'administration coloniale, ainsi que les difficultés rencontrées par les autochtones, quand ils tentèrent de se donner des organisations politiques calquées sur celles des blancs. Cette façon de vivre le *politique* échappe à certains analystes sociaux contemporains, encore obnubilés par la forme qu'il est arrivé à prendre dans nos sociétés. Ils vont jusqu'à nier péremptoirement jusqu'à l'existence même du *politique* chez les chasseurs-cueilleurs. Leur façon de le réduire à quelques formes inefficaces de palabre rejoint le diagnostic jésuitique sur la capacité de raisonnement des Montagnais (ânes, mulets, chevaux).

150. *Ibid.*: 139 (mon soulignement).

151. *Ibid.*: 140 (mon soulignement).

152. Le Jeune, P., 1972e: 59.

153. *Ibid.*: 60.

Sauuages, et en authoriser l'vn d'eux pour commander aux autres, on les verrait convertis et policez en peu de temps»[154]. En l'absence d'un pouvoir incarné dans un quelconque personnel politique, Le Jeune ne pouvait concevoir autre chose que vide politique et anarchie.

Selon Leacock, faute d'avoir situé le problème des rapports entre les hommes et les femmes dans un schéma développemental, on en est arrivé à cette aberration voulant que les femmes de partout et de toujours aient été sous la domination des hommes. C'est ainsi que Speck, comme tant d'autres, n'aurait fait que projeter sur ces sociétés une des caractéristiques de la sienne. Le Jeune, pour sa part, ne pouvait se payer un tel luxe. «Les femmes ont icy un grand pouuoir: qu'vn homme vous promette quelque chose, s'il ne tient pas sa promesse, il pense s'être excusé, quand il vous dit que sa femme ne l'a pas voulu. Ie luy dis donc qu'il estoit le maistre, et qu'en France les femmes ne commandoient point à leurs maris»[155]. L'étonnement du missionnaire et son empressement à justifier son action auprès des *pauvres sauvages* le poussèrent sans doute à exagérer le pouvoir des femmes montagnaises. Mais ses propos atténuent au moins la présomption d'une suprématie mâle se dégageant des travaux de Speck. A ce chapitre, Le Jeune a rapporté un fait qui me paraît significatif. «Le 26. du mesme octobre 1637, vne femme Sauuage me demanda si les femmes ne pouuaient pas bien aller au Ciel, aussi bien que les hommes et les enfans; luy aiant respondu que oüy: Pourquoy donc, replique elle, n'instruis tu point les femmes, n'appellans que les hommes et les enfans? Ie luy respondis qu'elle auoit raison, et que nous les ferions venir à leur tour, ce que nous fismes; mais il les fallut bien-tost congédier, pource qu'elles apportoient les petits enfans, qui faisoient vn tres-grand bruit»[156].

Le jésuite déplorait aussi l'instabilité des unions, la possibilité pour chacun et chacune d'y mettre fin, la polygamie, ainsi que la liberté sexuelle accordée aussi bien aux femmes qu'aux hommes.

A propos de «l'inconstance de leurs mariages», il écrivait: «Le lien si serré qui tient l'homme et la femme sous vn mesme giou, aura bien de la peine d'y arrester les Sauuages»[157]. Comme remède, il proposait de fournir aux futures épouses une dot constituée par les aumônes recueillies en France auprès de pieuses bienfaitrices; «Voila iustement les moiens de

---

154. *Ibid.*: 82. C'est ce que finiront par comprendre les pouvoirs publics qui imposeront, parfois par la force des armes, des *conseils de bande* placés sous le contrôle absolu du surintendant des Affaires indiennes (Savard, R. et Proulx, J.R., 1982: 135-138).
155. Le Jeune, P., 1972b: 21.
156. Le Jeune, P., 1972e: 76.
157. Le Jeune, P., 1972f: 28.

rendre les mariages des Sauuages stables et indissolubles: car vn mary ne quittera pas si aisément vne femme qui luy apporte vn honneste dot, et vne femme aiant des biens aupres de nos habitations Françoises, ne s'en esloignera pas facilement non plus que de son mary»[158]. On croit entendre en arrière-plan ricaner Molière; il n'avait pourtant que seize ans quand Le Jeune proposait ce «moien».

La liberté sexuelle qu'il observait chez ces gens confirmait Le Jeune dans son plan de redressement moral des Indiens. La conversation suivante donne la mesure de l'écart entre les systèmes de valeurs en présence: «Le sorcier me disant vn iour que les femmes l'aimoient [...], ie luy dis que cela n'estoit pas beau, qu'vne femme aimast vn autre que son mary, et que ce mal estant parmy eux, luy mesme n'estoit pas asseuré que son fils qui estoit là present, fût son fils. Il me repartit: tu n'as point d'esprit: vous autres François vous n'aimez que vos propres enfans, mais nous, nous chérissons vniversellement tous les enfans de nostre nation. Ie me mis à rire, voyant qu'il philosophoit en cheval et en mulet»[159].

Selon Leacock, qui cite à ce sujet Le Jeune, les femmes ne prisaient pas plus que les hommes les attaques du missionnaire contre la pratique de la polygamie; elles étaient en plus grand nombre[160].

En ce qui a trait à la division sexuelle du travail, elle n'aurait pas eu la rigidité suggérée parfois par certains travaux ethnographiques; elle n'impliquait pas non plus l'idée d'une quelconque subordination sexuelle. Si une lecture biaisée a pu paraître justifiée d'en arriver à de telles conclusions, c'est qu'on a le plus souvent omis de tenir compte de ce que Leacock appelle «the basic function of dichotomized sex-symbolism in egalitarian society»[161]. Ce symbolisme permettrait simplement de ritualiser «the reciprocal roles of females and males that sustained the group»[162]. Ainsi, «the fact that child-bearing is associated with women's present oppression does not mean this was the case in earlier social form»[163]. De la même façon «The association of hunting, war, and masculine assertiveness is not found among hunter-gatherers [...]»[164]. La Montagnaise, esclave d'un homme se consacrant exclusivement au noble métier de la chasse: un tableau projeté à partir d'une société empressée de conférer une valeur universelle à ses propres rapports de domination

158. *Ibid.*: 26.
159. Le Jeune, P., 1972c: 33.
160. Leacock, E.B., *op. cit.*: 50.
161. *Ibid.*: 142.
162. *Ibidem.*
163. *Ibis em.*
164. *Ibid.*: 141.

aussi bien internes qu'externes. S'il est indéniable que le statut de la femme indienne a depuis lors dégénéré, dans divers groupes, Leacock croit que c'est en raison de changements apparus dans le mode de production. Ajoutons cependant que les parlements blancs ont cru nécessaire d'imposer par voies législatives une telle prédominance masculine[165].

Selon Le Jeune des sociétés aussi peu *policées* en matière de pouvoir politique et de rapports homme-femme ne pouvaient qu'errer aussi dans le domaine de la pédagogie. Membre d'un ordre dont la compétence en cette matière ne faisait aucun doute, il songeait dès 1633 à fonder un séminaire à «Kebec». «La raison est, écrivait-il cette année-là, que les Sauuages empeschent leur instruction; ils ne sçauroient supporter qu'on chastie vn enfant, quoy qu'il fasse, ils n'ont qu'vne simple reprehension [...]»[166]. Ces *pourceaux* et ces *chiens*, qui raisonnaient comme des *mulets*, des *ânes* ou des *chevaux*, n'avaient même pas l'idée de l'importance de frapper les enfants. Le 23 juin 1633, un groupe d'Indiens avait visité l'Habitation de Québec. «L'vn d'eux regardant fort attentivement vn petit François qui battait vn tambour, et s'approchant fort prés pour le mieux considerer, ce petit garçon luy donna vn coup de ses bastons, et le fit saigner par la teste à bon escient; aussi-tost tous ceux de sa nation qui regardoient ce tambour, voyant ce coup, s'offenserent: ils s'en vont trouuer le truchement François, et lui disent: voilà l'vn de tes gens qui a blessé l'vn des nostres; tu sçais bien nostre coustume, fais nous des presens pour cette blessure. Comme il n'y a point de police parmy les Sauuages, si l'vn d'eux en tuë ou blesse vn autre, s'il peut euader, il en est quitte pour quelques presens qu'il fait aux amis du defunct, ou de l'offensé. Nostre truchement luy repartit: Toy-mesme tu sçais bien nos façons de faire, quand quelqu'vn de nous fait mal, on le chastie: cet enfant a blessé l'vn de vos gens, il sera tout maintenant foüetté en ta presence. On fait venir le petit garçon; quand les Sauuages veirent que c'estoit tout de bon qu'on despoüilloit ce petit batteur de Sauuage et de tambour, et que les verges estoient toutes prestes, ils commencerent à prier qu'on luy pardonnast, alleguans que c'estoit vn enfant, qu'il n'auoit point d'esprit, qu'il ne scauuoit pas encor ce qu'il faisoit; mais comme on le vouloit chastier à toute force, l'vn d'eux se met tout nud, iette sa robe sur l'enfant, s'écriant à celuy qui le vouloit frapper; touche sur moy, si tu veux, mais tu ne le frapperas point: voilà comme le pauure petit eueda. *Toutes les nations Sauuages de ces quartiers, et du Bresil, à*

165. Savard, R. et Proulx, J., *op. cit.*: 86-90; 171-174.
166. Le Jeune, P., 1972b: 25.

ce qu'on nous témoigne, ne sçauroient chastier ni voir chastier vn enfant: que cela nous donnera de peine dans le dessein que nous auons d'instruire la ieunesse!»[167]

Mais au-delà de ce harcèlement missionnaire, c'est l'introduction de l'économie marchande (trappe) qui aurait surtout miné le mode de vie égalitaire. Leacock écrit: «tending a trap line was a more individual type of activity than hunting. When men became trappers, the sexual definition of functions and spheres became sharper, for the wife and children began to be set apart as the family who were provided for, as compared to the men who were the providers. At the same time, there was a breaking up of the 'family bands' (the two or three tents groups that usually stayed together) into smaller units approaching the 'nuclear' family»[168]. Une telle distinction plus rigoureuse des rôles masculins et féminins aurait entraîné l'apparition d'une dichotomie *privé/public* sexuellement dénotée. «Under colonial conditions, the 'public' and 'private' sphere became divided, as had not been the case when the 'household' was the 'community', and the 'public' sphere became invested with a semblance of the male power it represents in state-organized society»[169].

Ces changements seraient également responsables d'une tendance nouvelle dans le choix du lieu de résidence postmaritale. Auparavant, selon Leacock, les circonstances créaient une bilocalité de fait (le groupe de l'un ou de l'autre). Néanmoins, ajoute-t-elle, il semble y avoir eu une préférence pour la matrilocalité (le groupe de la femme). Le nouvel ordre économique aurait renversé cette tendance en faveur de la patrilocalité (le groupe de l'homme), sans pour autant faire disparaître toute flexibilité en ce domaine[170]. Il s'agirait là, du moins dans les communautés où elle a travaillé, d'un phénomène relativement récent. «To my surprise the material revealed that matrilocality was the primary form of postmarital residence in the recent past, but that it had changed to patrilocality by the time of my field work»[171]. J'ai moi même observé à Saint-Augustin en 1971, sur la base du comportement des couples et de données généalogiques récentes, que la matrilocalité n'avait rien perdu de son attrait; au cours des années 1950, cette tendance aurait plus ou moins servi à tenter de convaincre le groupe de Saint-Augustin de se fondre dans celui de La

---

167. *Ibid.*: 30 (mon soulignement).
168. Leacock, E.B., *op. cit.*: 37.
169. *Ibid.*: 23.
170. *Ibid.*: 21.
171. *Ibid.*: 4.

Romaine, conformément au désir de l'administration des Affaires indiennes[172].

L'approche de Leacock vient à juste titre innerver un discours anthropologique à travers lequel nos sociétés s'étaient souvent satisfaites de se mirer dans celles des autres. Du coup elle dresse des communautés montagnaises un tableau tel qu'on croit mieux comprendre la fonction du voile dont elles avaient jusque-là été recouvertes. C'est toutefois sur le plan du mode de vie *ancien* que son apport demeure le plus tonique. En ce qui a trait à l'état dans lequel se trouvaient les communautés au moment où elle les visita, ainsi qu'à l'avenir qu'elle leur prédisait, on résiste à la suivre. Le problème vient sans doute de la conception restrictive qu'elle se fait du mode de production et, en conséquence, du changement social. Selon Leacock, la trappe en vue d'échanges au comptoir aurait à elle seule placé ces communautés sur la voie d'un processus apparemment irrémédiable, dont elle distinguait trois phases: économie domestique (chasse), économie capitaliste (trappe), ainsi qu'une phase intermédiaire amalgamant des éléments propres à chacune des extrémités du continuum. Si on néglige cet intermède, il s'agirait du passage d'une production pour *usage domestique* à une production pour *échange au comptoir*[173]. Le premier terme appartiendrait déjà à un passé révolu, nous dit-elle; peut-être pouvait-on l'observer encore en 1926 chez les gens de Davis Inlet, au moment du passage de Strong (1926). On peut le reconstituer à partir d'écrits anciens (*Relations des Jésuites*). Quant au second, qui marque l'avènement de l'économie capitaliste, il serait déjà réalisé dans le Nord-Ouest québécois, notamment à Mistassini. Les communautés situées à l'est de Sept-Iles seraient en quelque sorte entre ces deux pôles; la trappe y est en train de supplanter la chasse. Les gens de Sept-Iles, quant à eux, seraient presque rendus à la phase ultime; ils ne se distingueraient des trappeurs blancs que par la subsistance d'une technologie traditionnelle incluant encore parfois une dépendance peu significative vis-à-vis certains produits de la nature, ainsi que par la rétention d'attitudes et de types d'interactions interpersonnelles hérités du passé. C'est au milieu des années 1950 que Leacock proposa cette fresque néo-évolutionniste.

L'erreur de Speck, croit-on comprendre, aurait consisté à prendre pour une forme précolombienne ce qui serait le résultat d'une acculturation d'autant plus avancée dans le Nord-Ouest que la traite des fourrures y a commencé depuis plus longtemps que dans le Nord-Est. Cette créance accordée aux observations de Speck ne cesse d'étonner, quand on sait la

172. Savard, R., 1977. De tels efforts furent vains.
173. Leacock, E.B., 1954: 7.

présomption d'ethnocentrisme suggérée par les travaux de Leacock à l'endroit de ceux de son collègue. Et si ce dernier avait fait là aussi, comme j'ai tendance à le croire, la lecture biaisée à laquelle le conviait le discours anthropologique dominant? Pourquoi faire ainsi la part aussi belle à l'ethnographie de Speck, sinon pour étayer la phase ultime exigée par le schéma développemental de Leacock. Il devenait sans doute impérieux d'ancrer dans les faits *au moins* une des deux extrémités du processus, l'autre n'étant qu'indirectement accessible. Qu'aurait-on pu dire, en effet, de communautés définies comme le point de passage entre deux stades échappant à toute observation directe?

Les travaux de A. Tanner suggèrent que la grille de Leacock pourrait bien l'avoir placée dans une telle situation. De 1969 à 1974, il a accompagné les familles de Mistassini dans leurs longues randonnées de chasse hivernale à l'intérieur: absence de propriété des territoires de chasse, fluidité des unités socio-économiques de base, pas de chefs au sens où Speck l'entendait, rituels de toutes sortes, mythes, etc. On se souvient que, *dès 1954*, Leacock prenait Mistassini comme exemple de communautés où la transition était complétée. Contrairement à Speck, et en accord avec Leacock, Tanner reconnaissait que l'économie marchande avait affecté le mode de vie des gens de Mistassini. Toutefois, une conception moins restrictive du mode de production lui a permis de donner du changement une image moins simpliste. Les chasseurs-cueilleurs dont nous parle cette dernière apparaissent comme des acteurs inconscients, passifs et muets. A leur insu, un peu comme le mercure qu'on leur fera plus tard avaler avec le poisson, ils auraient peu à peu intériorisé le cortège des valeurs transmises par le comptoir. Tanner nous présente un tableau différent; entre l'inertie que leur prêtait Speck et la passivité dans le changement subi suggérée par Leacock, on se trouve en présence d'une communauté utilisant toutes ses ressources pour tirer astucieusement partie de la nouvelle donne. C'est que Tanner a introduit dans le dossier un matériel dont Speck ne semblait pas trop savoir quoi faire, et que Leacock a à toutes fins utiles négligé: le discours inhérent à leurs rituels et à leurs mythes[174]. Compte tenu de cette dimension réflexive du mode de production, celui des gens de Mistassini apparaît comme un système complet plutôt que comme un point de transition situé sur un processus de changement linéaire et irrémédiable. D'une certaine façon, ce système peut être vu comme une forme intermédiaire entre des économies domestique et capitaliste, mais pas à titre de phase d'un processus que la seule arrivée du comptoir devait conduire à son terme. D'autres facteurs sont

---

174. J'ai déjà signalé la fonction atténuante de l'anthropologie par rapport à ce discours autochtone.

nécessaires, selon Tanner, pour qu'une communauté passe du système mis au point à Mistassini à un mode de production typique d'une économie capitaliste: travail salarié, scolarisation, administration gouvernementale directe, disparition des ressources par épuisement ou simplement par perte des territoires aux mains d'autres exploitants. Il aurait certes été réconfortant de déplorer que les Indiens y viennent d'eux-mêmes, un peu à la manière de somnambules. Mais ce n'est pas le cas; il faut les y contraindre. Depuis des temps immémoriaux, les chasseurs-cueilleurs de Speck contemplaient leur immobilité; ceux de Leacock se transformaient en silence, sans réfléchir à ce qu'il advenait ainsi d'eux. Comme tout groupe humain, ceux que nous présente Tanner encaissent les changements, y réagissent, en devisent et tentent de composer avec eux pour arriver à se perpétuer. Ils y parviennent parfois; d'autres fois ils échouent.

L'hypothèse sur laquelle repose le présent ouvrage est que le *mythe*, en tant que mode d'expression privilégié par les chasseurs-cueilleurs du Québec, leur a servi d'outil de réflexion, d'affirmation et de résistance face aux conditions créées par la situation coloniale. Ainsi, le *mythe* pourrait avoir tenu ici un rôle analogue à celui confié à la musique par les populations indiennes d'Amérique latine. Pour s'en rendre compte, cependant, il faut soumettre cette notion à une critique serrée. La question reste délicate; on sera toujours tenté d'utiliser ce discours pour confirmer telle ou telle valeur véhiculée par nos propres sociétés. Mais quelle qu'en soit la difficulté, il me semble que l'étude de sociétés vivantes ne peut faire abstraction de leur discours.

Les variantes montagnaises du corpus ont été recueillies depuis le début du XXème siècle, à l'exception de celle rapportée par le missionnaire Le Jeune (variante 16, 1632-1637) qui s'était contenté de nous transmettre le début (A) et la fin (G) du récit[175]. A la lumière de ce que disait Leacock de l'état encore sans doute originel du mode de production de Davis Inlet, au moment des observations de Strong (1926), la variante que ce dernier y recueillit pourrait combler en partie cette lacune; mais, absorbé par la question *mammouth*[176], il ne nous livra que l'aventure du super-ours[177]. En l'absence de points de référence anciens, le corpus peut donner lieu à diverses questions. Insensibles aux changements, les conteurs se sont-ils contentés de maintenir le texte ancien? L'auraient-ils fait, au contraire, en raison d'une conscience très vive des

---

175. «Ie serois trop long de raconter toutes tes [sic] auentures de cét homme-enfant [...]. Pour abreger [...]» (Le Jeune, P., 1972e: 54).

176. Voir p. 62.

177. «The first episode [...] reads in translation as follow» (Strong, W.D., *op. cit.*: 83).

modifications survenues dans le mode de vie? Dans ce cas, seraient-ils
allés jusqu'à styliser les anciennes manières de faire, pour mieux les
opposer à celles qui les ont remplacées? A l'inverse, nos textes ne se
contentent-ils pas de refléter ces dernières, sinon de les promouvoir? Je
pense qu'il faut éliminer d'emblée la rétention automatique et le reflet
inconscient. La première de ces hypothèses ne résiste pas devant le *mythe*
de *Kamikuakushit* étudié ailleurs[178]; traitant explicitement du comptoir,
des relations entre Indiens et Blancs, de techniques et d'objets nouveaux,
ce récit explore les avenues disponibles pour un groupe qui entend se
perpétuer dans le contexte créé par la situation coloniale. Le récit de
Tshakapesh semble au contraire mettre *directement* l'accent sur la spéci-
ficité qu'il convient aux groupes indiens de conserver, pour éviter une
disparition dont ils ne sont pas sans ignorer qu'elle est vivement souhaitée. Déjà au XVIIe siècle, ils le disaient clairement aux jésuites qui
s'efforçaient de leur faire quitter leurs façons de penser et d'agir. Ainsi ce
Huron à qui on faisait des remontrances: «Le pere l'ayant repris de son
procedé, il luy respondit à l'ordinaire des Sauuages: Vous auez vos
façons de faire, et nous les nostres: *Oniondechanonkhron*, c'est à dire,
nos pays sont differents»[179]. Un autre se faisait plus précis: «i'estime que
ce que vous proposez ne seruira que d'vne pierre d'achoppement. Au
reste nous auons nos façons de faire, et vous les vostres, aussi bien que
les autres nations»[180]. Enfin, quelles que soient les modifications appor-
tées par le temps à ce récit sans doute fort ancien, on peut supposer que,
plus qu'une survivance, il représente un outil de réflexion pour le groupe
contemporain qui l'énonce encore.

En ce qui a trait aux relations hommes-femmes dont le récit s'apprête à
nous parler, il faudra garder en tête les remarques de Leacock: dans une
société égalitaire, la représentation dichotomique des sexes n'a pas la
même fonction que des productions idéologiques analogues observées
dans des sociétés hiérarchiques. Alors qu'elle vise dans le premier cas «to
ritualize the reciprocal roles of females and males that sustained the
group»[181], elle est utilisée dans le second cas pour maintenir un rapport
d'inégalité. En montagnais, le terme *innu* n'a pas de connotation
sexuelle; il signifie l'*être humain*. Pour préciser le sexe de la personne
dont on parle, il faut y accoler soit *nāpeu*, soit *iskueu*. Ces deux derniers
termes servent également à indiquer le sexe des espèces animales. Ainsi
pour le poisson (*namesh*), on aura *nāpemesh* et *iskuemesh*. S'il devient

178. Savard, R., 1977.
179. Le Mercier, F.J., 1972: 146.
180. *Ibid.*: 137.
181. Leacock, E.B., 1981: 142.

important de connaître l'âge (bio-sociale plutôt que chronologique), on aura recours à une forme diminutive: *nāpeu* (homme, homme marié, mâle), *nāpess* (garçon), *nāpessiss* (petit garçon); *iskueu* (femme, femme mariée, femelle), *iskuess* (fille, femme non-mariée), *iskuessiss* (petite fille)[182].

3.3.2 L'ours et le poisson

N'eut été du caractère linéaire de l'énoncé, responsable de l'apparente instabilité de l'aventure du *poisson avaleur* (B), l'étude de celle-ci aurait pu procéder parallèlement à celle de l'aventure du super-ours (A). En A et B l'adversaire du héros prend la forme d'un animal gigantesque. De plus l'ours et le poisson renvoient à deux aspects antithétiques de l'environnement: le sec, le solide, etc. (*assī*) et le mouillé, le liquide, etc. (*nipī*)[183]. La fluidité même du second explique sa position inférieure sur le plan vertical par rapport au premier. En C, D, E et F les adversaires seront à mi-chemin entre des espèces animales et des êtres humains (esprits, cannibales, etc.). Cette position intermédiaire fait qu'ils insèreront toujours leur projet d'assassinat dans un contexte technologique (chasse au castor, jeux de balle, balançoire, grattage des peaux). Sur le plan de la verticale, les périls encourus en C, D, E et F marquent autant de points situés entre l'ours et le poisson. D'une certaine façon, les aventures C à F portent la marque du mode de vie (culture), tandis que A et B en délimitent les frontières (nature).

Une idée claire traverse de part en part ces aventures A et B: ce sont les femmes qui donnent naissance aux hommes, non l'inverse. Sans remettre en question l'origine chtonienne du héros (ne dit-on pas d'ailleurs que la terre est une mère?) il faut bien se rendre à l'évidence que, sans l'intervention active de sa soeur aînée, *Tshakapesh* n'aurait jamais pu émerger comme tel du ventre de *assī* en A. La démonstration n'est pas moins claire en B: ayant éventré le poisson avaleur, elle en sortit son jeune frère bien vivant. Il avait craint un moment d'être tué par un mouvement maladroit du couteau de sa soeur. De l'intérieur de l'animal qu'elle s'apprêtait à ouvrir, il lui cria des conseils de prudence (variantes 0, 2, 3, 4, 5, 6, 7, 8, 17, 23, 25, 26, 29, 32, 49). Mais outre que cette femme sait ouvrir le poisson, elle maîtrise mieux que lui l'art d'extraire d'un ventre un être vivant. On se souviendra qu'en A, dans une situation analogue, ce garçon avait lui aussi éventré une proie (le super-ours) dans le but d'en

---

182. Mailhot, J. et Lescop, K., *op. cit.*: 49, 53, 54 et 154.
183. Voir la note 50, page 92.

extraire ses parents et de les ramener à la vie; mais ceux-ci n'eurent finalement droit qu'à un rite funéraire.

Tel qu'indiqué précédemment, cette naissance aquatique ne compromet en rien le caractère *assinien* du héros; si le terme *assī* s'oppose à *nipī* (comme le sec et le solide au mouillé et au liquide), il peut parfois l'inclure pour désigner l'ensemble du territoire (les terres et les eaux)[184]. La notion d'origine chtonienne, loin de s'y opposer, exigeait donc et cette naissance aquatique et la part active qu'y joua la sœur aînée[185]. Cependant, une fois cette double naissance accomplie dans l'asymétrie de la relation hommes-femmes, l'opposition *assī/nipī* semble être mobilisée pour rétablir à un autre niveau la symétrie de ces relations. C'est pourquoi les aventures A et B, bien qu'identiques sous certains rapports, n'en sont pas pour autant redondantes. En passant de l'un à l'autre, le rôle de mise à mort du gibier (ours et poisson) change de titulaire; comme l'indique le tableau 6 (page 142), la disparition des parents permet au héros de se déplacer d'un cran, ouvrant ainsi à la sœur un poste équivalent dans l'activité prédatrice. Cette distinction entre *chasse sèche* et *chasse mouillée* permet de corriger le déséquilibre entraîné par le fait que la vie est donnée par les femmes et non par les hommes. Même si le processus de diminution des écarts va se poursuivre, les étiquettes *nipī* et *assī* conservent quelque chose de leurs référents féminin et masculin. Ainsi, lorsqu'il se retrouvera en présence de son alter ego solaire, *Tshakapesh* courra le risque d'être séché par la chaleur de l'astre; en B, son séjour au royaume aquatique féminin lui fait courir un risque inverse: la putréfaction. Au sortir du poisson, il est souillé et dégage une odeur désagréable (variantes 3, 4, 5, 7, 17, 24, 25, 26, 28)[186]. Dans un cas (variante 7) son corps avait déjà commencé à se décomposer. Selon trois variantes (3, 25, 28) le lavage du héros se transforme en épilage; son corps était auparavant entièrement couvert d'une toison. Il décréta alors: «Les gens seront ainsi à leur naissance!»[187]

---

184. Voir la note 50 à la page 92.

185. Voir le tableau 5 à la page 141.

186. Déjà le verbe «éventrer» connote la mauvaise odeur. Le traducteur de la variante 1 m'écrivait: «Le verbe éventrer est formé avec la racine *uin-* que l'on retrouve dans *uinepau*, noir, *uinakuan*, sale, *uinessu*, il sent mauvais, *uinipek*, la mer, de l'eau sale, polluée. Le verbe éventrer un animal se dit *uinieu*. Si l'on ajoute *astishk, caribou*, cela donne *uinatikueu, il éventre un caribou*. Si l'on ajoute le mot poisson, *namesh*, cela donne *uinamesheu, il éventre un poisson*» (Lapointe, R., communication personnelle, 8 avril 1981).

187. Selon les variantes 0, 1 et 6, cette opération se fit quand le héros put sortir d'une casserole, dans laquelle on avait l'intention de le faire bouillir (aventure E); on signale alors l'apparition du vêtement. On retrouve dans plusieurs *mythologies* l'association sémantique «naissance — mort — perte de toison — nudité — vêtement» (Savard, R., 1966: 186, 195-198).

Tableau n° 5: *Aventures A et B:*
domaines assī *et* nipī.

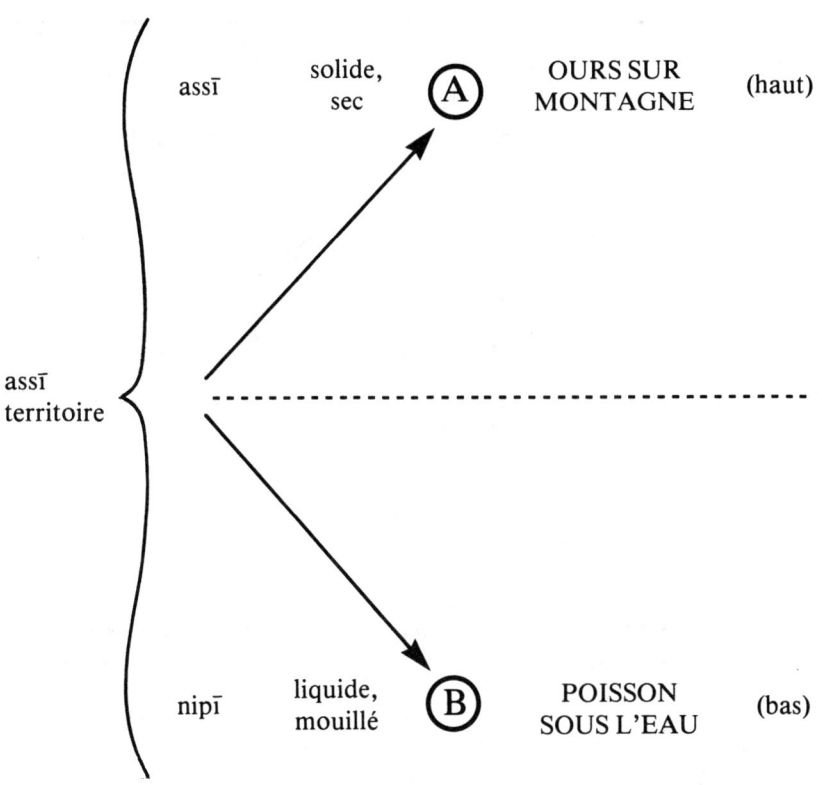

Tableau n° 6: *Titulaires masculin et féminin
de l'activité prédatrice.*

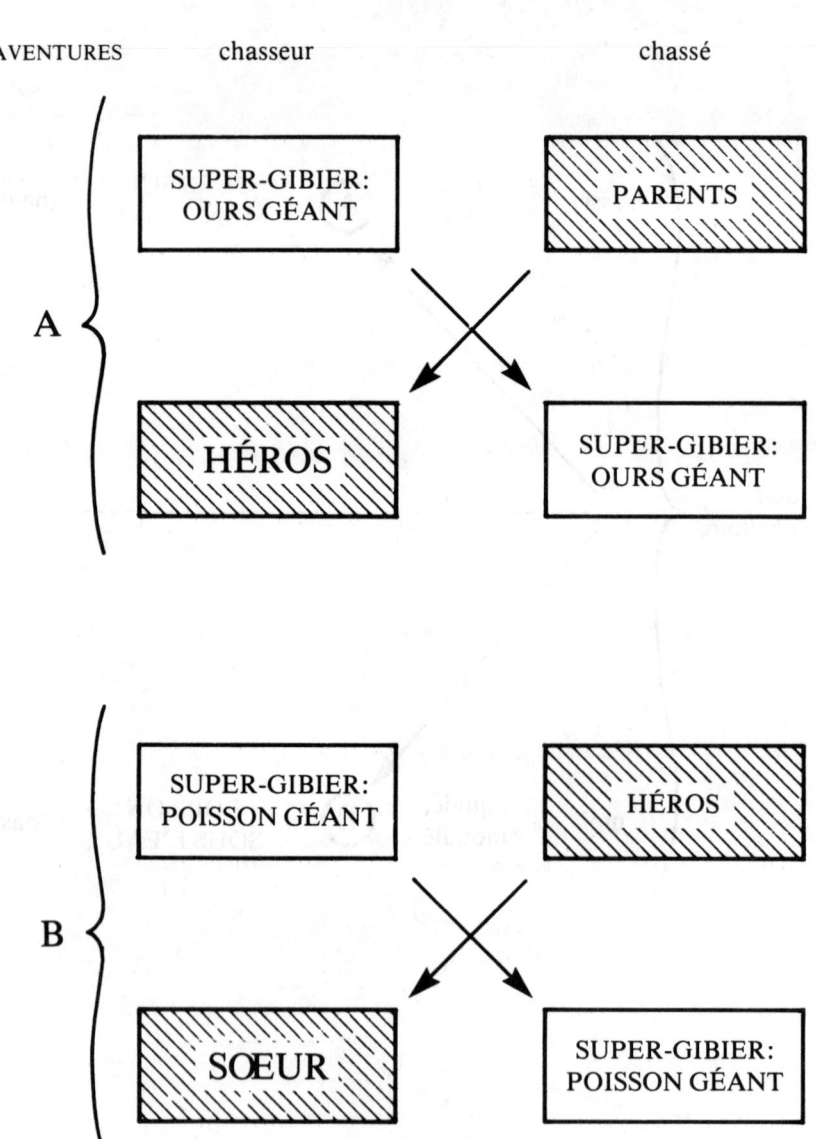

AVENTURES   chasseur   chassé

A {

SUPER-GIBIER:
OURS GÉANT

PARENTS

HÉROS

SUPER-GIBIER:
OURS GÉANT

B {

SUPER-GIBIER:
POISSON GÉANT

HÉROS

SŒUR

SUPER-GIBIER:
POISSON GÉANT

Comme pour enrichir cette idée de collaboration socio-économique, le récit y introduit une sorte de chassé-croisé technologique entre hommes et femmes. Si la fabrication des armes de chasse en A (arc et flèches) est amorcée par la sœur sous la forme de jouets d'enfant, le garçon leur donnera finalement des dimensions adéquates. Quant à la fabrication des outils de pêche en B (ligne et hameçon), le garçon ne paraît pas y être mêlé. A un autre niveau la fille fournira à son frère les informations nécessaires au succès de sa chasse (dimension, férocité et habitat du super-ours), tandis qu'il suggérera au poisson dans lequel il se trouve un comportement favorisant la pêche de la fille (nager en eau peu profonde, mordre à l'hameçon).

Leacock avait sans doute raison de dire que la représentation dichotonique du travail, dans le cadre d'énoncés rituels ou mythiques, pourrait avoir pour fonction symbolique de souligner la complémentarité des sexes plutôt que de prôner une répartition étanche du travail entre les hommes et les femmes. En ce qui a trait à la pêche, «La technique d'automne (avant que les cours d'eau ne gèlent) consistait à installer une vingtaine d'hameçons dans l'eau le soir et à les retirer le lendemain matin. Il était, paraît-il, facile de prendre de cette façon dix poissons par nuit. On prenait ainsi une espèce de grosse truite d'eau salée appelée *kukumesh*. L'hameçon employé dans ce cas était normalement celui de métal qu'on pouvait se procurer au poste de la Cie de la Baie d'Hudson. Sinon on employait un type d'hameçon traditionnel, facile à fabriquer sur place avec un peu de bois, une pointe d'os et une lanière de peau de caribou [...]. La pêche simple à l'hameçon [...] était pratiquée par l'homme, la femme et les enfants selon les circonstances [...] mais il semble qu'au total, la pêche a été davantage une activité féminine [...]»[188]. Ainsi, au-delà de l'association sémantique entre la femme et l'eau, exigée par l'économie même de l'énoncé rituel, la flexibilité paraît être la règle d'or au niveau du comportement. Quant au partage sexuel de la viande d'ours évoqué à l'aventure A, n'oublions pas qu'il renvoie à un rituel dont la rigidité toute théâtrale pourrait n'avoir que de très lointains rapports avec les comportements[189]. Au moment de la traduction de la variante 0, nous avions cru utile de demander au conteur s'il était permis aux femmes de manger la tête de l'ours. Visiblement étonné d'une telle question, il répondit de son air habituel: «Mais pourquoi ne pourraient-elles pas en manger?» Ensuite il ajouta: «Autrefois elles ne le pouvaient pas. Et encore aujourd'hui, il est rare qu'elles en mangent; peut-être craignent-

---

188. Mailhot, J. et Michaud, A., 1965: 43, cité par M. Lefebvre (*op. cit.*: 131). Cette observation renvoie aux comportements des gens de Northwest River vers 1920.

189. Lefebvre, M., *op. cit.*: 102-104; voir aussi la citation de A. Tanner à la page 113.

elles de subir le même sort que la sœur de *Tshakapesh*?»[190] Interdit alimentaire dont l'acculturation aurait quelque peu amoindri la sévérité? Procédé courant de la mémoire, selon lequel le passé lointain en arrive à faire coïncider la vie et le *mythe*? On m'a souvent dit, comme à d'autres, que les ancêtres pouvaient accomplir les prouesses réservées aujourd'hui aux personnages mythiques. Un tel écart entre la vie et l'énoncé pourrait valoir dans le cas du festin rituel de l'*ours*, dont sont plus ou moins exclues les femmes *aptes à enfanter*. Par ailleurs la prise de l'ours donnant généralement lieu à un festin rituel, rares sont les occasions pour les femmes d'en manger; d'où les propos du conteur. Quoiqu'il en soit rien n'indique, à la lumière des aventures A et B, que le protocole du rituel de l'ours résulterait d'une quelconque subordination de la femme à l'homme.

3.3.3 *Belles-sœurs et beaux-frères*

Les aventures C, D, E et F nous font entrer de plain pied dans la constitution du tissu social. Comme tout groupe humain, celui dans lequel voit le jour une personne indienne est composé d'hommes et de femmes adultes. En grandissant elle apprendra que son père et sa mère sont nés dans des groupes différents, et qu'il en sera ainsi pour elle et son ou sa partenaire quand elle s'impliquera dans le processus de reproduction de la bande. S'il s'agit d'une femme, les chances sont bonnes pour qu'elle réside alors dans le groupe où elle est née; c'est donc dire que l'homme adulte aura tendance à quitter le sien pour aller partager la vie du groupe de sa compagne.

Lorsque des sociétés dotées d'un tel système eurent à en expliquer la genèse, elles se heurtèrent à une certaine difficulté logique. Comment les anciens, en l'absence de tout autre représentant de l'espèce, ont-ils pu initier la pratique exogamique? Car le système en question est plus ou moins tenu responsable du passage d'un certain stade préhumain au mode de vie grâce auquel cette société réalise actuellement son humanité.

Pour une autre œuvre également due à l'imaginaire montagnais, la solution consiste à poser au départ l'existence de deux groupes n'ayant eu aucun contact avant leur fusion: l'un composé uniquement de mâles, l'autre uniquement de femelles. C'est un membre du premier, Carcajou, qui aurait un jour fait la découverte du second. Aussitôt il les interpella au moyen du terme *nīstātuk*, forme vocative plurielle de *nīstāu* (*ma belle-sœur* ou *mon beau-frère*, selon que le sujet parlant est une femme ou un

---

190. Mâchoires rivées.

homme). On emploie normalement ce terme quand on s'adresse à une personne de même sexe que soi. Carcajou fait donc ici une autre de ses habituelles erreurs sur la personne[191]. Aussi se fait-il répondre: «Nous sommes des femmes; comment peux-tu nous appeler ainsi?» Et pendant qu'elles s'affairaient à lui préparer un repas, il éprouva du désir pour l'une d'elle. Une jeune. Grâce à un stratagème aussi bouffon que compliqué, il se retrouva étendu sur elle et commença à donner libre cours à son nouveau désir. Une aînée protesta alors en ces mots: «Notre bon chasseur va devenir enceinte; retirez donc Carcajou de là!» Pour convaincre les femmes d'accepter cette nouvelle charge (porter les enfants), il lui fallut promettre que le travail de la chasse serait désormais assumé par ses frères. Cette offre parut acceptable aux femmes, pour qui les rapports sexuels présentaient autant d'attraits qu'aux hommes[192]. Dans un tel contexte, la question de savoir comment ces groupes avaient assuré leur reproduction jusqu'à ce jour est déplacée; le but de l'exercice consiste à poser une origine cohérente par rapport au système actuel, soit l'exogamie des unités de base et une préférence pour la matrilocalité. C'est ainsi que les frères de Carcajou non seulement épousèrent des femmes provenant d'un groupe autre que le leur, mais vinrent tous résider chez elles. Or, pour en arriver à un tel résultat, il fallait postuler l'existence de ces deux groupes originaux homogènes et sexuellement différents.

Le même procédé logique se retrouve dans un autre petit récit que racontait Penashue Pepine, dont la transcription débute ainsi: «*Ueskat ma, nitta ust mamu tast ntshent napeuat an kie iskueuat. Tapan tepant mani. Eku shiakuak. Tshi ka ashuapmanuat eku napeuat inanu. Pakutshuaki shipu, shipist nte, ekuta nte etast ntshent iskueuat, mesheku iskueuat, eku tshi ka ashuapmanuat, pakutshuaki shipu itanuat. Eku shiakuak piakutshuak. Aieskuapuat iskueuat, mate shiakuanit*». (Jadis, il y a longtemps, il était impensable que les homme puissent rester avec les femmes, et chacun vivait de son côté, en groupe distinct. Et l'on racontait que les femmes attendaient les hommes. Au temps de la débâcle, à la rivière, elles s'étaient rassemblées et attendaient. Et le printemps arriva; la débâcle aussi. Les femmes étaient prêtes en ce jour de printemps)[193]. Le récit se poursuit en faisant parader l'un à la suite de l'autre neuf mâles soucieux de plaire. Moins bien pourvus que d'autres, certains durent faire appel aux meilleurs procédés de maquillage pour arriver à se faire remarquer.

191. La confusion des genres est le trait de caractère de ce personnage légendaire (Savard, R., 1977: 67 et s.).

192. Savard, R., 1974: 24-25.

193. Pepine, P. (Voir bibliographie). La transcription du texte indien et la traduction montagnaise sont de A. Joveneau.

Le présent récit adopte une toute autre stratégie. Sexuellement hétérogène, le noyau du premier groupe humain est composé d'un frère et d'une sœur dont les parents n'apparaissent que le temps de faire l'objet d'une élimination radicale. La règle exogamique, qui se confond ici avec l'interdiction de l'inceste, obligeait donc ces deux individus à composer avec divers groupes plus ou moins insolites ayant jusqu'alors retardé l'émergence du peuple indien lui-même. Le plus souvent sexuellement homogènes, ces groupes ne montrent aucun empressement à entrer dans un quelconque circuit d'échanges matrimoniaux. Composés de cannibales ou d'assassins, ils sont hostiles au frère et à la sœur. Si leur présence permet quand même d'envisager la pratique exogamique, la question de la résidence post-maritale reste plus délicate. Le problème se pose surtout dans le cas de *Tshakapesh*; l'existence du groupe qu'il est en train de monter serait compromise s'il devait se plier à la matrilocalité. La solution viendra du degré particulièrement élevé d'hostilité des groupes féminins qu'il visite; aucun mâle ne saurait s'y installer sans risquer d'être dévoré. Il ne lui reste qu'à anéantir de tels groupes d'anthropophages pour résoudre du même coup la question de la matrilocalité.

Vingt-sept variantes du corpus contiennent au moins une, parfois deux, trois ou quatre des aventures C, D, E et F (tableau 7, page 147). *Tshakapesh* entre ainsi en contact avec des personnages qui, sans être tout à fait des animaux comme en A et B (ours et poisson), échappent néanmoins au genre dont il s'emploie à parfaire la silhouette humaine. On aura noté qu'il les entend d'abord sans les voir. La sonorité représente le mode privilégié d'interaction avec cet autre monde formant l'envers de l'univers profane visible[194]. Quant les récits les décrivent ces gens apparaissent comme des géants, des cannibales, des *mistapeut*[195] ou, dans un cas, des bêtes (sans plus de précision). Voyant *Tshakapesh* arriver chez eux, il leur arrive de le qualifier de *menteu* (étranger)[196]. Comme l'indique le tableau 7, les aventures C et D sont les plus fréquentes (respectivement dix-neuf et vingt-et-une fois sur vingt-sept). Pour leur part E et F sont mentionnées cinq et onze fois. Lorsqu'une aventure manque à une variante, le contenu des autres pourra en être affecté, à moins qu'une telle absence résulte de la technique d'enquête. Pour tenir compte de ce phénomène, l'analyse portera sur des groupes de variantes comportant le même nombre d'aventres (4, 3, 2 et 1). Cette méthode ne sera pas parfaitement étanche puisque, dans les trois groupes contenant

194. Savard, R., 1973.
195. Voir la note 44, page 89.
196. Voir la note 33, page 86.

Tableau nº 7: *Vingt-sept variantes contenant au moins une des aventures C, D, E et F.*

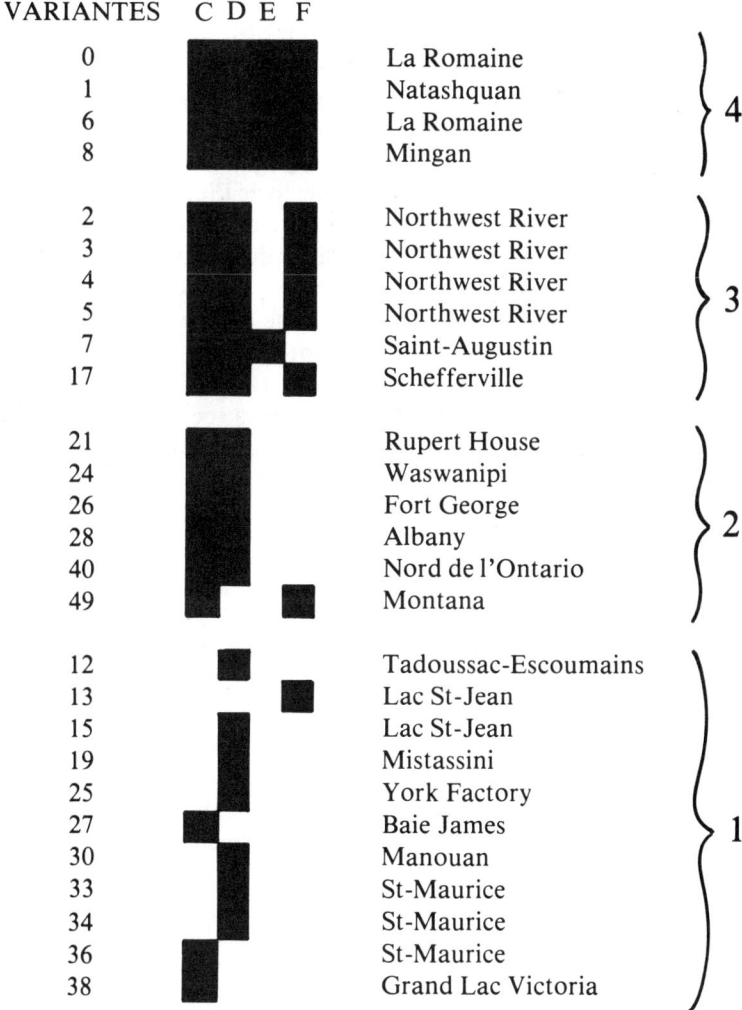

moins que quatre aventures, la ou les absentes n'est ou ne sont pas toujours la ou les mêmes; elle permettra néanmoins de circonscrire les
difficultés.

3.3.3.1 *Enoncés à quatre temps (0, 1, 6, 8)*

Au delà de différences déjà signalées, on retrouve en C, D, E et F un
modèle évoquant celui avec lequel A, B et G nous avaient familiarisés:
Tshakapesh retourne contre ses adversaires le stratagème qu'ils avaient
imaginé pour le faire mourir (tableau 8, page 160).

S'étant éloigné de chez lui, le héros entend du bruit causé par des gens
dont il semble tout ignorer. Sa sœur, vers laquelle il s'empresse de revenir pour en savoir plus long, le renseigne en détail sur les dangers qu'il
courrait en allant chez eux. En C, sous prétexte de l'intégrer à une équipe
de chasse aux castors, ils s'efforcent de le faire disparaître sous la glace.
En D, s'il approche les filles occupées à gratter des peaux de caribou, leur
mère cannibale les tuera au moyen d'une pierre. En E on l'invite à participer à une partie de balle dans l'espoir que celle-ci (une tête d'ours) le tue
d'une morsure au cou. Enfin en F, le faisant évoluer sur une balançoire
suspendue, on coupera la corde et il se retrouvera au fond d'une marmite
d'eau bouillante posée sur un feu. Pour rassurer sa sœur, il promet d'éviter des lieux. Il s'y rend cependant à la première occasion.

C

En raison de sa difficulté à marcher avec des raquettes trop grandes
pour lui (il a sans doute diminué sa taille) et de l'aveu qu'il fit de sa
méconnaissance de leur technique, les chasseurs de castors (tous des
mâles) prennent *Tshakapesh* pour un enfant (variantes 0, 1 et 6). Aussi
sont-ils confiants de le voir entraîné sous l'eau par un castor. D'où leur
étonnement quand, d'une seule main, il en sort un ou plusieurs et, en
chasseur expérimenté, les assomme pour éviter qu'ils retournent à l'eau.
La variante 6 attribue cette performance au couteau magique hérité de
son père[197]. La déception de ces gens se transforme en colère lorsqu'ils

197. Il s'agit sans doute du couteau croche (*mūkutākan*, couteau croche, Mailhot, J. et
Lescop, K., *op. cit.*: 137; *mukutan*, un couteau croche à lame recourbée, La Romaine, *op.
cit.*: 168; *m8k8tagan*, doloir, couteau croche, Silvy, A.: 81). «One of the most important
tools used by the Nenenot [Pour ce terme, voir page 56] is the 'crooked' knife [...]. These
instruments are made from steel files or knife blades. They are of various sizes depending
on the amount of material at hand. The Indian takes a piece of metal and grinds one side of

voient *Tshakapesh* emporter tous les castors qu'il a sortis (variantes 0, 1 et 8), ou du moins le plus gros d'entre eux (variante 6). Dès qu'ils tentent de lui soutirer la charge déjà posée sur son dos, il leur tord les bras. Non seulement perdent-ils ainsi leur gibier, mais il leur sera plus difficile à l'avenir d'en attraper d'autres. Selon la variante 6, c'est depuis cet incident qu'une articulation relie le bras et l'avant-bras. On assiste parfois à la cuisson par la sœur des castors rapportés par le héros (variantes 0 et 1). Enfin c'est en C que la variante 1 introduit l'incident de la mâchoire soudée, traité en A par d'autres variantes; la sœur cuit en même temps le castor et la tête d'ours respectivement rapportés en A et C. Elle aurait dû manger du premier et réserver la seconde à son frère.

D

Le héros se présente cette fois chez un groupe composé exclusivement de femmes. Il en avait d'ailleurs envie, précise la variante 6. La rencontre débute sous le signe de l'érotisme. La scène a lieu dehors. Deux filles y travaillent les cuirs, loin des yeux de leur mère cannibale restée dans la tente. *Tshakapesh* les aborde; on s'amuse, on folâtre. Et quand la mère demande à ses filles ce qui les fait tant rire, elles lui répondent par un demi mensonge; elles prétendent que c'est la vue d'un geai s'en prenant aux poils (variantes 0 et 1) ou aux résidus graisseux (variante 6) de leurs peaux (celles qu'elles sont en train de gratter). La réponse est plausible, car les geais s'adonnent souvent à un tel exercice[198]. Par ailleurs, dans le contexte, elle n'est pas non plus dénuée de fondement. Sur la basse Côte Nord, le geai est souvent appelé *kapimīna*, parfois *uīskatshān*; or, dans l'argot grivois de cette région, les hommes désignent parfois le poil pubien des femmes par l'expression *kapimīna upīuai*[199]. L'identification

---

it flat and smooth; the other is edged like a drawing knife. The blade is now heated and bent to the desired curve. Some are more bent than others and some have only the point bent to one side. [...] It is set in a handle curved from the user and bent upward like the blade [...]. The handle is held in the hand at right angles or across the body and invariable drawn toward the user. It is employed for all purposes of whittling or shaving wood [...]». (Turner, L., *op. cit.*: 317-318). «The crooked knife [...] was a basic tool among the Mistassini Indians and was used in the manufacture of nearly all wooden article» (Rogers, E.S., 1967: 45). «fabriqué le plus souvent à partir d'une vieille lime affutée, chauffée à la flamme, courbée en longueur où à la pointe et emmanchée dans une gaine de bois, d'os ou d'andouiller. [...]. Le couteau croche [...] est exclusivement un outil d'homme et un outil très personnalisé. Il accompagnait l'Indien dans tous ses déplacements importants» (Clermont, N., 1982: 36).

198. Voir la note 38, page 87.

199. *upīuai*, poil (Mailhot, J. et Lescop, K., *op. cit.*: 406).

du héros au geai, dans le joyeux mensonge des filles, laisse à penser que le terme *kapimīna* pourrait servir aussi aux femmes pour désigner les organes génitaux masculins[200]. La mère ne tarda pas à se rendre compte qu'un jeune homme était la cause de tout ce remue-ménage; elle cria à ses filles de l'inviter à entrer pour manger de la graisse cuite (*pimī*)[201]. Celles-ci prévinrent le héros de s'abstenir de manger ce que leur mère lui servira, car ce sera de la graisse humaine; il pourra manger la graisse de caribou qu'elles-mêmes lui fourniront. Prétextant que le refus de *Tshakapesh* constituait un affront à son endroit, la cannibale déclara en conclure qu'il souhaitait se battre avec elle. Deux variantes (0 et 1) indiquent que, pour la circonstance, ele revêtit son costume de combat[202]. Tout en affirmant qu'il ne s'agissait nullement d'une lutte à finir, elle n'avait pourtant qu'une idée en tête: dissimulée au ras du sol sous un peu de terre ou de branches, une pierre devant servir à le tuer. Elle l'y assommerait (variantes 0, 1 et 8) ou encore l'y empalerait (variante 6). Mais *Tshakapesh* eut le dessus et, avec l'accord enthousiaste des filles, il fit subir à leur mère le sort jusque-là réservé à ses victimes; cette pierre était maculée de sang. Ensuite, accompagné des deux filles, il prit le chemin du retour; selon les variantes 1 et 6, il en noya une avant d'arriver chez lui.

E

Cinq variantes seulement font état de cette partie de balle, soit les quatre montagnaises présentement à l'étude (variantes 0, 1, 6 et 8) et la variante kutenai provenant du Montana (variante 49). Tous les acteurs sont des mâles. Le jeu consiste à attraper la balle au vol et à la relancer (0, 1 et 6); selon la variante 8, chaque joueur est muni d'un bâton avec lequel il doit frapper la balle. Faute de l'attraper ou de la frapper, le joueur est littéralement mort: la tête d'ours, qui tient lieu de balle[203],

200. D'autres variantes préciseront ces allusions érotiques.

201. Voir la note 285, page 223.

202. Page 88, note 40. Tandis que ses filles enlèvent le poil des caribous tués en vue de fabriquer les vêtements nécessaires aux chasses futures, leur mère revêt le poil de ses anciennes victimes quand elle s'apprête à en tuer une nouvelle.

203. Le traducteur était d'avis qu'il s'agissait d'une tête de castor. Lui ayant fait remarquer que les autres variantes suggéraient plutôt la tête d'ours, il m'écrivit ceci: «Au sujet de la distinction à faire entre l'ours et le castor, je ne vais parler de la question *que sous l'angle linguistique*. Le reste te regarde. Dans le dialecte de Sept-Iles (Betsiamites, Schefferville, et peut-être North-West River), la différence entre ours et castor est presque inexistante: *mashk, mushk*. Dans le dialecte de *mashkuano* [*Muskuaro*. Le traducteur fait ici référence au dialecte de la basse Côte-Nord, d'où provient la présente version], la différence est nette: *amashk* (castor), *mashk* (ours). Un *a* fait toute la différence. De sorte que dans les

mord le cou de celui qui la rate. Notant qu'un de ces joueurs est plus agile que les autres, *Tshakapesh* décida de le ramener à sa sœur (variantes 0, 1 et 6). Quand la recrue en vint à courir de son côté pour saisir un lancer, ce fut elle qui se fit attraper par le héros (variante 0). En 1, après que ce dernier eut mis fin au jeu en détruisant la tête-balle d'une flèche, l'élu accepta sans difficulté de le suivre. En 6 il les tua tous en les faisant mordre par la tête d'ours, à l'exception de son futur beau-frère. Ce dernier, selon la variante 8, décida de lui-même de suivre le héros jusque chez lui. Si cet individu ne se montra pas hostile à l'offre de *Tshakapesh*, ses compagnons virent ce départ d'un très mauvais œil. En 0, alors qu'ils protestaient, le héros leur dit: «Il n'y a que des hommes ici. Etes-vous des hommes ou des femmes? Vous pouvez continuer à jouer à la balle»[204]. Devant leur obstination, le héros leur tordit les bras tout comme il l'avait fait pour les chasseurs de castors. Ce traitement leur fut également appliqué en 1. En 6, tel qu'indiqué, ils n'eurent même pas le temps d'émettre une protestation; *Tshakapesh* retourna contre eux leur propre arme (la tête d'ours). Enfin, d'après la variante 8, il saisit la balle au vol et, veillant bien à ce que la gueule ne s'ouvre pas, il courut chez lui. Les joueurs tentèrent de le rejoindre, mais finalement le laissèrent; l'un d'eux le suivit pour devenir son beau-frère. Cette tête d'ours volante n'est pas sans évoquer le rapprochement rencontré ailleurs entre le super-ours (A) et l'astre piégé (G). La variante 7 précise plus loin que cette balle décrivait une trajectoire est-ouest quand elle arriva à *Tshakapesh*. Le super-ours, dont on se souvient qu'il se tenait sur une montagne, et l'astre piégé

mots composés (ce qui est la façon habituelle de s'exprimer), le *m* tombe lorsqu'il s'agit de l'ours, et il demeure lorsqu'il s'agit du castor. Le *m* dans le castor est protégé par le *a*. Exemples: *ka uitamashkumat* (celui qui demeure avec une castor) [Nom d'un héros légendaire montagnais], *ka uitashkumat* (celui qui demeure avec une ourse), *numueshkuen* (je mange du castor), *numushkuen* (je mange de l'ours). Le mot *natashkuan* pourrait se rapporter à la chasse à l'ours, mais non au castor, parce que le *m* n'y est pas. Or, dans le cas présent où il est question de tête d'ours ou de castor, nous avons également affaire à un mot composé. Tête se dit *ushtekuan; ushtekuanamashk* (tête de castor), *ushtekuanashk* (tête d'ours). Le texte porte *ushtekuanamashk*. Je n'examine pas si la narratrice s'est trompée ou s'il s'agit d'une impossibilité, mais je ne veux que te montrer pourquoi je traduis 'tête de castor' et non 'tête d'ours'» (Lapointe, R., communication personnelle, 8 avril 1981). Le narrateur de la variante 0 prononçait *ustakuanaskunu tuuatsheut*, que le traducteur (de North West River) rendait par «with bear head they play ball». Selon la variante 6, le héros se demandait si ce n'était pas là la tête de l'ours tué en A.

204. Sans doute se réfère-t-on ici au stéréotype de la relation d'évitement entre les femmes et l'ours, associé ailleurs dans ce récit à la tête de cet animal. Plus un groupe compterait de femmes, plus réduites seraient les possibilités d'organiser de telles parties de balle. Or ce groupe ne comptait que des hommes; un de plus ou de moins, ça ne devrait pas les empêcher de continuer à jouer à la balle. Et puis, qu'auraient-ils d'autre à faire?

appartenaient au monde d'en-haut; dur et sec, ils symbolisaient le domaine *assī*.

F

La balançoire est fixée soit de chaque côté d'une chute (variante 0), soit entre deux falaises (variante 6). Les variantes 1 et 8 ne fournissent aucun détail sur son installation. Dans les quatre cas, la balançoire se déplace au-dessus d'une marmite pleine d'eau bouillante. Au plus fort du mouvement la corde est coupée; *Tshakapesh* se retrouve dans la marmite tel une pièce de viande mise à bouillir. Cependant il avait emporté de chez lui, toujours à l'insu de sa sœur, une vessie animale remplie de graisse[205]. La variante 8 précise qu'il s'agissait de graisse d'ours utilisée pour s'enduire le visage. En 6, après avoir réduit sa taille, il alla jusqu'à s'inclure dans le contenant lui-même. Quoi qu'il en soit, il s'empresse d'ouvrir la vessie et la graisse remonta en surface. Croyant alors qu'il était déjà cuit à point, les cannibales (dont le sexe n'est jamais indiqué) s'approchèrent pour s'en délecter. C'est à ce moment qu'il renversa la marmite; ainsi périrent-ils eux-mêmes ébouillantés. Les variantes 0, 1 et 6 situent à ce moment là la séquence de l'épilage, que les variantes 3, 25 et 28 associaient plutôt à l'aventure du poisson avaleur (B). Le héros y décrète aussi que les futurs humains naîtront ainsi dénudés (variantes 0 et 6). On lui fit alors des vêtements (variantes , 1 et 6); et parce qu'il devait maintenant se vêtir pour ne pas avoir froid, il fut la risée des siens (variante 6).

En C et E c'est à des animaux qu'on entend livrer le héros en pâture: *castor* et *ours*. Dans le premier cas la bête est située sous lui, alors qu'elle arrive par la voie des airs dans le second. Ces deux espèces, entre lesquelles le héros est placé, reconstituent l'opposition «sec-solide-haut (*assī*)/mouillé-liquide-bas (*nipī*)». C'est ainsi que les périls propres aux aventures C et E renvoient respectivement à ceux de B et A;

(A)	(E)	ours	tête d'ours	*assī*
(B)	(C)	poisson	castor	*nipī*

En D et F le danger ultime se trouve en position médiane sur la verticale allant de *assī* à *nipī*: marmite pleine d'*eau* soumise à l'action du *feu*. De plus, c'est cette fois le héros qui se déploie en quelque sorte sur la verticale de part et d'autre de la dangereuse médiane. Ainsi le retrouve-t-on

205. Voir la note 47, page 90.

un peu au-dessus en F (balançoire) et *un peu au-dessous* en D (pierre au sol). Dans le premier cas il tombera dans la marmite, dans le second il y sera monté[206]. Sur la balançoire (F), il se trouvait un peu plus bas que la tête d'ours (E) venue du haut de la montagne (A); assommé contre la pierre (D), il aurait été un peu plus haut que le castor (C) venu du fond de l'eau où se tient le poisson (B). Ainsi, de A-B à E-C et à F-D, les périls d'abord disjoints en viennent à se conjuguer, ce qui force le héros à se déplacer le long de la verticale. En A et B il rejoint de lui-même les repaires de l'ours et du poisson; à l'inverse, en E et C, la tête d'ours et le castor vont vers lui qui se trouve alors en position médiane; enfin en F et D il se déplace dans les deux sens pour finir par aboutir dans la marmite. Dans cette position, il se trouve à coïncider avec un des symboles privilégiés de la culture: la viande bouillie. Deux éléments naturels antithétiques (l'eau et le feu) sont réunis pour assurer la transformation d'un gibier en repas. En renversant la situation, ce qui signifie souvent aussi la marmite, le héros passe du rôle d'objet de cette cuisine anthropophage à celui de titulaire de la culture[207].

Au-delà du symbolisme de la viande bouillie, cette prise en charge de la culture se traduit par l'acquisition de conjoints en E-C, de conjointes en F-D. Il ne s'agit toutefois jamais d'une action s'apparentant de près ou de loin à un rapt: le beau-frère se réjouit de son sort et la matrilocalité ne lui pèse en rien; les filles encouragent le héros à en finir avec leur mère qui tuait et mangeait leurs prétendants. Dans ce dernier cas, comme on l'a dit, la patrilocalité demeure l'unique solution.

La noyade d'une des filles en 1 et 6 demeure énigmatique. Doit-on y voir le souci de censurer la pratique de la polygamie, dont on n'est pas sans savoir qu'elle est réprouvée par les blancs?

3.3.3.2 *Enoncés à trois temps (2, 3, 4, 5, 7, 17)*

C'est la partie de balle (E) qui manque, sauf dans le cas de la variante 7 où on passe plutôt sous silence l'incident de la balançoire (F).

Si on se reporte au tableau 9 (page 172), on constate que l'absence de E remet en question le terme *assinien* (tête d'ours) qui y formait une opposition avec le terme *nipien* (castor sous la glace). Pour combler cette lacune, les récits 2, 3, 4, 5 et 17 offrent une version différente de l'aven-

---

206. Après avoir tué ses victimes en les *rivant* au sol, la mère cannibale en fait de la graisse (os bouillis), qu'elle offre ensuite à ses victimes. D'autres variantes seront plus explicites au sujet de la présence du héros dans sa marmite à bouillir.
207. Voir le tableau 9 à la page 161.

ture C. Contrairement à ce qui se passait dans les variantes 0, 1, 6 et 8, les chasseurs de castors frustrés n'abandonnent pas la partie aussi vite; on les voit poursuivre le héros jusqu'à sa tente, où lui et sa sœur s'apprêtaient à déguster la viande de castor. Les ayant entendu s'approcher, *Tshakapesh* obtient de sa sœur un objet qu'il s'empressa de lancer en l'air. Leur tente se changea aussitôt en voûte rocheuse sur laquelle les attaquants cognèrent en vain. Il leur fallut se contenter d'entendre le héros dire à sa sœur, pour les narguer, de bien surveiller la cuisson du castor.

C'est précisément ce système de défense qui restitue ici le terme manquant; après avoir été *au-dessus* du castor qui devait l'entraîner sous l'eau, le voilà maintenant *sous* une voûte rocheuse[208] que ses agresseurs tentent de briser. Ainsi retrouve-t-on un terme équivalent à la tête d'ours volante[209]. Le procédé ayant servi à produire un tel effet est lui-même très instructif; le héros lança des coquillages en l'air, sauf pour la variante 17 où il est question de chaussettes. Issu du monde aquatique du bas (*nipī*), le coquillage n'en représente pas moins l'élément le plus apte à produire la solidité caractéristique du domaine *assinien* (roche), à la condition qu'on prenne la peine de l'identifier avec le haut (lancé en l'air). Avec les chaussettes, la variante 17 semble se contenter de jouer sur la verticalité; le vêtement lancé vers le haut est généralement associé (même dans la langue française) à l'autre extrémité de la verticale.

L'aventure absente (E) traitait aussi du mariage de la sœur (beau-frère ramené). Or le prolongement de l'aventure C, dont nous venons de prendre connaissance, permet parfois aussi de récupérer cet élément important. Seon les variantes 4, 5 et 17, les chasseurs de castors ne se laissent même pas arrêter par la tente transformée en voûte rocheuse; un jour, en l'absence du héros, ils viennent lui ravir sa sœur. De retour chez lui, il apprit des autres femmes qu'elle avait été emmenée en canot. D'un trait il s'élança à leur poursuite en touchant à peine l'eau; selon les textes, *on aurait dit qu'il patinait* (la règle du *haut-sec* se trouve respectée jusque dans les moindres détails). Les ayant rejoints, il en tua quelques-uns; les autres comprirent qu'il valait mieux lui remettre sa sœur. Ils revinrent en *patinant*. En route, la fille accoucha de plusieurs bébés. Sous divers prétextes, *Tshakapesh* tua tous ces rejetons. Si donc l'aventure E présentait de façon positive le mariage de la sœur du héros (mari consentant, respect de la matrilocalité), la nouvelle version de C le fait par la négative; une union non seulement privée de consentement, mais réalisée dans

---

208. *assī* (voir la note 50, page 92).
209. Voir le tableau 10 à la page 162.

le cadre d'une brutale patrilocalité, se trouve annulée jusque dans ses conséquences (bébés). Comme telle l'absence de conjoint mâle qui en résulte se trouve peut-être compensée par le plus grand nombre de femmes ramenées au camp. La variante 2 est la seule à parler de noyade, et le héros n'y est ici pour rien; l'aînée jalouse poussa sa cadette dans la rivière. Selon les variantes 4, 5 et 17, le héros ramena chez lui les deux filles de la cannibale (D). Toutes les variantes concernées font état du joyeux mensonge (geai) de ces filles. Selon la variante 5, elles auraient répondu à leur mère que leurs éclats de rire intriguaient: «*uiskitshanet ent nutshikamut nuaa upiuia*», que le traducteur a rendu par «jays they are after the hairs». Le verbe *nutshikamut* semble impliquer la notion de *toucher aguicheur* (Mailhot, J. et Lescop, K., *op. cit.*: 199). La variante 3 porte à quatre le groupe des femmes, *Tshakapesh* en ayant ramené deux autres du groupe à la balançoire (F).

La variante 7 est la seule à offrir la formule C-D-E (absence de l'incident de la balançoire). L'élimination de la balançoire entraîne celle de l'élément *assinien* situé à mi-chemin entre la tête-balle (E) et la marmite mentionnée à l'aventure D. C'est celle-ci qui, par extension, viendra occuper l'espace laissé vide en raison de l'absence de F[210]. Non contente de faire bouillir ses victimes, cette cannibale suspend une partie de leur chair pour produire de la viande séchée; au héros, elle en offrit avec un peu de graisse[211]. Or une telle position des victimes évoque celle de *Tshakapesh* installé sur la balançoire. Aussi ne doit-on pas se surprendre que, conformément à son habitude de rendre aux adversaires la monnaie de leur pièce, le héros ne se contente pas de tuer la femme en la rivant au sol; il brûla son corps (forme radicale de cuisson sèche).

Une telle injection de *sec* et de *haut* (*assī*) en D, pour compenser la perte de F, se répercute d'ailleurs dans l'aventure C. Malgré la présence de E (tête-balle), C subit une extension incluant la minéralisation de la tente. Le procédé de transformation comporte toutefois des nuances importantes: le peigne lancé en l'air ne semble pas provenir, comme le coquillage, du domaine *nipī*. Et à l'inverse de la chaussette, associée au pôle inférieur de la verticale, ce peigne renvoie à un point plus élevé le long de celle-ci: les cheveux. L'aventure C semble affectée dès le départ par l'injection de *haut* et de *sec* amorcée en D (dans cette variante, D apparaît avant C): le castor, nous dit-on, devait emmener *Tshakapesh* dans la forêt et non sous la glace.

L'extension de l'aventure C, à la variante 7, ne va jamais jusqu'au rapt

---

210. Voir le tableau 11 à la page 163.

211. A Saint-Augustin, d'où provient cette variante, on faisait sécher la viande de caribou en la suspendant dans la partie supérieure de la tente (voir la note 290, page 223).

de la soeur. Par ailleurs le héros ne ramène aucun beau-frère lors de sa visite chez les joueurs de balle (E). Le mariage de la soeur n'y est donc abordé ni à la façon des variantes 0, 1, 6 et 8, ni à celle des variantes 2, 3, 4, 5 et 17. Il y est toutefois dit que si l'une des deux filles prises à leur mère cannibale (D) dormait avec *Tshakapesh*, l'autre couchait avec sa soeur.

3.3.3.3 *Enoncés à deux temps (21, 24, 26, 28, 40 et 49)*

Dans les variantes 21, 24, 26 et 28, ce sont la partie de balle (E) et l'incident de la balançoire (F) qui manquent.

Comme c'était le cas pour les récits à trois temps, l'aventure C se prolonge jusqu'à la tente changée en voûte rocheuse. L'unique cas de rapt est mentionné à la variante 28. Seules les variantes 26 et 28 font état du coquillage dans la procédure magique de minéralisation de la tente. Selon la variante 26 le coquillage préalablement chauffé au feu fut posé sur sa face concave; pour ensuite ramener la tente à son état normal, on le renversa. A la variante 28 c'est sous le coquillage lui-même que se réfugie le héros, sans doute après avoir réduit sa taille. Incapable de l'atteindre, les agresseurs brûlèrent la tente et partirent avec sa soeur. Il réussit à les rejoindre avant qu'ils n'aient franchi un marécage. Il ordonna à sa flèche de ne tuer que les grands. Tous les ravisseurs moururent, et la fille fut ainsi récupérée par son frère[212].

En ce qui a trait à l'incident de la mère cannibale (D), il n'y est question ni de combat ni de pierre meurtrière; cette femme met directement le héros dans la marmite. C'est évidemment elle qui fut ébouillantée, selon un procédé identique à celui mentionné ailleurs en F (balançoire): la marmite est renversée sur elle. La variante 28 présente un cas intéressant d'extension de D en vue d'occuper le vide laissé par l'absence de E et F: le héros fut assommé par un grattoir que lança une des filles. C'est ensuite qu'on le mit dans l'eau bouillante. En raison de sa trajectoire aérienne, cet objet évoque à la fois la tête d'ours et la balançoire. En matière *dure*, il est aussi situé du côté de *assī*. Quand à l'aventure D, elle se trouve enrichie d'une forte dose de *sec*: coquillage chauffé, tente brûlée et marécage annulé.

Au chapitre des mariages, la variante 28 offre un cas unique; si celui de la soeur y est abordé par la négative (rapt), il n'est nullement question d'épouses pour le héros. Lors de l'aventure D, le héros revêtit une peau de geai avant de rejoindre les femmes occupées au grattage. Pas question

---

212. Voir le tableau 12 à la page 164.

ici de mère et de filles; toutes lui paraissent hostiles. L'une d'elles le reconnut sous son déguisement et, tel qu'indiqué, lui lança son couteau sur la tête. Lorsque le héros renversa la marmite, aucune ne fut épargnée. En 21, 24 et 26, la dimension *flirt* se trouve comme accentuée et le héros ramène deux filles. Dans les trois cas, le demi mensonge de type *geai* est utilisé par ces filles pour cacher la raison de leurs bruyants ébats. La variante 21 dit qu'elles étaient en train de faire l'amour avec *Tshakapesh* tandis que, selon la variante 24, elles riaient des propos grivois que ce dernier leur tenait. La variante 26 nous laisse plutôt imaginer la scène.

La variante 40 (ojibwa) offre un cas unique; c'est la seule qui constitue véritablement un énoncé à deux temps, puisqu'elle ne comporte que les aventures C et D. Un même groupe de femmes réalise l'incident de la chasse au castor (C) et celui des peaux grattées (D)[213]. Même s'ils ont lieu à l'occasion de visites différentes que leur fit *Tshakapesh*, les deux thèmes sont intimement liés. Il les entendit d'abord gratter des peaux de castor gelées. Sa grand-mère lui déconseilla d'y aller, mais il lui désobéit. Quand il arriva, les femmes chassaient le castor sur la glace d'un lac. Elles l'invitèrent à sortir un castor, avec l'idée qu'ils serait entraîné sous l'eau. Sa petite taille les avait convaincues qu'il ne saurait en être autrement. Mais devant l'aisance avec laquelle il s'empara du castor, elles insistèrent pour qu'il demeure avec elles. Il retourna cependant chez sa grand-mère, emportant une queue de castor faisant deux mètres de long. Elle lui servit de porte de tente. Les femmes se rendirent chez lui pour les manger, lui et sa grand-mère. Une pierre lancée en l'air transforma la tente en voûte rocheuse. Les géantes durent rebrousser chemin, laissant *Tshakapesh* se gaver de graisse de castor; il ne fut incommodé que d'en avoir trop mangé.

Quand il retourna chez elles, les géantes étaient cette fois occupées à broyer des os d'orignaux pour les faire bouillir. Le voyant arriver l'une d'elles le précipita dans la marmite. Puis, croyant que la graisse était prête, elles le puisèrent au moyen d'une cuillière en bois et s'en débarrassèrent. Il réussit à retrouver sa grand-mère, mais dans un état lamentable; on ne lui voyait plus que les os et la peau tant il avait bouilli.

La technique du grattage des peaux est disjointe de l'incident de la bouilloire. Par ailleurs, on retrouve la reconstitution magique de l'élément *assinien* (voûte rocheuse), ainsi qu'une très faible allusion au mariage du héros: impressionnées par ses talents de chasseur, les femmes lui demandèrent de rester avec elles.

La variante 49 (kutenai) offre la configuration C-F. Chacune de ces aventures, dans cette variante aussi schématique que distante du noyau

---

213. Voir le tableau 13 à la page 165.

du corpus, se trouve réduite à sa plus simple expression. En C le héros demande qu'on le laisse tirer un castor de l'eau; quand il l'emporte on se contente de protester. En F il arrive chez une femme qui lui propose d'aller se balancer avec lui. Il souhaite plutôt qu'elle y aille d'abord, et lui ensuite. Ayant finalement cédé, il se balança sans que la corde ne casse. Elle cassa plutôt quand ce fut au tour de la femme; celle-ci en mourut[214].

3.3.4 *Enoncés à un temps (12, 13, 15, 19, 25, 27, 30, 33, 34, 36, 38)*

Nous en arrivons à des récits ne comprenant qu'une seule des aventures C, D, E et F:

C   27, 36, 38
D   12, 15, 19, 25, 30, 33, 34
F   13

De plus, l'aventure présentée épuise le récit, à l'exception des variantes 25 et 27 pour lesquelles elle se situe dans un contexte:

25   *D*   B   G   A
27   A   *C*   G

Dans les trois cas (27, 36 et 38), l'aventure C prend la forme de l'opposition *haut-solide (voûte rocheuse)/bas-liquide (castor sous glace)*. Les variantes à aventure D en viennent parfois à la représentation minimum (boulloire) de l'opposition *assī/nipī* (le *sec* et le *mouillé*) (variantes 15 et 33). Les variantes 19, 30 et 34 utilisent le grattoir pour poser l'opposition *haut-solide/bas-liquide*; pour justifier leurs éclats de rire, les filles disent à leur mère qu'elles lancent leurs grattoirs au geai (19). Dans les variantes 30 et 34, le héros s'approche des filles en rampant jusqu'en dessous des peaux qu'elles grattent; à la variante 34, il se fait attraper le doigt qu'il avait pointé vers le haut à travers un trou dans la peau. La variante 25 en fait autant: le jeu entre le héros et les filles, qui fait tant rire ces dernières, consiste pour elles à tenter d'abaisser rapidement leur grattoir sur le doigt du héros caché sous la peau. La variante 25 fait également appel à un procédé utilisé ailleurs dans le contexte de l'aventure C: ayant aveuglé et tué la plupart de ceux qui l'avaient mis dans la marmite, les survivants le poursuivirent jusque chez lui; il se réfugia sous une cuillère en os et ses

214. Voir le tableau 14 à la page 166.

attaquants s'en allèrent avec sa sœur; il n'eut pas de peine à récupérer celle-ci. C'est ainsi que la variante 25 fait surgir le terme *haut-solide* non seulement par le grattoir, mais aussi par le procédé de la voûte rocheuse. L'intérêt de la variante 12, c'est surtout l'espèce de réification de ce que nous avions rencontré ailleurs sous forme d'aspects de la personnalité du héros. Avant que *Tshakapesh* ne se présente chez la femme cannibale, l'homme-geai l'y avait précédé. C'est ce dernier qui lutta avec la mère, et finalement la tua. *Tshakapesh* arriva quand le travail fut terminé. Chacun de ces personnages eut donc une épouse (les deux filles de la cannibale). La variante 13 se réduit à l'aventure F. Deux filles cannibales apprécient particulièrement la chair de jeune homme. Elles ont installé une balançoire au-dessus d'un trou, dans lequel *Tshakapesh* put apercevoir plusieurs ossements. Répondant à leur invitation, il se mit à se balancer. Juste au moment où elles allaient l'envoyer rejoindre dans le trou leurs anciennes victimes, il sauta sur une montagne des environs. Ce fut ensuite à leur tour de monter sur la balançoire. Elles auraient bien voulu y aller chacune leur tour, mais il insista et elles se balancèrent ensemble. Soudain, il leur fit faire un tour complet et elles se retrouvèrent elles-mêmes là où elles avaient souhaité le voir atterrir. Il revint chez lui. Ce récit à aventure unique se limite à déployer l'opposition *haut/bas*, et à la performance habituelle du héros: retourner contre eux les armes des adversaires.

3.4. *Comme le jour et la nuit*

En regroupant les énoncés à quatre et à trois temps, nous retrouvons le noyau et le cercle 1 du corpus, soit les variantes montagnaises (Northwest River, Saint-Augustin, la Romaine, Mingan, Nathasquan). En raison de considérations diverses, la variante 17 (Schefferville) avait été placée dans le cercle 3 (Cris). Sa parenté morphologique avec les variantes du noyau et du cercle 1 nous rappelle que, d'après Mathieu André de Schefferville, le narrateur de cette variante 17 (John Peastitute) serait un des rares survivants du groupe auquel s'étaient joints, au début du siècle, des immigrants cris venus de l'ouest; le groupe d'origine, apparenté aux Montagnais, fut pratiquement décimé par des épidémies et des famines plus ou moins provoquées[215]. Parmi les survivants, il y a le conteur de la variante 17. Le cercle 2, également montagnais, ne contient que des variantes apparaissant dans le groupe des énoncés à un temps (variantes 12, 13 et 15). On aura noté que ces dernières proviennent de la partie

215. Voir page 56.

Tableau n° 8: *Modèle général pour les aventures C, D, E et F.*

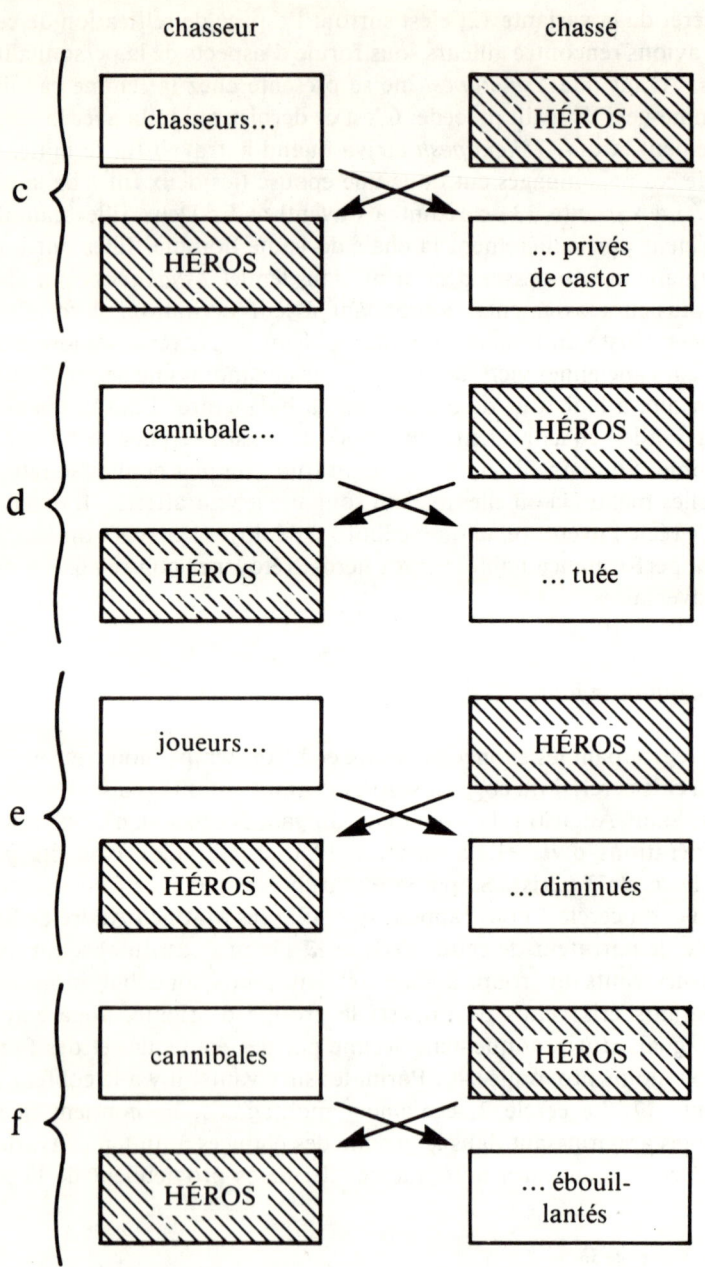

Tableau n° 9: *Enoncés à 4 temps: aventures C, D, E et F.*

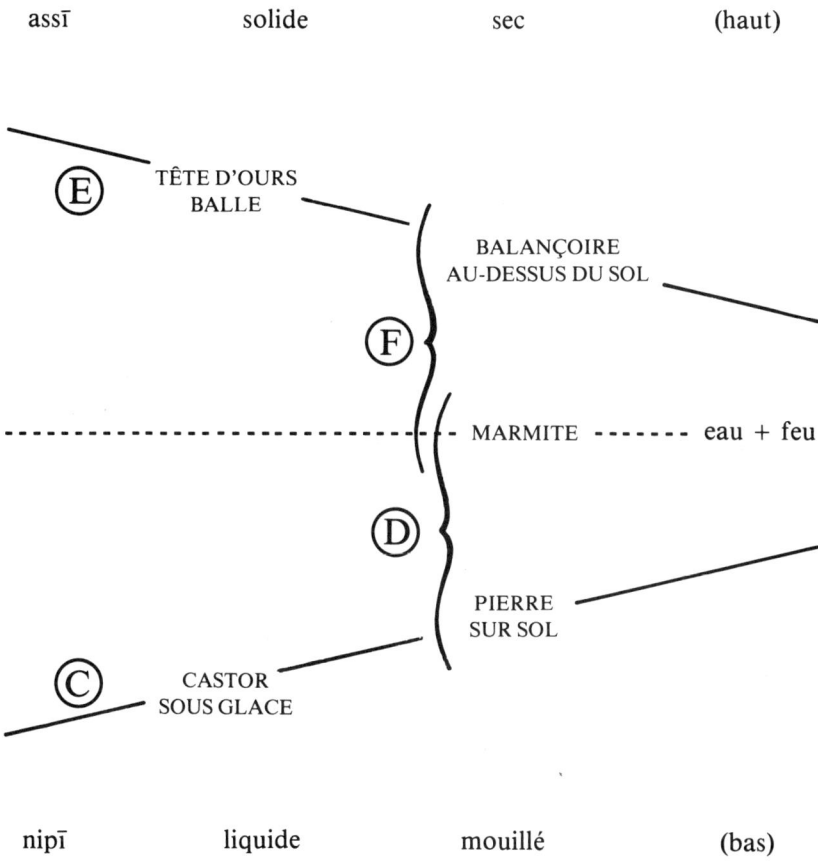

assī   solide   sec   (haut)

TÊTE D'OURS
BALLE

BALANÇOIRE
AU-DESSUS DU SOL

MARMITE ------- eau + feu

PIERRE
SUR SOL

CASTOR
SOUS GLACE

nipī   liquide   mouillé   (bas)

Tableau n° 10: *Enoncés à 3 temps: extension de l'aventure C en l'absence de l'aventure E.*

assī   solide   sec   (haut)

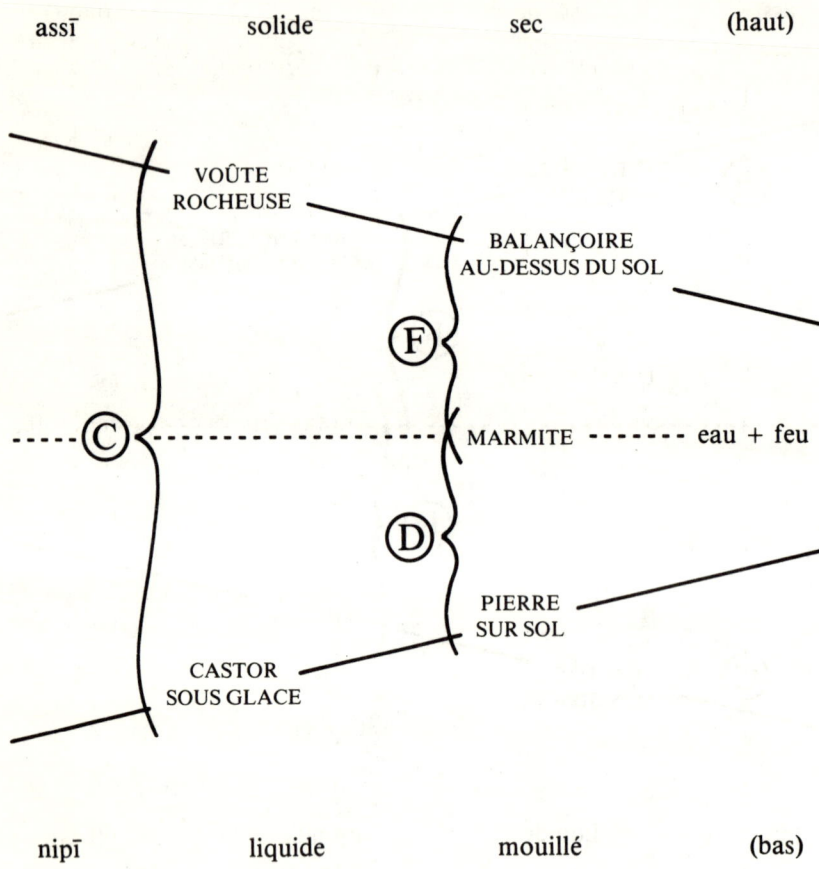

nipī   liquide   mouillé   (bas)

Tableau n° 11: *Enoncés à 3 temps: modifications consécutives à l'absence de l'aventure F.*

assī solide sec (haut)

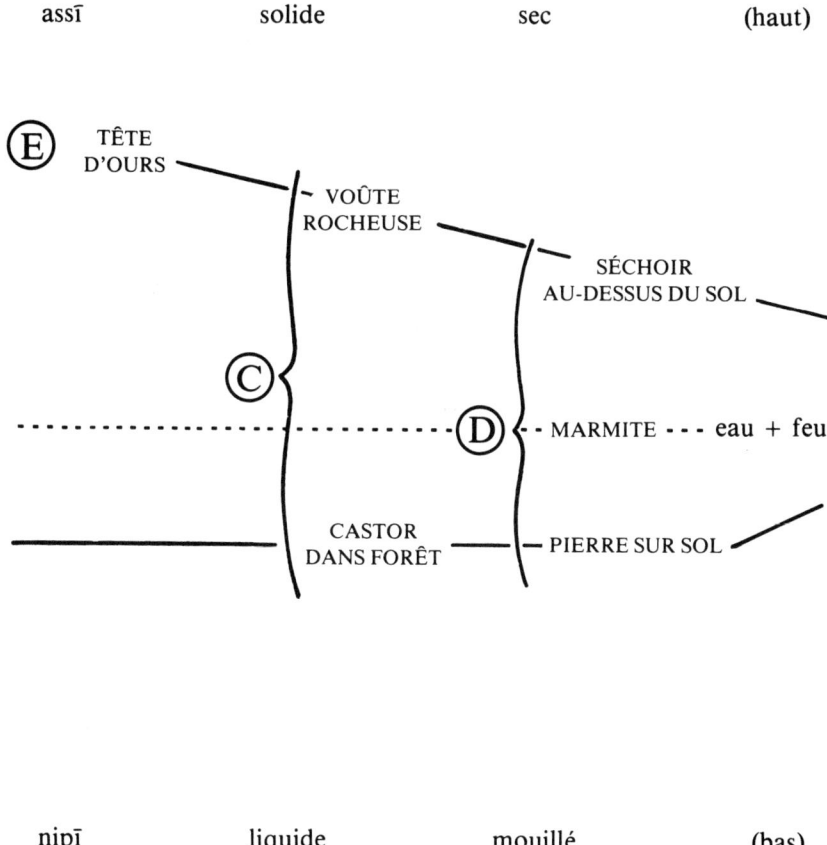

nipī liquide mouillé (bas)

Tableau n° 12: *Enoncés à 2 temps: modifications consécutives à l'absence des aventures E et F.*

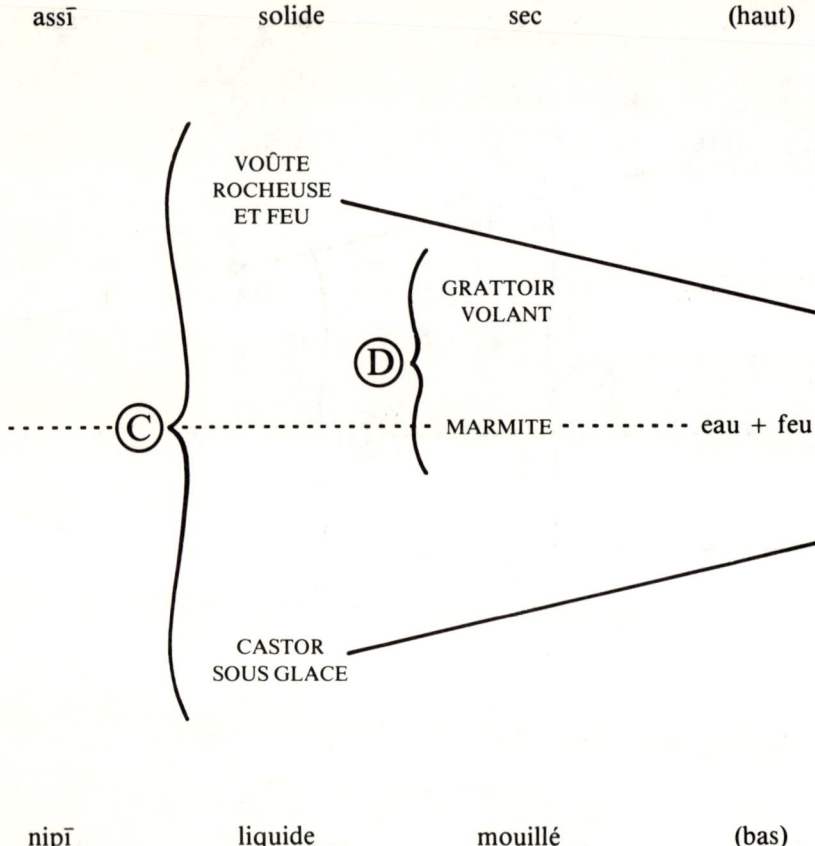

assī   solide   sec   (haut)

VOÛTE ROCHEUSE ET FEU

GRATTOIR VOLANT

MARMITE - - - - - - - eau + feu

CASTOR SOUS GLACE

nipī   liquide   mouillé   (bas)

Tableau n° 13: *Enoncés à 2 temps: fusion de C et D dans la variante 40.*

assī   solide   sec   (haut)

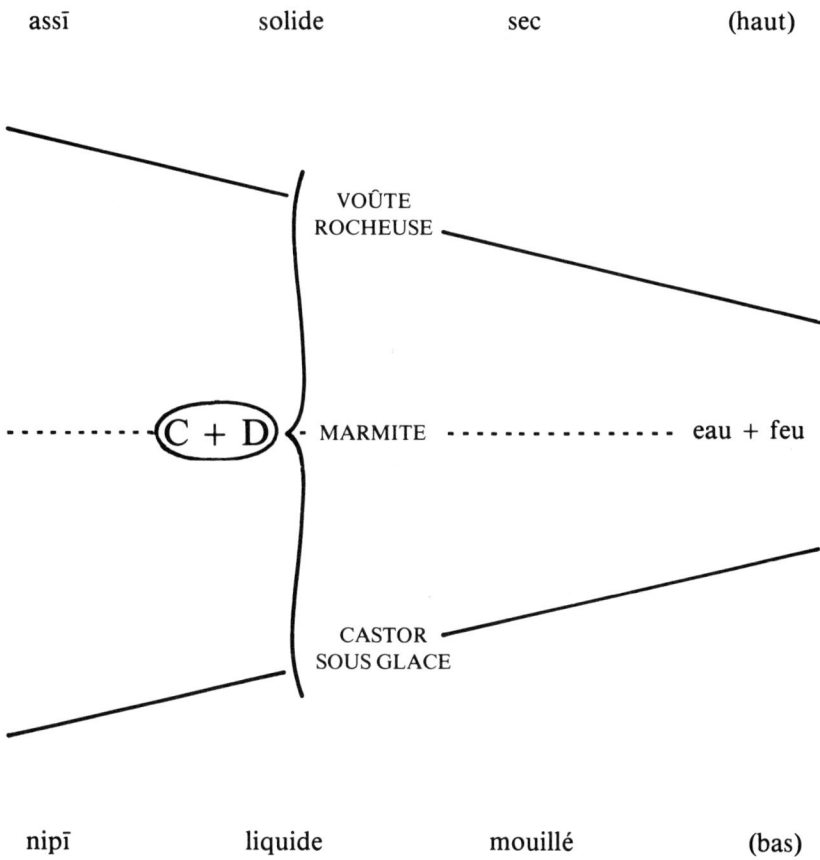

nipī   liquide   mouillé   (bas)

Tableau n° 14: *Enoncés à 2 temps: absence des aventures E et D dans la variante kutenai (49).*

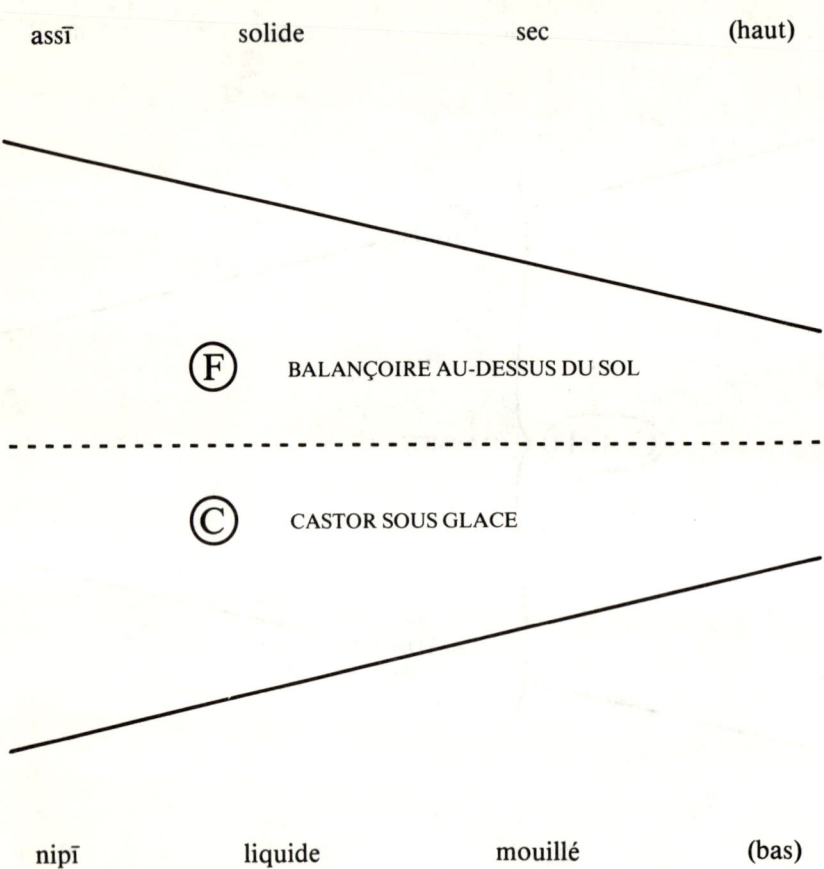

assī   solide   sec   (haut)

(F)   BALANÇOIRE AU-DESSUS DU SOL

(C)   CASTOR SOUS GLACE

nipī   liquide   mouillé   (bas)

occidentale du pays montagnais (Lac Saint-Jean, Tadoussac, Escou-mains), soit celle que le peuplement blanc avait déjà recouverte au moment de la collecte (1915-1921). On peut penser que le récit n'ait pu subsister à un tel raz de marée culturel venu de l'Ouest.

Si l'énoncé de Penashue Pepine (variante 0) a pu être qualifié de discours algonquien, c'est dans la mesure où ses articulations majeures se retrouvent, sous diverses formes, à la grandeur du vaste territoire occupé par des groupes linguistiquement apparentés. Cependant, sa similitude morphologique avec les variantes du noyau et du cercle 1 nous rappelle qu'il s'agit d'un récit montagnais. En ordre décroissant de similitude avec ce dernier, on trouve les récits cris (cercle 3), ojibwa du nord de l'Ontario (cercle 6), kutenai du Montana (cercle 8), attikamek et algonquins (cercles 4 et 5). Mais au-delà du cercle 3, l'incertitude quant aux conditions de la collecte rendent les comparaisons très aléatoires.

Le monde (*assī*) avait d'abord donné naissance à *Tshakapesh*, un héros mâle. Dans son sens le plus large, *assī* est féminin; c'est la Terre-Mère ou, plus précisément, l'Univers-Mère. La sœur aînée du héros joua un rôle prépondérant dans cette gestation cosmique; déjà là avant lui, elle présida à la dernière phase de sa croissance utérine terrestre (A) et le sortit du ventre d'un poisson qu'elle venait de tirer du fond de l'eau (B). Du même coup se trouvaient déployés les deux grands domaines de l'univers: le sec-solide-en haut (*assī*) et le mouillé-liquide-en bas (*nipī*). Le frère était alors identifié au premier (ours tué provenant du sommet de la montagne), la sœur au second (poisson tué provenant du fond de l'eau). C'est sur la base de cette répartition sexuelle des domaines du monde que le héros procédera à la fabrication du tissu socio-économique (C, D, E et F). L'asymétrie originelle en faveur de l'élément féminin naturel sera ainsi compensée, grâce au rôle prépondérant tenu par *Tshakapesh* dans la mise au point de cette mécanique. Une telle paternité culturelle toute imaginée vise sans doute à amoindrir une incontestable donnée: les femmes donnent naissance aux hommes et non l'inverse. C'est ce qui fait de *Tshakapesh* un héros culturel. La dimension sexuelle de l'opposition *assī/nipī* (mâle/femelle) permet l'accession de ce rejeton mâle au statut *assinien* (au sens strict) d'abord défini en termes exclusivement féminins (Univers-Mère). La réduction d'une telle asymétrie, au prix de la fabrication d'un personnage légendaire, s'accompagne de définitions complémentaires des rôles masculin et féminin dans le mode de vie indien (chasse masculine en A, pêche féminine en B). La culture exige un savant dosage des éléments *assī* et *nipī*; toute confusion signifierait un retour en arrière, tandis qu'une trop grande distance mettrait en cause leur complémentarité nécessaire. Cette dernière doit assurer la reproduction du groupe, mais le frère et la sœur sont déjà trop près l'un de l'autre pour s'y adonner. Cette difficulté majeure sera difficilement contournée au cours des aventures C, D, E et F par le recrutement d'un personnel étranger (beaux-frères et belles-sœurs). Ces gens apparaissent comme les meilleurs éléments de groupes hostiles au héros et à sa sœur, comme à mi-chemin entre du vrai monde et un peuplement insolite composé d'assassins et de cannibales. A travers ces diverses aventures conduisant à la délicate définition des paramètres culturels souhaitables, les périls encourus par le héros prennent la forme d'une annulation de l'écart ouvert en A et B entre les éléments *assī* et *nipī* et ce, que le danger vienne d'en haut (tête d'ours)^E, d'en bas (castor)^C ou du centre (bouilloire)$^{D-F}$. La convergence vient du fait que l'écart en question est de plus en plus réduit. La marmite représente finalement l'optimum nécessaire à l'émergence de la culture: rencontre de l'eau (*nipī*) et du feu (*assī*, dans son sens de sec) de part et d'autre de la paroi de la marmite en vue de transformer un gibier en repas. Mais la présence du héros dans cette marmite représente un autre cas d'annulation de l'écart entre le haut (balançoire)^F et le bas (pierre sur le sol)^D. Pour sortir de l'impasse, le héros doit sortir de la marmite ou refuser d'y être placé. Ce faisant, il met fin au règne des cannibales et rend possible, par l'apport de conjointes venues d'ailleurs, l'exercice de la reproduction dans le respect des écarts frère (associé à *assī*)/sœur (associée à *nipī*).

L'aventure G, dont il nous a déjà été donné de constater le caractère inversé par rapport aux précédentes, administre par l'absurde la preuve de la nécessité de maintenir un écart raisonnable entre *assī* et *nipī*. Quoi que puisse en penser *Tshakapesh*, on ne trouve en G aucun autre agresseur que lui-même. Sans raison valable, sauf peut-être sa proverbiale curiosité, il en arrive à s'en prendre à la lumière d'un monde qui ignore encore tout de l'obscurité. Ce faisant il se met à multiplier les annulations d'écarts qu'il s'était préalablement efforcé de garder ouverts. C'est ainsi qu'en soufflant sans aucune retenue sur l'épinette blanche, et surtout en y grimpant, il relie l'un à l'autre les mondes d'en bas et d'en haut. Nous avons aussi eu l'occasion de vérifier que cette sortie du héros passe par un rapprochement entre lui et sa sœur. Lorsque le groupe émigre vers le monde d'en haut, si extraordinaire au dire du héros devenu pervers, la sœur précède parfois immédiatement son frère[216]; aussi arrive-t-il à ce dernier d'apercevoir son pubis[217]. Selon certaines variantes, ça lui donne des idées pour le collet devant servir à tuer l'astre[218]. Pour s'assurer de la

---

216. Variantes 0, 4, 5, 17.
217. Variantes 4, 5, 17.
218. Collet en poils pubiens: variantes 5, 22, 26, 41. Collet en cheveux de sa sœur: variante 18.

solidité de cet étrange collet, il va même parfois jusqu'à passer le poil entre ses lèvres[219]. L'éloignement relatif du frère et de la sœur mis au point en A et B pour que surgisse le monde, et consolidé en C, D, E et F par l'adjonction d'éléments étrangers, est en train de fondre au soleil. On est sur la pente d'une catastrophe. L'astre enserré dans ce collet représente la périlleuse conjonction de *assī* et de *nipī*: le feu qui sèche le poil pubien féminin humecté par la salive du frère. Nous avons déjà indiqué comment l'astre et le héros ne faisaient qu'un dans le cadre de cette image. On se trouve donc sur la voie du retour vers le point de départ du récit, avant même la naissance du héros, alors qu'il se trouvait encore dans les entrailles de l'Univers féminin et que *assī* n'avait pas encore cessé d'être uniquement la Mère. Le héros se réveille à temps, et c'est souvent sa sœur maternelle qui le secoue. «Tshekat nepatain asii (j'ai presque tué l'univers)», s'écrie-t-il en découvrant l'astre dans son collet. S'empressant alors de faire marche arrière, il confie à la musaraigne masquée le soin de libérer sa prise avant qu'il ne soit trop tard. Il s'ensuit aussitôt un écart radical prenant la forme de l'opposition entre le jour (*tshīshikāu*) et la nuit (*tipiskāu*), le soleil (*tshīshikāu-pīshim*ᵘ) et la lune (*tipiskāu-pīshim*ᵘ). Et maintenant que tout est heureusement rentré dans l'ordre, on peut faire l'économie d'un usage linguistique aussi sophistiqué; ainsi dira-t-on *pīshim*ᵘ pour désigner aussi bien l'astre du jour que celui de la nuit. Les étrangers seront les seuls à ne pas s'y retrouver, comme ce fut sans doute le cas de certains d'entre eux à qui on raconta l'histoire de *Tshakapesh*.

A propos de la traduction française du récit de Penashue Pepine, j'écrivais: «L'élégance d'une langue classique, le geste, les vibrations de la voix, le corps et les yeux n'auront pas survécu à l'opération». Il me paraît indispensable d'étendre maintenant la portée de cette remarque à l'analyse qui précède, ainsi qu'à l'ensemble des variantes qu'on retrouvera en cinquième partie. Ayant survécu à l'épreuve du temps, ces récits constituent de véritables œuvres d'art. Nomades, les Montagnais n'ont laissé ni pyramide, ni cathédrale. Leurs chefs-d'œuvre se sont plutôt édifiés dans le bruissement sonore de leurs mots. Aussi, rien ne remplacera jamais de les entendre.

---

219. Variante 22. Sans préciser la nature du collet que lui donna cependant sa sœur, la variante 24 rapporte qu'elle lui déconseilla de le mettre dans sa bouche; il le fit néanmoins, et on dit que plus il devint humide, plus il devint solide. La variante 17 dit qu'il obtint un tel résultat en soufflant sur un collet dont la nature n'est pas précisée.

Tableau n° 15: *Catégories générales du récit*

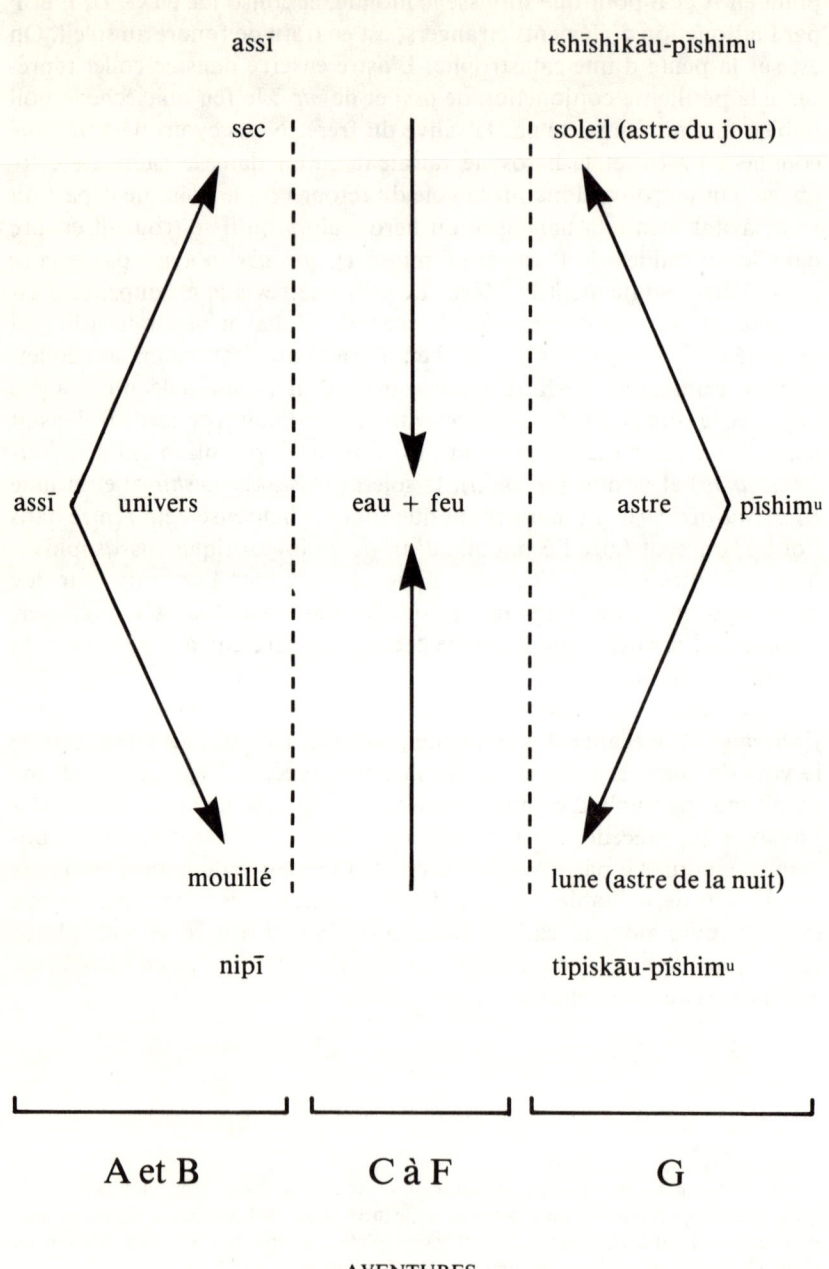

AVENTURES

4. En écho aux paroles de Penashue Pepine

VARIANTE 1

Julie Ishpatao parla à Natashquan en 1978. Elle était alors âgée d'environ 70 ans. C'est Cécile Lalo, sa fille, qui procéda à l'enregistrement sonore. Une transcription en langue indienne, accompagnée de 165 croquis, parut l'année suivante (Ishpatao, B., Bellefleur, S., et Mestokosho, D., 1979). Les auteurs distinguèrent six épisodes, auxquels ils donnèrent autant de titres. A partir d'une première traduction française, faite par René Lapointe, j'ai mis au point le texte ci-dessous.

Episode 1 *Tsakapesh qui vengea son père et sa mère*

Ils partent[1]. Cet homme est accompagné de sa femme. Le[2] voilà qui apparaît au sommet d'une montagne isolée[3]. L'homme aperçoit l'ours. Celui-ci tue la femme, ainsi que son mari. Quant au bébé, l'ours le lance à l'eau. Mais il n'en meurt pas. Il a été lacéré par les griffes. Un poisson l'avale. *Tsakapesh* est avalé par un poisson. Et la fille[4] ne revit jamais sa mère ni son père. Là-bas, elle est en train de pêcher. La voilà qui attrape un poisson. Une truite[5]. Elle la porte à terre[6] et l'éventre. Au moment où elle le découpe ainsi, *Tsakapesh* se projette hors du poisson. Puis elle va

---

1. A pied.
2. L'article renvoie à *Katshituaushk*, parfois appelé *mask[u]* (ours) (voir la note 3, page 81).
3. «*pishkuatnau*: montagne isolée» (La Romaine, *op. cit.*: 275; Mailhot, J. et Lescop, K., *op. cit.*: 248). Cette image tient un rôle important dans cette version; 23% des croquis en font état. En outre, plusieurs séquences du premier épisode se déroulent justement sur cette montagne, ce qui empêche de l'apercevoir comme telle sur de nombreux autres croquis en gros plans.
4. Leur fille ne les avait pas accompagnés lors de cette sortie.
5. «*matamekua*, une truite» (R. Lapointe) (voir la note 30, page 85).
6. Un croquis nous la montre devant sa tente, en train de vider le poisson (Ishpatao, B. et autres, *op. cit.*: 7).

chercher un grand plat, l'y dépose et referme le tout au moyen d'un couvercle. Au bout de quelques instants, *Tsakapesh* saute hors du plat et dit à sa sœur aînée: «Qu'est-ce qui m'arrive?» Elle lui répond: «Je n'en sais rien. Notre défunt père et notre défunte mère ont été tués par l'ours». «Mais où se trouve cet ours?», demande-t-il. «Le sentier de l'ours passe au pied de la montagne isolée qui est là-bas, celle qui est très abrupte. C'est là que furent tués notre mère et notre père». Et elle fabrique un arc et une flèche en bois pour son jeune frère. Comme il a grandi, il part. Il va en direction de celle qui est très abrupte. Puis il aperçoit le sentier très pilassé de l'ours. «Ce doit être là que se trouvaient mon père et ma mère quand ils furent tués», se dit-il. Tout en suivant le sentier, il chante ceci: «Je cherche *Katsituaushk* qui a tué mon père et ma mère». Le tueur l'entend. Il envoie en éclaireur un ours blanc[7] qui se trouvait là. «Va le trouver», dit-il. L'ours blanc va trouver *Tsakapesh*. Quand il s'approche, c'est d'abord *Tsakapesh* qui le voit. «C'est bien toi qui a chanté?», demande l'ours blanc. «Oui, c'est bien moi, répond *Tsakapesh*. Mais toi, tu n'es pas celui que je cherche. C'est *Katsituaushk* que je cherchais. Retourne chez toi, sinon je te décocherai une flèche». L'ours blanc retourne alors vers *Katsituaushk*. A son arrivée, celui-ci lui demande: «Que t'a-t-il dit?» «Celui que je cherche ce n'est pas toi, c'est *Katsituaushk*. Voilà ce qu'il m'a dit. Il a été jusqu'à me menacer de sa flèche. Voilà comment il m'a traité: Retourne chez toi, c'est *Katsituaushk* que je veux voir, celui qui a tué mon père et ma mère. Voilà ce qu'il m'a dit». «Alors il le verra!», dit *Katsituaushk*. Et il part. Et *Tsakapesh* l'entend s'approcher. Il enlève rapidement ses vêtements et il s'enterre[8]. Il enterre aussi son arc. *Tsakapesh* bloque le sentier en s'étendant en travers de tout son long. Il est petit. *Katsituaushk* sort de la forêt. «Où est-il celui qui cause tout ce bruit?», lance-t-il. Il le flaire et le sent. *Tsakapesh* eut peine à réprimer son rire, mais il réussit à ne pas bouger[9]. «C'est donc lui qui tenait tant à voir *Katsituaushk*! Il lui a suffi de l'entendre pour mourir de peur», dit *Katsituaushk*. Il le repousse vers le bas de la pente, en direction de son arc[10]. Après avoir ainsi été repoussé à trois reprises dans la direction d'où il était venu, *Tsakapesh* atteint son arc. Alors il se dresse et sai-

7. Voir la note 17, page 83.
8. «Comme un mantush», aurait ajouté la narratrice en commentaire (Lapointe, R., communication personnelle, 8 avril 1981). En plus de désigner une catégorie zoologique comparable à celle d'*insecte* en vieux français, ce qui inclut divers types de reptiles, la notion de *mentush* a une portée religieuse (Bouchard, S. et Mailhot, J., *op. cit.*).
9. D'autres variantes sont plus explicites. En le flairant, *Katsituaushk* chatouille *Tsakapesh* qui doit déployer de grands efforts pour ne pas rire.
10. Il avait caché son arme plus bas que l'endroit où eut lieu la rencontre, comme le disent plus clairement d'autres variantes.

sit vivement son arc et ses flèches. Ceci fait presque fuir *Katsituaushk*, qui demande alors: «Qui cherches-tu donc?». «Je cherche *Katsituaushk* qui a tué mon père et ma mère en les lacérant», répondit *Tsakapesh*. «C'est moi *Katsituaushk*... Comment pourrais-tu transpercer *Katsituaushk*?» — «Dans quelle mesure es-tu difficile à transpercer?» — «Je suis aussi résistant que l'épinette rouge qui se dresse là. Celle qui est très haute. Tire une flèche dessus. Tu n'arriveras pas à la transpercer». Le jeune garçon examine l'arbre qui est assez éloigné. Il décoche une flèche au milieu du tronc. L'épinette rouge est alors réduite en petits morceaux. Ceci fait presque fuir *Katsituaushk*. «Mais dis-mois donc dans quelle mesure tu es difficile à transpercer?», demande à nouveau *Tsakapesh*. «Comme cette falaise rocheuse qui est là», lui répondit *Katsituaushk*. La falaise en question est coupée à pic. *Tsakapesh* décoche une flèche juste sur l'arête, qui est aussitôt réduite en morceaux. Cette fois *Katsituaushk* prend la fuite pour de bon. *Tsakapesh* va récupérer sa flèche et s'élance à sa suite. *Katsituaushk* dévale la pente. La flèche de *Tsakapesh* l'atteint à la cuisse et il s'écroule. *Katsituaushk* lui dit alors: «Vite, tue-moi, tu me laisses souffrir». «Ne m'as-tu pas fait souffrir, toi aussi, en lacérant à mort mon père et ma mère?», rétorque *Tsakapesh*; il lui donne un coup de pied au derrière, puis en fait le tour et vient l'achever d'une flèche à la tête. Ensuite, il éventre l'ours[11]. Puis il cherche dans les entrailles des os ou quelque chose d'autre de son père et de sa mère, afin de les faire revivre[12]. Il ne trouve que des cheveux dans les entrailles de *Katsituaushk*. Il en lance plusieurs mèches dans un arbre. Ce sont les usnées barbues sèches qu'on voit dans certains arbres. Les cheveux de sa mère étaient blancs, ceux de son père noirs. «Voilà où ils seront suspendus, voilà où ils seront suspendus!», déclare *Tsakapesh*. Il découpe la tête de l'ours pour la ramener chez lui. En vain cherche-t-il un os dans les entrailles de sa prise. En eut-il trouvé deux qu'il aurait pu ramener ses parents à la vie. Puis il revint auprès de sa sœur aînée. Elle voit son jeune frère revenir avec une tête d'ours. «Il est donc allé voir *Katsituaushk*!», dit-elle. «J'y suis allé, et j'ai vengé notre père et notre mère qu'il avait tués. Je l'ai tué».

Episode 2 *On attrape le castor à la cabane*[13]

«Va donc chercher de l'écureuil», lui dit sa sœur aînée. Il repart donc.

11. *uiannashkuet* (voir la note 31, page 85).
12. Le croquis de la page 33 (Ishpatao, B., et autres, *op. cit.*) suggère qu'il voulait les faire revivre en soufflant sur des restes (des os surtout) trouvés dans les entrailles de *Katsituaushk*.
13. Voir la note 32, page 86.

Soudain, il entend au loin crier des gens. Le voilà de nouveau à l'affût. Cette fois, il s'agit de gens qui chassent le castor en l'attrapant à sa cabane. Il les épie. Il se demande comment ils vont s'y prendre. Après avoir pratiqué un trou près de la cabane, ils s'efforcent d'attraper le castor à la main. C'est ainsi qu'ils le prennent[14]. Ils continuent à planter des piquets pour diriger la course du castor, jusqu'au moment où ils aperçoivent *Tsakapesh*. «Voici un étranger qui nous arrive!»[15], dit un autre. En s'approchant, c'est à peine s'il peut soulever les pieds, tellement ses raquettes sont larges[16]. «Un étranger nous arrive. Essaie d'attraper le castor à la main», dit l'un des chasseurs. «Il te suffira de remuer la main sous l'eau», dit un autre. Celui qui ne s'y connaît pas se fait entraîner sous l'eau par le castor[17]. Ils sont donc tous attentifs quand *Tsakapesh* s'apprête à saisir le castor. Alors il en sort un très gros, un castor adulte[18]. D'un seul et même mouvement, il le sortit et le lança sur la glace. Puis, il le frappa à coups de flèche. Quelle pouvait bien être la dimension de cette flèche? De toute façon il l'assomme et le jette sur une petite butte. Puis, encore d'un seul mouvement, il en sort un second et le lance sur la glace. Le second castor est assommé de la même façon que le premier. Les castors ne l'ont pas entraîné sous l'eau. Il en sort deux et il s'arrête. Puis il les attache, car il entend bien les rapporter chez lui. Il en attache d'abord un, ensuite le second, et il se met en frais de s'éloigner[19]. Il ne leur laisse rien. Mais les chasseurs le saisissent pour l'empêcher de partir. Ils tentent de lui casser les bras en les lui renversant, mais c'est lui qui réussit à leur faire subir ce traitement. Alors qu'un des chasseurs tente encore de le retenir, un autre dit: «Lâche-le, ce doit être *Tsakapesh*. Il n'y a rien qui puisse l'arrêter. Lâche-le. De toute façon il réussira à partir avec les castors». Il revient chez lui en traînant les castors. «Il est donc allé trouver ceux qui chassent le castor à sa cabane!», dit sa sœur aînée. «J'y suis allé et j'ai traîné tous leurs castors jusqu'ici. Va. Enlève la fourrure. Puis fais-les rôtir à la corde[20]». Et il repart. «Pendant que tu dépouilleras les castors, fais rôtir de la même façon la tête d'ours. Mets

14. La narratrice décrit le spectacle qui s'offre à *Tsakapesh*.

15. *manteo* (voir la note 33, page 86).

16. Selon d'autres, *Tsakapesh* aurait alors intentionnellement réduit sa taille pour laisser croire aux chasseurs qu'ils auraient la partie belle avec lui. Les raquettes soudainement trop grandes indiquent que cet élément n'est pas étranger au récit de Julie Ishpatao.

17. L'allure juvénile de *Tsakapesh* laisse croire à son inexpérience.

18. *tsheshemushk* (voir la note 305, page 225).

19. Le croquis de la page 47 (Ishpatao, B. et autres, *op. cit.*), nous indique que chaque extrémité de la corde est fixée à la tête d'un castor, et qu'il les traîne en tenant cette corde par le milieu. Ainsi disposés, les castors glissent dans le sens du poil.

20. Voir la note 26, page 84.

d'abord celle-ci à griller». Puis il s'en va. A peine avait-il quitté qu'il entend sa sœur aînée pleurer très fort. Il s'empresse de rebrousser chemin. «Quoi! Elle a dû se faire ensorceler en faisant rôtir la tête d'ours», pensa-t-il. Sa sœur aînée a mordu dans la tête d'ours. Sa mâchoire s'est refermée. Elle ne peut plus l'ouvrir. S'étant rendu compte que tel était le cas, il ouvre la bouche de sa sœur aînée au moyen d'un bâton. «Je ne te l'ouvrirai pas trop, lui dit-il, sinon les humains naîtraient munis d'une bouche trop grande[21]». Quelle pouvait bien être alors la dimension de la bouche?[22].

Episode 3 *A la balançoire*[23]

«J'entends encore des gens là-bas», dit *Tsakapesh*. «Ne va pas les trouver. Ce sont ceux qui se balancent. Celui qui va s'y balancer est poussé très haut dans les airs. C'est alors qu'on coupe la corde et qu'il tombe dans un seau d'eau bouillante disposé là à cette fin», lui dit sa sœur aînée. Elle possédait un sac fait d'une vessie[24]. *Tsakapesh* en subtilise un et part. Il va trouver ceux qu'il a entendu parler. Les observant à leur insu, il les voit se balancer vigoureusement. Il s'avance vers eux jusqu'à ce qu'ils l'aperçoivent venir. «Un étranger arrive![25] Nous allons le faire se balancer. Approche!», lui dit-on. Il avance comme pour se balancer. Là aussi il se débarrasse de son arc. Il s'approche de la balançoire. Il est énorme le seau qui se trouve là, dans lequel il sera projeté. A l'un d'eux qui se comportait envers lui tel un compagnon de jeu[26], *Tsakapesh* déclare: «Tu leur diras d'approcher de leur seau». Et après qu'il soit tombé dans le seau...[27] Et il se balance. Juste comme il passe au-dessus du seau, la corde est coupée. «Viens t'asseoir ici», lui dit-on. «Il va se faire *graissifier*[28], dit-on. Il atterrit aussitôt dans le seau plein d'eau bouillante. Une fois rendu dans l'eau, *Tsakapesh* déchire son sac. Il se

21. Le croquis de la page 55 (Ishpatao, B. et autres, *op. cit.*) met dans la tête de *Tsakapesh* une sorte de petit inventaire des possibilités d'ouverture buccale.
22. Commentaire interrogatif de la narratrice. La remarque de *Tsakapesh* suggère qu'il a diminué l'ouverture buccale.
23. Voir la note 46, page 90.
24. Voir la note 47, page 90. «Il devait y en avoir deux car on lit à la page 59, *katuesha* (il cache) *upitsipnanu* (une vessie) *paiuk* (une), i.e. il en cacha une» (Lapointe, R, communication personnelle, 8 avril 1981).
25. Voir la note 33, page 86.
26. Sans doute celui qui est chargé de lui donner des élans.
27. La narratrice anticipe sur les événements, puis se reprend.
28. «Comme on dit liquifier» (Lapointe, R., communication personnelle, 8 avril 1981).

produit alors de l'écume. Ils mangent de la mousse graisseuse. Ils se pressent plus près autour du seau. De l'intérieur, *Tsakapesh* donne plusieurs secousses. Il tue, en les ébouillantant, tous ceux qui l'avaient fait se balancer. Du même coup il descend du seau. Avant cet incident *Tsakapesh* avait une toison. Maintenant il a perdu tous ses poils[29]. Après avoir ainsi tué tous ces gens, il arrive chez lui. Il n'a plus que la peau. Le voilà complètement nu. Il revient auprès de sa soeur. «J'ai voulu qu'ils me fassent bouillir!», lui dit-il. Elle lui coud ensuite un costume. Des pantalons ainsi qu'une veste.

Episode 4 *Ils jouent avec une tête de castor*[30]

Et il repart. «Ne t'éloigne pas trop!», lui dit sa soeur aînée. A peine s'est-il éloigné qu'il entend à nouveau des voix. Ce sont des gens qui jouent à la balle. Ils jouent avec une tête de castor. *Tsakapesh* commence par en parler à sa soeur aînée. «J'entends des gens qui jouent à la balle au loin» — «Ne va pas les trouver. Cette tête de castor mord lorsqu'on s'en sert pour jouer à la balle» — «Tu cherches à m'effrayer». Et il repart. Il épie les joueurs de balle. Ils sont en train de jouer. La tête de castor a la gueule ouverte. Celui qui n'arrive pas à la saisir est mordu. Parmi eux, il en est un qui lui paraît très agile. «Qu'il devienne l'époux de ma soeur aînée», souhaite *Tsakapesh*. Puis il s'approche. On l'aperçoit. «Un étranger nous arrive[31]», dit l'un des joueurs, «Tu vas participer au jeu», dit un autre. Il abandonne encore une fois son arc[32] et va les trouver. On lui lance la tête de castor, après lui avoir fait décrire quelques cercles à bout de bras[33]. Il reprend son arc et vise la tête, qui est aussitôt réduite en morceaux. «Attention, laissez-le tranquille. Ce doit être *Tsakapesh*», dit un des joueurs. «Laissez-le faire, la partie est terminée», dit un autre. Quant à celui dont *Tsakapesh* avait noté l'agilité... «J'aimerais bien le ramener avec moi», pensa-t-il. «Viens. Accompagne-moi. Allons chez

---

29. Les croquis antérieurs le montraient vêtu, et non pas couvert de poils. Dans celui qui illustre ce passage, il apparaît nu (Ishpatao B. et autres, *op. cit.*: 73).

30. Sur la base d'arguments linguistiques, le traducteur voyait une tête de castor là où les autres variantes parlent d'une tête d'ours. Dans un autre contexte, le narrateur de la variante 7 attirait notre attention sur le danger de confondre l'ours (*mask^u* et le castor (*amisk^u*) (voir la note 304, page 225). L'argumentation du traducteur de la présente variante se trouve à la note 203, page 150.

31. Voir la note 33, page 86.

32. Et ses flèches, comme l'indique le croquis de la page 86 (Ishpatao, D. et autres, *op. cit.*).

33. Comme l'indique le croquis de la page 87 (*Ibidem*).

moi. Il y a là ma sœur aînée. Tu vivras avec elle», lui dit *Tsakapesh*. «D'accord», répondit l'autre. Mais eux-aussi[34] veulent le retenir pour l'empêcher de partir. Et eux-aussi se font renverser les bras, juste ce qu'il faut pour leur tirer les larmes. Puis il part avec son compagnon, sans qu'on tente cette fois de l'en empêcher. Il crie à sa sœur aînée[35]: «Je t'amène un compagnon». Il le fait entrer pour sa sœur aînée. «Voilà celui avec qui tu habiteras dorénavant». Il était donc le seul à ne pas avoir trouvé d'épouse[36].

Episode 5   *Tsakapesh et la femme canibale*

Et alors il repart. Son beau-frère ne l'accompagne pas. Il s'en va marcher seul. Il entend à nouveau des bruits de voix. Ce sont celles de femmes qui travaillent des peaux[37]. «Je vais aller en parler à ma sœur aînée. Elle doit bien connaître leurs façons d'agir», se dit *Tsakapesh*. «Ma sœur aînée, j'entends des voix de femmes qui travaillent des peaux» — «Ne va pas les trouver. On te tuerait. Il s'agit d'une femme cannibale. Elle fait d'abord manger de la graisse humaine aux gens. Il leur est ensuite impossible de se mouvoir». — «Ce que tu peux me faire peur. Je n'irai sûrement pas les trouver. Je préfère aller ailleurs», rétorqua *Tsakapesh*. En réalité, il y retourne. Il y a là des femmes qui grattent des peaux. Elles ne mirent pas de temps à constater sa présence et commencèrent à rire nerveusement. «Pourquoi riez-vous si fort mes filles?», demande la vieille[38]. «C'est à cause d'un geai gris, de ce que nous lui lançons, nos poils de caribou». La vieille épie ses filles et aperçoit son gendre. «Entrez! Faites entrer mon gendre», leur dit-elle. «N'accepte-pas de manger la graisse qu'elle t'offrira. Celle que nous te donnerons nous-mêmes sera de la vraie graisse»[39]. Rendues à l'intérieur, elles s'assoient de chaque côté de lui[40]. Elle se met en frais de faire manger son gendre. Assise à l'écart[41], elle s'affaire à couper sa graisse en morceaux. Quand il est prêt à manger, elle lui tend subitement sa graisse. «Tiens. Voici de la graisse à manger», dit-elle.

---

34. Comme l'avaient fait les chasseurs de castor.

35. Juste avant d'entrer dans la tente, comme l'indique le croquis de la page 95 (*Ibidem*).

36. Le seul des occupants de la tente à être célibataire. Le graphique de la page 97 indique que ça le tracasse; seul dans son coin, *Tsakapesh* pense à une femme (*Ibidem*).

37. Voir la note 35, page 87.

38. De l'intérieur de la tente, comme l'indique le croquis de la page 105 (*Ibid.*).

39. Le croquis de la page 107 (*Ibid.*) indique que cette phrase est prononcée par une des filles.

40. Croquis de la page 108 (*Ibid.*).

41. Le dos tourné aux trois autres. Croquis page 110 (*Ibid.*).

Mais il n'y touche guère, à tel point que la graisse en vient à fondre dans l'assiette[42]. «Quand on refuse ainsi de manger ma graisse, c'est qu'on a dans l'idée de se battre», dit-elle. Elle va donc le trouver de force[43]. «Attention. Voilà qu'elle s'apprête à le tuer. Ne le tue pas», dirent ses filles. Elle empoigne son gendre et il se lève. «Lâchez-la, dit *Tsakapesh* aux deux filles. Elles cessent donc de s'interposer. Et la vieille endosse son costume de combat[44]. Plusieurs fois elle secoue son gendre, sans parvenir à le faire bouger de l'endroit où il est. *Tsakapesh* dit alors aux filles: «Si je tue votre mère, va-t-elle vous manquer?» — «Pas du tout», répondirent-elles. Il prend alors un bâton, dont une des extrémités était au feu, et lui brûle les pieds. «Reculez-vous, Lâchez-la. Elles me fâchent, elles me mettent en colère»[45]. Elle réussit à dégager sa pierre pointue[46]. Celle-ci est toute maculée de sang. C'est donc là qu'elle les projetait[47]. Mais quand elle essaie de faire subir le même sort à *Tsakapesh*, elle n'arrive pas à l'arracher du sol. «Pour sûr, mes filles, c'est qu'il est bien planté celui-là, il est vraiment fort». Elle s'essaie à nouveau, mais sans plus de succès. C'est plutôt lui qui la soulève de terre et la fait tournoyer un moment dans l'air. Ses pieds ne portent plus à terre. Elle est ensuite lancée sur sa propre pierre[48]. Son corps est secoué d'un tremblement. Elle meurt et tombe à la renverse. Près de là il y a une chute à pente raide. «Allons vers l'eau, j'ai très soif», dit *Tsakapesh*. Ils vont boire. Une des filles se tenait tout près de la chute. Il en désire une des deux. L'autre, il n'en veut pas comme épouse. C'est celle-ci qu'il précipite dans la chute. Il ramène l'autre chez lui et vit avec elle.

42. Sans doute parce qu'elle est restée trop longtemps près du feu.

43. De force «car elle en est empêchée par les filles qui prennent parti pour *Tsakapesh* et veulent s'interposer» (Lapointe, R., communication personnelle, 8 avril 1981).

44. *umashitsaunkupa*: son costume de combat (Lapointe, R.) (Voir la note 40, page 88).

45. «Elles me fâchent, elles me mettent en colère». Les dessinateurs ont attribué cette dernière phrase à *Tsakapesh* (Ishpatao, D. et autres, croquis page 119). Il se pourrait aussi qu'elle soit de la vieille. Le premier aurait sans doute eu raison d'être mécontent envers les filles qui sous-estiment sa force, mais la vieille aussi qui les voit prendre le parti de *Tsakapesh*.

46. Elle la gardait cachée sous les broussailles, sans doute pour la dissimuler à ses futures victimes (*Ibid.*, croquis page 120).

47. Ses victimes.

48. Le croquis de la page 134 nous la montre couchée sur le sol, la tête appuyée sur la pierre comme sur un oreiller (*Ibid.*).

Episode 6 *Tsakapesh s'en va dans l'espace*

«Qu'allons-nous devenir?», demande *Tsakapesh*[49]. «Il ne chasse que les écureuils», se dit en elle-même sa sœur aînée. «Viens avec moi, partons à nouveau», dit *Tsakapesh* à son beau-frère. Ils s'en vont. Soudain ils aperçoivent un écureuil grimpant à la course dans une épinette blanche[50]. Cet écureuil monte en vitesse dans l'arbre. Jadis il ne faisait jamais nuit. L'animal montait rapidement. *Tsakapesh* souffle plusieurs fois sur l'épinette blanche. Son beau-frère le quitte là et retourne chez eux. *Tsakapesh* souffle sans cesse sur l'arbre. L'épinette blanche s'allonge beaucoup, jusqu'à ce qu'elle atteigne le plafond là-haut[51]. Alors *Tsakapesh* entreprend sa montée. Il fait irruption là-haut. Le territoire[52] qu'il découvre alors est magnifique. C'est un très beau territoire. Il se dit alors: «Voilà où nous vivrons. Les sentiers d'écureuils y sont très bien pilassés. C'est ici que nous habiterons. Qu'en dira ma sœur aînée quand elle y sera?»[53] Voilà qu'il s'apprête à redescendre. Mais il tend d'abord un collet[54] à l'astre[55]. Le sentier de celui-ci est là, bien battu. Il tend donc son collet et s'éloigne un peu. Soudain c'est la nuit, la nuit profonde. *Tsakapesh* songe alors au collet qu'il venait de tendre. Il y accourt. L'astre y est pris et se secoue[56]. «Comment faire?»[57], pense *Tsakapesh*. Il lance une souris[58], puis un écureuil[59]. Ni l'une ni l'autre ne peut couper[60]. C'est la musaraigne[61] qui y parvient. L'astre apparaît de nouveau. La clarté revient. La nuit ne fut pas longue. Il fait clair à nouveau. «Je vais retourner chez moi», pense *Tsakapesh*. Il regagne l'épinette blanche et entreprend sa descente. Il voyage de nuit. Au bout d'un moment, il construit

49. Le croquis de la page 134 attribue cette question à *Tsakapesh* (*Ibidem*), ce qui me paraît contraire au caractère du personnage et plus conforme à celui de sa sœur. La phrase suivante, attribuée à cette fille, le suggère fortement. En fait, les deux phrases semblent ne former qu'une seule réflexion que se ferait la sœur. Le traducteur n'était pas de cet avis (voir la note 70, page 182).

50. «*meneik*: épinette blanche» (Lapointe, R.).

51. Le croquis de la page 139 (*Ibidem*) indique que l'arbre «plafonne» contre le monde d'en-haut.

52. *astsi* (voir la note 50, page 92).

53. Il sait déjà qu'elle sera ravie, et se fait une fête de lui faire découvrir un tel paradis.

54. Voir la note 52, page 92.

55. *pishimu*.

56. Comme un lièvre qu'on trouve encore vivant dans le piège.

57. Pour le sortir de là.

58. *apukushish*.

59. *anukutsiash*.

60. Le collet.

61. *tsinestuiapukushish*.

un nid. Là où ils dormiront, il construit comme un nid[62]. Puis il reprend son voyage. Il ne marche que la nuit. Plus loin il construit un autre nid pour qu'ils y dorment. Après l'avoir construit, il recommence à descendre. Il approche de l'endroit où il avait commencé à grimper[63]. Il voyage encore de nuit. Il construit un autre nid. C'est le troisième et le dernier. C'est pour qu'ils puissent dormir. Il touche à terre et va trouver sa soeur aînée. «Pourquoi fait-il nuit?», lui demande-t-elle. «Parce que j'ai pris l'astre au collet. J'ai soufflé une épinette blanche et je suis monté là-haut. Le territoire est magnifique. Vous passerez devant. Si vous avez le vertige, je vous attraperai simplement au vol. Ne regardez jamais en bas. Seulement vers le haut», dit *Tsakapesh*. Effectivement ils montent. Ils n'éprouvent d'abord[64] aucun vertige. Puis ils dorment. Après avoir dormi, ils reprennent leur ascension. Là ils ont le vertige. *Tsakapesh* les attrape tout simplement au vol. Ensuite il souffle aussi sur les autres[65]. On franchit la seconde étape sans que personne n'éprouve à nouveau le vertige. Les voilà rendus[66]. Puis ils recommencent leur voyage nocturne. Ils voyagent de nuit, l'atteignent et y dorment[67]. Après avoir dormi, ils repartent. Ça aura été leur dernière demeure. «Ainsi nous arriverons là-haut totalement démunis», déclare *Tsakapesh*[68]. Les voilà qui arrivent. Ils se hissent là-haut. Ils sont très contents[69]. Le territoire est magnifique. «Comment faire pour que l'épinette blanche retrouve sa taille normale?», demande *Tsakapesh*. «Elle va redevenir telle qu'elle était avant, sinon ils seront trop nombreux à vouloir y monter», dit sa soeur aînée[70]. Alors ils commencent à s'installer. «Qu'allons-nous devenir? C'est tellement beau ici que nous voudrons sans doute nous disperser», dit *Tsakapesh*[71]. «J'irai habiter dans l'astre. Vous, vous habiterez les étoiles», dit *Tsakapesh*. (Il y en a un dans le soleil. Puis il y a les étoiles. Il a tout ce dont il a besoin).

62. Il prévoit le nécessaire pour la remontée du groupe.

63. Il approche du pied de l'arbre.

64. Du pied de l'arbre jusqu'au premier nid.

65. Pour les aider à monter (Ishapatao, B. et autres, *op. cit.*: croquis page 162).

66. Au second nid.

67. Le troisième nid.

68. Le sens de cette phrase pourrait être: il n'y a rien de prêt là-haut pour dormir, il faudra se camper.

69. De ce qu'ils découvrent alors.

70. On se demande ici aussi si les dessinateurs n'auraient pas attribué à *Tsakapesh* une question posée par sa soeur, et à celle-ci la réponse de *Tsakapesh*? Le traducteur n'était pas de cet avis. «La soeur *sait*, écrivait-il, Tsakapesh *agit, ose*. La soeur détient un savoir universel, mais non créateur. Tsakapesh ne sait pas, n'a ni la taille, ni la science d'un adulte, mais *créé*, relève les défis» (Lapointe, R., communication personnelle, 8 avril 1981).

71. Ici aussi est-ce bien *Tsakapesh* qui pose la question? Le traducteur le croyait, pour les mêmes raisons que celles exposées à la note précédente.

VARIANTE 2

Au cours de l'été 1963, à Northwest River, José Mailhot avait fait l'enregistrement sonore en langue montagnaise. Le narrateur était Daniel Pone, «né vers 1930, dont la mère a déjà appartenu à la bande de Sept-Iles et le grand-père maternel de celle-ci à la bande de Michikamau[72], vit maintenant à N.W.R.» (Lefebvre, M., *op. cit.*: 12). Judy Pone en fit une traduction anglaise libre; Matthew Rich transcrivit une partie du texte montagnais et en fit une traduction juxta-linéaire anglaise[73]. Judy Pone et Matthew Rich sont de Northwest River. A partir de leurs travaux, Lefebvre publia une traduction française (*Ibid.*: 65-70). Je me suis servi de cette dernière pour le présent ouvrage, non sans retourner parfois aux travaux de Pone et de Rich.

Son père fut tué. Ensuite la vieille femme s'éloigna. Il la vit sans doute[74]. Ils l'avaient laissée là[75]. Cette fille alla chercher son père. Alors elle découvrit l'endroit où ils avaient été tués. Encore dans l'utérus entr'ouvert, son jeune frère avait été rejeté sur un banc de neige. Elle le sortit de l'utérus, l'emmena chez elle et le réchauffa en le posant près du feu. A peine l'y avait-elle déposé, qu'il se mit à bouger. Et après avoir ainsi bougé, il commença à grandir. Elle fit un arc pour son jeune frère. Quand l'arc fut terminé, il partit chasser l'écureuil. Depuis qu'il chassait ainsi l'écureuil, il lui arrivait de rêver. Dans son rêve, il lui semblait voir quelque chose: «Il vint vers moi tandis que je chassais l'écureuil. Alors ma flèche tomba à l'eau. Avale-moi *mimitutshikasheu*[76], lui ai-je dit»[77]. Il raconta à sa sœur aînée qu'il avait vu cela en rêve. «Ne va pas chasser l'écureuil de ce côté, car il t'avalerait», lui dit-elle. «D'accord. Ma sœur aînée tu me remplis d'effroi!» Il s'éloigna. Il lança une flèche à l'eau. Il enleva ses vêtements et se mit à chanter: «*Mimitutshikasheu*, avale-moi». Alors *mimitutshikasheu* l'avala. Après avoir été avalé, il se souvint qu'il avait dit à sa sœur aînée: «Ma sœur aînée, dans mon rêve tu allais pêcher». Il se dit alors: «Je souhaite que ma sœur aînée aille pêcher». Alors la femme alla installer sa ligne et son hameçon. Elle lança ce dernier. Au bout d'un moment, elle se dit: «Qu'ai-je donc à ne pas aller vérifier mon hameçon?» Pendant ce temps, *mimikutetsheshwa*[78] voya-

72. Voir la carte de Speck, page 57.

73. J'indiquerai où s'est terminé le travail de Rich.

74. Celui qui tua d'abord son mari, elle ensuite.

75. Les parents n'étaient pas accompagnés de leur fille. Ne les voyant pas revenir, elle décida d'aller les rejoindre. C'est là qu'elle découvrit qu'ils avaient été tués.

76. Poisson non identifié.

77. *Tshakapesh* raconte à sa sœur un rêve prémonitoire.

78. Autre terme pour désigner le poisson avaleur.

geait. *Tshakapesh* lui dit: «Il y a quelque chose de brillant là-bas. Attrape-le dans ta bouche». Le poisson mordit à l'hameçon, que *Tshakapesh* accrocha aux ouïes. Elle alla voir sa ligne. Le poisson avait un gros estomac. Elle tira la ligne et monta le poisson sur la berge. Son jeune frère remuait dans l'estomac, d'où il était incapable de sortir. «Tu vas me couper!», répétait-il. C'est ce qu'elle l'entendit dire. «Oh! Ce doit être mon jeune frère», pensa-t-elle. Elle prit son couteau et éventra le poisson. Elle l'en fit sortir. C'était bien lui. Après l'avoir sorti, elle lui dit: «Ne retourne jamais là». Puis il partit de nouveau. Il eut alors une réminiscence. «Comment furent tués mon père et ma mère?» «C'est *Katshituasku*. Toi, je t'ai trouvé. Il ne t'avait pas mangé. Tu avais roulé à côté. C'est là que je t'ai trouvé», lui répondit-elle. «C'est terrible, dit *Tshakapesh*, je vais aller le trouver». Il partit en chantant: «Je suis en quête de *Katshituasku*!» Ce dernier l'entendit. L'ours[79] vint à lui. «Ce n'est pas toi que je veux rencontrer», lui dit *Tshakapesh*. Ensuite ce fut l'ours blanc[80]. «Ce n'est pas toi», lui dit *Tshakapesh*. Puis il entendit le pas lourd de *Katshituasku*. Ça approchait. *Katshituasku* vint et lui demanda: «Que m'as-tu dit?» «Je suis en quête de *Katshituasku*!, répéta *Tshakapesh*. Le monstre tenta de le repousser à coups de museau. *Tshakapesh* se tenait debout là-haut, quand l'autre tenta de le repousser. «Non!», se dit-il. «Comment crois-tu que tu es fort?», demanda-t-il au monstre. «Comme l'épinette rouge que voilà», répondit-il en pointant du doigt. Il décocha une flèche sur l'arbre, qui vola en éclats. «Mais à combien évalues-tu vraiment ta force?» demanda-t-il. Cette fois, l'autre pointa du doigt une falaise. Il tira une seconde flèche et la falaise s'écroula. Alors l'autre s'enfuit. Il avait tenté de le repousser à coup de museau, mais *Tshakapesh* n'avait pas bougé. Il prit la fuite. *Tshakapesh* le poursuivit et lui décocha une flèche dans chaque hanche. Le monstre se mit à ramper. S'en étant approché, il lui planta une flèche dans la tête. C'est ainsi qu'il le tua. Ensuite il l'éventra. L'ayant ouvert, il vit les cheveux de son père et de sa mère. Il aperçut aussi les testicules de son père. Mais ce furent les cheveux qu'il vit d'abord et sur lesquels il souffla. Ils bougèrent. «Ils seraient trop nombreux sur la terre. Ce serait trop», pensa-t-il. S'il l'avait fait, personne ne mourrait[81]. Alors il les lança dans un arbre. «Ceux qui naîtront dans l'avenir les nommeront *usnées barbues*». Et quand il aperçut les testicules de son père, il en fit

---

79. Voir la note 3, page 81.
80. Voir la note 17, page 83.
81. Il eut la tentation de faire revivre ses parents, mais se ravisa sur la base de préoccupations démographiques.

autant. «Ceux qui naîtront dans l'avenir nommeront ça *gomme*[82]», dit-il. Il revient ensuite chez lui, rapportant son ours en plusieurs morceaux. Il rapporta la tête et la fit rôtir à la corde[83]. «N'en mange pas!», dit-il à sa sœur aînée[84]. Celle-ci négligea son avertissement. Ayant mangé de la tête, elle s'évanouit. *Tshakapesh* était alors parti chasser les écureuils, mais il sut ce qui était arrivé à sa sœur et revint chez lui. Il la trouva étendue à terre. Il lui donna quantité d'eau et souffla sur elle; elle revint à elle. Il était en colère contre elle: «Je t'avais dit de ne pas en manger», lui dit-il. Puis il partit à nouveau chasser les écureuils. Il aperçut deux filles grattant des peaux de caribou[85] et retourna chez lui en parler à sa sœur. «N'y va pas, dit-elle, ne *touche* pas aux filles, leur mère est la femme du géant[86]». Il désobéit à sa sœur et y alla. Il parla aux filles. La géante, de l'intérieur de sa tente, entendit rire ses filles: «De quoi riez-vous?», demande-t-elle. — «Nous rions du geai», répondirent les filles. Leur mère dit: «C'est peut-être un homme». Les deux filles aimaient *Tshakapesh* qui allait se battre avec leur mère. Elles lui dirent: «Ne mange pas ce que notre mère va t'offrir car elle mange les gens». Les épiant de sa tente, la mère sut pourquoi ses filles riaient et dit en voyant *Tshakapesh*: «Laissez-le entrer». Les filles donnèrent à manger à *Tshakapesh*. Leur mère voulut lui donner sa propre nourriture, mais il la refusa. «Pourquoi ne manges-tu pas ma nourriture, dit-elle, peut-être veux-tu me battre?» Elle demanda à une de ses filles: «Donne-moi ma robe de combat»[87]. Mais les filles dirent à leur mère: «Ne te bats pas avec lui, il va te tuer.» *Tshakapesh* lutta avec la mère. Il dit aux filles: «Si vous n'êtes pas pour regretter votre mère, donnez-lui la fessée». Les filles se mirent à battre

---

82. «*uastekatshu*: tar» (M. Rich). «*uashtekatshi*: de la gomme d'épinette transparente» (La Romaine, *op. cit.*: 416). Il pourrait s'agir de gomme d'épinette blanche. «Picea glauca (moench) Voss. — Epicéa glauque. — Epinette blanche. — (White Spuce). — [...] Sa résine est la plus ancienne des 'gomme à mâcher'. C'est avec la radicelle de l'Epinette blanche que les Indiens cousaient l'écorce du Bouleau dans la fabrication des canots. L'épinette blanche était probablement l'*annedda*, spécifique contre le 'mal de terre', dont l'usage fut enseigné à Cartier par Domagaya» (Marie-Victorin, *op. cit.*: 143).
83. Voir la note 26, page 84.
84. C'est ici que se termine le travail de transcription et de traduction littérale de M. Rich.
85. Voir la note 35, page 87.
86. Il s'agit sans doute d'une mauvaise traduction de *atsheniskueu*. Le terme *atshen* désigne un de ces êtres anthropophages hostiles aux Indiens; «*atshen*, le géant» (La Romaine, *op. cit.*: 54); «*atce'n* [...] a human being who has eaten human flesh and become a semi-spirit» (Speck, F.G., 1935a: 72). S'il devient nécessaire d'en préciser le sexe, comme c'est le cas ici, on aura recours à la règle prévue par la grammaire montagnaise (voir page 138). Ainsi, *atsheniskieu* pourrait être rendu par *ogresse*.
87. Voir la note 40, page 88.

leur mère. *Tshakapesh* tua la mère et ramena les filles chez lui. Elles lui dirent: «Nous sommes heureuses, maintenant que tu as tué notre mère». En route, les filles s'arrêtèrent pour boire. L'aînée jeta sa sœur à l'eau et *Tshakapesh* lui dit: «Ne fais pas cela». Il aimait en effet la cadette. «Je ne t'aime pas. Pourquoi as-tu fait cela?», dit-il à l'aînée. De retour chez lui, il dit à sa sœur: «Je t'amène une fille pour te tenir compagnie pendant mes absences». *Tshakapesh* ayant aperçu une fille sur une balançoire[88], il retourna chez lui demander à sa sœur de qui il s'agissait. Celle-ci lui dit: «Ne va pas là. Elles balancent les gens et une fois un mouvement rapide imprimé à la balançoire, elles coupent la corde, les laissant choir dans une grande marmite d'eau bouillante». *Tshakapesh* se rendit à la balançoire. «Laissons-le se balancer», dirent les filles. «C'est très amusant, nous allons t'installer sur la balançoire«, dirent-elles à *Tshakapesh*. Ce dernier vit l'eau bouillante, mais il n'y prit garde car il savait à quoi s'en tenir. Les filles l'installèrent sur la balançoire. Quand le mouvement de celle-ci fut rapide, elles coupèrent les cordes et *Tshakapesh* tomba dans l'eau bouillante. Il leur dit: «Asseyez-vous autour de la marmite». Ainsi firent-elles et *Tshakapesh* encore vivant s'agita, renversa l'eau sur les filles qui moururent ébouillantées. C'est maintenant l'hiver et *Tshakapesh* chassait toujours les écureuils... Il entendit des hommes chasser le castor et retourna s'informer auprès de sa sœur. Ces hommes se dirent entre eux (au sujet de *Tshakapesh*): «Laissons-le attraper les castors»[89]. *Tshakapesh* en captura alors deux gros. Les hommes dirent: «Tu es supposé n'en prendre qu'un». *Tshakapesh* dit: «Arrachez-m'en un du dos». Quand l'un d'eux vint près de lui enlever un castor, *Tshakapesh* lui tordit le bras. Ainsi fit-il quand un second essaya à son tour. Ces deux hommes ne pouvaient plus se servir de leurs bras tordus. Ils poursuivirent *Tshakapesh*, mais celui-ci courut jusque chez lui. Il entra et demanda à sa sœur ses coquillages. Il en lança sur le toit et à l'entrée; la tente se transforma en pierre. Sa sœur fit cuire les castors et dit: «Mangeons-les». Les poursuivants rebroussèrent chemin. *Tshakapesh* repartit chasser les écureuils... En chemin, il se mit à penser au soleil[90], se demandant de quoi il avait l'air, vu de près. Il grimpa à un arbre, et en ayant atteint la cime, il souffla sur l'arbre qui se mit à pousser. Rendu en haut il vit le soleil. C'était un beau territoire là où le soleil vit. Sur cette terre, il aperçut le sentier qu'emprunte quotidiennement le soleil aller-retour. Il

88. Voir la note 46, page 90.
89. Voir la note 32, page 86.
90. «Il y avait autrefois deux soleils. Il s'agit de celui qui est devenu soleil de nuit depuis que Tshakapesh, l'ayant pris au piège, l'a libéré» (Lefebvre, M., *op. cit.*: 69, note 1) (voir pages 118 et s.).

voulut prendre le soleil au piège; ce qu'il fit. Pendant qu'il se promenait dans ce beau territoire, il se mit à faire de plus en plus sombre. Alors *Tshakapesh* sut qu'il avait piégé le soleil. Il voulut le libérer, mais il ne pouvait y aller lui-même car c'était trop chaud. Il dit à la souris: «Coupe le piège»[91]. Mais la souris était incapable à cause de la chaleur. Alors il envoya l'écureuil, qui échoua lui aussi à cause de la chaleur trop intense. Il en revint brûlé; c'est pourquoi sa fourrure est jaune. Alors il envoya la taupe, qui réussit à couper le lacet; il fit jour à nouveau. *Tshkapesh* redescendit auprès de sa soeur. Il dit à celle-ci et à sa femme: «Allons vivre près du soleil; le territoire est beau l'à-bas». Ils grimpèrent. Et ayant atteint ce territoire, ils s'y fixèrent pour toujours. C'est la fin.

VARIANTE 3

Madeleine Lefebvre et Robert Lanari firent l'enregistrement sonore en montagnais à Northwest River durant l'été 1967. Le narrateur était Sébastien Nuna; «né vers 1920, vient de Sept-Iles en 1941 rejoindre ses beaux-parents établis à N.W.R. deux ans plus tôt. Il y vit avec sa famille. Sa mère avait à un moment donné été affiliée à la bande de N.W.R.» (Lefebvre, M., *op. cit.*: 12). Judy Pone de Northwest River en avait fait une traduction libre en anglais. Matthew Rich, également de cette communauté, transcrivit une partie du texte en montagnais; il fit également de cette transcription une traduction juxta-linéaire anglaise.[92] A partir du travail de Pone et Rich, Lefebvre publia une traduction française (*Ibid.*: 58-65). Je me suis servi de tous ces éléments pour rédiger le texte ci-dessous.

Son épouse. Ils n'étaient que deux. La jeune fille était unique[93]. Sa mère était très vieille. Il faisait jour. «Nous irons chercher de l'écorce de bou-

---

91. Il s'agit sans doute d'un collet; plus bas on dit que la taupe réussit à couper le *lacet* (voir la note 52, page 92).

92. J'indiquerai où s'est arrêté le travail de Rich.

93. Le sens de ces trois premières phrases lapidaires est sans doute: un homme et sa femme vivaient seuls avec leur fille unique. Lefebvre propose une autre interprétation: «La vieille femme raconte qu'il n'y avait que deux personnes: une mère et sa fille. La mère était vieille et la fille célibataire» (Lefebvre, M., *op. cit.*: 58). La suite du récit mentionne le père et indique que la fille n'était pas de l'expédition. Quant à la phrase *peiikusu ne'e iskuess*, Rich la traduit par: *she only one girl*. Le terme *peikussu* se traduit par *il y en a un, il est seul, il est le même* (Mailhot, J. et Lescop, K., *op. cit.*: 223). Il semble qu'il soit également employé pour désigner une personne célibataire. Mais je serais d'avis qu'il renvoie ici au fait que ce couple n'a encore qu'un enfant.

leau», dit-il à sa fille. Ils partirent. Il y avait là un sentier d'ours. Ils s'y
engagèrent. *Tshakapesh* n'existait pas encore ouvertement[94]. Il était là.
Alors *Katshituusku* vint vers eux et ils furent tués par lui. Il y avait donc
sa fille. Et comme son père ne revenait pas, elle alla là-bas. Elle suivit les
traces de son père. Quoi? *Katshituusku* avait déjà tout mangé. Il ne
restait que les cheveux éparpillés ici et là, et *Tshakapesh* en train de naître. Il n'avait pas été mangé. Elle déposa son jeune frère dans quelque
chose. Soudain il se mit à grandir. Ce qu'elle évida pour l'y mettre,
c'était une vieille souche. Et elle le plaça près du feu. Après deux jours il
se fit remuant et s'assit. Il était déjà trop grand. Elle évida une autre souche. Mais bientôt celle-ci fut trop petite pour lui. Il se mit à marcher. «Je
t'ai trouvé déjà gros, dit-elle, là où notre père et notre mère ont été tués.
Toi, tu n'avais pas été mangé». [A la vérité il y avait là les cheveux de son
père et de sa mère. Ils étaient blancs. Alors ils s'animèrent. «Ce serait
mauvais de ramener mon père à la vie», pensa-t-il. Il les lança autour,
dans les arbres. Ils étaient blancs. As-tu vu les usnées barbues blanches
qui pendent?[95] C'est la barbe de *Tshakapesh*. Il revint chez lui][96]. Après
avoir passé un bout de temps à vivre là-bas, il dit: «Ma soeur aînée, fais-
moi un arc». Le premier qu'elle lui fabriqua était déjà assez gros. Mais
très tôt il le brisa. Elle lui en fit un autre plus gros encore. Il ne tarda pas
à le briser aussi. «Voilà, dit-il, je vais en faire un moi-même». Il en fit un
en se servant d'une épinette rouge entière, et il prit une autre comme
flèche. Puis il alla marcher. Il ira là où son père avait été tué. Il découvrit
l'endroit. Il y avait un sentier d'ours. «Il est énorme, lui avait-elle dit[97]. Il
te tuera». Il alla s'étendre dans le sentier de l'ours. Il était très petit; il se
faisait petit. Et il chantait: «Je suis en quête de *Katshituusk*!» Il se tenait
couché, très petit, et chantait sans cesse: «Je suis en quête de Katshituusk!» Ce dernier l'entendit et vint[98]. L'ours noir le désensabla. «Qui
est-ce? Va voir de quoi il a l'air», lui avait-on dit. L'ours noir y alla. Il
arriva. «Quoi? Un Enfant?»[99] — «Es-tu *Katshituusk*?» — «Non» — «Je
cherche *Katshituusk*. Alors va-t'en chez toi». Il retourna. *Tshakapesh*
chantait sans cesse: «Je suis en quête de *Katshituusk*!» Ce fut au tour de
celui qu'on appelle *mitishu*[100]. Il est énorme. De l'endroit où il était

94. Ce n'était encore qu'un foetus.

95. Le narrateur pose la question à un des ethnographes.

96. Erreur du narrateur, qui anticipe sur des événements à venir.

97. Avant son départ.

98. Le narrateur y est allé un peu vite ici aussi. Comme il l'indiquera lui-même par la
suite, *Katshituusk* déléguera d'abord des émissaires avant de se présenter.

99. Réaction surprise de l'ours noir, en apercevant celui qui ose provoquer ainsi
Katshituusk.

100. Voir page 117.

couché, *Tshakapesh* l'entendit venir. «Es-tu *Katshituusk?*» — «Non» — «C'est *Katshituusk* que je cherche. Va-t'en chez toi». Celui qu'il souhaitait rencontrer, il l'entendit marcher lourdement sur le sable. «*Katshituusk* s'occupera donc de celui qui désire le voir!», dit *Katshituusk*. «De quoi a-t-il l'air?»[101] «Il est couché là-bas; il est très petit et ne semble pas dangereux. C'est lui qui veux te rencontrer!», lui dirent-ils. Alors *Katshituusk* partit[102]. *Tshakapesh* chantait: «Je suis en quête de *Katshituusk!*» «Qui est couché là-bas? Qu'est-ce que c'est que ça?», dit *Katshituusk*. D'un coup de museau, il le fit tomber plus loin. Il le lança une seconde fois et *Tshakapesh* alla tomber près de son arc[103]. Là il se dressa. Il était très grand. Et il grandit encore. Il était devenu plus grand que l'épinette blanche. Il prit son arc et se dressa. *Katshituusk* était effrayé. Il voulait se sauver. «Celui qui a tué mon père, jusqu'à quel point est-il résistant?» — «Comme la falaise là-bas. Autant que ça». *Tshakapesh* décocha une flèche et la falaise s'écroula. Il demanda encore: «Jusqu'à quel point est-il résistant?» — «Comme la grande épinette rouge qui est là». Il visa l'arbre et le brisa. Alors *Katshituusk* eut peur et se sauva. *Tshakapesh* lui décocha une flèche. Puis, l'ayant éventré, il y trouva les cheveux de son père et de sa mère[104]. Ils étaient là. Il les examina et souffla dessus. Les cheveux s'animèrent. «Il ne serait pas bon de ramener mon père à la vie», pensa-t-il. Et il s'en alla[105]. «Je vais couper les oreilles, ma sœur aînée en fera un matelas», pensa-t-il. Les oreilles étaient aussi grandes que des peaux de caribou. «Ma sœur aînée...», dit-il. Il emporta aussi la tête. «Quand il s'est présenté à moi, je l'ai tué celui qui avait tué notre père». «Très bien», dit-elle. «Voilà ses oreilles pour ton matelas». Elles étaient immenses. «Sa tête, fais-la rôtir à la corde[106], ma sœur aînée. Mais même si tes mains deviennent grasses, ne les lèche pas», lui dit-il. Elle oublia ce conseil, la vieille[107]. La tête d'ours était bien grasse, et elle se lécha les doigts en la faisant cuire. Soudain, sa mâchoire se referma et il lui fut

---

101. Avant d'affronter celui qui le provoquait ainsi, *Katshituusk* avait pris des informations.

102. Rassuré par ces témoignages, il décide de s'occuper personnellement de l'affaire.

103. Selon d'autres versions, *Tshakapesh* avait préalablement laissé ses armes au pied de la falaise.

104. C'est ici que se situe le passage anticipé (voir la note 96, page 188).

105. Comme le conteur a déjà parlé de cette séquence, il n'en répète pas ici tous les détails mentionnés à la page 188. Notamment la transformation des cheveux en usnées barbues.

106. Voir la note 26, page 84.

107. «*kukuminash*: old lady» (M. Ricch). «*kukuminash*: vieille femme» (Mailhot, J. et Lescop, K., *op. cit.*: 89). Le terme s'applique généralement à une vieille femme mariée, parfois aussi de façon familière pour une épouse, un peu dans le sens de *ma vieille*.

impossible de l'ouvrir. Elle avait léché ses doigts et sa mâchoire s'était refermée. Elle tomba à la renverse. La tête s'envola. Il l'entendit venir[108]. «Ma sœur aînée doit s'être léché les doigts. La tête approchait. Elle le poursuivait dans son sentier. Elle l'aurait tué si lui-même ne l'avait pas d'abord fait. Il se mit en retrait du sentier suivi par la tête et l'attendit. Elle avait emprunté son sentier à lui. Il aurait bien pu être tué. La tête claquait des dents. Il lui tira une flèche et courut chez lui. La mâchoire de sa sœur aînée était refermée. Il souffla dessus. Voilà son jeune frère![109] «Comment te sens-tu?», demande-t-il. «J'ai léché!», répondit-elle. «Je t'avais dit de ne pas le faire». Puis ils s'en alla à la chasse à l'écureuil. Ils vécurent là quelque temps. Un jour, il était allé chasser l'écureuil. Il s'était fait un arc et il tirait des flèches dans l'eau d'un grand lac. Et alors qu'il chassait, sa flèche tomba à l'eau. «Je vais aller la chercher», pensa-t-il. Il enleva ses vêtements et alla chercher sa flèche. Il chantait: «Grosse truite, coupe-moi en deux!» Le poisson l'attrape réellement. Il l'attrapa et l'avala. Il n'y en a plus (de *Tshakapesh*). Il resta ainsi sous l'eau durant trois jours, mais il n'était pas mort. «Je souhaite que ma sœur aînée aille à la pêche, qu'elle mette son hameçon à l'eau», pensa-t-il. Elle était affamée, car il n'était plus là pour chasser. Elle lança son hameçon à l'eau. Elle n'avait pas de canot. Elle lança l'hameçon. Il (le poisson) se déplaçait le long du rivage. «Si je pouvais attraper l'hameçon», pensa-t-il. Le poisson s'en allait de côté. Soudain, quelque chose de brillant. La grosse truite attrapa l'hameçon. La ligne à pêcher était en peau de caribou[110]. La baleine[111] se débattit au bout de la ligne. Il souffla sur celle-ci pour que le poisson ne la casse pas. «Je souhaite qu'elle vienne vérifier sa ligne!», pensa-t-il. Elle vint. Il y avait une prise. Elle tira sa ligne, et il souffla encore dessus pour qu'elle ne casse pas. Elle hissa le poisson sur la berge. Il était gros. Elle réussit à le monter là où elle pourrait l'éventrer. C'était une grosse truite. Elle alla chercher un couteau. Maintenant elle aurait à manger[112]. Elle commença à l'éventrer. «Tu vas me couper»,

---

108. Il s'était sans doute éloigné du campement pour chasser, comme le suggèrent d'autres variantes.

109. Le conteur se met dans la peau de la fille en train de reprendre ses sens.

110. Il s'agit d'une ligne très solide.

111. «*mastameku*: whale» (M. Rich). Ici le conteur qualifie de baleine l'énorme poisson en question. «*mistamek^u*: baleine»» (Mailhot, J. et Lescop, K., *op. cit.*: 129). «Delphinaterus leucas (Pallas), White Whale Beluga, Marsouin blanc (Fr.), *mistimek* (M.)» (Harper, F., 1961: 92). Ailleurs dans le récit, c'est le terme *matimeku* qui est employé et que Rich traduit par: *trout*. «*matamek^u*: truite mouchetée — Salvelinus fontinalis» (Mailhot, J. et Lescop, K., *op. cit.*: 108). «*matamek*: trout, Brook Salvelinus fontinalis» (Harper, F., 1964: 86).

112. Elle ne se doute de rien. Si elle est satisfaite de sa prise, c'est qu'elle a faim.

dit-il. Elle entendit parler son jeune frère dans l'estomac du poisson. «Tu vas me couper», disait-il. Elle ouvrit l'animal avec précaution. Voilà son jeune frère. Il avait la taille d'un adulte et était tout couvert de poils. «Que devrais-je lui faire?», se demanda-t-elle. «Je vais m'occuper de ça moi-même», dit-il. Il s'arracha tous les poils[113], sauf sur la tête. Il laissa aussi sa barbe[114]. «C'est ainsi que l'être humain naîtra», décréta-t-il. Il ne laissa que sa barbe et ses cheveux[115]. Ensuite il vécut là quelque temps. Un jour, il retourna chasser l'écureuil. C'est très long. Je ne vais en raconter qu'un peu. Tout en lançant des flèches, il arriva chez des gens qui se balançaient[116]. «Un visiteur est arrivé[117]. Laissons le se balancer», dirent-ils[118]. Ils l'installèrent sur la balançoire. Il y avait une marmite suspendue près du feu; ils y mettraient *Tshakapesh* après qu'il se soit balançé. Sa sœur lui avait dit de ne pas aller là, parce que ces gens tuent ceux qui vont chez eux; mais il y alla. On l'invita à se balancer. Avant de commencer, il leur dit: «Quand l'eau bouillera, quand je serai dans la marmite, je serai graisseux; alors vous vous assoirez autour et boirez la graisse». Avant de partir de chez lui, il s'était muni de graisse qu'il avait dissimulé de chaque côté de son corps, sous ses vêtements[119]. Lorsque ça se mit à bouillir, il chantait en remontant à la surface de l'eau. Les gens s'assirent autour de la marmite pour boire sa graisse. *Tshakapesh* en profita pour renverser l'eau bouillante sur eux, les tuant ainsi tous, sauf deux femmes qu'il ramena chez lui. «Je t'amène de la compagnie», dit-il à sa sœur en arrivant. Celle-ci répondit: «J'imagine que tu as tué leur mère, n'est-ce pas?» «Oui, j'ai tué leur mère». Il avait maintenant deux femmes. Il entendit des gens briser la glace et sa sœur l'avertit de ne pas aller chez eux, «parce que ce sont des *esprits*[120], ils vont te laisser tirer des castors de l'eau[121]. Ce sont de gros castors et tu vas être entraîné sous la glace». Il se rendit quand même à l'endroit où il ne devait pas aller, et y

---

113. «*paskutinishu kasanu*: he unplug his hairs all» (M. Rich). «*paskuneu*: il le plume, *paskutshipanu*: il perd son poil» (Mailhot, J. et Lescop, K., *op. cit.*: 214).

114. «*uistuia*: his beard» (M. Rich). «*uistui*: (son) poil de barbe, de moustache» (Mailhot, J. et Lescop, K., *op. cit.*: 393). «*uishtu*: il est barbu, il porte la barbe» (La Romaine, *op. cit.*: 450).

115. «*nenu piskuia*: his hair» (M. Rich). «*piskueun*: cheveu» (Mailhot, J. et Lescop, K., *op. cit.*: 247).

116. Voir la note 46, page 90.

117. «*mateu tekushint*: visitor came» (M. Rich) (Voir la note 33, page 86).

118. Ici se terminent la transcription et la traduction juxta-linéaire de M. Rich.

119. Voir la note 47, page 90.

120. «La traductrice (J. Pone) désigne par 'spirits' les gens qui veulent noyer Tshakapesh. Nous ne disposons malheureusement pas, pour cette version, du terme montagnais ainsi rendu» (Lefebvre, M., *op. cit.*: 62, note 1).

121. Voir la note 32, page 86.

vit les *esprits* en train de briser le barrage des castors. Ils crièrent: «Voici un étranger[122]; laissons-le sortir les castors de l'eau». *Tshakapesh* s'approcha alors de l'endroit où étaient les castors, plongea sa main dans l'eau et les attrapa un à un, les sortant de leur cabane. Il enleva la corde de son arc pour attacher ensemble les castors qu'il emporta avec lui. Les *esprits* dirent: «Il est en train d'enlever nos castors, suivez-le». Deux d'entre eux, placés de chaque côté de *Tshakapesh*, essayèrent de lui arracher les castors qu'il transportait sur ses épaules. Mais il leur tordit les coudes et les abandonna. Sa sœur écorcha les castors qu'elle mit à cuire. *Tshakapesh* entendit des gens venir nombreux. Sa sœur lui dit: «Ils sont à ta poursuite, qu'allons nous faire, ils vont nous tuer». «Donne-moi les coquillages». Alors sa sœur les lui donna et il les lança sur le toit; leur tente se transforma en pierre. A l'extérieur, ceux qui frappaient contre la pierre entendirent *Tshakapesh* dire à sa sœur: «Sœur, retourne la viande». Il parla à haute voix, de façon à être bien entendu de l'extérieur; il voulait les irriter. Impuissants à faire quoi que ce soit, ils retournèrent chez eux. Après quoi *Tshakapesh* retira les coquillages du toit et le bloc de pierre redevint tente. Il alla chasser les écureuils et entendit encore des gens. On grattait des peaux de caribou[123]. Il revint demander à sa sœur de qui il s'agissait. Elle l'enjoignit de ne pas aller vers elles, car leur mère était une sorcière[124]. Mais il ne manqua pas de se rendre là-bas. Il s'approcha des filles occupées à gratter les peaux de caribou et leur parla. Elles riaient et éprouvaient du désir à son endroit. La sorcière demanda à ses filles ce qu'elles avaient à rire. Elles répondirent: «Nous rions des geais», répondirent-elles. Les filles s'amusaient beaucoup avec *Tshakapesh*; elles ne cessaient de rire. La sorcière eut alors la sensation qu'il y avait quelqu'un avec elles; alors elle se mit à épier par la porte et aperçut *Tshakapesh*. Elle alla l'inviter à entrer; ce qu'il fit. Elle lui offrit quelque chose à manger, mais il refusa, ayant été averti par les filles de ne rien manger de ce que leur mère lui présenterait. La graisse de la sorcière commença à fondre, *Tshakapesh* ayant refusé d'en manger. Elle dit alors: «Peut-être veut-il se battre, puisqu'il ne veut pas manger de ce que je lui ai offert». Les filles lui donnèrent de la viande de caribou et *Tshakapesh* en mangea. La seule chose qu'il refusa de manger, c'est ce que la sorcière lui avait offert; c'était de la graisse humaine. Quand *Tshakapesh* eut terminé son repas, la sorcière dit: «Je devrais me mesurer à mon gendre». Elle l'appelait gendre. Alors ils sortirent. Elle revêtit sa robe, celle qu'elle a l'habitude de porter pour se

---

122. Voir la note 33, page 86.
123. Voir la note 35, page 87.
124. Il doit s'agir ici aussi du terme *atsheniskueu* (voir la note 86, page 185).

battre[125]. Elle s'approcha du rocher sur lequel elle projetait ses adversaires. Ce rocher était pointu et elle avait l'habitude de les y asseoir. *Tshakapesh* l'empoigna solidement. Elle essaya de le renverser, mais en vain. Comme il tenait la sorcière très serrée, sa robe remonta. «Dites-lui de ne pas remonter ainsi ma robe, car vous me verrez le dessous», dit-elle à ses filles. Elle essayait de toutes ses forces, mais en vain, de le précipiter à terre. Il dit aux filles: «Frappez-la car je suis maintenant en colère». «A nos yeux elle est sans valeur», dirent-elles en commençant à la frapper. *Tshakapesh* finit par l'asseoir sur la roche pointue qu'elle avait l'habitude d'utiliser pour tuer les gens. Une fois assise, elle hurla et mourut. Il revient chez lui avec les filles. «Je t'ai amené de la compagnie», dit-il à sa sœur. «Tu as dû tuer leur mère!» — «Oui, je l'ai tuée». Il avait maintenant quatre femmes. *Tshakapesh* partit avec son arc et ses flèches pour chasser les écureuils. Il en visa un, mais sa flèche resta prise dans un arbre. Il y grimpa. Et chaque fois qu'il en atteignait la cîme, il soufflait sur l'arbre qui alors s'allongeait. Il atteignit finalement une terre solide sur laquelle il alla faire une promenade. Il y aperçut un sentier fort usagé et alla s'y allonger. De là, il vit quelque chose qui roulait sur le sol. C'était comme du feu. S'étant approchée, la chose lui dit: «Enlève-toi de mon chemin». A quoi *Tshakapesh* rétorqua: «Passe ailleurs!» Mais la chose lui dit: «C'est mon sentier»; elle continua à rouler, brûlant le beau manteau de *Tshakapesh*. Il revint chez lui et dit: «Ma sœur, j'ai trouvé un sentier et je suis fâché; je veux un de tes poils». Elle lui en donna un qu'il plissa pour en faire une corde. Et il remonta là où il avait découvert un territoire. Il fixa un collet[126] pour prendre le soleil[127] et revint passer la journée en bas. Il avait dit à sa sœur qu'il avait trouvé pour eux un endroit dans le ciel. Ce fut soudain l'obscurité; il faisait complètement noir. «Sœur, ce doit être le collet que j'ai posé pour le soleil», dit-il. Elle l'avait pourtant prévenu de n'en rien faire. Il remonta en hâte, emportant une musaraigne. Rendu là-haut, il lança celle-ci sur le sol. Elle mâcha le collet, et c'est ainsi que *Tshakapesh* libéra le soleil. Il descendit à nouveau et confirma à sa sœur qu'il avait vraiment attrapé le soleil. «Nous vivrons là-haut car c'est un lieu de bonheur, et joli en plus», lui dit-il aussi. Ils se rendirent à l'arbre. La sœur grimpa d'abord, puis ses femmes. *Tshakapesh* vint en dernier. Il souffla sur l'arbre qui s'allongea, s'allongea. Rendu au sommet, il déclara: «C'est ici que nous allons demeurer». Quand vous voyez cette chose sur la lune, cette chose qui

125. Voir la note 40, page 88.
126. Voir la note 52, page 92.
127. «Semblablement aux autres versions de Northwest River, il s'agit de la lune considérée comme second soleil original» (Lefebvre, M., *op. cit.*: 65, note 1).

ressemble à un morceau de terre, c'est la marmite de *Tshakapesh*. C'est la fin.

VARIANTE 4

Madeleine Lefebvre et Robert Lanari firent l'enregistrement sonore en montagnais à Northwest River durant l'été 1967. Edward Rich, le narrateur, naquit en 1911; sa grand-mère paternelle avait fait partie de la bande de Mingan et son grand-père paternel, né d'une femme inuit, avait vécu à Fort Chimo (Lefebvre, *op. cit.*: 12). «Sa mère a déjà été affiliée à la bande de Sept-Iles et s'est mariée à Davis Inlet. Le conteur y est né et y a vécu, faisant quatre fois le voyage Davis Inlet — Sept-Iles entre les années 1934-1937, période pendant laquelle il se marie. Au moment où il rencontre sa future épouse, elle voyage vers Sept-Iles avec un groupe de N.W.R. Ils se marient à Davis Inlet où ils demeurent pendant deux ans, puis descendent à N.W.R. où ils habitent depuis 1938» (*Ibid.*: 12)[128]. Matthew Rich, fils du narrateur, avait d'abord fait une traduction libre. Plus tard, il produisit une transcription en langue montagnaise, accompagnée d'une traduction juxta-linéaire anglaise. A partir de ce travail, Lefebvre publiait une traduction française en 1971 (*Ibid.*: 43-58). Tous ces textes m'ont servi à préparer ce qui suit.

Le père de *Tshakapesh* dit à son épouse: «Allons tailler le bois nécessaire pour fabriquer quelque chose»[129]. «D'accord», dit-elle. Ils se mirent donc en frais d'aller chercher du bois. Ils laissèrent la soeur aînée[130] à la tente. Ils allèrent chercher du bois là-bas, là où il y a du bouleau. Ils partirent en canot. Une fois rendus, ils se mirent à couper le bois dont ils avaient besoin. *Katshituseu* les entendit et alla les trouver. Il les tua. Il ouvrit la femme et lança *Tshakapesh* à côté. Alors le père de la fille ne revint pas chez lui. «Je vais aller à leur recherche. Ma mère... Peut-être que mon jeune frère n'a pas été tué» pensa-t-elle. Elle partit donc à leur recherche. Rendue là, il lui parut évident que son père et sa mère avaient été tués. Mais elle aperçut quelque chose... son jeune frère... hors du sein de sa mère. Il vivait encore. Elle le prit et l'emporta chez elle. Rendue à la

---

128. Pour les noms de lieux, voir la carte de Speck, page 57.

129. «*pishetshetau*: let's make» (M. Rich). «*pishaitsheu*: il taille du bois pour fabriquer un objet» (Mailhot, J. et Lescop, K., *op. cit.*: 243).

130. La soeur du héros encore à naître.

tente, elle le plaça dans un sac à amorce[131]. Mais le lendemain, le sac était déjà ouvert. Elle le déposa donc dans une marmite. Le lendemain, c'est la marmite qui était ouverte. Elle le mit alors dans une plus grande marmite, qui s'ouvrit elle aussi. Son jeune frère grandit et elle en prit soin. Elle lui fit un arc avec une branche. Mais il le brisa. Quel que soit l'arc qu'elle lui faisait, il réussissait toujours à le briser. Finalement, elle se servit d'une côte de caribou. Celui-là, il ne le brisa pas. Il grandit. Un jour il dit à sa sœur aînée: «Je vais me fabriquer un arc» — «Tu n'es pas capable. Tu es si petit. Comment pourrais-tu te fabriquer un arc?» — «Mais non, je vais m'en faire un» — «Très bien, mais attention de ne pas te perdre» — «Je ne me perdrai pas». Et il s'en alla. Il grandit. Il disparut et grandit. Il coupa une épinette rouge et l'amincit. Puis il coupa trois autres arbres en guise de flèches. Il emporta le tout chez lui. Il faillit écraser la tente en appuyant tout ça dessus. «Que fais-tu là?», lui demanda sa sœur aînée. «J'ai emporté un arc», dit-il. Puis il se fit tout petit et entra dans la tente. «Va chercher mon arc, dit-il, je vais le terminer»[132]. Elle sortit et aperçut de très grosses flèches, ainsi qu'un arc immense. C'était si long que ça dépassait le sommet de la tente. «Mais qui donc a apporté ça?», demanda-t-elle. «C'est moi. Qui veux-tu que ce soit?» Il commençait à l'intriguer. «Comment a-t-il pu faire ça?», se demanda-t-elle. Lui, il termina la fabrication de son arc et de ses flèches. Puis il partit chasser l'écureuil. Soudain il se mit à réfléchir: «Le couteau croche[133] dont je me suis servi, où donc l'a-t-elle pris?» Il revint chez lui. «Ma sœur aînée, je voudrais te parler de quelque chose» — «Quoi donc?» — «Le couteau croche dont je me suis servi, où l'as-tu pris?» — «C'est celui de notre père, que *Katshituseu* a tué. Toi, il t'a épargné. Je t'ai sauvé. Je t'ai cherché» — «Ah! C'est donc ça. Je vais retourner chasser l'écureuil». Il partit vers l'endroit où son père avait été tué. Il aperçut des traces. C'étaient celles de *Katshituseu*. Il les suivit. Il cacha son arc et ses flèches. Puis il se coucha dans l'empreinte d'une des pattes de *Katshituseu*[134], et il chanta: «Je veux rencontrer *Katshituseu*!» Ce dernier l'entendit et dit à l'ours noir[135]: «Va donc le tuer». *Tshakapesh* savait que l'ours noir s'en venait. Quand ce dernier sortit de la forêt, *Tshakapesh* lui demanda: «Es-tu *Katshituseu*?» — «Non, je suis l'ours noir» — «Alors retourne chez toi. Je ne t'ai pas demandé. C'est *Katshituseu* que je veux voir» —

131. Voir la note 79, page 105.

132. Il n'avait fait que tailler grossièrement l'arbre dans lequel il ferait son arc.

133. Voir la note 197, page 148.

134. Pour paraître devant le monstre, il se fait petit. C'est sans doute pour cela qu'il avait dissimulé ses armes.

135. Voir la note 3, page 81.

«D'accord». L'ours noir retourna chez lui. L'ours blanc[136] se fit dire[137]:
«C'est toi qui le tueras» — «D'accord». L'ours blanc alla donc vers lui.
Il le trouva couché dans l'empreinte d'une des pattes de *Katshituseu*.
«Es-tu Katshituseu?» — «Non je suis l'ours blanc» — «Retourne chez
toi. Tu n'es pas celui que je veux voir». L'ours blanc revint chez lui.
Katshituseu lui demanda: «Est-il gros?» — «Pas du tout, il est étendu
dans l'empreinte d'une de tes pattes» — «Puisqu'il en est ainsi, je vais
aller le trouver. S'il tient tellement à me voir, il me verra». Et il partit. Il
le trouva couché dans son sentier. «Cette fois c'est lui», s'était dit *Tshakapesh*. Quand il s'était dressé sur ses pattes, la terre avait tremblé.
Alors il avait su que c'était *Katshituseu*. Ce dernier sortit de la forêt et vit
Tshakapesh couché dans l'empreinte d'une de ses pattes. «Est-ce bien toi
qui a demandé à voir *Katshituseu*?» — «Oui». *Katshituseu* le repoussa à
coup de museau. «Je souhaite qu'il me repousse ainsi jusqu'à mon arc et
mes flèches», pensa-t-il. *Katshituseu* continua à le pousser, jusqu'à ce
qu'il arrive à l'endroit où ses armes étaient cachées. Alors il se leva et dit:
«Je cherche celui qui a tué mon père. Je suis sûr de pouvoir le tuer.
Quelle est la dureté de son corps?» Il y avait là une énorme épinette
rouge. «Celui qui a tué ton père est aussi dure que ça!» *Tshakapesh* décocha une flèche sur l'arbre et le mit en pièces. «Il n'est donc pas si dur que
je ne puisse le tuer» — «Le rocher là-bas. Celui qui a tué ton père est
aussi dur que ça». *Tshakapesh* visa alors le rocher, qui s'émietta sous le
coup. «L'assassin de mon père ne doit pas être si dur, puisque j'ai pu briser ce rocher», dit-il. *Katshituseu* essaya de fuir pour échapper à *Tshakapesh*. Ce dernier l'abattit d'une flèche à la hanche. «Tu m'as vraiment
eu. Je vais te dire ce que tu feras de moi. Découpe mon corps en morceaux, que tu lanceras aussi bien dans les airs que sur la terre. Ne conserve que ma tête pour manger. Avec mes oreilles, tu feras un matelas»
— «D'accord». Puis il le tua, le découpa en morceaux qu'il lança un peu
partout. Certains se mirent à voler, d'autres à courir. Il emporta la tête
chez lui. Le voilà en route. Quand personne ne le voyait, il devenait
immense. «Ma sœur aînée, j'ai tué celui qui avait tué notre père!» —
«Espèce d'étourdi! Pourquoi être allé là? Il aurait bien pu te tuer». *Tshakapesh* avait ouvert les entrailles de *Katshituseu* et soufflé sur quelque
chose. Il avait trouvé les cheveux de son père et ceux de sa mère. Ceux de
son père était toujours vivants. Ils bougeaient. «Je pourrais ramener
mon père à la vie, avait-il alors pensé. Mais alors personne ne mourrait.
Il y aurait trop de monde. La terre en serait couverte». Il avait donc
emporté la tête. «Ma sœur aînée, avait-il dit, j'ai tué celui qui avait tué

136. Voir la note 17, page 83.
137. Par *Katshituseu*.

notre mère» — «Comment as-tu fait ça?» — «Je l'ai simplement tué. Viens voir, j'ai emporté la tête». Elle sortit. La tête était immense. «Fais-la cuire pour moi[138] en mon absence, mais n'y pose pas la langue. Fais-moi aussi un matelas avec les oreilles» — «D'accord». Elle fit cuire[139] la tête, la fit rôtir à la corde[140]. Ses doigts étaient enduits de graisse. Elle les lécha. C'est alors que sa mâchoire se referma et resta bloquée. Elle tomba et la tête d'ours se sauva. Là-bas, *Tshakapesh* sut ce qui se passait. Il était au courant qu'elle avait fait quelque chose de mal. Il revint chez lui. Il marcha un peu à l'écart du sentier. Il entendit venir la tête. Il marcha légèrement en dehors du sentier. La tête approchait en claquant des dents. Il lui décocha une flèche et l'anéantit. Puis il courut chez lui. «Ma sœur aînée!», cria-t-il. Pas de réponse. Il entra. Elle était étendue à terre, la mâchoire soudée. Elle ne put lui dire un mot. Il lui appliqua un remède qui la guérit. «Qu'est-il arrivé, ma sœur aînée?» — «Je me suis brûlé les doigts avec de la graisse et ensuite je les ai léchés. J'avais oublié» — «C'est bien ça». Ensuite il continua à passer ses grandes journées à la chasse à l'écureuil. Un jour il entendit du bruit, comme si on grattait[141] quelque chose. Il revint chez lui. «Ma sœur aînée, dit-il après le repas, j'ai entendu des gens gratter là-bas» — «Ne vas pas les trouver. C'est une femme cannibale. Elles[142], elles mangent du caribou, mais leur mère tue les humains qui vont là. C'est de ça qu'elle se nourrit» — «Assez, tu m'effraies. Je n'irai sûrement pas si leur mère est dangereuse». Il y alla quand même et aperçut celles dont il avait entendu le bruit. Quand sa sœur aînée n'était pas là pour le voir, il devenait très grand. Il épia les filles. Il leur fit un signe de la main. Elle le rejoignirent. «Notre mère est dans la tente. Elle se nourrit d'humains. Ne mange pas la graisse qu'elle t'offrira. Nous, c'est du caribou que nous mangeons» — «D'accord». Puis elles se mirent à le taquiner. Elles le trouvaient tout à fait à leur goût. «Mes filles, de qui vous moquez-vous ainsi?», demanda la cannibale. «Du geai qui joue avec les poils de caribou, c'est de lui dont nous nous moquons», «Ah!», dit la mère. Mais au bout d'un moment, elle ajouta: «Qu'il entre!» Elle sait très bien ce qui se passe dans son dos. Avant d'entrer, elles lui dirent: «Ne mange pas ce qu'elle t'offrira. Notre mère te tuerait sûrement. Ne mange pas sa graisse» — «D'accord». Il

---

138. «*tshepiminushiin*: cook it for me» (M. Rich). Dans le sens de cuisine-moi ça. «*piminueu*: il fait la cuisine, *piminuan*: mets préparé, plat cuisiné, cuisine» (Mailhot, J. et Lescop, K., *op. cit.*: 237).

139. «*peminuet*: she cook it» (M. Rich).

140. Le narrateur précise la technique de cuisson, soit *shakapueu* (voir la note 35, page 87).

141. Voir la note 27, page 85).

142. Celles qui grattent les peaux.

suivit leurs conseils. Il entra. La cannibale déballa sa graisse. «Mes filles, dit-elle, voilà sa graisse. Qu'il en mange». Le feu réchauffait la tente. Personne n'y avait touché[143]. Elle trempa la main dans sa graisse. «Elle est en train de fondre!», dit-elle. Personne ne s'en était encore servi. Elle se lécha les doigts. Sa graisse, la graisse humaine, était jaunâtre. Elle se mit en colère. «Mes filles, il veut sans doute se battre. Voilà pourquoi il ne touche pas à ma graisse!» Elle sortit donc. Dehors il y avait un arc appuyé contre la tente. Elle tenta de le soulever, mais n'arriva même pas à le bouger. «Il est fort. Il doit avoir de la bonne graisse, mes filles. Ce sera bon à manger». «Elle se prépare sûrement à te tuer», dirent-elles. «Sans doute qu'elle s'apprête à me tuer. Que devrais-je lui faire?», dit-il. «Mes filles, faites-le sortir. Il tient sans doute à se mesurer à moi puisqu'il refuse ainsi ma graisse», dit la cannibale. «Ne sors pas, elle te tuerait», dirent-elles. «Je vais sortir quand même». Il sortit donc. Elle l'attrapa par la taille et le souleva. Il se laissait faire. Elle tenta de le soulever une seconde fois mais, malgré des efforts qui la faisaient se contorsionner, elle n'y parvint pas. «Mes filles, il est très gras!», dit-elle. «Votre mère vous manquerait-elle si je la tuais?», dit-il. Elles sortirent de la tente portant chacune un tison et se mirent à frapper les mollets de leur mère. «Elle ne nous manquera sûrement pas, elle ne fait que tuer ceux qui manifestent l'intention de nous épouser». Elles la frappèrent aux mollets. «Mes filles, vous me faites mal aux jambes». Soudain, d'un coup de pied, elle dégagea le bâton à rôtir avec lequel elle avait l'habitude de tuer les hommes en les empalant. Elle n'avait pas encore abandonné la partie. «Je vais tuer votre mère» — «C'est moi qui te tuerai». Il l'empoigna et l'assit sur le bâton dont elle s'était servi pour empaler les hommes. Elle avait l'air simplement assise. Elle tenta bien de se dégager. Mais il pesa sur elle pour qu'elle reste dans cette position. Alors elle mourut. Il emmena les filles. «Ma sœur aînée, je t'amène des filles pour te tenir compagnie. Quand je m'absente, tu restes toujours seule». «Il a dû faire encore quelque bêtise!», dit-elle. «Mais c'est leur mère qui a voulu me tuer, alors je l'ai tuée. Elles m'ont dit qu'elle ne leur manquerait pas du tout». «Ça va», dit sa sœur aînée. Une autre fois, il entendit des gens se balancer[144]. Il revint chez lui et dit: «Ma sœur aînée, j'ai entendu des gens se balancer. Ils crient très fort» — «Ne va pas les trouver. Ils invitent les visiteurs à se balancer. Tout près, sur le feu, il y a une grosse marmite pleine d'eau bouillante. Alors, ils coupent la corde[145] et la personne s'y retrouve. Ils la font ainsi bouillir pour ensuite la manger» —

143. A la graisse humaine.
144. Voir la note 46, page 90.
145. La corde de la balançoire.

«Assez, tu me remplis d'effroi. Comment irais-je après ce que tu viens de me dire?» «Mais, un peu plus tard, il y alla. Il sortit du bois. Sous le bras il portait son sac de graisse[146]. «Voilà un étranger[147]. Invitons-le à se balancer. Approche» — «Je n'emporterai qu'une seule flèche»[148] — «D'accord». Il prend une flèche. «Quand ma graisse commencera à bouillir, asseyez-vous tout près de la marmite et commencez à me lécher» — «D'accord». Alors, au moment où il évoluait à vive allure, ils coupèrent la corde. C'est de son plein gré qu'il sauta dans la marmite pleine d'eau bouillante. Il alla au fond et l'eau commença à bouillir. Il garda les yeux grands ouverts, comme ceux d'un animal cuit. «C'est prêt, dirent-ils, les yeux de *Tshakapesh* ont bouilli. Le voilà à point». La graisse qu'il avait sous les bras se mit à fondre. «La graisse monte à la surface, asseyez-vous tous autour». Pour s'asseoir, les femmes levèrent leurs jupes au-dessus des genoux. On lui toucha et on se lécha les mains. Lui, à l'intérieur, il secouait la marmite. Elle finit par se renverser. Ceux et celles qui se trouvaient assis autour moururent ébouillantés. Il assomma les autres à coups de flèche. Ensuite, il vida la marmite. Il n'y eut pas de survivants. Il s'en alla chez lui en emportant la marmite. «Ma sœur aînée, dit-il, voici une marmite pour toi». «Il a dû aller déranger ceux qui se balancent!», dit-elle. «Ce sont eux qui m'ont invité à me balancer. Puis ils m'ont fait bouillir. Ensuite, ils se sont assis autour. Alors j'ai renversé la marmite et c'est ainsi que je les ai tous tués. Puis j'ai emporté la marmite» — «Tu te trouves toujours un exploit à accomplir» — «Ce sont eux qui m'ont attaqué. Je n'ai fait que me défendre. Puis, j'ai rapporté une marmite. Tu n'en as jamais eue» — «Tu es donc allé chez ceux qui se balancent!» — «Ils m'ont invité à me balancer. Je les ai tous tués». Un peu plus tard il entendit des gens casser la glace. Il revint chez lui. Le lendemain il dit: «Ma sœur aînée, j'ai entendu des gens là-bas qui brisaient la glace» — «N'y va pas. Ce sont des anthropophages[149]. Ils chassent d'énormes castors. Quand quelqu'un leur rend visite, ils l'invitent à attraper le castor[150]. C'est alors que ce dernier les entraîne sous la glace. Et quant il est bien noyé, ils le mangent» — «Ne m'en dis pas plus, ma sœur aînée. Tu me remplis d'effroi». Toutefois, un peu plus tard, il se dit: «Je veux aller les trouver, je verrai bien ce que je peux en faire.» Il alla les trouver. Il arriva au lac. «Un étranger nous arrive[151]! Les piquets

---

146. Voir la note 47, page 90.

147. «*tekushiik mateu*: here comes a stranger» (M. Rich) (voir la note 33, page 86).

148. La politesse aurait peut-être exigé qu'il abandonne ses armes.

149. *mitshinnut. mitshu*, il mange quelque chose, et *innut*, forme plurielle de *innu*, être humain, Indien (Mailhot, J. et Lescop, K., *op. cit.*: 49, 135).

150. Voir la note 32, page 86.

151. *mateo tekushiik*, stranger he came (M. Rich).

sont déjà plantés. A toi d'attraper le castor» — «D'accord». Il est prêt. Il
s'assit. Ils firent ce qu'il faut pour que le castor sorte. Il aperçut les
vagues, l'attrapa et le hissa sur la glace. Ensuite il l'assomma d'un coup
de flèche. Il en fit autant d'un second. Il le sortit sans difficulté et l'assomma de la même façon. Puis ce fut un troisième. Il en tua trois. «Ça
me suffit», dit-il. Il en fit un colis qu'il installa sur le dos avant de partir.
Les anthropophages dirent alors: «Mais il s'en va avec nos castors!
Attrapez-le». Deux d'entre eux l'empoignèrent. «Tu pars avec nos castors! C'est que nous aimerions bien les manger» — «Oh! j'étais sous
l'impression que vous vouliez que je les emporte» — «Mais pas du tout»
— «Alors, je me suis trompé. Vous n'avez qu'à les prendre sur mon dos
tandis que je marche. Allez-y. Prenez-les.» Ils vinrent se mettre de chaque côté de lui pour le soulager de sa charge[152]. Il leur saisit alors les bras
et les tordit à la hauteur des coudes. Ne pouvant plus rien contre lui, ils
retournèrent chez eux. Leurs avant-bras étaient tordus. Leurs compagnons dirent alors: «Nous allons y voir!» Ils préparèrent une vengeance.
«Arrange-les pour les faire cuire»[153]. Quand ils furent prêts pour la
cuisson, elle les mit à bouillir. Après quoi, étant sortie de la tente, elle
entendit plusieurs personnes arriver en criant. «Qui sont ceux-là? Tu as
dû faire encore quelque bêtise! Serais-tu aller déranger les anthropophages qui s'occupent du castor?» — «Ils m'ont invité à en attraper. Alors je
croyais qu'ils me laisseraient les emporter» — «Ils vont sûrement nous
tuer», dit-elle. «Je ne connaissais pas leur façon d'agir. J'ai pensé qu'ils
me laissaient ces castors». La clameur des assaillants se faisait de plus en
plus forte. «Ma sœur aînée, passe-moi tes coquillages». Elle les lui
donna aussitôt. Il en lança un dans l'entrée de la tente, puis un autre vers
le fond. La tente se transforma en pierre, à l'exception d'une ouverture
d'où pouvait s'échapper la fumée. Dehors les gens frappaient contre la
pierre. «Ma sœur aînée, dit *Tshakapesh*, surveille bien les castors pour
qu'ils ne soient pas trop cuits». Il parlait volontairement assez fort pour
qu'on puisse l'entendre de l'extérieur[154]. Voyant qu'ils ne pouvaient rien
contre lui, les assaillants dirent: «Laissons tomber. Nous l'aurons bien
une autre fois. Sa tente ne sera pas toujours ainsi. Un jour qu'il ne sera
pas là, nous viendrons lui ravir sa sœur». Un jour que *Tshakapesh* était
absent, ils vinrent. Les femmes étaient seules. Ils prirent sa sœur aînée,
mais ne s'occupèrent pas de ses épouses. *Tshakapesh* revint chez lui. «Ma

152. Geste quotidien: deux personnes soulèvent la charge d'une troisième pour l'aider à
la mettre à terre.
153. Le narrateur passe subitement du campement des anthropophages à la tente du
héros, où ce dernier demande à sa sœur de cuire les castors rapportés.
154. Le héros fait tout pour narguer ses adversaires.

soeur aînée!», lança-t-il. C'était son habitude, quand il approchait de la tente, de l'appeler ainsi. Mais cette fois-là, il n'eut pas de réponse. «Où est donc ma soeur aînée?», demanda-t-il. Elles répondirent que les gens l'avaient emmenée. «Dans quelle direction sont-ils partis?» — «La dernière fois que nous avons pu les voir, ils allaient vers la mer. Ils l'ont mise dans un bateau et l'ont emportée» — «Très bien, je vais aller la chercher». Il se mit alors à courir sur l'eau à la façon d'un patineur sur la glace[155]. «Voici venir *Tshakapesh*, dirent-ils. Laissons-le faire». Dans la longue tente[156], et même un peu autour, ils plantèrent des bâtons dont les deux extrémités avaient été aiguisées. Il alla jusqu'à la tente pour voir si elle y était[157]. Il n'y a vraiment rien pour l'effrayer. Sa soeur se trouvait au fond de la tente. «Viens», lui dit-il. «Elle n'ira pas ainsi d'elle-même, viens plutôt la chercher» — «D'accord». Il entra. Juste comme il arrivait près d'elle, ils l'empoignèrent. Ils se battirent. Il les prit un à un les lança sur les bâtons qu'ils avaient plantés là à son intention. «Il va tous nous tuer. Redonnons-lui sa soeur aînée. Tant pis. Laissez-le aller.» Il partit donc avec sa soeur aînée. «Ils ont voulu me faire du tort, lui dit-il, mais ils ne peuvent m'empêcher de reprendre ma soeur aînée. Tu marcheras exactement comme je le fais» — «D'accord», dit-elle. Il partit en courant à la manière d'un patineur. C'est ainsi qu'ils voyagèrent sur l'eau. Et pendant qu'ils allaient de cette façon, voici qu'elle se mit à accoucher. «Laisse-les là, dit-il. Si nous les gardions, il finirait par y avoir trop d'humains.» Il assomma les bébés à coups de flèche. Elle en mit ainsi plusieurs au monde. Il ramena sa soeur aînée. Quelque temps plus tard, elle lui dit: «Ne perd jamais ta flèche dans l'eau. Il y a là un mauvais poisson. Il est énorme et il t'avalera. N'envoie donc jamais ta flèche à l'eau». Un jour qu'il se promenait près du rivage, il visa un écureuil et sa

155. «*pimpatau shuun shuun naskuateishuu*: he runs (onomatopée) he skates» (M. Rich).

156. «*shaputuan*: the long tent» (M. Rich). «*shaputuan*: tente à deux portes» (Mailhot, J. et Lescop, K., *op. cit.*: 267). «*shaputuan*: tente à deux portes» (La Romaine, *op. cit.*: 301). «*ni chab8ta8an*: je suis dans la longue cabane à deux portes» (Silvy, A., *op. cit.*: 24). De *shaputue*: tout droit, directement (Mailhot, J. et Lescop, K., *op. cit.*: 267; La Romaine, *op. cit.*: 301). *cabətowa'n*: «the terme denotes a dwelling which one 'passes through' in enteaing and leaving, not doing so by the same dorway. That is made by combining several fires; the covering is supported by a rodge pole stretched between the ordinary round-tend frameworks» (Speck, F.G., 1935: 200, note 20). «The feast of game, no matter what kind, is called *cabatowa'n* ('passage lodge', refering to the two opposite doors) and the ceremony of feast and dance *maguca'n* (Naskapi), *makʷca'n* (Montagnais)» (*Ibid.*: 103). Au sujet des Cris des Plaines, Mandelbaum avait observé «A house form used only for certain dances […] the *sapohtowa·n*, which may be literally translated as 'going right through tipi', i.e. long tipi» (Mandelbaum, D.G., 1940: 212).

157. Sa soeur.

flèche tomba à l'eau. Il se souvint alors de ce que sa sœur lui avait dit. Il n'a aucune embarcation. Aussi monte-t-il sur son arc[158]. «Ma sœur aînée m'a prévenue», pensait-il. Il atteignit sa flèche. Le poisson alla vers lui, ouvrit la bouche et tenta de le mordre. Il fonça sur le poisson en disant: «Ne me mords pas. Avale-moi plutôt tout rond». C'est ce que fit le poisson. Il se mit donc à voyager *à bord* du poisson, tandis que sa sœur aînée le croyait perdu. «Je fais le vœu que ma sœur aînée se mette en tête d'aller à la pêche», pensa-t-il. Soudain, elle lança son hameçon à l'eau et fixa l'autre extrémité de la ligne à un arbre. «Va donc en eau peu profonde», dit-il au poisson. Ce dernier se mit donc à longer le rivage. *Tshakapesh* aperçut tout à coup quelque chose de brillant. «Voilà de la nourriture, dit-il, attrape-la». C'était l'hameçon de sa sœur aînée. Le poisson y mordit. De l'intérieur, il tira l'hameçon et l'ancra dans l'estomac. Elle se rendit bien compte qu'elle avait pris quelque chose. Elle le sortit de l'eau; c'était un énorme poisson. Elle le traîna sur la berge et l'éventra. «Elle va me couper», pensa-t-il. Il se tapit au fond de l'estomac. Il arrive parfois accidentellement que les femmes brisent l'estomac des poissons en les ouvrant. Elle coupa donc le ventre et il sauta à l'extérieur. «Sa mauvaise haleine m'a imprégné», dit-il. «Tu vois ce qui arrive. Je t'avais pourtant prévenu de ne jamais lancer ta flèche à l'eau» — «C'est que j'avais mal visé. Je suis allé pagayer et le poisson m'a avalé». Une autre fois, sa flèche se prit dans les branches d'un arbre. Il n'arrivait pas à la faire tomber. Il y grimpa. En soufflant sur cette épinette blanche, il la fit s'étirer. Il dormit trois fois avant d'atteindre le soleil[159]. Rendu là, il voulut voir le soleil[160], la lune[161]. Mais quand ce dernier vint à lui, *Tshakapesh* s'endormit et l'astre passa au-dessus de lui. Il ne s'éveilla que lorsqu'il fut rendu loin. Aussi lui était-il impossible de le voir de près. Il revint chez lui. «Ma sœur aînée, j'ai trouvé un endroit où nous pourrions demeurer. Cette terre[162] est magnifique, grandiose. Si tu veux, nous irons là-bas» — «Mais il nous sera impossible d'arriver jusque-là» — «Tu le pourras, j'y suis allé moi-même» — «D'accord». Ses épouses passèrent devant. Puis ce fut sa sœur aînée. Lui, il fermait la marche. Il jeta un coup d'œil sous la robe de celle qui le précédait immédiatement. Impossible de faire autrement, puisqu'il devait bien regarder vers en haut. Elle eut le vertige. Quand ses épouses tombaient, il les attrapait et les soufflait[163]. Ensuite, il recommençait à grimper. Ils dormirent trois fois,

---

158. Il a sans doute réduit sa taille.
159. «*pishimua*, the sun» (M. Rich).
160. *Ibidem*.
161. «*tipiskanipishimua*, the night-sun» (M. Rich).
162. «*asii*, land» (M. Rich) (voir note 50, page 92).
163. Il les réinstallait dans l'arbre en soufflant sur elles.

et finirent par arriver là-haut, là où se trouve le soleil[164]. Il l'atteint, mais ne parvient jamais à l'approcher. Quand il se présente, il tombe endormi. Il passait et lui ne s'éveillait que lorsque l'autre était déjà loin. Une idée lui traversa soudain l'esprit: «Je vais lui tendre un collet[165]». Le sentier de l'astre était bien battu, il y tendit un collet et s'en alla. Peu de temps après, il se mit à faire noir. «Pourquoi fait-il donc aussi noir?», demanda sa sœur aînée. «Oh! mon collet! Je l'ai tendu en vue d'attraper le soleil» — «Alors, va y voir. Il a toujours quelques mauvais coups en tête». Il alla vérifier son collet. C'était bien ça. Il avait attrapé le soleil. *Tshakapesh* ne savait trop quoi faire. Il lui était impossible de s'en approcher, car c'était trop chaud. «Ma sœur aînée, apporte-moi l'écureuil[166]». Il souffla[167] sur la peau de l'écureuil et le lança[168]. Mais l'écureuil se consuma. «Mon hermine[169]», dit-il. Elle lui donna la peau d'hermine. Il la souffla et la lança elle-aussi. Elle se consuma. «Ma sœur aînée, la souris[170], apporte-moi la peau de souris». Ensuite il eut recours à la musaraigne[171]. Sa sœur la lui donna. Il l'arrangea et la lança elle-aussi[172]. La musaraigne ne fit que toucher au filet, puis le soleil[173] se remit à marcher en titubant. Ensuite il se déplaça normalement, sans pour autant aller en ligne droite. «J'ai presque tué le soleil»[174], dit-il à sa sœur aînée. «Ma sœur aînée, imprimons-nous dans le soleil[175]. Quand le ciel sera bleu, les humains pourront nous voir. J'emporterai la marmite. Vous vous tiendrez là où je serai» — «D'accord». Quand le soleil revint, *Tshakapesh* alla le trouver et s'y imprima. «Partout, ils nous verront. Toute la terre[176] nous verra». C'est la fin.

164. «*pishimua*, the sun» (M. Rich).
165. Voir la note 52, page 92.
166. «*utinakutsha*: his squirrel» (M. Rich) (voir la note 91, page 110).
167. Il semble ranimer l'écureuil en soufflant sur sa peau.
168. Il lance l'écureuil sur le collet.
169. «*shikush*: weasel» (M. Rich) (voir la note 95, page 110).
170. «*apukushiish*: the mouse» (M. Rich) (voir la note 55, page 93).
171. «*nituiapukushiish*: sharp nose mouse» (M. Rich) (voir la note 55, page 93).
172. Il souffla sans doute sur elle avant de la lancer sur le collet.
173. «*pishim*: sun» (M. Rich).
174. «*tshekat nepak pishim*: almost I killed the sun» (M. Rich).
175. «*tshemishinaushimuak eku pishim*: let us print ourselves on the sun» (M. Rich). Il existe un ensemble de termes construits à partir du radical *mashina*, que semblent avoir utilisé ces populations pour désigner le phénomène étranger de l'écriture (Mailhot, J. et Lescop, K., *op. cit.*: 105). «*massinag'an*: cela est marqué, peint, écrit» (Silvy, A., *op. cit.*: 68).
176. «*asii*: earth» (M. Rich) (voir note 50, page 92).

VARIANTE 5

Madeleine Lefebvre et Robert Lanari firent l'enregistrement sonore en montagnais à Northwest River durant l'été de 1967. Le narrateur «Joe Rich, né vers 1900, a vécu tantôt à Fort Chimo, tantôt à Davis Inlet et tantôt à North West River. Sa mère a déjà appartenu à une bande de la côte fréquentant la mission de Musquarro, sa grand-mère paternelle à celle de Mingan et son grand-père paternel, dont la mère était esquimaude, a vécu à Fort Chimo.» (Lefebvre, M., op. cit.: 12)[177]. Durant l'été 1967, il était «temporairement descendu à North West River, (et) est retourné depuis à Davis Inlet.» (Ibid.). Joe Rich est le cousin du narrateur de la variante 4. Son neveu, Matthew Rich avait fait une transcription en langue montagnaise, accompagnée d'une traduction juxtalinéaire anglaise. En 1971, utilisant le travail de Rich, Lefebvre a publié une traduction française (Ibid.: 33-43). En me servant de tous ces travaux, j'ai mis au point le texte qui suit.

Un humain[178] alla couper du bois en vue de fabriquer quelque chose[179]. Il était accompagné de son épouse. Il avait laissée sa fille derrière. Katshituask[180] l'entendit couper du bois. Il alla le trouver là où il coupait du bois en vue de fabriquer quelque chose. Il le tua et le dévora Tshakapesh n'était pas encore né[181]. Katshituask dévora l'homme, ensuite la femme. En trouvant quelqu'un dans le corps de cette dernière, il pensa: «Elle est infirme!» Il ne le mangea pas. Il se contenta de lancer Tshakapesh sur un banc de neige. Quant à la fille, son père ne revenait pas. Elle sut qu'ils avaient été tués par Katshituask[182]. Alors elle pensa: «Mon jeune frère était là. Je me demande s'il a été mangé?» Elle partit à sa recherche. Elle trouve l'endroit où son père et sa mère avaient été tués. Elle se mit à le chercher et aperçut quelque chose dans la neige. C'était

---

177. Voir la carte de Speck, page 57.

178. «innu: human» (M. Rich). «innu: être humain. Indien» (Mailhot, J. et Lescop, K., op. cit.: 49). «irini8: homme, nit'irinna8akan ou nit'irini8akan: je suis homme ou femme montagnais» (Silvy, A., op. cit.: 38). «innu: un homme (en général)» (La Romaine, op. cit.: 79).

179. «peshetshet: making frame, making carving» (M. Rich). Plus loin, dans le texte, Rich traduit par carving, making something.

180. Rich traduit ce terme par monster, précisant qu'il s'agit d'un animal ressemblant à l'éléphant. Au moment où il traduisait ce texte à Montréal, Rich se délectait dans la littérature anthropologique explorant les relations entre cet animal légendaire et la présence ancienne de mammouths au Labrador.

181. «eku nee esku nee matau tshakapesh: was not born yet Tshakapesh» (M. Rich). Cette phrase aurait sans doute pu se traduire de la façon suivante: Tshakapesh était encore un étranger (voir la note 33, page 86).

182. Comment l'apprit-elle?

son jeune frère. Il remuait encore. Elle le prit pour le ramener. Elle le sortit de l'utérus et l'emporta chez elle. Elle le déposa dans une petite marmite qu'elle recouvrit. Soudain, après qu'elle en eut ainsi pris soin durant quelque temps, la marmite s'ouvrit. Elle le vit. «Il a déjà grandi», pensa-t-elle. Elle le libéra alors de son contenant. Puis, à plusieurs reprises, elle fit un arc pour son jeune frère. Chaque fois il arrivait à le casser. Alors *Tshakapesh* dit un jour: «Ma sœur aînée, je vais aller tailler du bois pour me fabriquer un arc[183]». Elle lui dit: «Mais comment y arriveras-tu? Tu es si petit» — «Ma sœur aînée, je réussirai» — «Très bien». *Tshakapesh* partit avec sa hache. Il aplanit une épinette rouge[184] toute entière et utilisa des arbres entiers pour ses flèches. Il rapporta ce bois chez lui et l'appuya contre la tente. «Voilà, ma sœur aînée, je vais me fabriquer un arc. Entre donc tout ça». Apercevant le bois pour son arc, elle dit: «C'est énorme et robuste. Comment arriveras-tu à t'en servir? Les morceaux que tu as taillés sont trop gros» — «J'y arriverai bien». Il tailla son arc, le polit et en fit autant pour ses flèches. «Voilà, ma sœur aînée, je vais maintenant aller chasser l'écureuil». Il partit donc à la chasse à l'écureuil. Soudain, une pensée lui traversa l'esprit. «Le couteau croche[185] de ma sœur aînée! Mais de qui sommes-nous donc nés? Je vais retourner le lui demander.» De retour chez lui, il dit: «Ma sœur aînée, où as-tu pris le couteau croche que tu possèdes?» — «Notre père et notre mère furent tués par *Katshituask*. Mais il ne t'a pas mangé. Tu es resté là. Je suis allée à ta recherche et je t'ai sauvé la vie» — «Ma sœur aînée, tais-toi. Tu me fais peur. Tais-toi» — «Ne vas donc pas là» — «Je n'irai pas». Il s'en alla marcher et se mit en tête de le trouver. Il découvrit alors l'endroit où son père avait été tué. Il vit les traces de *Katshituask*. Puis il se mit à chanter: «Je suis en quête de *Katshituask*!» L'ours noir[186] se fit alors dire: «Va le trouver et mets-le en pièces». Il alla le trouver. Voilà l'ours noir qui arrive. *Tshakapesh* est couché. «Es-tu *Katshituask*?» — «Non» — «Alors retourne chez toi. Ce n'est pas toi que je veux voir, c'est *Katshituask*». L'ours noir s'en retourna. *Tshakapesh* se mit à chanter le même refrain. Ce fut alors au tour de l'ours blanc[187] de se faire dire: «Va le trouver et mets-le en pièces». Il partit et arriva auprès de *Tshakapesh*. «Es-tu *Katshituask*?» — «Non, on m'appelle l'ours blanc»

---

183. «*kapashatshapashun*: I will cut a bow for myself» (M. Rich). «*atshapi*: arc, ressort» (Mailhot, J. et Lescop, K., *op. cit.*: 41).

184. «*uatshinanitukua*: juniper» (M. Rich). Rich rend généralement ce vocable indien par *tamarac*. Ici, exceptionnellement, il le traduit par juniper (genévrier).

185. «*mukutakan*: crooked knife» (M. Rich) (voir la note 197, page 148).

186. Voir la note 3, page 81.

187. Voir la note 17, page 83.

— «Alors retourne d'où tu viens. C'est *Katshituask* que je veux voir».
L'ours blanc retourna chez lui. *Tshakapesh* chanta alors plus fort
encore. Ce fut au tour de l'ours gris[188] de se faire dire: «Va le trouver et
réduis-le en pièces». Il partit et *Tshakapesh* le vit venir. Il paraissait
effrayant, mais *Tshakapesh* n'en avait aucunement peur. L'ours vint
jusqu'à lui. *Tshakapesh* lui demanda: «Es-tu *Katshituask*?» — «Non» —
«Alors retourne. C'est *Katshituask* dont je suis en quête». L'ours revint
chez lui et *Katshituask* l'interrogea: «Est-il vraiment gros?» — «Non, il
est très petit. Il est couché dans la trace d'une de tes pattes» — «Alors,
s'il tient vraiment à rencontrer *Katshituask*, voyons ce qu'on peut faire
pour lui». Il se dressa sur ses pattes et la terre[189] trembla. «C'est lui!», se
dit *Tshakapesh* quant l'autre se leva[190]. Il alla le trouver. *Tshakapesh*
chantait encore et de plus en plus fort. Il sortit de la forêt et *Tshakapesh*
se fit silencieux. En chantant, il avait fait le vœu que l'autre ne le morde
pas, mais qu'il le lance çà et là au moyen de son museau. Il avait enterré
ses flèches. «Puisse-t-il me pousser de ce côté», avait-il pensé. *Katshituask* vint vers lui. D'un coup de museau il le repoussa justement vers
l'endroit où il avait enterré ses flèches. «Il est figé [de peur] celui qui
voulait tant voir *Katshituask*!», dit ce dernier[191]. Il s'approcha encore de
lui et le lança une seconde fois. *Tshakapesh* se dressa alors et demanda:
«Lequel des deux est figé [de peur]?» Tout en parlant, il grandissait[192].
«Quelle est la résistance de celui qui a tué mon père». *Katshituask* lui
montra un arbre. *Tshakapesh* y décocha une flèche et le réduisit en pièces. «Il n'est donc pas si résistant!», dit-il. Il y avait là un rocher. *Katshituask* le lui indiqua du doigt. Il le réduisit lui aussi en pièces. *Katshituask*
commença alors à avoir peur. Il voulut s'enfuir, mais *Tshakapesh* lui tira
une flèche dans chaque hanche. «D'accord, dit *Katshituask*, tu m'as
vraiment tué. Découpe-moi en morceaux que tu lanceras çà et là. Tu
peux garder mes oreilles et ma tête.» «Entendu», dit *Tshakapesh*. Il
l'acheva et le tailla en pièces qu'il lança çà et là. Certains morceaux se
mirent à courir, d'autres à voler. Il garda la tête pour la rapporter chez
lui, ainsi que les oreilles. «Je m'en servirai comme matelas», dit-il. Il
ouvrit l'estomac et y trouva les cheveux de son père et de sa mère. Il souffla sur eux et ils se mirent à bouger. «Je pourrais faire revivre mon père et
ma mère. L'être humain serait alors immortel. On serait trop nombreux
sur la terre[193] et il y aurait des chicanes. Je ne les ramènerai donc pas à la

---

188. «*apa'shuu*, grizzly» (M. Rich) (voir page 116).
189. «*asii*: earth» (M. Rich) (voir la note 50, page 92).
190. *Tshakapesh* l'identifia par le vacarme qu'il fit en se levant.
191. *Tshakapesh* fait le mort.
192. *Tshakapesh* semble avoir le pouvoir de modifier sa taille.
193. *utasiiau*: on the land (M. Rich) (voir la note 50, page 92).

vie», pensa-t-il. Ainsi ne fit-il pas revivre son père et sa mère. Il revint chez lui. Elle avait entendu chanter son frère. C'est pour ça qu'elle pleurait[194]. «Il a sûrement été tué», pensait-elle. «Ma soeur aînée...», dit-il. Elle pleurait toujours. «...fais-moi un matelas». Et il ajouta: «Ma soeur aînée, j'ai entendu des gens là-bas. Qui sont-ils donc? Je les ai entendus briser la glace» — «Mon jeune frère, ne va pas les trouver. Ils sont dangereux» — «Entendu, je n'irai pas les trouver», dit-il. Mais il partit en direction de l'endroit où il les avait entendu. «Voilà un étranger qui arrive[195], dirent-ils. Laissons-le attraper le castor[196]». «Il sera entraîné sous l'eau», pensaient-ils. Il était très petit[197]. Il alla vers eux. «D'accord», dit-il. Il s'installa et en sortit quelques-uns de l'eau. Il les assomma. Il les tua tous[198], les attacha et se les mit sur le dos. Puis il commença à s'éloigner. «Il part avec nos castors, dirent-ils. Attrapez-le et enlevez-les lui». Deux d'entre eux le rejoignirent. «Rends-nous nos castors» — «Mais je croyais que vous me les donniez puisque vous me les aviez laissé attraper» — «Rends-les nous» — «Mais prenez-les donc vous-mêmes». Ils tentèrent de l'en décharger mais il leur tordit les bras. Puis il poursuivit son chemin. Un peu plus tard, alors qu'ils[199] étaient assis chez eux, ils entendirent des cris. Ils étaient très nombreux à crier ainsi. Sa soeur aînée lui dit: «Tu dois leur avoir volé leurs castors» — «Comme ils me les avaient laissé attraper, je croyais qu'ils me les avaient donnés». Quand ils furent rendus tout près, *Tshakapesh* dit: «N'aurais-tu pas des coquillages?» — «J'en ai» — «Donne-les moi». Il en lança à l'entrée de la tente ainsi que vers l'arrière. La tente se transforma aussitôt en pierre. Ils arrivèrent et s'efforcèrent de la briser. Mais en vain. «Laissons tomber«, dirent-ils. De l'intérieur, *Tshakapesh* s'efforçait de parler haut pour qu'ils puissent l'entendre. «Ma soeur aînée, disait-il, surveille bien les castors pour qu'ils ne cuisent pas trop». Il se réjouissait de les savoir incapables de détruire sa demeure. Ils laissèrent tomber. «Ta demeure ne sera pas toujours ainsi», dirent-ils. Ils s'en allèrent et la tente redevint comme avant. Un autre jour, il dit: «Ma soeur aînée, j'ai entendu des gens se balancer[200]» — «Mon jeune frère, ne va jamais chez eux. Ils invitent les gens à se balancer. Sur leur feu il y a une marmite pleine d'eau. C'est parfois dans cette dernière que se retrouve celui qui se balance. Et pendant qu'il bout, ils en lèchent la graisse» — «Ma soeur

---

194. Elle l'avait entendu appeler *Katshituask*.
195. *mateu*, a visitor (M. Rich) (voir la note 33, page 86).
196. Voir la note 32, page 86.
197. Pour donner confiance à ses adversaires, il a probablement réduit sa taille.
198. Il vida la cabane de castors.
199. *Tshakapesh* et sa soeur.
200. Voir la note 46, page 90.

aînée, tu me remplis d'effroi. Tais-toi» — «Ne va pas les trouver» — «Je n'irai pas, j'irai seulement chasser l'écureuil». Il s'en alla, mais c'est en fait vers ces gens-là qu'il se dirigea[201]. «Un étranger[202] arrive. Qu'il se balance donc», dirent-ils. Il monta sur la balançoire. Il avait avec lui sa graisse à oindre[203]. «Quand la graisse commencera à fondre, asseyez-vous très près de la marmite et léchez la graisse en y trempant les doigts», leur dit-il. «D'accord», répondirent-ils. «Je prendrai une de mes flèches avec moi». Il se balançait tout en ayant conservé une raquette fixée à un pied. Quand il eut acquis une bonne vitesse, ils coupèrent la corde. *Tshakapesh* se laissa intentionnellement tomber dans la marmite. «Attention, surveillez bien l'apparition de la graisse», dirent-ils. Au bout d'un moment, il se mit à bouillir. Ils approchèrent pour l'examiner. «Voilà, ses yeux sont exorbités à force de bouillir», dirent-ils. Il y avait de la graisse. Sa graisse à oindre. «Allons-y, léchons-le!» Ils commencèrent à le lécher. Ils se tenaient assis, les jambes écartées. Soudain il se mit à remuer la marmite et les ébouillanta. Il les assoma. «Voilà pour avoir voulu me faire souffrir à ce point. Voilà pour ce que vous m'avez fait». Puis il revint chez lui avec la marmite. En arrivant, il dit: «Ma soeur aînée, voici une marmite dont nous nous servirons. Je les ai tués» — «Qu'a-t-il encore fait celui-là? Je t'avais dit de ne pas y aller» — «Je les ai tués». Le lendemain matin il alla marcher. Il entendit des gens gratter des peaux[204]. «Ma soeur aînée, j'ai entendu des gens gratter des peaux» — «Mon jeune frère, ne va pas de ce côté. Leur mère est dangereuse. C'est une cannibale[205]. Leur mère est une *memintueu*[206]. Ses filles ne sont

201. Pour tromper sa soeur, il feint d'aller chasser l'écureuil.

202. «*mateu*: a visitor» (M. Rich) (voir la note 33, page 86).

203. «*tumikuannu*: face-oil grease» (M. Rich). «*tūmikueneu*: il lui graisse, huile le visage» (Mailhot, J. et Lescop, K., *op. cit.*: 322). «*t8mik8an*: graisse à s'oindre» (Silvy, A., *op. cit.*: 159). Cette graisse était sans doute contenue dans un petit sac (voir la note 47, page 91).

204. Voir la note 35, page 87.

205. «*atshena nenua*, giant she is» (M. Rich) (voir la note 86, page 185).

206. *mimitueskueua*. Non traduit par M. Rich, ce terme sert ici à désigner la femme cannibale; «*iskueu* femme, femme mariée, femelle» (Mailhot, J. et Lescop, K., *op. cit.*: 54). Quant à *menintueu*, c'est un type de personnage fréquent dans la littérature orale montagnaise: «*memiteu* un personnage de la légende, *memiteu nantam nipaiuepan minauanu utei itakanu*, on dit que memiteu tuait et que son coeur était couvert de poils» (La Romaine, *op. cit.*: 147). «Selon Hind (1863, vol. 2: 13) il s'agirait de la femme du Manitou 'Esprit du mal'. Elle manifesterait par l'intermédiaire de ce dernier, la haine qu'elle porte à l'humanité. [...] On se la représentait couverte de *vêtements fait des cheveux* des hommes et des femmes dont elle avait causé la mort [...]. Au Lac St-Jean, (Speck, F.G., 1935a: 74-74), Mamilteheo signifierait 'celui qui a le coeur poilu' et Mamehidehesiou qu'on retrouve dans une légende des Têtes-de-Boule (Manouan) est semblablement rendu par 'coeurs pleins de poils' [...] (Dubé, D., 1933: 19)» (Lefebvre, M., 1971: 122-123).

pas cannibales». Il s'en alla dans leur direction. «Elles grattent les peaux», lui avait-il dit. Elles l'invitèrent en riant à s'approcher d'elles. Tout en continuant à gratter les peaux, elles le taquinaient. «Ne t'approche pas de notre mère, lui dirent-elles, sinon elle te tuera» — «Entendu, je n'irai pas à elle». Elles continuèrent à le taquiner, les filles. Soudain la cannibale dit: «Mes filles, êtes-vous en train de vous amuser avec celui que je ferai rôtir?» — «Pas du tout, c'est seulement à cause des geais courant après les poils qui s'envolent au vent[207]». Elle écarta la porte de la tente au moyen d'un bâton et vit qu'il y avait là un homme assis. «Mes filles, serait-ce un mâle[208] qui vous rend visite? Faites-le donc entrer». Les filles avertissent alors *Tshakapesh*: «Ne mange pas ce qu'elle t'offrira. C'est une cannibale. Tu ne mangeras que ce que nous te donnerons». Il entra et s'assit avec une des filles. Il en avait déjà deux. «Voilà!», dit la cannibale. Puis elle se mit à découper sa graisse. «Mes filles, dit-elle, il doit manger ma graisse». Cette dernière fut déposée à terre[209]; bientôt elle commença à fondre[210]. La mère y trempa les doigts et les lécha. Personne n'en voulait. Alors elle se fâcha et la retira. «Mes filles, dit-elle, faites-le sortir, je vais me mesurer à lui». Elles ne voulaient pas qu'il y aille. «N'y va pas. Elle te tuera sûrement. Elle va se servir d'un bâton à rôtir pour t'empaler. Il est là dehors» — «Je vais aller voir ce qu'elle me fera». Il sortit. Elle l'attrapa et tenta de le soulever de terre. «Mes filles, est-il bien grand?» Au moment où elle le soulevait, il se tint debout et elle n'arriva même pas à le faire bouger. A nouveau, elle tenta de le soulever de terre. «Mes filles, ce sera très gras![211]», dit-elle. Elle ne pouvait même pas le bouger. *Tshakapesh* dit alors: «Votre mère vous manquerait-elle si je la tuais?» Elles se ruèrent sur elle et la frappèrent aux mollets. «Elle ne nous manquera pas», dirent-elles. «Mes filles, cessez donc de me faire ça, vous allez finir par me faire tomber». Il saisit alors sa belle-mère et lui enfonça son bâton à rôtir dans l'anus. «Voilà, dit-il, allons chez moi, ma sœur aînée est toujours seule; je suis si souvent parti». Il les ramena chez lui. «Ma sœur aînée, je t'ai ramené des compagnes pour vivre avec toi» — «Très bien». Et alors elles vécurent là. Plus tard, elle lui dit: «Mon jeune frère, ne lance jamais ta flèche dans l'eau. Il y a là un gros poisson et il t'avalerait» — «Très bien, tu me remplis d'effroi». Mais il tira intentionnellement une flèche à l'eau. Puis il pagaya vers elle en chantant: «Gros poisson, je le fais[212]». Il fut avalé. Le voilà donc dans l'estomac du pois-

207. *uiskitshanet ent nutshikamut nuaa upiuia*, jays they are after the hairs (M. Rich).
208. «*napeuan*, is it a man?» (M. Rich), de *napeu*, homme marié, mâle (voir pages 138-139).
209. La graisse est servie; on mange toujours à terre.
210. Car personne n'en prend.
211. Puisqu'il est si lourd.
212. Est-ce une façon de narguer le poisson?

son. Il se mit à réfléchir: «Puisse ma sœur aînée installer une ligne dormante!» Alors la femme mit son hameçon à l'eau; son jeune frère ne revenait pas[213]. *Tshakapesh* pensa: «Elle irait pêcher». Et elle alla pêcher. «Et si le poisson cassait la ligne!», pensa-t-il. Elle retira sa ligne et, réellement, elle en avait attrapé un[214]. Elle le hissa sur le rivage. «Je vais l'ouvrir», dit-elle à ses compagnes. Elle se mit en frais de le couper. En touchant à l'estomac, elle comprit qu'il y avait quelque chose à l'intérieur. «S'il fallait qu'elle me coupe!», pensa *Tshakapesh*. Elle ouvrit l'estomac et il en jaillit. Il m'a imprégné de sa mauvaise haleine[215], dit-il. «Voyez ce qu'il a fait! Je t'avais pourtant prévenu de ne pas tirer de flèche [à l'eau]» — «Je l'ai fait». Ils vécurent là un moment. «Mon jeune frère, ne fais jamais en sorte qu'une de tes flèches reste accrochée dans un arbre» — «Entendu». Mais il tira intentionnellement une flèche dans un arbre. Elle y resta prise. Il grimpa et fit croître l'arbre en soufflant dessus. Soudain il se retrouva là-haut dans le ciel[216]. Il s'y promena. Il y avait là de très nombreuses pistes d'écureuils. *Tshakapesh* ne chasse que l'écureuil. «Je vais retourner chez moi, se dit-il. Nous allons venir demeurer ici». Il revint chez lui. En descendant, il construisit trois nids. «Autant qu'ils en auront besoin pour dormir», pensa-t-il. Quant à sa sœur aînée, des gens vinrent l'enlever en canot. «Il serait vraiment fâché si nous prenions aussi son épouse[217]. N'amenons que sa sœur aînée», se dirent-ils. Ils partirent avec sa sœur aînée. Quand *Tshakapesh* arriva chez lui, sa sœur aînée n'y était plus. «Qu'est-il arrivé à ma sœur aînée?» — «Des gens l'ont enlevée. Ils étaient en canot. Ils étaient très nombreux. Ils l'ont enlevée», lui dirent-elles[218]. «Dans quelle direction ont-ils pagayé?» Elles lui indiquèrent la direction prise par les canots. Ils se mit à leur poursuite en courant sur l'eau. Il finit par les rejoindre là où ils avaient conduit sa sœur aînée. «Allons-y, dirent-ils, tuons-le». Ils se mirent en frais de vouloir le tuer. Mais il les projeta dans toutes les directions, et avec une telle violence qu'ils furent tués sur le coup. «Il va tous nous tuer, se dirent les survivants. Laissons-le aller. Remettons-lui sa sœur aînée.» Ils la lui remirent et il s'en alla avec elle. Elle donna naissance à des bébés, qu'il assomma

---

213. C'est la raison pour laquelle elle pêchait.

214. Le narrateur se met dans la peau de la fille toute contente de trouver un poisson au bout de sa ligne.

215. «*uisha nuitsheketeiamuk*, he put a bad breath on me» (M. Rich).

216. «*tshishikunu*: in the sky» (M. Rich). «*tshishikau*: la journée» (La Romaine, *op. cit.*:367). «*tshīshik*u: jour, journée, temps» (Mailhot, J. et Lescop, K., *op. cit.*: 343). «*tshiskut*: le jour, un jour» (La Romaine, *op. cit.*: 367). «*tshīshikāu*: il fait jour, c'est le jour» (Mailhot, J. et Lescop, K., *op. cit.*: 343).

217. Une de ses épouses ou les deux.

218. Ses épouses.

aussitôt. Ainsi la ramena-t-elle chez lui. Après quoi il lui dit: «J'ai trouvé un territoire[219] là-bas. C'est très beau. Nous irons. J'y ai vu les traces de quelqu'un; elles étaient très battues» — «Ça va». Monte la première, dit-il à son épouse, ma soeur aînée grimpera juste devant moi. Je viendrai en dernier.» Il leva les yeux vers sa soeur aînée et aperçut ses poils pubiens. Après avoir dormi trois fois, ils arrivèrent au ciel[220]. Rendu là-haut, il alla se promener. «C'est là qu'ils vivent», dit-il[221]. En marchant, il aperçut des traces. Elles étaient bien battues. Il se mit aux aguets. «Je vais tenter de le voir», se dit-il. Au bout d'un moment, on s'approcha de *Tshaka-pesh* mais ce dernier ne put s'empêcher de sombrer dans le sommeil. C'est le soleil[222] qui le vit[223]. Quoi! un être humain sur sa route! «Je ne vais pas l'enjamber, ça pourrait le tuer». Il en fit le tour, non sans brûler sa veste. *Tshakapesh* s'éveilla, mais l'autre s'était déjà éloigné. «Il m'a brûlé!» Il retourna chez lui. «Je vais l'attraper au collet[224]», se dit-il. «Ma soeur aînée, il m'a contourné et brûlé ma veste. Je n'ai pu le voir» — «Que pourrais-je lui faire?», avait-il pensé. «Ma soeur aînée, je vais le prendre au collet. Aurais-tu un *ashustuk*?[225]». Elle lui donna un tendon. «Ce n'est pas un *ashustuk*!», dit-il. Elle lui tendit une ficelle. «Je ne veux rien d'autre qu'un *ashustuk*!» Elle lui donna un de ses poils pubiens[226]. «C'est ça, dit-il, voilà ce dont je me servirai». Alors il se mit à le travailler. Il le passa entre ses lèvres[227] et le poil s'étira. «Je vais l'emporter, dit-il, et tendre un collet». Il posa son collet et revint. Soudain, tandis qu'ils étaient assis, il se mit à faire noir. Il faisait très noir. «Oh! ma soeur aînée, mon collet!» Il alla vérifier son collet. Le soleil[228] y était pris et se débattait. Incapable d'y faire quoique ce soit, il courut chez lui. «Ma soeur aînée, je suis en train de détruire quelqu'un. Donne-moi mon sac». Elle le lui donna. Il lança un écureuil[229] et il brûla. Ensuite une hermine[230]; elle brûla aussi. Il lança ensuite une musaraigne[231], elle coupa

219. «*asii*: a land» (M. Rich) (voir la note 50, page 92).
220. «*tshishi-kun'nu*: in the sky» (M. Rich) (voir la note 216, page 210).
221. Les responsables des traces qu'il a observées.
222. «*pishimu*: the sun» (M. Rich) (voir pages 118-122).
223. *Tshakapesh* voulait le voir, mais c'est le soleil qui le vit d'abord.
224. Voir la note 52, page 92.
225. *ashustuk*: non traduit par M. Rich (voir la note 226 ci-dessous).
226. «*uminatshu ashunu peiku*: of her hairs one» (M. Rich).
227. Commentaire du traducteur: «Comme on fait on mouillant un fil qu'on veut passer dans le trou d'une aiguille».
228. «*pishimu*, the sun» (M. Rich) (voir pages 118-122).
229. «*anasikutshash*, squirrel» (M. Rich) (voir la note 91, page 110).
230. «*shikush*, weasel» (M. Rich) (voir la note 95, page 110).
231. «*tshinistuiapukushish*, shrew», (voir la note 55, page 93).

le collet. Le soleil[232] fut libéré, mais il se déplaçait en zigzaguant. «Pourrions-nous vivre avec toi?», lui demanda *Tshakapesh*. Le soleil[233] répondit: «Mais je vous brûlerais tous» — «Tu ne nous brûleras pas» — «Alors ça va. Venez vivre avec moi». Il alla chercher sa soeur aînée et son épouse[234]. «Ma soeur aînée, allons-y. Ils nous verront. Celui qui est encore à naître, quant il ira cueillir les baies, il nous verra. Vous vous assoierez dans la marmite, et moi je resterai à l'extérieur. «Voilà *Tshakapesh*», diront-ils de temps à autre. Et c'est bien ce que nous apercevons la lune[235]. C'est la fin.

VARIANTE 6

Cette variante fut recueillie par Benoit Noël de Tilly à La Romaine, en 1967, auprès d'une personne non identifiée. «Nous ne disposons, pour cette variante que d'un texte écrit en français.» (Lefebvre, M., *op. cit.*: 13). Je reproduis ici le texte publié par Lefebvre en 1971 (*Ibid.*: 70-78).

Un jour, un jeune couple eut un petit garçon qu'ils appelèrent *Tshaka-pesh*. *Tshakapesh* avait une soeur. Après un hiver, l'homme et la femme se promenèrent dans le bois. Ils virent du haut d'un morne une forêt de bouleaux. L'homme proposa à la femme de s'y rendre. Ils s'y rendirent et n'en revinrent jamais. Seule leur fille savait où ils s'étaient rendus. Elle partit donc à leur recherche. La seule chose qui restait de ses parents était une sorte de couteau. Elle le garda en souvenir. Douze hivers après, *Tshakapesh* demanda à sa soeur: «Où sont mes parents?» Elle lui répondit qu'ils s'étaient fait dévorer par un *Kakatshwa*[236]. *Tshakapesh* dit à sa soeur: «J'ai rêvé cette nuit; je m'amusais près de la tente à tirer de l'arc. Je manquai l'arbre et ma flèche tomba dans l'eau». Le même jour, en jouant avec son arc, la flèche partit, manqua son but et s'enfonça en plein milieu du lac. Quand il vit sa flèche disparaître, il alla chercher le

232. «*pishum*, the sun» (M. Rich) (voir pages 118-122).
233. *Ibidem.*
234. Il n'est vraiment plus question de la seconde épouse.
235. «*tapaskanipishum*, night sun» (M. Rich) (voir pages 118-122).
236. «Ours plus gros qu'un grizzly, au dire du conteur.» (Lefebvre, M., *op. cit.*: 70, note 1).

couteau-souvenir de sa sœur. Il le plaça sous son bras et partit à la nage à la recherche de sa flèche. Au milieu du lac, un gros poisson l'attaqua. *Tshakapesh* demanda au couteau magique de son père[237] de le rendre tout petit. Le poisson passa sans le voir. Il enfourcha sa flèche et s'en servit comme embarcation pour rejoindre le rivage. Arrivé proche de la grève, il versa et fut avalé par une truite. Sa sœur le cherchait partout. Ne le trouvant pas, elle pensa au rêve que *Tshakapesh* lui avait raconté. Elle se mit à pêcher. Lorsqu'elle attrapait un poisson, elle le nettoyait dans l'espoir de retrouver son frère. Un jour qu'elle nettoyait un poisson, elle entendit: «Hé, ma sœur, tu vas me couper le ventre!» Sa sœur le sortit du ventre du poisson, prit le couteau et demanda au couteau de rendre à son frère sa taille normale. Ainsi fut fait. *Tshakapesh* jura que dorénavant il écouterait tout ce que sa sœur lui dirait de son vivant, en échange de sa vie sauvée. Ils vécurent ainsi, *Tshakapesh* soumis à sa sœur. Un jour, il se rendit compte que dans cette situation il n'aboutissait à rien. Il demanda à sa sœur de le surveiller durant ses randonnées. Il vit les traces d'un ours et se souvint de son père. Il retourna à la tente et demanda conseil à sa sœur. Sa sœur lui conseilla de ne jamais suivre de telles traces car c'étaient celle de l'ours qui avait dévoré leurs parents. Elle lui raconta comment tout s'était passé. *Tshakapesh*, pris de peur, la supplia d'arrêter son récit. Toute la nuit, il y réfléchit. Le lendemain, il dit à sa sœur: «Regarde où je vais». Il partit d'un côté et quand il fut hors de vue, il contourna le campement et se mit à suivre les traces de l'ours. Tout en marchant, il chantait: «J'aimerais rencontrer l'ours, mais je ne sais où le chercher». Sa voix était transmise par l'écho des montagnes. L'ours l'entendit et se demanda: «Qui est-ce qui vient à ma recherche sans me redouter?» L'ours envoya le plus petit de ses frères, l'écureuil, à la rencontre de *Tshakapesh*. Tous les animaux que *Tshakapesh* rencontrait lui déconseillaient de poursuivre l'ours. Il leur répondit: «Arrêtez-moi si vous voulez, mais je vous tuerai comme je vais tuer votre chef». Les animaux essayaient de le retenir en lui racontant des histoires... Les animaux ne voulaient pas prendre son parti. C'est depuis ce temps que les animaux sont sans la protection de l'homme car *Tshakapesh* les envoya en leur disant de se débrouiller seuls. D'où les animaux sauvages. Certains animaux, cheval, mouton, etc. avaient pris son parti. C'est depuis ce temps qu'il existe des animaux domestiques. Beaucoup plus tard, car les journées n'avaient pas de nuit, il rencontra l'ours qui ne faisait partie ni des animaux domestiques ni des animaux sauvages. *Tshakapesh* entendit l'ours s'approcher. Celui-ci avait été averti par un renard blanc que l'ennemi n'était qu'un jeune garçon, c'est pourquoi il s'approchait sans

---

237. Il doit s'agir d'un couteau croche (voir la note 197, page 148).

crainte. *Tshakapesh* se rapetissa avec son couteau magique à la grandeur
d'un enfant de six ans. Il cacha aussi son arc sous les feuilles mortes. Il
simulait la crainte. Quand l'ours le vit, il se dit: «Pauvre jeune, il chantait et maintenant il n'a plus sa connaissance. Ce doit être juste le bruit de
mes pas qui a produit cet effet». *Tshakapesh* l'entendit. L'ours essaya de
le réveiller en lui léchant la figure. Il se dit: «S'il me voit, il aura encore
beaucoup plus peur.» Tout en le léchant, il faisait rouler *Tshakapesh* vers
son arc dissimulé sous les feuilles mortes. *Tshakapesh* espérant que l'ours
le lécherait assez fort pour le rouler jusqu'à son arc. Parvenu à son arc, il
reprit sa forme normale grâce à son couteau magique, s'empara de son
arc et pointa sa flèche vers l'ours. Le tout se fit à une telle vitesse que
l'ours avait encore la langue pendue et se voyait la cible de *Tshakapesh*.
L'ours lui demanda: «Pourquoi me tuer sans t'informer auparavant si
c'est bien moi que tu recherches? Discutons d'abord. Même si c'était
moi, avec ta pauvre flèche, tu ne pourrais jamais me tuer, j'ai tellement
la peau dure, aussi dure qu'un pin». Au même moment, il désignait un
pin non loin de là. *Tshakapesh* visa le pin. L'arbre éclata sous la puissance de la flèche. L'ours prit peur: «Je suis aussi dur que cette falaise
rocheuse». *Tshakapesh* visa et la roche éclata. L'ours voyant ceci, partit
en courant. *Tshakapesh* visa l'ours de telle façon qu'il lui paralysa les
pattes de derrière. Il dit alors: «Des ours de cette espèce, il n'y en aura
jamais plus». L'ours avoua qu'il avait dévoré les parents de *Tshakapesh*
et supplia celui-ci de l'achever car il souffrait trop. *Tshakapesh* l'acheva.
Il chercha dans les tripes de l'ours s'il n'y restait pas quelque chose ayant
appartenu à son père. Il y trouva seulement les cheveux de son père et
ceux de sa mère. Il souffla dessus et fit des incantations. *Tshakapesh*
voulait ramener ses parents à la vie. Les cheveux commencèrent à bouger. Mais après un temps, *Tshakapesh* épuisé de souffler s'arrêta et dit:
«Si je fais cela, mes descendants le feront aussi pour leurs parents et nous
ne mourrons jamais.» Il lança donc les deux touffes de cheveux dans les
arbres. D'où l'origine des cheveux qui pendent des arbres dans les forêts
à la basse Côte-Nord[238]. Il retourna au campement. Il en parla à sa sœur:
«J'ai vengé nos parents, aujourd'hui j'ai tué l'ours». Sa sœur lui répondit: «Ne te venge pas, car nos descendants auront la haine dans le sang».
Mais il était trop tard; c'est depuis ce jour qu'il y a des guerres. Un autre
jour, *Tshakapesh* partit en promenade. Il faisait beau. Il entendit des
voix: on riait, on criait, on semblait s'amuser. Il s'approcha timidement.
Il vit au loin, du haut d'un morne, une plaine herbeuse. Trois géants y
jouaient à la balle avec une tête d'ours[239]. Il pensa que peut-être c'était la

238. Voir la note 25, page 84.
239. Voir la note 42, page 89.

tête de l'ours qu'il avait tué car la tête était grosse. Il les regarda long-temps jouer. «Je demanderai à ma sœur pourquoi ces gens-là jouent», se dit-il. Un des trois géants était plus rapide que les autres. *Tshakapesh* pensa: «S'il pouvait un jour être de mes amis!» Il revint au camp pour demander conseil à sa sœur. Elle lui dit: «Ne t'en approche pas, quand ils voient un étranger ils lui lancent la tête d'ours avec laquelle ils jouent. Si l'étranger l'échappe, les géants le mordent à la gorge[240]». *Tshakapesh* dit: «Arrête, arrête, tu me fais peur quand tu me racontes de telles histoi-res; je te jure de ne jamais aller les voir». Le lendemain, il dit à sa sœur qu'il allait se promener. Sa sœur était rassurée car elle le vit partir du côté opposé à celui où se trouvaient les géants. Mais quand *Tshakapesh* eut perdu le campement de vue, il prit le chemin de la plaine où jouaient les trois géants. Il s'en approcha timidement. On le vit. Les géants lui lancèrent la tête d'ours. *Tshakapesh* leur cria: «Voià une façon de rece-voir des étrangers! Montrez-moi à jouer avant de lancer la balle». Ils lui montrèrent. Tout en jouant ils se disaient: «C'est un peureux, il a peur de la tête d'ours». *Tshakapesh*, fâché de cette remarque, entra dans le jeu mal disposé et leur dit: «Vous m'avez invité à jouer, eh bien! tant pis pour vous!» Ils lui lancèrent la tête d'ours. *Tshakapesh* s'en empara et en disloqua les mâchoires. Il la relança à un des géants et le tua car la mâchoire d'ours se referma sur ce dernier. *Tshakapesh* reprit la tête et répéta le même manège avec le second des trois géants. Cependant, il ne tua pas le troisième. C'était celui dont il avait auparavant espéré l'amitié. Ils retournèrent tous deux au campement. Avant de pénétrer dans la tente de sa sœur, il cria à celle-ci: «Je t'amène un ami à toi qui es seule». Un autre jour, après avoir pêché avec son ami, le géant, il prit l'envie à *Tshakapesh* de prendre femme. Pour se distraire de cette idée, car il était jeune, il partit à la chasse aux écureuils. Il y resta longtemps. Au change-ment de saison, il entendit des voix qui venaient d'une clairière, il s'en approcha timidement. Il y avait deux femmes. *Tshakapesh* continua son chemin car ces deux femmes ne lui plaisaient pas. Il retourna au camp et demanda conseil à sa sœur. Elle lui dit: «Les deux femmes que tu as vues sont les deux filles d'un géant. Ne t'en approche pas car leur mère tue tous ceux qui s'approchent de ses filles. Cette vieille a dans sa tente une roche sur laquelle elle écrase ses victimes». *Tshakapesh* dit: «Arrête, arrête, ma sœur, tu me fais peur quand tu me racontes de telles histoi-res». Le lendemain, il partit en promenade du côté opposé à celui du campement des trois femmes. Au moment où *Tshakapesh* arriva à proxi-

---

240. Il pourrait s'être glissée ici une erreur de traduction. Selon d'autres variantes, c'est la tête elle-même qui mord celui qui l'échappe. On verra d'ailleurs plus bas que c'est de cette façon que le héros tua les joueurs.

mité, la vieille était à l'intérieur. Quand les filles virent *Tshakapesh* s'approcher d'elles, elles rirent car elles étaient contentes. La vieille leur demanda de l'intérieur: «Pourquoi riez-vous?» Elles répondirent que c'était la pie qui essayait de s'enfuir avec les restants de chair de la peau de caribou qui séchait, car elles ne voulaient pas dénoncer *Tshakapesh*. La mère sortit pour s'en assurer. Elle dit: «Ah, c'est un étranger, c'est pour cela qu'elles riaient». Elle dit à ses filles d'inviter l'étranger à manger. «Il doit venir de loin et avoir faim». Les filles se dirent entre elles: «C'est encore une ruse pour le tuer.» Elles l'invitèrent néanmoins tout en le prévenant de ne pas manger la graisse que leur mère lui offrirait, car c'était la graisse des victimes précédentes: «Si tu manges même un seul petit morceau, cela va t'affaiblir». Ils commencèrent le repas. Tout ce que les deux filles lui présentaient, *Tshakapesh* en mangeait. Par contre, il ne toucha pas à ce que la vieille lui présentait. Après le repas, la vieille demanda aux filles de tâter leur hôte afin de s'assurer s'il était bien musclé. Les trois se mirent en frais de tâter ses muscles contre le gré de *Tshakapesh* mais ce dernier se retenait, ne voulant pas frapper des femmes. La vieille se mit à l'attirer vers elle par un bras alors que les deux autres filles, voulant le protéger, le tiraient de leur côté. Leur mère dit alors: «Si vous ne le lâchez pas, je le tuerai avec vous deux». *Tshakapesh* se fâcha et dit aux jeunes filles: «Laissez-moi, je vais m'en occuper». Elles le laissèrent. *Tshakapesh* se laissa bousculer d'un côté et de l'autre par la vieille, n'offrant aucune résistance. Tout en bousculant *Tshakapesh*, la vieille avait déterré sa roche pointue. *Tshakapesh* la vit et s'arrêta net. La vieille, ne parvenant plus à le faire bouger, dit à ses filles: «Votre ami, l'étranger, voulait vous jouer un tour en vous faisant croire qu'il n'était pas fort». *Tshakapesh* demanda aux filles si cela leur était égal qu'il tue leur mère. Elles dirent que c'était elle (la vieille) qui devait le tuer mais qu'elles seraient encore plus contentes si c'était lui qui la tuait. La vieille, tellement elle forçait pour attirer *Tshakapesh* sur la roche et tellement elle avait peur de lui, en pissa. C'est depuis ce temps-là que les animaux, qu'ils aient peur ou qu'ils forcent énormément, ont la même réaction. *Tshakapesh* saisit la vieille et la projeta contre la roche. Il la tua net. Il ramena les deux filles chez lui. Il y en avait une de trop. A celle qu'il ne désirait pas, il fit boire de l'eau du haut d'une chute et l'y poussa. Elle se noya. Avant d'entrer au campement, il cria à sa sœur: «Je vous amène une compagne, à vous qui vous ennuyiez». Et sa sœur lui répondit: «Tu n'as pas encore tué sa mère?» *Tshakapesh* répondit: «C'est elles qui m'ont poussé à la tuer». Un jour, *Tshakapesh* partit à la chasse. Peu de temps après, il entendit des voix qui venaient du bord d'un lac. Il s'en approcha timidement. Il aperçut des géants qui chassaient le castor. Il retourna au campement et demanda conseil à sa sœur.

Elle lui dit de ne pas y retourner car lorsque les géants voyaient un étranger, ils avaient le pouvoir, à l'aide d'un castor, de faire en sorte que l'étranger se noie en chassant le castor[241]. *Tshakapesh* dit: «Arrête, arrête, ma sœur, tu me fais peur quand tu me racontes de telles histoires». Le lendemain, il partit en promenade du côté opposé à celui où chassaient ces géants. Sa sœur en fut rassurée. En s'approchant du lac, *Tshakapesh* rusait. Il lançait ses flèches en l'air et les regardait tomber. Les géants avaient déjà entendu parler de la puissance de *Tshakapesh*. Quand ils virent que ce n'était qu'un enfant qui s'amusait, ils l'invitèrent à chasser le castor avec eux. Comme ils se méfiaient tout de même encore de lui, ils voulurent lui nuire dans sa chasse, en bloquant l'orifice de la cabane de castors avec des branches. *Tshakapesh* se débarrassait facilement de ces obstacles et continuait sa chasse, agrandissant le trou de la cabane de castors, avec le manche de sa hache. Il dit aux géants: «Au lieu de me nuire, montrez-moi donc comment on s'y prend». Ils le lui montrèrent. Les géants devaient se mettre à deux pour sortir le castor de la cabane. *Tshakapesh*, à lui seul, le sortait du trou et le lançait sur la grève alors que les autres l'achevaient. Ce fut au tour du dernier castor à être capturé, le plus gros, celui qui devait le noyer. Cependant, *Tshakapesh* avait son couteau magique, souvenir de son père. Il tua le castor et le lança sur la glace. Il l'attacha et fit mine de partir avec. Deux des géants qui voulaient leur part lui dire d'attendre. *Tshakapesh* en fut contrarié. Il s'empara des géants, les plia sur eux-mêmes plusieurs fois. C'est depuis ce temps que nous avons des jointures et des articulations. «Nos descendants seront désormais faits ainsi», dit *Tshakapesh*[242]. Il rapporta son gibier au campement. Les quatre, c'est-à-dire *Tshakapesh*, sa sœur et son époux ainsi que la femme qu'il se réservait, vivaient maintenant heureux au campement. *Tshakapesh* avait seize ans. Il partit un jour à la chasse. Peu de temps après, il entendit des voix qui venaient d'une région montagneuse. Il s'en approcha timidement. Il aperçut cinq ou six géants qui se balançaient sur une balançoire attachée d'une montagne à l'autre[243]. Il retourna au campement et demanda conseil à sa sœur. Tout le monde se réunit alors dans la tente. *Tshakapesh* dit: «J'ai entendu des voix et j'ai vu des géants se balancer entre deux montagnes. Sous la balançoire, il y avait un chaudron». Sa sœur lui conseilla de ne pas s'approcher car lorsque les géants apercevaient un étranger, ils le faisaient se balancer. Puis ils coupaient la corde et l'étranger tombait alors

241. Voir la note 32, page 86.
242. Le motif des membres tordus est fréquent dans le présent corpus. Mais cette version est la seule qui lui confère explicitement une portée étiologique.
243. Voir la note 46, page 90.

dans le chaudron. *Tshakapesh* voulut encore partir. Sa sœur ne voulait pas qu'il partît. *Tshakapesh* lui dit qu'il amènerait son mari afin qu'elle soit rassurée sur son sort. Ils partirent donc tous deux du côté opposé à l'endroit où se balançaient les géants. Sa sœur en fut rassurée. Lorsqu'ils furent hors de vue, ils changèrent de direction. Avant d'arriver, *Tshakapesh* dit à son beau-frère: «Ne dis pas à ma sœur que j'y suis allé». Son beau-frère décida de l'accompagner car il ne pouvait retourner seul au campement. *Tshakapesh* dit à son beau-frère: «J'ai apporté avec moi un tube de graisse[244]. Je me balancerai et lorsqu'ils couperont la corde, je me rapetisserai, et me cacherai dans le tube. Tu diras aux géants de s'approcher de la marmite. Tu t'approcheras toi-aussi et quand tu verras la graisse se déposer en surface, ceci voudra dire que j'aurai repris ma forme normale; à ce moment, tu t'éloigneras et je les tuerai tous». Ainsi fut fait. *Tshakapesh* fit éclater le chaudron; la graisse brûlante, empoisonnée, recouvrit les géants et tous en moururent. *Tshakapesh* fit un bond au-dessus de la mare de graisse empoisonnée. Il s'éloigna de l'endroit. *Tshakapesh*, dont le corps était entièrement couvert de longs poils, après cette *cuisson* se mit à les arracher tout en conservant cheveux, sourcils, cils et moustache. Son beau-frère s'approcha de lui et fit la remarque suivante: «Ta tante[245] va se moquer de toi lorsqu'elle te verra ainsi sans rien pour te couvrir». Ceci embarrassa *Tshakapesh* qui en laissa alors à certains endroits et dit: «C'est ainsi que seront faits nos descendants». Quand *Tshakapesh* arriva au campement, on rit de lui car il devait dorénavant s'habiller pour se protéger du froid. C'est depuis ce temps que les gens s'habillent. *Tshakapesh* commençait à désirer connaître sa tante de plus près. Sa sœur le lui défendait bien. Il eut une idée. «Si je les faisais monter dans un arbre...» Il raconta un mensonge à sa sœur: «J'ai trouvé un autre pays... Il faut monter dans un arbre immense pour y arriver». Tous apportèrent leurs bagages. En chemin, *Tshakapesh* qui les précédait souffla dans un arbre et celui-ci s'allongea démesurément. Il dit à sa sœur de monter la première, puis son beau-frère, puis la femme [la tante] et enfin lui-même. Ils montèrent ainsi. Ils arrivèrent dans un pays plus beau. Là ils tendirent des collets[246]. L'obscurité tomba tout à coup. Ils avaient pris le soleil dans un collet. Depuis ce temps, il y a régulièrement le jour et la nuit. *Tshakapesh* riait en disant: «J'ai vu ce que je voulais voir». Sa sœur le punit en le plaçant dans la lune, car il avait vu ce qu'il ne devait voir que plus tard. «Tu resteras toujours dans l'obscu-

---

244. Voir la note 47, page 90. Contrairement aux autres variantes, le héros diminue ici sa taille et se cache dans le contenant à graisse.

245. C'est par ce terme qu'on désigne sa future épouse.

246. Voir la note 52, page 92.

rité», dit-elle. A partir de ce jour, il ne vit jamais plus une femme. Lui qui désirait tout voir fut condamné à l'obscurité pour sa curiosité. Sa sœur prit le soleil que *Tshakapesh* désirait tellement; c'est depuis ce jour qu'existent la lune et le soleil.

VARIANTE 7

Cette variante fut enregistrée sur film et sur bande sonore en 1973 à Saint-Augustin. Le cinéaste et le caméraman étaient respectivement Arthur Lamothe et Guy Borremans. C'est à l'auteur du présent ouvrage que s'adresse le narrateur Pien Peters (1902 / 1981). Sur ce dernier, j'ai déjà publié quelques notes biographiques (Savard, R., 1977: 72-78). La narration eut lieu en forêt, un peu à l'écart du village. Thérèse Rock-Picard, de Betsiamites, en a fait la traduction française. Pour le présent ouvrage, chaque fois que le contexte gestuel l'exigeait, je suis retourné au document audio-visuel.

Tshakapesh... le vieux... le père de *Tshakapesh* et sa mère[247]... Alors le vieux... alors... «Allons chercher de l'écorce de bouleau», dit-il à sa femme. Le vieux. Et ils partirent en chercher. Là-bas, il y avait beaucoup d'écorce de bouleau. Et *Tshakapesh* n'est pas là. Non *Tshakapesh* n'est pas là. Il devait commencer à exister. Il devait être encore à l'intérieur de sa mère. Il devait être petit. Il devait être long comme ça[248]. Oui... il s'en est allé. Et il est accompagné de son épouse. Le vieux. Et il est en quête d'écorce de bouleau. Il arrachait l'écorce des bouleaux. Et quand il entendit qu'on venait[249], ils fabriquèrent un récipient en écorce de bouleau. Ils fabriquèrent un récipient. C'est ce que l'Indien nomme *tshipikunan*[250]. Ça c'est le nom indien. Et...[251] Voilà ce qu'il fait l'Indien. Il utilise l'écorce de bouleau. Il en fabrique plusieurs de ce genre-là[252]. Il s'en sert à toutes sortes d'usages. Il y met différentes espèces de fruits.

247. Soit que le héros et son père portent le même nom, soit que le conteur nomme le héros avant de commencer sa narration.
248. Le conteur indique la longueur de son index.
249. Sans doute que le vieux entend venir le monstre.
250. «*tchibik8ragan*, plat d'écorce sans couture» (Silvy, A., *op. cit.*: 154).
251. Le conteur veut reprendre le fil de son récit, mais il se ravise; il croit nécessaire d'ajouter quelques informations sur les récipients d'écorce.
252. Il existe différents types de récipients d'écorce.

Des fruits... Des fruits rouges. Comprends-tu? Non, pas des bleuets[253].
Une autre sorte. Des fruits de loutres[254]. Les fruits de loutres ressembent
aux bleuets, mais ils ont bon goût. Ils sont excellents. Alors, c'est ça qu'il
fait le vieux. Lui et sa femme fabriquent des récipients. Et puis il a une
fille. Il l'avait laissé pour veiller à ce que la tente ne brûle pas. Et ils
étaient partis, la vieille et le vieux, en quête d'écorce de bouleau. Et alors
survint un ours. Un très gros ours. Un ours énorme s'approche de lui.
Mais son nom est *Katshituauk*. Oui. Lui, l'ours, il se nomme *Katshituauk*. Et alors *Katshituauk* s'avance vers lui et le tue. Le vieux est tué
par *Katshituauk*. Il le dévore entièrement. *Katshituauk* mange le vieux[255].
Tshakapesh, lui, il est comme une boule. Il doit être comme ça[256]. Il ne
peut être mangé. Il n'est pas mangé par *Katshituauk*. Il se tient assis là
lui. Lui, *Tshakapesh*. Mais il réfléchit. Il se dit: «Il pouvait ne pas me
manger». Lui, lui, il est à l'intérieur[257]. «S'il pouvait ne pas me manger»,
souhaite-t-il. Alors il n'est pas mangé. Quelque temps après, la fille va
retrouver son père. «Va les chercher là-bas!», se fait-elle dire[258]. Elle va
donc les trouver. Elle constate que son père et sa mère ont été tués. Et
quand elle aperçoit *Tshakapesh*, il est de la grosseur d'une boule. Il doit
avoir l'allure d'une boule[259]. Alors il parle, *Tshakapesh*. De l'intérieur, il
parle. Il dit à sa sœur aînée... C'est sa sœur aînée... (Il dit:) «Déchire
mon enveloppe[260], mais prends bien garde de ne pas me toucher», disait-il
à sa sœur aînée. Et alors il fut libéré. Il est de cette longueur-là *Tshakapesh*. Il est de cette longueur-là[261]. Et alors elle lui fit un récipient en
écorce de bouleau. Elle fabriqua un récipient. Elle y mit son frère cadet,
et il lui dit: «Allons à la tente». Il était long comme ça[262]. Alors ils partirent. Elle ramène son frère. La dimension du récipient est comme ça[263].
Elle y a placé son jeune frère. Mais au bout de quelque temps, il l'ouvre
d'un coup de pied. Elle fabrique un autre récipient. Il a cette

253. En réponse à une question.
254. Une espèce de baie porte le nom de *baie de loutre*.
255. Et sa femme, comme on le verra plus loin.
256. Les deux mains du conteur sont entrouvertes et réunies par l'extrémité de chaque
doigt (les deux pouces, les deux index, etc.).
257. De l'utérus.
258. Par qui? Sans doute par la puissance de l'esprit de *Tshakapesh*.
259. Le conteur répète le geste décrit à la note 256 ci-dessus.
260. Les deux mains du conteur sont entrouvertes, les doigts légèrement écartés et cour-
bés, les paumes tournées vers le sol. Puis il les écarte l'une de l'autre, comme lorsqu'on
déchire quelque chose.
261. Le conteur montre la longueur de son index.
262. Voir la note précédente.
263. Geste évoquant une forme carrée d'environ 15cm x 15cm.

dimension[264]. Mais après seulement six nuits, il l'ouvre aussi d'un coup de pied. Elle fabrique un autre récipient. Elle le fait à peu près de cette dimension[265]. Après six autres nuits, *Tshakapesh* ouvre ce récipient d'un autre coup de pied. Alors il commence à marcher. Déjà il peut marcher. Et même qu'il parle à sa sœur aînée. Il lui parle. «Notre père et notre mère, demande-t-il à sa sœur aînée, qu'en est-il?» «*Katshituauk* les a tués. Ils furent entièrement dévorés», lui répondit-elle. Et...[266] «Quand je t'ai aperçu, tu étais comme une boule[267]. *Katshituauk* ne t'a pas pas mangé. Tu étais posé là», lui dit-elle. «Fais-moi un arc», demanda-t-il à sa sœur aînée. Déjà il avait cette taille[268]. Il pouvait courir. Et il fléchait des oiseaux, des écureuils. Un écureuil. Tu comprends? Plus tard, après une semaine, il avait vraiment grandi. Il avait maintenant la taille d'un homme. Et alors la fille lui fabriqua un arc, mais il le brisa aussitôt. Devenu grand, *Tshakapesh* s'en fabriqua un lui-même. Celui-ci était un peu plus gros que ça[269]. Il ne le casse pas celui-là. Il ne le casse pas. Il ne tue que des écureuils, seulement des écureuils. Et il était grand. Il avait la taille d'un adulte mâle. Grand. Grand. «Ne pars pas, lui dit sa sœur aînée, ne pars pas» — «D'accord». Ce qu'il entend d'abord, *Tshaka-pesh*, ce sont ceux qui jouent au ballon. Ils jouent au ballon. Un gros ballon[270]. «J'en entends jouer au ballon», dit-il à sa sœur aînée. Alors elle lui dit: «Ne va pas les trouver. Ce sont des *Mistapeut*[271]. Ils jouent au ballon. Une tête d'ours grosse comme ça[272]. C'est ce qui leur sert de ballon. Celui à qui on la lance est mordu ici[273], celui qui ne peut l'attraper, qui ne sait pas. Mais celui qui sait peut la saisir au vol» — «Je n'irai pas les trouver» — «N'y va pas». «Je n'irai pas les trouver», dit-il à sa sœur aînée. Il s'en va. Mais dès qu'il est hors de vue, il se dirige vers ceux qui jouent à la balle. Il les observe à la dérobée. Puis il siffle. Les *Mistapeut* l'entendent siffler et l'aperçoivent. «Attrape ça, lui dit-on. Attrape. Veux-tu jouer au ballon?» La tête est grosse. Elle est grosse comme ça[274]. «Oui je veux jouer au ballon», répondit *Tshakapesh*. Il s'approcha alors d'eux. «Il doit vouloir jouer au ballon. Lance-lui la tête d'ours». On la

264. Geste évoquant une forme carrée d'environ 30cm x 30cm.
265. Geste évoquant une forme carrée d'environ 60cm x 60cm.
266. Elle ajoute.
267. Voir la note 256, page 220.
268. Le geste du conteur évoque une taille d'environ un mètre.
269. Le conteur touche un arbre d'environ 20cm de diamètre.
270. Au moyen de ses bras, le conteur suggère une forme arrondie.
271. Voir la note 44, page 89.
272. Voir la note 270 ci-dessus.
273. D'une main, le conteur se saisit le cou.
274. Voir la note 270 ci-dessus.

lance là-bas, vers là-bas, dans le sens de la course du soleil[275]. On la lance là-bas. *Tshakapesh*, pour sa part, se tient debout. Il la saisit au vol. Ensuite il ouvre la mâchoire et renvoie le ballon à un Indien[276]. Ce dernier est très grand. Il est mordu par la tête d'ours. De là on la relance à *Tshakapesh*. Il l'attrape à nouveau au vol, lui ouvre encore une fois la mâchoire et la lance à un autre. Celui-ci est également mordu ici[277]. Il en meurt. Il en meurt. *Tshakapesh* les tue ainsi tous les six. Ils étaient six. Il les tue tous. Il leur avait lancé la tête d'ours. Alors il retourna chez lui. Sa sœur aînée aperçoit ça[278]. «Il a dû aller voir les joueurs de ballon. Il a sûrement dû y aller. Il doit être allé les trouver», dit-elle. «Bien sûr que j'y suis allé; je les ai tous tués», dit-il à sa sœur aînée. «Je viens d'en terminer avec eux, dit-il. Puis il mange et repart à nouveau. Il ne fait jamais nuit. Autrefois. Jadis... c'est constamment le jour. Le jour sans arrêt. La nuit... comme à notre époque... il y a la nuit... tout à l'heure il fera nuit... pas du tout... jamais de nuit... sans cesse le jour. Alors *Tshakapesh* repart. Il s'en va encore là-bas. Il part. Un bruit de peaux qu'on gratte. Une vieille femme. Elle est vieille et elle a deux filles. La vieille, elle est vieille. Pas trop tout de même. Et les filles grattent les peaux. Des peaux de caribou. Elles en grattent les poils[279]. Et la vieille se tient à l'intérieur[280]. De nouveau il revient chez lui, *Tshakapesh*. Et sa sœur aînée lui dit: «Ne va pas les trouver. La mère de ces filles tue. Cette vieille, elle lutte à l'intérieur[281]. Et au fond de la tente, du côté opposé à celui de la porte, il y a une pierre[282]. C'est sur ça qu'elle projette les humains». Il y retourna, sans prendre immédiatement contact avec elles. Il les entend gratter les peaux. Il revient chez lui par l'autre côté. «Ma sœur aînée, dit-il, je les entends gratter des peaux». «N'y va pas, lui réondit-elle. La vieille est une cannibale[283]. Son vieux est mort. On l'a tué. Mais la vieille est toujours vivante. Ne va pas chez elles. Leur mère tue». Alors *Tshakapesh* repart en disant à sa sœur aînée: «Regarde dans quelle direction je m'en vais[284]». «Ne va pas les trouver, dit sa sœur aînée, leur mère tue». Une fois rendu hors de vue, il va bien sûr les trou-

---

275. D'un grand geste, le conteur trace une trajectoire allant d'est en ouest.
276. Le conteur utilise le terme *innu* (voir la note 83, page 56).
277. Voir la note 273, page 221.
278. La tête rapportée par son jeune frère.
279. Voir la note 35, page 87.
280. Dans la tente.
281. Dans la tente.
282. De ses deux mains dirigées vers en haut et réunies par le bout des doigts, le conteur suggère une forme pointue.
283. *atshenishkue* (voir la note 86, page 185).
284. Il cherche à rassurer sa sœur.

ver. Il les épie. A leur insu, il les voit gratter les peaux. Il y a deux filles. Il s'avance très près d'elles. Elles sont là en train de gratter les peaux à quelques pas de lui. Il s'en approche. La porte de la tente est ouverte et on peut voir la vieille à l'intérieur. «Qu'est-ce qui fait rire mes filles?», demande la vieille. «Ce n'est rien», lui répondit-on. Elle s'adresse à ses filles, qui lui répondent qu'il n'y a rien de spécial. «C'est seulement un geai qui s'envole avec des poils de caribou». Les filles s'empressent de prévenir *Tshakapesh*: «Ne mange pas si elle t'offre de la graisse, lui disent-elles. C'est de la graisse humaine. Quand elle tue les humains, elle leur dégraisse les os, comme on fait après avoir tué du caribou[285]. C'est ce qu'elle fait avec les ossements humains. Elle en extrait la graisse et elle s'en sert[286]. N'en mange pas, car tes os s'affaibliraient. Tu mangeras ce que nous te donnerons à manger». Voilà ce que les filles disent à *Tshakapesh*. Comme on continuait à rire, la vieille vint voir ce qui se passait. *Tshakapesh* était assis entre les deux filles. Il en avait une de chaque côté[287], et il se trouvait en position de conversation avec elles. Dès qu'elle l'aperçoit... «Comment? C'était donc d'un vison mâle[288] dont riaient mes filles! Faites-le entrer. Alors... on n'entre pas?», dit-elle à ses filles. Ils pénétrèrent dans la tente. *Tshakapesh* s'assied avec les filles en face de leur mère. Là encore il est placé entre les deux filles. Il en a une ici et l'autre là[289]. Alors on lui prépare à manger. Les filles lui offrent de la graisse de caribou sur des morceaux de viande de caribou séchée[290]. La cannibale, quand elle tue les humains, elle en fait aussi de la viande séchée. Elle leur tourne le dos pour découper sa graisse humaine[291], puis elle lui en offre à manger. Mais il s'était déjà servi de graisse de caribou. «Tiens, voilà ce que je t'offre moi». Mais *Tshakapesh* n'en prend pas. Elle continue à lui tendre sa graisse humaine[292]. Il finit par la prendre et la dépose près du feu. Mais il n'en mange pas. Tout ce qu'il mange, c'est ce que les filles lui donnent, de la vraie graisse de caribou. Et comme sa

285. Pour produire *atiku-pimī* (graisse de caribou, Mailhot, J. et Lescop, K., *op. cit.*: 39), les bouts des os des pattes du cervidé sont broyés, ensuite bouillis. On introduit la moelle dans cette préparation.

286. C'est ce qu'elle mange.

287. Le conteur indique, par geste, qu'il y avait une fille de chaque côté du héros.

288. La mère utilise peut-être une métaphore du même type que celle du geai employée par ses filles (voir pages 149-150).

289. Voir la note 287 ci-dessus.

290. *pasteuiāsh*, viande séchée (*Ibid.*: 216). Après le séchage, la viande est souvent réduite en poudre; *neueikanat*, pl., pemmican, viande de caribou en poudre» (*Ibid.*: 168).

291. Elle se cache un peu pour préparer sa nourriture.

292. D'un geste (main tendue), le conteur indique qu'elle persiste à lui tendre la graisse humaine.

graisse en vient à se souiller[293], la vieille déclare: «Puisqu'on refuse de manger ma graisse, ce doit être qu'on cherche à se battre. On doit souhaiter se battre puisqu'on refuse de manger ma graisse». *Tshakapesh* se tient toujours assis entre les deux filles. Alors elle endosse sa peau de bête. C'est son vêtement. Il est fait de pièces. Elle revêt son costume de combat[294]. La cannibale dit à *Tshakapesh*: «Viens. Battons-nous». Elle se nomme *Atshenishkueu*. C'est l'épouse d'*Atshen*. On l'appelle *Atshenishkueu*[295]. Elle se lève et va à l'arrière[296]. La demeure d'*Atshenishkueu* est immense. Puis elle met sa pierre à jour en la balayant d'un coup de pied. Cette pierre est souillée de sang. C'est là qu'elle jette et frappe celui qu'elle tue. C'est sans doute là qu'elle le cogne. La cannibale est très forte. «Ça n'a pas d'importance»[297]. «Viens donc, lui dit-elle, battons-nous», «D'accord», répondit-il. «Ne le frappe pas, ne le frappe pas, ne le frappe pas, lui disent ses filles. Ne le tue pas». «Soyez sans crainte, nous ne faisons que nous renverser», dit-elle. *Tshakapesh* prend l'avantage du combat. La cannibale n'arrive pas à le faire tomber. «C'est à mon tour de tenter de te faire tomber», dit *Tshakapesh*. Alors elle tombe, mais pas sur la pierre. Elle est renversée. Elle ne devait être qu'assommée. Elle ne bouge pas. *Tshakapesh* la tourne comme ça[298] et, tout en la retenant, il dit aux filles: «Si vous ne deviez pas regretter votre mère, nous la frapperions». «Nous ne la regretterons pas», lui dirent-elles. Elle est étendue comme ça et on la frappe là[299]. C'est là qu'on la frappe à coup de tison, avec un bâton dont un des bouts était en feu, tandis que l'autre ne l'est pas. Ce sont ses deux filles qui la frappent. «Ne la lâche pas, lui dit-on, sinon elle nous tuerait». *Tshakapesh* la soulève et la lance sur sa pierre. Ce doit être ici qu'elle est frappée[300]. Il le lui a fendu. Elle est complètement fendue sur le coup[301]. «Parfait, nous sommes bien contentes que tu l'aies tuée», dirent-elles à *Tshakapesh*. Celui-ci fait du feu et y jette la cannibale, afin qu'elle disparaisse à jamais. C'est ce qu'il avait en tête. Et il ramène les filles chez lui. En arrivant, elles restent debout à l'écart. Elles craignent la sœur aînée. «Toi qui t'ennuies

293. Placée près du feu, elle a sans doute fondu et s'est couverte de cendre.

294. Voir la note 40, page 88).

295. Voir la note 86, page 185).

296. A l'intérieur de la tente.

297. *Tshakapesh* prétend-t-il qu'il n'y a aucun motif pour se battre? Vise-t-il à souligner le peu de danger qu'il court à le faire?

298. Geste du conteur: le héros la retourna de ses deux mains, et la retint un peu, comme s'il attendait la réponse des filles à la question qu'il leur pose ensuite.

299. Le conteur indique les mollets.

300. Le conteur indique son derrière.

301. Le conteur indique que le corps est fendu en deux.

quand tu es seule. Toi qui t'ennuies, je t'amène des compagnes», lui dit-il. «Il a dû tuer leur mère», dit-elle. «C'est fait. Ses filles elles-mêmes m'ont dit de le faire» — «Il doit l'avoir tuée». «Va les accueillir, va, elles sont là», dit-il à sa sœur aînée. Elle va les rencontrer. «Voilà!», dit-elle aux filles quand elles entrèrent. *Tshakapesh* couche avec l'une d'elles, tandis que l'autre dort avec sa sœur aînée. Il dort un peu, puis quitte la tente à nouveau. Il ne dort pas longtemps, car il ne fait jamais nuit. Le voilà reparti. Soudain, il entend à nouveau du bruit. Des *Mistapeut* parlent[302]. Ils disent qu'il reste encore six castors. Ce sont des gros. *Tshakapesh* les voit, mais s'abstient d'aller les trouver. Il dit encore à sa sœur aînée: «Je les ai vus. Ils chassent le castor à la cabane[303]». «Ne va pas les trouver, lui dit-elle, ne va pas les trouver». Il s'agit de castors géants. Très gros. Pas un ours. Un castor, mais très gros[304]. Il brûle d'envie d'aller les trouver. «N'y va pas. Ils te tueraient. Ils saisissent le castor à la main. Mais ceux qui sont moins forts que le castor sont entraînés par lui dans la forêt. Alors le castor géant les emmène loin à l'intérieur des terres. Ne va donc pas les trouver», lui dit sa sœur aînée. «Très bien, je n'irai pas. J'irai plutôt par là, tu vois», dit *Tshakapesh*. «Va», lui dit-elle. Mais son intention d'aller voir ces gens est bien arrêtée. C'est ce qu'il fait. Il va vers eux. Quand ils l'aperçoivent, ils disent: «Un visiteur nous arrive». On le nomme *visiteur*. Puis on l'invite. «Viens donc», lui dit-on. Les raquettes de *Tshakapesh* sont très grandes. Et son arc a la taille d'une épinette blanche comme celle-là. Oui. L'arc est aussi haut que l'arbre. L'arc est très épais, mais il est si fort qu'il n'a pas à forcer beaucoup pour le bander. Et eux... Il peut y aller. Il y va. On lui dit: «Le visiteur va se charger de prendre le castor». «Très bien, dit-il, je vais m'en charger». Il enlève une de ses raquettes, mais conserve l'autre. Il s'approche. On ferme l'entrée de la cabane des castors. Il n'enlève qu'une raquette, pas l'autre. Il se tient debout sur une seule raquette. «Qu'on perce la cabane maintenant», dit-il. Cette cabane est immense. On y fait un trou. «Si un castor adulte pouvait en sortir», pense *Tshaka-pesh*. Un castor adulte[305] en sort aussitôt. C'est une femelle. Elle est énorme[306]. Il l'attrape par une patte et l'assomme d'un coup de la partie

---

302. Voir la note 44, page 89.

303. Voir la note 32, page 86.

304. Le conteur attire ici notre attention sur le danger de confusion linguistique entre l'ours et le castor (*mauat mask^u, amisk^u*, dit-il, soit: pas un ours, un castor) (voir la note 30, page 178). Pour donner une idée de la dimension de cet animal, le conteur déploie ses bras en forme de croix.

305. «*tshemusk*, castor adulte» (T. Rock-Picard) (voir la note 18, page 176).

306. Même geste que celui décrit à la note 304, ci-dessus.

arrière de sa flèche. Après l'avoir frappé, il le renvoie comme ça[307]. «Et bien!»[308]. Puis ils replacent les bâtons. Les bâtons dont on se sert sont de cette hauteur[309]. Quand il sort, le castor les fait tomber. C'est à ce moment qu'on l'attrape. Ensuite, ce fut un autre castor adulte qui se présenta. Un mâle cette fois. Il était tout aussi énorme. Un castor géant. Il l'assomme d'une main et le rejette de côté. On enfonce à nouveau quelque chose dans la cabane. Il en sort deux castors d'âge moyen[310]. Il les tue tous, ainsi que deux jeunes castors[311]. Il en tue six en tout: deux adultes, deux d'âge moyen et deux bébés[312]. Il les dépose à côté de lui. La cabane est vide. Ils sont six. Il enlève la corde de son arc. Il attache les castors ensemble. Les vieux, les jeunes et les bébés. Six. Il se les installe sur le dos. Il est couvert de sang, car on fait une incision au ventre des castors[313]. Cette charge de castors n'est pas retenue par la tête mais par les épaules[314]. «Eh! Il part avec nos castors! Il retourne chez lui. Enlevez-les lui. Vous n'essayez même pas de les lui enlever». Ce sont six *Mistapeut*, des géants[315]. Il s'apprête à partir avec ses castors. Il les a déjà sur le dos. Le voilà sur le point de quitter. Ils lui courent après. Un des géants, un grand être humain[316], arrive à l'attraper. *Tshakapesh* lui tord le bras[317], le rejette de côté et poursuit son chemin. Un autre le rattrape. Il lui fait la même chose. Il lui tord le bras et le rejette de côté. C'est ainsi qu'il fait avec les six. Ils ne peuvent plus bouger. Il repart et d'autres lui courent après. Ils le poursuivent jusque chez lui. *Tshakapesh* demande à sa soeur aînée de lui donner un peigne. Un peigne... Vois-tu? Comme, comme, comme... un peigne comme celui-là[318]. Voilà ce qu'il demande à

307. D'un geste de la main gauche, le conteur indique que le héros rejette le castor à côté de lui.

308. Ce bref commentaire doit venir de ceux qui s'attendaient à ce que le héros soit entraîné par le castor.

309. Geste du conteur: environ un mètre.

310. *upauess*, castor âgé de 2 à 3 ans.

311. *auetiss*, castor âgé de 1 an et moins.

312. La terminologie pour les castors comprend généralement quatre termes. Pour Natashquan, on aurait *tshemushk* (4 ans), *patamushk* (3 ans), *upaiuess* (2 ans) et *auetiss* (1 an) (Lapointe, R., communication personnelle, 8 avril 1981). J'ai entendu ces quatre termes à Saint-Augustin en 1970.

313. Je n'ai pas obtenu d'explication pour cette incision.

314. La corde d'arc n'est pas utilisée à la manière d'une sangle frontale; elle est retenue par les épaules et la poitrine.

315. Voir la note 44, page 89. Pour suggérer la taille de ces personnages, le conteur esquisse un geste vers le ciel.

316. C'est le terme *innu* qui est employé ici (voir la note 178, page 204).

317. Geste du conteur: torsion de l'avant-bras.

318. Il hésite, cherche quelque chose, et finit par sortir un peigne de sa poche.

sa sœur aînée. Quand elle le lui donne, il le lance à l'extérieur, et tout a coup la tente est entourée de pierres, oui de pierres. Et, là dessous, il a l'impression d'être au centre de la terre[319]. Il ne sait que faire[320]. Ils tentent de frapper la voûte rocheuse sous laquelle se trouve *Tshakapesh*. Ce dernier dépêce les castors et en mange. Il n'en donne qu'à son épouse, à sa sœur aînée et à l'autre fille. Les *Mistapeut* décident de repartir. *Tshakapesh* tue tous les hommes, dit-on[321]. Quand ils furent partis, *Tshakapesh* sortit de son repaire. Il n'y a plus personne. Ils ont décidé de laisser tomber[322]. Il part à nouveau. A son retour, il rêve[323]. «Je vise un écureuil», lui sembla-t-il[324], d'après ce qu'il raconte à sa sœur aînée. Voilà son rêve. «Et ma flèche tombe à l'eau, là-bas, au large». Ensuite il vise un écureuil, et sa flèche tombe au large. Sa sœur aînée lui dit: «Ne t'en occupe pas, ne t'en occupe pas... Le vent la ramènera au bord. Si le vent vient dans cette direction, elle sera repoussée vers ici». Mais il tient à tout prix à aller la chercher. Soudain une grosse truite, une truite immense, grosse comme une baleine[325]. Voilà qu'elle lui mord la jambe ici[326]. Jadis les poissons mordaient. *Tshakapesh* lui dit: «On ne me mord pas». Mais ce poisson est énorme. «On ne me mord pas, c'est tout rond qu'on m'avale». Le poisson l'avale tout rond. Le voilà maintenant dans le poisson. Ce dernier est immense. Il va et vient sans qu'on sache trop son but[327]. *Tshakapesh* se concentre sur l'idée que sa sœur aînée pourrait bien aller le pêcher. Il ne cesse d'y penser. «Si elle pouvait se mettre dans la tête d'aller pêcher...». «Je vais à la pêche, se dit la fille, je vais pêcher». Elle se mit alors en frais de pêcher. *Tshakapesh* parle au poisson, dans le ventre duquel il se trouve. «Il y a là-bas une pointe de terre. Tu n'y vas donc pas? Ne t'intéresses-tu donc jamais à la nourriture?» Le poisson file sous l'eau. Il est immense. Apercevant l'hameçon, il va vers lui. La truite mord et se trouve prise. Mais elle est très grosse. La fille la pose à terre. Le poisson se débat. Il est très gros. *Tshakapesh* parle à sa sœur aînée: «Fais attention, il ne faut pas me couper». Elle ouvre délica-

---

319. Selon la traductrice, l'expression sert parfois à rendre la notion chrétienne d'enfer; «*atāmit*, au fond, sous, dedans» (Mailhot, J. et Lescop, K., *op. cit.*: 37); «*atamitch*, dedans, au fond» (Silvy, A., *op. cit.*: 20).

320. Sans doute un des agresseurs.

321. Les agresseurs constatent leur impuissance.

322. Le héros tire cette conclusion.

323. Le verbe employé ici est *pauāmun*, «il rêve» (Mailhot, J. et Lescop, K., *op. cit.*: 220); *pa8am8in*, songe (Silvy, A., *op. cit.*: 121).

324. Le verbe employé ici est *ishinam*; «il lui semble voir quelque chose, il perçoit quelque chose de telle façon» (Mailhot, J. et Lescop, K., *op. cit.*: 51).

325. Geste du conteur: une longueur d'environ 5 mètres.

326. Geste du conteur: le héros est mordu au genou gauche.

327. Le poisson se balade.

tement le poisson[328]. *Tshakapesh* sort d'un bond[329]. Peut-être est-il ainsi
resté une nuit à se déplacer dans le poisson. C'est le lendemain seulement
que la fille attrape le poisson. Elle se met ensuite à le découper. Il est très
gros. Il se met à parler à sa sœur aînée[330]. «Attention, il ne faut pas me
couper». L'estomac est ouvert[331]. Il en sort. Déjà sa peau commençait à
se décomposer[332]. *Tshakapesh* repartit aussitôt. Il ne tarda pas à voir un
écureuil et à tirer dessus. Sa flèche accroche une épinette blanche et y
reste accrochée. Il grimpe jusqu'à sa flèche. C'est une grosse épinette
blanche. Sa flèche y est accrochée. Quand il l'atteint, il souffle sur
l'arbre. Celui-ci se met aussitôt à croître et la flèche se retrouve plus haut
encore. Il continue à grimper. Ayant à nouveau atteint sa flèche, il souffle encore sur l'arbre qui recommence à croître. Il continue à grimper,
souffle à nouveau et la flèche s'éloigne encore de lui. Après avoir recom-
mencé ce manège à quelques reprises, il se retrouve très loin du sol. Il
souffle encore et encore. Il arrive finalement là-bas en haut. Il touche
vraiment le haut et quitte son arbre. Il trouve là un très beau territoire[333].
Il y a partout des pistes. «Et si je restais ici», pense-t-il. Il redescend
pendant longtemps et arrive en bas. Il laisse l'arbre dans cet état, sans lui
redonner sa dimension originale. De retour chez lui, il dit à sa sœur
aînée: «J'ai vu là-bas un territoire où nous irons vivre. C'est vraiment
très beau». «D'accord, répondit-elle, c'est là que nous vivrons». Or il
invite toutes les filles: sa femme, sa sœur et une autre fille. Cette épinette
blanche est munie de plusieurs branches. Il est aisé d'y grimper. Il y a des
branches jusqu'en haut. Qui grimpera le premier? Sa sœur aînée, puis
l'autre fille, ensuite sa femme et enfin *Tshakapesh*. Les voilà partis.
Soudain sa sœur aînée tombe. C'est la première à tomber. Il l'attrape.
Les femmes tombent ainsi souvent, et toujours il les attrape au vol et les
remet dans l'arbre. Seul *Tshakapesh* ne tombe pas. Quand elles tombent,
il les attrape comme un écureuil. C'est ainsi que ça se passe jusqu'à ce
qu'ils atteignent le haut. Rendues là, elles sont enchantées de voir à quel
point le territoire est beau. «Je vais poser un collet»[334], leur dit-il. C'est
superbe. Il y a partout des pistes aussi bien tracées que des chemins de lièvres. Peut-être s'agit-il des pistes du soleil?[335] Il tend un collet et y prend

---

328. De son index, le conteur évoque le tracé délicat du couteau de la fille: de haut en
bas.
329. Geste du conteur: les mains réunies s'écartent dans un mouvement ascendant.
330. Répétition.
331. Geste du conteur: du cou vers le bas du ventre.
332. Geste du conteur: la peau du cou, des bras et des mains s'arrache facilement.
333. *asti* (voir la note 50, page 92).
334. Voir la note 52, page 92.
335. «*pishum*, le soleil» (T. Rock-Picard) (voir pages 118-122).

le soleil[336]. Il attrape le soleil au collet. «Comment faire?», se demande-t-il[337]. Il veut rompre le collet avec ses dents. Le collet n'est pas très tendu. Je ne sais pas comment est fait ce collet[338]. Il n'arrive pas à le couper. Il demande à tous les animaux d'essayer, mais même l'écureuil n'y arrive pas. Toutes les espèces animales s'y brûlent. Et puisque le soleil est pris au collet, il fait nuit. Dès que le soleil se prend, *Tshakapesh* accourt à son collet. En voulant couper ce dernier, toutes les espèces se brûlent. Aucune n'arrive à le tailler avec ses dents. Alors la musaraigne au nez pointu, celle dont la tête est effilée, tu sais la toute petite, alors *Tshakapesh* la lance. C'est elle qui réussit à couper le collet avec ses dents. Elle ne brûle pas la petite musaraigne. Une fois que le collet est coupé, le jour réapparaît. Voilà qu'il fait jour à nouveau. «Il ne fait plus nuit», dit-il. Après que le soleil[339] se fut pris au collet, c'était la nuit, comme bientôt, tout à l'heure[340]. C'est depuis qu'elle est parvenue à couper le collet que le jour et la nuit alternent. *Tshakapesh* court ensuite vers son arbre et le souffle vers en bas. Avant d'avoir pris le soleil au collet, il n'avait pas touché à son arbre. C'est seulement ensuite qu'il y court et le souffle vers en bas. Il fait ensuite des suggestions à sa sœur aînée: «Moi, je demeurerai dans la lune[341], toi tu resteras sur le soleil[342]..., moi sur la lune». Celui qu'on voit dans la lune[343] un seau à la main, c'est *Tshakapesh*. Tu dois bien toi aussi avoir vu là-haut, dans la lune, ce qui ressemble à un homme portant un seau. C'est lui *Tshakapesh*. Quand il fait nuit, on peut aussi voir sa femme assise. Là-haut, il voyage. Son territoire est très beau. Les arbres y sont superbes et le terrain[344] est bon. C'est très beau. C'est là qu'il se trouve. Sa sœur aînée se tient avec une des filles. Lui, il est avec son épouse. Ils sont ainsi deux à deux. Mais il doit toujours voir sa sœur aînée. Voilà ce qu'on raconte à son sujet. «C'est ici que nous demeurerons. Toi sur le soleil[345], moi sur la lune[346]», lui dit-il. L'histoire est terminée.

336. «*pishum*, le soleil» (T. Rock-Picard) (voir pages 118-122).
337. Pour libérer le soleil.
338. Réflexion du conteur.
339. «*pishum*, le soleil» (T. Rock-Picard) (voir pages 118-122).
340. Le conteur évoque la fin du jour.
341. «*tepishkanpishum*, la lune» (T. Rock-Picard) (voir pages 118-122).
342. «*tshishikanpishum*, le soleil» (T. Rock-Picard) (voir pages 118-122).
343. «*pishum*, la lune» (T. Rock-Picard) (voir pages 118-122).
344. *asti* (voir la note 50, page 92).
345. «*tshishikanpishum*» (T. Rock-Picard) (voir pages 118-122).
346. «*tepishkanpishum*» (T. Rock-Picard) (voir pages 118-122).

VARIANTE 8

La variante reproduite ici fut recueillie à Mingan, vers 1968, par Yvette Barriault (Barriault, Y., 1971: 37-112). Le conteur Charles Dominique était alors âgé de 87 ans. Il est difficile de savoir si le découpage renvoie à des épisodes ou à des récits différents. La plupart des nombreuses notes ont été supprimées, car elles concernaient l'analyse de Barriault.

1

Une famille vivait dans la grande forêt. Il y avait le père, la mère et leur fille. La femme attendait un enfant. C'est l'histoire de ce petit gars que nous raconterons; mais au moment où commence le récit il n'est pas encore né, sa mère était enceinte. Un jour, le père et la mère partirent pour la chasse, et ils laissèrent leur fille seule à la maison. La fille attendit longtemps le retour de ses parents. Ni son père, ni sa mère ne revenaient. Elle alla donc voir ce qui était arrivé. Un ours avait tué ses parents: son père et sa mère. Vu que sa mère attendait un enfant, la fille pensa que son petit frère pouvait vivre encore dans le ventre de sa mère. Elle alla voir et c'est ce qui s'était produit: l'enfant vivait encore, la mère n'était pas complètement morte. La sœur put sauver l'enfant. Après avoir retrouvé son petit frère, la fille retourna à la maison, et ramena le petit avec elle. Dans le temps, les hommes faisaient des petits coffres en bois pour mettre le linge. Elle mit son petit frère dans l'un de ces coffres. Elle mettait toujours le couvert[347] afin de savoir si son petit frère allait vivre[348]. Elle n'osait pas aller voir trop souvent; mais elle savait que si l'enfant vivait, il allait lever le couvert, avec ses mains. Un jour le petit bonhomme leva le couvert, et sa sœur fut bien contente de constater que son frère allait vivre. Le petit bonhomme grandissait toujours. Sa sœur réussissait à lui donner à manger, à boire, et à l'élever. La sœur du petit bonhomme lui faisait des arcs et des flèches pour qu'il puisse jouer; mais à mesure qu'il grandissait, il cassait ses arcs et flèches. Un jour, il décida de se faire lui-même ses arcs avec des côtes de baleine, et de faire la chasse avec ça.

2

Un jour, le petit bonhomme fit un rêve qu'il raconta à sa sœur. Il dit que

---

347. Il s'agit sans doute du *couvercle*.
348. Le sens n'est pas clair. On imagine qu'elle le laissait ainsi complètement enfermé, dans l'espoir qu'il survive.

dans son rêve, il avait vu qu'il se faisait avaler par un poisson. Or sa sœur lui dit qu'il ne fallait jamais qu'il aille chercher ses flèches à la mer. Si ses flèches tombaient au large, il ne devait jamais aller les chercher à la nage. Un jour, il partit à la chasse à l'écureuil. Il commença à tirer sur l'écureuil mais il perdait toutes ses flèches à la mer. Quand il tira la dernière, il manqua encore son coup. C'était bien sa dernière. Il décida d'aller la chercher à la nage, mais il se fit avaler par un poisson, tel que prédit par sa sœur. Quand la fille vit que son petit frère ne revenait pas, elle alla à la pêche. Elle prenait toutes sortes de poissons, mais son frère n'était pas dans ça. Elle en prit un qui était assez gros et le ramena chez elle. Elle était sûre que c'était son frère. Elle prit le couteau pour ouvrir le poisson, et elle entendit son frère lui dire: «Pas trop vite, ma sœur, je suis dedans»[349].

3

Un jour, le petit garçon partit pour la chasse. Il paraît que c'était encore la chasse aux écureuils. Il vit un chemin d'ours, mais ne savait pas ce que c'était. Il fit un bout de chemin, retourna chez lui afin de consulter sa sœur. Il lui raconta tout ce qu'il avait vu. Il lui dit, comme ça, qu'il avait vu un chemin et qu'il en avait fait un petit bout. Alors sa sœur lui dit qu'il ne devait pas retourner dans ce chemin car c'était le chemin de l'ours qui avait tué son père et sa mère. Il ne devait pas retourner parce qu'il pouvait se faire tuer lui aussi par l'ours. Quand sa sœur lui raconta que c'était le chemin de l'ours qui avait tué ses parents, il dit à sa sœur que ça lui faisait peur d'entendre des histoires comme ça, et il promit qu'il ne retournerait pas. Mais le lendemain, il retourna pour la chasse. Il dit à sa sœur qu'il n'irait pas par le chemin de l'ours, mais qu'il prendrait une autre direction. Or il fit un petit détour pour aller prendre le chemin de l'ours. Il marchait en chantant: «Je m'en vais à la rencontre de l'ours qui a tué mes parents». Il rencontrait toute sorte d'animaux sur son passage. Il voyait bien des ours mais pas celui qui avait tué son père et sa mère. Chaque fois qu'il rencontrait un ours, il disait: «Ce n'est pas toi que je cherche». L'ours qui avait tué ses parents n'osait pas se montrer, il avait peur du petit bonhomme. Le petit se coucha à terre pour attendre le passage de l'ours sans être vu, mais il avait mis son arc à côté de lui. L'ours ne voyant plus le petit bonhomme décida d'aller lui-même à sa

---

349. «Il est impossible de dire combien de temps le petit bonhomme est resté dans le ventre du poisson car à ce moment il n'y avait pas de semaines». Cette phrase, entre parenthèses dans le texte, est-elle du conteur ou de Barriault? Rien ne permet d'en décider.

rencontre. Le petit, voyant que l'ours s'en venait, continua à chanter jusqu'à ce que l'ours soit en vue. Quand il entendit ses pas[350], il se cacha de nouveau. Quand l'ours passa son chemin il vit le petit bonhomme couché à terre. Il dit: «C'est ce petit bonhomme qui voulait me rencontrer». Lui, il était gras, et l'enfant était tout petit. L'ours poussa le petit de l'autre côté du chemin grâce à son énorme tête. Le petit bonhomme ne tomba pas très loin de son arc. Alors l'ours le poussa une seconde fois, et il tomba exactement sur son arc et sa flèche. Le petit bonhomme se mit alors debout bien droit et il dit que c'était lui qui voulait rencontrer l'ours. L'ours se voyait bien gros devant ce petit bonhomme. Mais quand cet ours fut bien en face du petit gars, ce dernier commença à lui poser des questions. L'ours se durcit et le petit bonhomme lui demanda: «Comme quoi es-tu dur?» Il y avait là un tronc d'arbre séché. L'ours dit alors: «Je suis dur comme ça quand je suis fâché». Le petit bonhomme prenant sa flèche tira sur cet arbre et le cassa en trois morceaux. Et le petit dit à l'ours qu'il le casserait de même s'il était fâché. L'ours fut bien surpris. Le petit bonhomme lui demanda de nouveau: «Quand tu es vraiment fâché, comme quoi es-tu dur?» L'ours montra un cap de rocher. Il dit alors: «Je suis dur comme ça quand je suis vraiment fâché». Prenant encore sa flèche, le petit tira sur la montagne et cette montagne tomba en morceaux. Là, l'ours se sauva; il commençait à avoir peur. Le petit gars le suivit en courant. Il le tira d'abord sur la hanche gauche: l'ours ne peut plus courir. Il le tira à nouveau cette fois sur la hanche droite et l'ours tomba à terre. Il tira ensuite sur tous ses membres. L'ours était fatigué de souffrir. Il dit: «Tue-moi donc tout de suite, tu me fais souffrir pour rien». Le petit gars répondit: «Tu ne penses pas que tu m'as fait souffrir quand tu as tué mon père et ma mère? Tu n'as jamais pensé que ma sœur et moi avons souffert beaucoup à cause de ça!» Quand le petit gars vit que l'ours avait assez souffert, il le tua. Après ça, il lui ouvrit le ventre et il trouva des cheveux et des os de son père et de sa mère. Il mit tous les os ensemble. Le petit gars avait bien espoir de faire revivre ou son père ou sa mère. Mais il lui manquait un os pour faire revivre soit l'un soit l'autre. Il avait aussi trouvé des cheveux. Son père avait des cheveux noirs et sa mère des cheveux blancs. Puisqu'il manquait un os pour faire revivre son père ou sa mère le petit gars avait dû abandonner son projet. Il prit donc les cheveux qu'il avait trouvés dans le ventre de l'ours et il les jeta dans les arbres. Et c'est depuis ce jour que l'on voit sur les arbres des poils noirs et verts, on appelle ça de la mousse, je pense[351]. C'est bien ce que

---

350. Cette phrase est suivie de ces mots placés entre parenthèses: «et il les entendit de très loin».

351. Voir la note 25, page 84.

l'on voit sur les sapins, sur les pins, etc., mais jamais sur les bouleaux. Après avoir débité son ours, le petit bonhomme en amena la tête chez lui. Rendu à la maison, il la donna à sa sœur pour la faire cuire au feu. Elle devait être suspendue à une corde durant la cuisson[352]. Le petit bonhomme dit à sa sœur de ne jamais se lécher les doigts après avoir tourné la tête de l'ours pour qu'elle cuise de tous les côtés; il pourrait se déposer de la graisse sur ses mains. Il dit: «Si tu lèches tes mains, tu auras la bouche fermée pour toujours. Tu ne pourras jamais l'ouvrir». Quand la sœur tourna la tête de l'ours, elle se lécha les doigts sans s'en apercevoir et elle ne put plus s'ouvrir la bouche. La tête de l'ours sortit alors du feu et se mit à suivre le petit bonhomme qui marchait dans la forêt. A chaque pas, la tête de l'ours mordait les traces du petit bonhomme. Quand ce dernier s'en aperçut, il laissa la tête d'ours le dépasser et il se mit à tirer dessus. Il retourna ensuite chez lui. Il savait bien qu'il était arrivé quelque chose à sa sœur. En arrivant, il vit bien que sa sœur ne pouvait pas ouvrir la bouche. Alors, il la lui ouvrit de force, mais il ne réussit à l'ouvrir que de trois doigts seulement. Alors il dit: «Tant que les hommes vivront, tout le monde aura la bouche grande comme ça». Et il poursuivit: «Personne désormais ne pourra ouvrir la bouche plus grande que de trois doigts et cela tant que les hommes vivront». Le petit bonhomme mangea la tête de l'ours et après il partit faire un tour à la chasse.

4

Pendant qu'il marchait dans la forêt, Tsakapish entendit des voix de filles; c'était une sorcière qui élevait des filles. Il ne savait pas ce que c'était. La première fois qu'il les entendit, il rebroussa chemin et il alla voir sa sœur pour se renseigner sur ce que c'était, car sa sœur, elle, savait tout. Arrivé chez lui, le petit bonhomme raconta à sa sœur qu'il avait entendu des voix de femmes et de filles. Sa sœur l'avertit de ne pas retourner voir car il y avait là des sorcières qui élevaient des filles et qui tuaient tous ceux qui allaient là. Le petit bonhomme tout surpris dit alors: «C'est une histoire qui me fait peur, je ne retournerai plus les voir». Le lendemain, il retourna dans le même chemin. Il fit encore croire à sa sœur qu'il allait ailleurs, mais il fit un détour pour aller voir les sorcières. Quand les filles le virent arriver, elles eurent du plaisir à voir un gars comme ça au milieu d'elles, mais elle ne le dirent pas à la sorcière. La sorcière s'aperçut bien qu'il se passait quelque chose d'étrange. Elle dit à ses filles: «Qu'est-ce qu'il y a? Est-ce qu'il y aurait un jeune homme

---

352. Voir la note 26, page 84.

avec vous?» Les filles dirent non. Mais les filles commencèrent à rire, et la sorcière se demanda ce qui se passait. Elle alla trouver ses filles, et elle vit le jeune homme avec elles. Les filles avaient raconté au jeune homme tout ce que leur mère faisait quand il y avait des gens qui arrivaient là. La sorcière les tuait tous. Les filles avaient raconté tout ce que leur mère faisait pour les tuer[353]. La sorcière invita le jeune homme à manger, mais les filles l'avaient prévenu qu'il ne devait pas manger la graisse que la sorcière lui offrirait. La sorcière dit au jeune homme: «Il faut que tu manges toute la graisse car c'est la graisse qui fait les hommes». Le jeune homme savait la vérité: si les hommes en mangent, ils deviennent faibles, et la sorcière peut faire ce qu'elle en veut. Alors comme il était convenu, le jeune homme ne voulut manger que la graisse que les filles donnaient et non celle que la sorcière présentait. Cette dernière voulut lui en donner de force, mais lui, il refusa toujours. Quand elle vit que le jeune homme ne prenait pas de graisse elle dit: «Il veut peut-être se battre avec moi». Le jeune homme dit alors: «Oui, je veux me battre avec toi». Cette sorcière était forte, elle battait tous les hommes et les tuait. Le jeune homme se battit avec elle. Au début, il ne forçait pas; il se laissait faire. Quand la sorcière vit ça, elle se dit: «Je vais faire quelque chose avec lui». Les filles avaient dit au jeune homme qu'il y avait une roche d'enterrée. Elles l'avaient même informé que s'il se battait, la sorcière le jetterait dessus pour le tuer. Le petit bonhomme savait tout ça. Quand il approcha de la roche, il se mit à forcer à pleine capacité. La sorcière vit que le gars était solide et fort. Elle demanda à ses filles de venir l'aider à tuer le petit gars, mais elles refusèrent toutes. Le jeune homme demanda aux filles: «Voulez-vous que je tue votre mère?» Les filles répondirent: «Oui». Bien plus elles reprirent: «Tuez-la tout de suite, prenez un bâton et frappez-lui dans les pattes pour qu'elle se mette à danser». Alors le petit bonhomme fit danser la sorcière. La sorcière supplia le petit bonhomme de ne pas faire ce que les filles disaient. Mais le petit bonhomme amena la sorcière sur la roche qu'il avait déterrée et il tua la sorcière dessus. Bien oui, au lieu du petit bonhomme, ce fut la sorcière qui périt sous la roche. Après avoir tué la mère, le jeune homme amena chez lui toutes les filles qui étaient au camp. Il leur dit que sa sœur s'ennuyait et qu'elle serait heureuse de les recevoir. Arrivé à la maison, le petit bonhomme dit à sa

---

353. Phrase entre parenthèses: «Depuis ce temps, chaque fois que les Montagnais mangent de la graisse d'ours, ils racontent cette histoire. Ce fut l'origine du Mokouchan. Et depuis, les vieux doivent toujours se rappeler l'histoire. Au printemps quand on tue le premier caribou, on fait une fête puis on raconte cette histoire. Après on danse le Mokou chan». «makushān: banquet rituel» (Mailhot, J. et Lescop, K., *op. cit.*: 99). «makushenanu: il y a un banquet» (La Romaine, *op. cit.*: 124).

soeur: «Je t'ai amené des compagnes». Sa soeur sut que c'étaient les filles de la sorcière. Elle demanda à son frère: «As-tu tué leur mère?» Le petit bonhomme répondit: «Oui, je l'ai tuée pour amener les filles. La sorcière a tué assez de personnes. A mon tour, je l'ai tuée».

5

Une autre journée le petit bonhomme partit pour la chasse et, cette fois, il entendit encore des voix, mais c'étaient des voix d'hommes. Il semblait qu'il y avait un jeu, un jeu de balle[354]. La balle, c'était une tête d'ours qui mangeait tous ceux qui manquaient leur coup. Voici comment cela se passait. Chaque homme avait un bâton; un homme frappait la tête d'ours et l'autre devait la lui renvoyer en frappant également avec son bâton; si quelqu'un manquait son coup, il se faisait mordre par la tête. Le petit bonhomme se cacha et regarda comment les choses se passaient. Puis, il retourna chez lui et il raconta à sa soeur ce qu'il avait vu. Sa soeur lui dit de ne pas aller voir ça de nouveau car il pourrait se faire tuer. Comme d'habitude, il promit qu'il ne retournerait pas. Mais il prit un chemin détourné et il se rendit ainsi sur les lieux. En partant il avait dit à sa soeur: «Je n'ai aucunement envie de me faire tuer, je prendrai une autre direction». Arrivé au camp, le petit bonhomme vit un groupe de jeune gens qui jouaient ensemble. C'étaient des jeunes gens qui arrivaient de la chasse. Le petit gars alla jouer avec eux. Lui, il ne manquait pas son coup et il ne se faisait pas tuer. Finalement, il prit la tête de l'ours, lui serra les mâchoires et courut avec elle. Les gars le suivirent quelque temps, mais après ils l'abandonnèrent tous par la peur. Seule un jeune homme continua de le suivre. Le petit bonhomme se cacha d'abord pour voir qui le suivait, et il vit que le jeune homme était seul. Il jeta sa tête d'ours au loin, puis continua de courir. Alors il alla à la rencontre du jeune homme et lui dit: «Si tu voulais venir avec moi, tu resterais avec ma soeur; j'ai une soeur et tout un groupe de filles. Ma soeur est seule, elle n'a pas de gars avec elle. Je te donnerais ma soeur.» Le gars accepta la proposition. D'ailleurs, il était seul, les autres étaient tous retournés. Arrivé au camp, le petit bonhomme dit à sa soeur: «Je t'ai amené un compagnon, un jeune homme». La soeur était toute surprise de voir qu'il avait tué tous les autres. Le petit gars reprit: «Je ne les ai pas tués, ils sont tous partis par la peur». Et la soeur était contente de voir que son frère lui avait amené un gars.

354. Voir la note 42, page 89.

6

Tous les jours le petit bonhomme allait à la chasse comme ça. Un matin, il partit pour la forêt et il entendit des voix d'hommes. Il n'alla pas voir tout de suite, mais il retourna chez lui raconter à sa sœur qu'il avait entendu des voix. Alors sa sœur lui expliqua ce que c'était. Elle dit que c'étaient des gars qui étaient sur le lac là où il y avait une cabane de castor. C'étaient des castors géants qu'il y avait dans ça[355]. Tous les hommes qui avaient voulu tuer les castors avaient été eux-mêmes tués. Les castors les amenaient dans l'eau et les tuaient là. Le petit bonhomme dit à sa sœur: «C'est promis, je n'irai pas voir. C'est du monde dangereux. Ça me fait peur.» Il partit quand même. Quand il fut arrivé là-bas, les gars étaient contents de voir qu'un jeune homme était arrivé parmi eux. Ils dirent: «Nous allons lui faire la même chose qu'à ceux qui sont venus avant lui et qui ont été entraînés par les castors». Alors les hommes demandèrent au petit garçon d'essayer de prendre les castors. Il accepta en disant: «Je vais essayer». Il y avait là deux castors: une femme et un mâle. Le trou où le castor était passé était fermé avec des bouts de bois. Les gars allèrent du côté opposé pour faire sortir les castors. Ordinairement les hommes prenaient les castors par la queue, et comme ils n'étaient pas assez forts, ils se faisaient entraîner et étaient noyés. Tous ceux qui étaient passés avant Tsakapish avaient eu le même sort. Le petit bonhomme sortit les castors et les tua. Il tua la femelle et le mâle. Après il leur attacha les pattes pour les apporter chez lui. C'était Tsakapish qui avait tué les castors et il ne désirait nullement les donner aux gars. Mais quand ces jeunes hommes virent Tsakapish partir avec les castors, ils se dirent entre eux: «Nous allons l'arrêter. Ces castors nous appartiennent.» En effet, il y avait longtemps que les jeunes hommes prenaient soin des castors, mais personne ne pouvait les tuer. Les gars voulurent enlever les castors des mains du petit bonhomme, mais ce dernier se mit à courir et les autres suivirent. Quand Tsakapish vit que les gars couraient plus vite que lui, il les laissa dépasser. Puis, il sauta sur eux et les battit tous. Il leur cassa même les membres: les bras, les jambes, les cuisses, etc. Quand Tsakapish arriva chez lui avec les deux castors, sa sœur vit bien qu'il s'était rendu à la cabane. Alors sa sœur dit: «C'est certain que tu es allé là où tu avais entendu quelqu'un et que tu as tué quelques gars». Tsakapish répondit: «Oui, j'en ai tué, mais il en reste encore quelques-

---

355. Phrase entre parenthèses: «Lorsqu'on fait la chasse aux castors sous la glace, on les prend vivants. On les sort de la glace et on prend une carabine pour les tuer» (voir la note 32, page 86).

uns». Alors sa sœur l'assura que les gars viendraient sûrement les trouver à la maison pour les tuer.

7

Un jour, le petit bonhomme alla de nouveau à la chasse et il entendit encore des voix. Il ne savait pas ce que c'était. Il retourna chez lui et il raconta à sa sœur ce qu'il avait entendu. Sa sœur savait ce que c'était. Il dit à sa sœur qu'il avait entendu des voix et il ajouta qu'il lui semblait que c'était des personnes qui se balançaient. Sa sœur lui expliqua que c'était des bêtes qui balançaient[356] tous ceux qui étaient arrivés. Il y avait là un chaudron d'eau bouillante; les bêtes coupaient la corde et tous ceux qui se balançaient tombaient dans le chaudron. Et les bêtes mangeaient toute la graisse qui sortait de la personne. Quand la sœur eut finit l'histoire le petit bonhomme promit qu'il ne retournerait pas voir les bêtes. Le lendemain, il ne le dit pas à sa sœur, mais il ne put s'empêcher d'aller voir ce qui se passait là-bas et ce qu'on pouvait lui faire. Quand il arriva à l'endroit en question, les bêtes le firent balancer. Il était avec son beau-frère. Il avait apporté avec lui une poche de graisse d'ours[357] qu'il avait tué auparavant. Cette graisse était dans la vessie de l'ours. Il avait bien caché tout ça sous ses vêtements. Rendu sur le terrain, il dit à son beau-frère de ne pas le suivre, car il allait se faire balancer. Le beau-frère se retira et se cacha dans les broussailles. Quand les bêtes virent que le petit bonhomme se balançait et ne pouvait plus s'arrêter, elles coupèrent la corde. Le petit bonhomme tomba dans le chaudron où il y avait de l'eau bouillante. Rendu dans l'eau bouillante, le petit bonhomme déchira la poche de graisse d'ours. Toute la graisse sortit et les bêtes furent surprises de voir qu'il y en avait autant dans son corps. On le croyait mort, mais il vivait toujours. Quand les bêtes s'approchèrent, le petit gars renversa le chaudron et les brûla toutes. Il resta alors seul avec son beau-frère.

8

Un jour, le petit bonhomme rêva qu'il était allé à la chasse et qu'une de ses flèches était restée dans un arbre. Il avait rêvé aussi qu'il était monté

356. Voir la note 46, page 90.
357. Voir la note 47, page 90.

pour chercher sa flèche. Chaque fois qu'il soufflait, l'arbre se rallongeait. Il s'était rendu ainsi dans la lune. Il était bien tenté d'essayer ça sans le dire à sa sœur. Un jour, il partit pour la chasse, sans rien dire à sa sœur. Il tirait sur tous les arbres. Un jour sa flèche resta prise dans un arbre. Il voulut aller la chercher et il se souvint de son rêve. Il soufflait sur l'arbre et, chaque fois, l'arbre grandissait. Rendu au bout, il souffla encore et il s'aperçut qu'il était rendu dans la lune. Dans l'ancienne croyance les gens pensaient que le soleil tournait autour de la terre et qu'il pouvait y avoir une autre terre plus haute. Le petit bonhomme s'est rendu où passait le soleil et la lune et il a tendu des collets[358]. Il a pris le soleil dans son collet, et la noirceur s'est répandue partout. Quand le petit bonhomme s'aperçut qu'il faisait noir, il alla voir ce qui s'était passé. Et il constata qu'il avait bien pris le soleil dans son collet. Il avait beaucoup d'os d'animaux qu'il avait tués. Je sais qu'il avait des os de souris, de crapauds, de grenouilles, et beaucoup d'autres. Il soufflait sur un os et ça devenait vivant, puis il envoyait cet os pour couper le collet du soleil. Mais chaque fois les os s'émiettaient, et le petit bonhomme n'était pas plus avancé. A la fin, il ne lui restait plus que les os d'une souris. Il souffla encore, ça devint vivant et il lança avec un dernier espoir. Le petit bonhomme tout heureux vit que le soleil continuait son chemin: la souris avait coupé le collet. Alors le petit bonhomme retourna sur la terre. Il voulait aller chercher sa sœur et son beau-frère. Toujours en soufflant sur l'arbre, il alla conduire sa sœur et son beau-frère dans le soleil. Lui, il resta avec sa femelle dans la lune. On le voit parfois dans la lune. Vous autres les Blancs vous dites que c'est le bonhomme qui scie du bois, mais c'est ça.

VARIANTE 9

W.D. Strong nous présente ce récit comme une portion «of a long myth I recently secured from the Naskapi Indians. These are an extremely conservative group of Algonkian-speaking caribou hunters isolated in the interior of northeastern Labrador. The first episode of their long culture hero and trickster cycle reads in translation as follow» (Strong, W.D., 1934: 83). Que signifie le terme *recently* et où le récit a-t-il été recueilli? Les travaux de Strong ont porté sur trois groupes:

358. Voir la note 52, page 92.

North West River, Davis Inlet et Barren Ground[359]. Ces communautés entretenaient alors d'étroites relations entre elles; «There is much intercourse between the two bands [Davis Inlet et Barren Ground] and formerly, when the caribou were more abundant there, they often lived together on Indian House Lake [un élargissement de la rivière Georges]. As previously stated, the nucleus of the Davis Inlet band was originally from Northwest river and preserves in part its old dialectic and cultural differences. Intermarriages and shifts of residence tend to keep all these bands well mixed, and the Davis Inlet people have been much influenced by the Barren Ground band with whom they have intermarried and associated for several generations.» (Strong, W.D., 1929: 278). «In the winter of 1927-28 the late William Duncan Strong traveled with members of the mixed Davis Inlet band in the country inland from that post» (Harper, F., 1964: 41). On peut penser que le présent récit aurait été recueilli autour de 1930 auprès de gens de David Inlet. La traduction française est de moi.

Il y avait jadis un vieil homme, son épouse et sa fille. Il demanda un jour à sa femme de l'accompagner; il allait couper le bois dont il avait besoin pour fabriquer des cuillères. *Kātcheetohŭskw*, un monstre redoutable, les entendit couper le bois et vint les tuer. Avant de les dévorer, il piétina leurs corps. Il laissa cependant de côté le fœtus que portait la femme. C'était impur. Restée seule à la tente, la fille pleura longtemps. Ensuite elle suivit les traces de ses parents et trouva l'endroit où ils avaient été tués. Elle découvrit le bébé, le nettoya avec de la mousse et le déposa dans un bol en bois afin de le conserver à la chaleur. Le bébé grandit rapidement et commença à s'agiter. Elle lui donna un arc en bois; il le brisa en le bandant. Elle lui en fabriqua un autre au moyen d'un côte de caribou; il le brisa de la même façon. «Je peux en faire un bien meilleur», dit-il à sa sœur. «Mais non, tu es trop petit», lui répondit-elle. Il alla couper un genévrier[360] sec, dont il tira quatre flèches. Il fit autre chose[361] en bois de conifère... Puis il partit en disant qu'il allait chasser l'écureuil. En réalité, il avait l'intention de tuer le monstre. Il ne tarda pas à apercevoir des traces rondes et profondes dans la neige. Aussitôt entonna-t-il un chant de chasse, qui parvint aux oreilles de celui qu'il cherchait. Ce dernier ordonna à l'ours noir de descendre[362] et de tuer celui qui chantait ainsi. Il fit ensuite la même requête à l'ours blanc et à l'ours brun. *Djāka-bish* — c'était son nom — posa la même question à chacun d'eux: «Es-tu

---

359. Voir la carte de Speck, à la page 57.
360. Dans le texte, on trouve *juniper*. Il s'agit probablement du genévrier commun (Juniperus communis).
361. Il est difficile de savoir s'il s'agit cette fois d'un arc ou d'une cinquième flèche.
362. Le monstre se tient sur une hauteur.

celui qui a tué mon père?» Il renvoya ceux qui lui répondirent négativement. Puis *Djākabish* chanta de nouveau. Le monstre s'informa de la
taille de *Djākabish* auprès de l'ours brun. Ce dernier lui répondit qu'il
était minuscule. «Très bien, dit alors le monstre, je vais aller le tuer.» Et
il partit. Devenu petit, *Djākabish* se tenait au creux d'une des traces du
monstre. Il avait laissé son arc et ses flèches beaucoup plus bas[363]. Il fit
alors le vœu que le monstre l'y repousse d'un coup de son grand nez.
C'est aussitôt ce qui se produisit, le monstre le projetant précisément là
où se trouvait son arme. Le souffle[364] fit grossir *Djākabish*. Il se dressa
alors et demanda: «Qui a tué mon père?». «C'est moi!», répondit le
monstre. «Jusqu'à quel point a-t-il été difficile de tuer mon père?» —
«Autant que ce le serait de détruire le genévrier sec[365] que tu vois là-bas!»
Djākabish visa l'arbre et le brisa. «Trop facile!», dit-il. «La pierre là-
bas», renchérit le monstre. *Djākabish* la visa et la détruisit. Effrayé, le
monstre prit la fuite. *Djākabish* lui décocha une flèche dans chaque
hanche[366]. «Tu es sur le point de me tuer, dit le monstre. Ensuite, tu me
couperas en petits morceaux. Tu mangeras ma tête, mais conserve mes
oreilles pour t'en faire une litière». Puis il mourut. *Djākabish* fit comme
on lui avait ordonné. Il découpa le corps en morceaux de dimensions
variables. Il en lança certains en l'air, qui se transformèrent en oiseaux et
se mirent à voler. D'autres devinrent des animaux et commencèrent à
marcher. Il emporta la tête chez lui et dit à sa sœur de la lui faire cuire. Il
lui demanda aussi de fabriquer une litière avec les oreilles du monstre.
Pendant que la tête cuisait, elle trempa ses doigts dans la marmite et les
lécha. Sa bouche se referma instantanément et il lui fut impossible de
prononcer un seul mot. La tête de *Kātcheetohūskw* s'échappa alors de la
marmite et s'élança à la poursuite de *Djākabish*. Juste comme elle allait
le rejoindre, alors qu'il pouvait déjà entendre le claquement des ses
grandes dents, il lui décocha une flèche.

---

363. Au pied de la montagne sur laquelle se tenait le monstre.

364. C'est généralement de sa propre initiative que le héros augmente ou diminue sa
taille; ici, cette performance est attribuée au souffle du monstre.

365. Le genévrier sec doit donc avoir la réputation d'être un bois dur. Ainsi se trouve
soulignée la remarquable force de cet enfant prodige. Lui que sa sœur trouvait trop petit
pour fabriquer arc et flèches, il y était parvenu en les taillant à même ce bois si dur.

366. Excellente performance pour immobiliser un gibier.

VARIANTE 10

Datée de 1915-1921 par l'ethnographe, cette variante est attribuée à Mesdames Joseph Nicolas et Marie Denis, aidées de Aleck Denis. Speck la rattachait à la tradition Tadoussac-Escoumains [367]. Elle nous est parvenue en anglais (Speck, F.G., 1925: 5). La traduction française est de moi.

Tsəqa'bec vivait en compagnie de sa soeur. Son itinéraire de chasse était très productif. Un jour qu'il apprêtait à aller chasser, sa soeur lui demanda: «Où vas-tu donc?» «Poser des collets[368] à lièvres», répondit-il. Il alla jusqu'à l'endroit où se lève la lune, à l'horizon, et y tendit son collet. Quand *Tsəqa'bec* revint et vit ce qui était arrivé, il fut au comble de la joie. Il aimait tant la lune qu'il y grimpa et dénoua le collet qui la retenait. Depuis lors, il apparaît comme l'homme dans la lune.

VARIANTE 11

Cette variante, datée de 1915-1921 par l'ethnographe, est attribuée à Mesdames Joseph Nicolas et Marie Denis, aidées de Aleck Denis. Speck la rattachait à la tradition Tadoussac-Escoumains [369]. Elle nous est parvenue en anglais (Speck, F.G., 1925: 3-5). La traduction française est de moi.

Jadis vivant un homme, qui avait une épouse et un fils. Ce dernier se nommait *Tsəqa'bec, l'homme accompli* (finished man). Il n'y avait pas d'autres humains. *Tsəqa'bec* était le premier enfant accompli[370]. Ce vieil homme était le maître de tous les oiseaux, ainsi que des petits mammifères terrestres. Ces bêtes vivaient dans la forêt, tout autour de lui. Il lui suffisait de les appeler quand il en désirait. Le soleil était si chaud à cette époque que ni les oiseaux ni les petits mammifères ne pouvaient survivre. C'est pour mettre fin aux malheurs de ses bêtes que le vieil homme conçut le projet de capturer le soleil. Pour ce faire, il érigea à l'horizon, là où

367. Voir la carte de Speck, page 57.
368. Voir la note 52, page 92.
369. Voir la carte de Speck page 57.
370. Speck écrit: «the first finished child».

le soleil apparaît, un piège à bascule en rondins de bois[371]. Voyant son père agir ainsi, le jeune *Tsəqa'bec* lui dit: «Ça ne fonctionnera pas. Si tu dois attraper le soleil, il te faudra autre chose qu'un piège en bois. Je vais fabriquer un collet avec lequel tu réussiras». Durant la nuit, il fit un collet en babiche[372], et le tendit là où le soleil se lève. Le lendemain, juste au moment où il se levait, le soleil s'y prit. L'univers demeura alors dans l'obscurité. Quand les animaux s'éveillèrent ce matin-là, ils crurent que la fin du monde était arrivée, qu'ils allaient tous périr. Certains d'entre eux tentèrent bien de s'approcher du soleil pour couper le collet, mais aucun n'y parvint. Le lièvre essaya; c'était trop chaud pour lui. Quant aux oiseaux, ils ne purent même pas s'approcher de l'endroit; la noirceur les empêchait d'y voir. La souris des bois fit également une tentative, elle qui peut courir si près du sol. Puis vint la musaraigne qui arrive pourtant à se déplacer sous la surface du sol. Mais aucun ne put s'avancer assez près pour couper le collet. Quand l'épouse du vieil homme se leva, elle nota qu'il faisait toujours noir malgré l'heure avancée. «Qu'as-tu donc fait? Aurais-tu capturé le soleil?», demanda-t-elle à son mari. «Si, répondit le vieux. Moi je n'ai fait qu'essayer. C'est *Tsəqa'bec* qui, pour mon compte, y est parvenu. Le soleil brûlait tout ce qu'il y a dans l'univers.» «Bon, dit la vieille, tu as fait là un bien mauvais coup. Maintenant nous sommes dans l'obscurité. Il nous est impossible de voir assez pour assurer notre subsistance. Ce que tu viens de faire là n'est pas bon.» Même *Tsəqa'bec* voulut bien s'approcher du soleil pour couper le collet. Il eut beau se protéger le visage au moyen d'une pièce de cuir, il lui fut impossible d'atteindre le collet et de le couper. Durant ce temps, tout restait calme. Le soleil ne criait pas. Il ne restait que la lune pour éclairer le monde. Les vieux avaient beaucoup de difficulté à trouver leur subsistance. Seul le hibou, ainsi que quelques autres animaux, avaient les yeux assez grands pour retrouver leur chemin dans la forêt. Au bout de quelque temps, la vieille se rendit au lac pour y pêcher à la ligne. *Tsəqa'bec* l'accompagna. Quand elle lançait son hameçon, il se tenait tout près derrière elle. Si bien que l'hameçon finit par lui arracher un œil. Il n'avait maintenant qu'un seul œil. «Te voilà bien puni, lui dit sa mère, pour avoir pris le soleil au collet». Il revint chez lui et dit à son père: «Je

---

371. Plusieurs espèces de pièges sont fabriqués de telle sorte que le gibier, en se saisissant de l'appât, déclenche un mécanisme qui lui fait tomber un lourd rondin de bois sur la tête. On en trouvera de bonnes descriptions dans Cooper, J.H., *op. cit.*

372. La *babiche* est obtenue en découpant du cuir de caribou, de chevreuil ou d'orignal en fines lanières (quelques centimètres). On s'en sert pour tresser les raquettes ou simplement comme corde. Le héros propose donc de prendre le soleil au collet (voir la note 52, page 92).

me suis fait arracher un oeil. Maintenant je ne vois plus. Fais venir tes oiseaux. Prends-un des yeux du hibou et place-le dans l'orbite de celui que j'ai perdu. L'oeil du hibou est gros et fort. C'est ce qui lui permet de voir dans l'obscurité. Prends-lui en un que tu m'installeras». Le vieil homme fit venir son hibou, lui enleva un oeil et le mit à la place de celui que *Tsəqa'bec* avait perdu. L'enfant constata aussitôt que ce nouvel oeil était supérieur à celui qui lui restait. Il lui permettait de voir beaucoup mieux. Aussi revint-il vers son père et lui demanda de remplacer aussi son oeil intact. Le vieux fit à nouveau venir le hibou, lui enleva l'autre oeil et, de la même façon que la fois précédente, il le fixa à la tête de *Tsəqa'bec*. Ce dernier se trouvait alors pourvu d'une excellente paire d'yeux pour circuler dans l'obscurité. Où qu'il aille, il ne s'égarait jamais. Il avait deux gros yeux ronds comme ceux du hibou. *Tsəqa'bec* grandit. Un jour il désira se marier. Parti en quête d'une épouse, il ne mit pas de temps à en trouver une. Au cours de leur première nuit, au lieu de coucher avec elle, il lui dit: «Suis-moi!» Toute la nuit durant, dans la forêt, il la traîna ici et là à la chasse. Mais comme sa vue était moins bonne que la sienne, elle arrivait difficilement à le suivre. Elle se heurtait constamment aux arbres, et finissait par se retrouver à terre. *Tsəqa'bec* se dit alors qu'il ferait mieux de faire changer les yeux de son épouse contre une paire semblable à la sienne. Il l'amena donc chez son père à qui il dit: «Procure-lui donc un oeil de hibou comme le mien.» Le vieil homme fit venir ses oiseaux, prit l'oeil d'un hibou et le substitua à un des yeux de sa bru. Par la suite, quand ils voyageaient la nuit, elle pouvait très bien voir où elle allait. Cette femme devint enceinte. Ce fut un garçon. Il fut nommé d'après son père: *Tsəqa'bejis, petit Tsəqa'bec*[373]. A sa naissance il avait deux yeux ronds de hibou, comme ceux de ses parents. Quand il eut grandi un peu, il dit un jour à son père: «Toi, tu a pris le soleil au collet. C'est pourquoi il fait si noir et nos yeux sont si grands.» «Oui», répondit *Tsəqa'bec*. «Alors je vais attraper la lune au collet», déclara le petit. Il fabriqua un collet et le tendit là où la lune se lève. Ça se trouvait aussi dans le sentier qu'empruntait son père pour aller tendre ses pièges. C'est ainsi que *Tsəqa'bec* se prit le pied dans le collet et se retrouva suspendu la tête en bas[374]. Il cria aussitôt à l'aide. *Tsəqa'bejis* arriva et dit: «Au lieu de la lune, c'est toi que j'ai pris. Te voilà puni pour avoir jadis attrapé le soleil. Ainsi tu demeureras et produiras toi-même de la lumière». Il abandonna ainsi son père pendu par un pied au bout d'une corde. *Tsəqa'bec* devint le soleil, tandis que *Tsəqa'bejis* continua à vivre avec sa mère.

---

373. Voir la note 2, page 81.
374. Il s'agit sans doute d'un collet à ressort (voir la note 52, page 92).

VARIANTE 12

Cette variante de 1919 est attribuée à Marie Denis. L'ethnographe la rattachait à la tradition Tadoussac / Escoumains [375]. Elle nous est parvenue en anglais (Speck, F.G., 1925: 6). La traduction française est de moi.

Il était un jour une femme vivant avec ses deux filles. Elle passait le plus clair de son temps à gratter des peaux de caribou [376]. C'était une anthropophage. Ses filles lui servaient d'appât pour attirer les hommes. Elle les faisait sortir pour pouvoir les attirer jusque dans sa tente. Un jour l'homme Whiskey-Jack (*Wiskedzanabe'o*) [377] alla faire un tour par là. Les filles l'attirèrent jusque dans la tente, et le laissèrent entre les mains de leur mère cannibale. Cette dernière était en train de gratter les peaux de caribou. A mesure que le surplus de graisse qu'elle enlevait des peaux tombait à terre, Whiskey-Jack s'en emparait et le mangeait. C'est ce que fait aujourd'hui l'oiseau whiskey-jack. Il a hérité du comportement de *Wiskedzanabe'o* [378]. La vieille voulut l'attraper et lui briser le crâne contre des pierres. Il lui résista. Un combat s'engagea, au cours duquel tout ce qu'il y avait dans la tente fut détruit. C'est finalement lui qui parvint à se saisir d'elle et à la tuer. C'est alors que *Tsəqa'bec* arriva sur les lieux. Les filles le conduisirent à la tente de leur mère. Elles n'étaient pas d'une mauvaise nature, ces filles. C'était leur mère qui les avait contraintes à agir de la sorte. Une fois libérées d'elle, elles devinrent bonnes. L'une épousa Whiskey-Jack, l'autre *Tsəqa'bec*.

VARIANTE 13

Cette variante est datée de 1915-1921 par l'ethnographe. Ce dernier ne mentionne aucun nom de narrateur ou de narratrice. Il la rattachait à la tradition du Lac

---

375. Voir la carte de Speck, page 57.
376. Voir la note 35, page 87.
377. Le terme *wiskedzanabe'o* est formé de *uīskatshān* (voir note 38, page 87), auquel vient s'ajouter *nāpeu*, homme, homme marié, mâle (Mailhot, J. et Lescop, K., *op. cit.*: 154). Selon ce lexique, *uīskatshān-āpeu* désigne un personnage légendaire analogue à *atiku-nāpeu* (homme-caribou) (*Ibid.*: 39). *wiskedzanabe'o* pourrait donc se traduire par l'expression 'l'homme-geai gris'.
378. Voir la note 38, page 87.

Saint-Jean[379]. Elle nous est parvenue en anglais (Speck, F.G., 1925: 15). La traduction française est de moi.

Deux jolies filles habitaient sur une montagne. Elles étaient cannibales. Elles mangeaient de la chair humaine. Elles préféraient surtout celle des jeunes hommes. Chez elles, on pouvait voir une balançoire[380] suspendue au dessus d'un trou. Après avoir invité leurs victimes à y prendre place, elles poussaient la balançoire avec une force telle que les victimes tombaient et allaient mourir dans le trou. Au fond de ce dernier, il y avait déjà une épaisse couche d'os de jeunes hommes dont elles avaient ainsi disposés. A chacun, elles avaient dit: «Viens. Amusons-nous sur la balançoire. C'est si agréable d'être porté si haut. Nous te pousserons d'abord. Ensuite, tu en feras autant pour nous. Viens. Essayons.» *Tsəqa'bec* connaissait l'existence de ces filles. Il avait comme projet de débarrasser le monde des cannibales; aussi alla-t-il un jour sur la montagne afin de les rencontrer. «Viens. Balançons-nous. C'est si agréable. Nous te pousserons d'abord. Ensuite, ce sera à toi de nous pousser. Tu verras comme c'est agréable», dirent-elles. Il monta sur la balançoire et elles le firent aller très haut. Juste au moment où elles s'apprêtaient à l'envoyer dans le trou, il sauta de la balançoire et vint atterrir sur la montagne. «Effectivement c'est très agréable. Maintenant, c'est à mon tour de vous donner des élans», leur dit-il. C'était bien difficile pour elles de refuser. Aussi proposèrent-elles d'y aller chacune leur tour. «Ce serait beaucoup trop pesant si nous y montions toutes les deux. Il vaut mieux essayer une à la fois», dirent-elles. «Mais non, dit *Tsəqa'bec*, je peux très bien vous pousser toutes les deux. Ce sera beaucoup plus agréable pour vous.» Elles montèrent donc sur la balançoire et il se mit à leur donner des élans. Il leur fit faire un tour complet, de sorte qu'elles se retrouvèrent toutes les deux mortes dans le trou. *Tsəqa'bec* parlait toujours à contre-sens. S'avisait-on de s'informer s'il partait, qu'il ne manquait jamais de répondre: «Non, j'arrive!» Venait-il tout juste de tuer quelque monstre ou autre être maléfique, qu'il répondait à ceux qui s'informaient s'il avait vraiment fait ça: «Non, je ne l'ai pas tué». Aussi, quand il revint chez lui, on lui demanda s'il avait tué les filles cannibales: «Pas du tout, répondit-il. C'est plutôt elles qui ont tenté de me tuer en me faisant aller du haut d'une balançoire jusqu'au fond du trou. Simplement, quand ce fut mon tour de donner des élans, il est arrivé qu'elles sont tombées dans le trou et y sont mortes».

379. Voir la carte de Speck à la page 57.
380. Voir la note 46, page 90.

VARIANTE 14

Datée de 1915-1921 par l'ethnographe lui-même, cette variante pourrait être attribuable à l'une ou l'autre des personnes suivantes: Simon Rafaël, son épouse Pitabəno'kweo, David Basile et Tsibi'c. Speck la rattachait à la tradition du Lac Saint-Jean [381]. Elle nous est parvenue en anglais (Speck, F.G., 1925: 12-13). La traduction française est de moi.

A la fin de sa vie, *Tsəka'bec* disparut. Il promit cependant aux gens de revenir à la fin des temps et de livrer alors un message à la tribu. A son retour, chacun devra faire ce qu'il ordonnera. Certains seront choisis, à qui il apparaîtra. Ce seront les plus importants de l'univers. Il leur dictera ses volontés. Ils les accompliront. Il luttera contre le mal, ce qui causera certainement des guerres. Aujourd'hui personne ne peut le voir. Mais ses adeptes, ceux qu'il choisira à son retour, peuvent dès maintenant voyager ici et là dans le monde. Il arrive parfois que des parents donnent son nom à leurs enfants. Ainsi un certain Joseph Xavier, chasseur de Chicoutimi, a un enfant qui porte ce nom. Du temps qu'il vivait, *Tsəka'bec* tua tous les êtres maléfiques peuplant alors l'univers. Quand il entendait parler d'un tel être, il allait le trouver et le tuait. Cependant, il a toujours catégoriquement nié l'avoir fait. Quand sa famille remarquait qu'il s'apprêtait à partir et qu'on lui demandait ce qu'il allait faire, il cachait toujours la vérité. Il s'assoyait alors, appuyait le bout de son arc contre son pied et, en frappant sur la corde, produisait une douce mélodie[382]. C'est toujours ainsi qu'il agissait avant une de ses expéditions. Sa sœur lui demandait-elle s'il allait tuer un monstre, il répondait: «Non, je vais tuer des écureuils». Ensuite il se levait et partait à la recherche de quelque monstre dangereux en vue de l'exterminer. Sa sœur était très bonne. Sa sœur était si tendre qu'elle s'opposait à ce qu'il tue quoi que ce soit dans l'univers, mêmes les êtres maléfiques. Toujours elle tentait de l'en dissuader. C'est sans doute la raison pour laquelle il lui cachait ainsi le but de ses voyages. Quand *Tsəka'bec* eut terminé ses travaux en ce monde, il conduisit sa mère et sa femme[383] au sommet d'une haute montagne. Il y avait là un grand arbre, dans lequel il leur dit de grimper. C'est lui qui monta le dernier, tenant une flèche dans sa

---

381. Voir la carte de Speck à la page 57.

382. L'ethnographie algonquienne du Québec, à notre connaissance, n'a jamais fait état d'instrument de musique à corde. Toutefois, sur la peau du tambour, des ficelles sont tendues, auxquelles sont fixés des osselets.

383. Et sa sœur?

bouche. Il souffla sur cette flèche, qui partit en laissant un sentier derrière elle. Il fit voyager sa famille dans ce sentier, les conduisant ainsi là où ils vivent maintenant. Sa femme était la fille de *Mictab'o*[384] (géant), ce redoutable géant cannibale.

VARIANTE 15

Datée de 1921, cette variante est attribuée à Simon Rafaël. Speck la rattachait à la tradition du Lac Saint-Jean [385]. Elle nous est parvenue en anglais (Speck, F.G., 1925: 13-15). La traduction française est de moi.

Le géant *Mictabe'o*[386] était un féroce cannibale, qui suivait les humains à la trace dans tout le pays. Il allait jusqu'à pénétrer dans les campements pour y tuer les résidents. Marié, il avait deux jolies filles. Son épouse aussi était une méchante cannibale. Les deux filles étaient cependant d'un naturel plutôt bon. Bien qu'elles se nourrissaient aussi de chair humaine, elles souhaitaient être délivrées de cette habitude. Leurs parents attiraient les hommes chez eux en leur faisant miroiter la possibilité de coucher avec elles. C'est alors qu'ils les tuaient et les mangeaient. Les saisissant par les pieds, ils leur fracassaient le crâne contre une grosse pierre placée à l'intérieur de leur tente. Ensuite ils le faisaient cuire dans une grande marmite. Un jour *Tsəka'bec* se mit à chanter en frappant la corde de son arc, dont une des extrémités était retenue contre son pied. Se servant d'une flèche comme archet, il produisait la mélodie en modifiant la pression exercée sur la corde[387]. Alors sa sœur lui demanda: «Te prépares-tu à aller tuer quelqu'un?» «Non, répondit-il, je vais seulement à la chasse aux écureuils». «Oui, oui, tu vas tuer quelqu'un», insista-t-elle. «Mais non», répéta *Tsəka'bec*. Il avait pourtant la ferme intention d'aller tuer *Mictabe'o* (géant) et *Mictabeockwe'o* (géante)[388]. Il voulait leur enlever leurs filles, de crainte qu'ils ne finissent par les manger. Il dit alors à sa sœur: «Remplis mon *opitcipman'n*[389] de graisse d'ours et

---

384. Sans doute *mistapeu* (plur. *mistapeut*). (Voir la note 44, page 89).
385. Voir la carte de Speck à la page 57.
386. Voir la note 384 ci-dessus.
387. Voir la note 382, page 246.
388. Forme féminine de *mestapeu* (voir la note 44, page 90).
389. Voir la note 47, page 90.

donne-le moi». «Quel projet es-tu donc en train de fomenter?», demanda-t-elle. «Aucun. Donne moi seulement ce que je te demande», répondit *Tsəka'bec*. Elle alla chercher le petit sac de graisse. Il le mit contre sa poitrine et partit. En arrivant au campement de *Mictabe'o*, il aperçut les deux filles assises à l'extérieur. Elles enlevaient le poil des peaux de caribou au moyen d'un grattoir[390]. En l'apercevant, elles se mirent à ricaner. Elles voyaient un homme pour la première fois (on dit que ces filles étaient surtout habituées aux enfants). Leur mère les entendit s'esclaffer. «Qu'est-ce qui vous fait rire de cette façon?», demanda-t-elle. «Ce n'est rien, mère. Nous rions seulement à cause du geai» — «Je suis plutôt d'avis que c'est l'arrivée d'un homme qui vous amuse tant!» — «Pas du tout. C'est le geai qui nous fait rire de la sorte. Il est si drôle quand il s'approche pour attraper des morceaux de viande»[391]. Elles mentaient ainsi pour éviter à *Tsəka'bec* le sort que lui réservaient leurs parents. Mais la vieille finit par l'apercevoir. Il entra dans la tente. Comme elle s'apprêtait à lui fracasser le crâne contre une pierre, afin de pouvoir le placer dans sa marmite, il lui dit: «Si tu fais ça, il n'y aura pas une goutte de graisse dans ta soupe. Pour en avoir, il ne faut pas me tuer à coups de pierre. Dépose-moi vivant dans ta marmite». Elle le prit alors et le plongea dans l'eau bouillante. Dès qu'il fut au fond de la marmite, *Tsəka'bec* ouvrit son petit sac. Le contenu graisseux monta à la surface et forma une couche épaisse. La vieille en enleva un peu à l'aide de sa cuillère, mais il en vint encore. L'eau étant de plus en plus chaude, *Tsəka'bec* réalisa qu'il ne pourrait résister bien longtemps à un tel supplice. Il dit alors à la vieille: «Approche-toi. Il se forme de la graisse à nouveau. Viens plus près. Tu pourras l'enlever plus facilement». Elle prit sa cuillère et vint s'asseoir tout près de la marmite pour y enlever la graisse. C'est alors que *Tsəka'bec* jaillit hors de la marmite, renversant l'eau chaude sur la vieille. Elle mourut ébouillantée. Il ramena les deux filles à sa sœur. En arrivant, il dit à celle-ci: «Voici tes belles-sœurs!»

VARIANTE 16

Cette variante nous est parvenue à travers les écrits du jésuite Paul Le Jeune (Le Jeune, P., 1972: 54-55). Celui-ci ayant toujours été défini comme le missionnaire

390. Voir la note 35, page 87.
391. Voir la note 38, page 87.

des Montagnais, on leur a généralement attribué le récit. Ce ne fut cependant pas le cas de l'anthropologue anglais Tylor qui, vers la fin du XIXe siècle, le considérait d'origine wyandot. Dans la *Relation* de 1637, on le trouve au chapitre XI intitulé «De leurs Coustumes et de leur Croyance». Le chapitre précédent, qui traite «Des Sorciers, et s'ils ont communication auec le Diable», débute ainsi: «Les Sauuages Montagnets...». L'origine montagnaise du récit est donc plausible, encore que ces deux chapitres fourmillent de références algonquines, huronnes et iroquoises. Au moment où il rédige la *Relation* de 1637, Le Jeune occupe le poste de supérieur de la résidence des jésuites à Québec, où il rapporte avoir eu des entretiens privilégiés avec un certain *Makheabichtichiou*. Qui était ce dernier? En arrivant à Québec, il était porteur d'une lettre du jésuite Buteux (Trois-Rivières) «afin d'auuoir libre accés en nostre maison.» (*Ibid.*: 25). Cette remarque de Le Jeune plaide en faveur d'une «nationalité» attikamek. Par ailleurs, d'autres passages suggèrent fortement qu'il n'était ni un Montagnais ni un Algonquin: «Si tost que nous eumes ouuert la parole en public, et que Makheabichtichiou eust tesmoigné de l'affection pour nostre creance, vn Capitaine Montagnez, jaloux de l'amour qu'on luy portoit, se mit à descrier sous main nostre saincte foy et ceux qui la publioient» (*Ibid.*: 43); *Makheabichtichiou* parlait à Le Jeune des Algonquins «qui sont plus hauts dans le fleuue» (*Ibid.*: 52), et de ces derniers, le jésuite écrivait «ie ne les entends quasi pas, quoy qu'ils m'entendent fort bien, tout de mesme que ie n'entendois pas vn vray Gascon ou Prouuençal, quoy qu'il m'entendît bien, parlant François,» (*Ibid.*: 33). Ni Montagnais ni Algonquin, ce *Makheabichtichiou* est fréquemment cité aux chapitres X et XI, notamment au paragraphe précédent immédiatement celui où Le Jeune rapporte le présent récit. On peut cependant penser que si ce dernier lui était venu de cet individu présumé attikamek, le jésuite, selon son habitude, l'aurait indiqué. Aussi, dans l'état actuel de nos connaissances, étant donné le contexte général de la *Relation*, les expériences antérieures de Le Jeune et peut-être aussi la transcription du nom du héros (*Tchakabech*) [392], je crois raisonnable de maintenir l'origine montagnaise du récit. Il aurait alors pu être recueilli entre 1632 et 1637, à Québec, à Tadoussac ou en quelque autre endroit où Le Jeune accompagna les Montagnais. Le récit nous est parvenu en français du XVIIe siècle.

Ils content qu'vn homme et vne femme estans dans les bois, vn Ours vint qui ietta sur l'homme, l'estrangla et le mangea. Vn liéure[393] d'espouuantable grandeur se ietta sur la femme et la deuora; il ne toucha point neantmoins à son enfant qu'elle portoit encore dans son ventre, dont elle estoit preste d'accoucher. Vne femme passant en cet endroict vn peu

---

392. Dans un dictionnaire montagnais-français du XVIIe siècle on trouve: «*tchakabech*: nom de garçon fabuleux» (Silvy, A., *op. cit.*: 153).

393. De toutes celles du corpus, c'est la seule variante mentionnant ce grand lièvre.

apres ce carnage, fut fort estonnée voyant cét enfant viuant, elle le prend, l'esleue comme son fils, l'appellant neantmoins son petit frere, auquel elle donna le nom de Tchakabech. Cét enfant ne creut point en grandeur, demeurant tousiours comme vn enfant au maillot; mais il paruint à vne force si espouuantable, que les arbres seruoient de flesches à son arc. Ie serois trop long de raconter toutes les auentures de cét homme-enfants: il tua l'Ours qui auoit deuoré son pere, et luy trouua encore dans l'esto-mach sa moustache toute entiere; il fit aussi mourir le grand Liéure qui auoit mangé sa mere, ce qu'il recogneut à la trousse de cheueux qu'il luy trouua dans le ventre. Ce grand Liéure estoit quelque Genie du Iour[394], car ils nomment l'vn de ces Genies, qu'ils disent estre grand causeur, du nom de Michtabouchiou, c'est a dire grand Liéure. Pour abreger, ce Tchakabech voulant aller au Ciel, monte sur vn arbre; estant quasi à la cime, il souffle contre cét arbre, lequel s'esleua et grandit au souffle de ce petit Nain; plus il montoit, plus il souffloit, et plus l'arbre s'esleuoit et grandissoit, en sorte qu'il paruint iusque au Ciel, où il trouua le plus beau pays du monde; tout y estoit rauissant, la terre excellente, et les arbres tres beaux. Ayant bien tout consideré, il vint rapporter la nouuelle de tout cecy à sa soeur, pour l'induire à monter au Ciel et y demeurer à iamais. Il descend donc par cét arbre, dressant dans ses branches des Cabanes d'espaces en espaces, où il logeroit sa soeur en remontant. Sa soeur au commencement faisoit la retiue, mais il luy representa si forte-ment la beauté de ce pays-là, qu'elle prit resolution de surmonter la diffi-culté du chemin. Elle mene auec soi vn sien petit nepueu, et monte sur cét arbre, Tchakabech allant apres à dessein de les retenir s'ils tomboient; à chaque giste ils trouuoient tousiours leur Cabane faite, ce qui les soula-geoit fort. En fin, ils arriuerent au Ciel, et afin que personne ne les suiuist, cét enfant rompit le bout de l'arbre iusques assez bas, en sorte qu'on ne peut atteindre delà au Ciel. Apres auoir tout admiré le pays, Tchakabech s'en va pour tendre des lacets, ou comme les autres les nomment, des collets[395], esperant peut-estre de prendre quelque animal. La nuict se leuant pour aller voir à ses lacets, il les vit tout en feu, et n'en osa approcher; il retourne à sa soeur, et luy dit: Ma soeur, ie ne sçay qu'il y a dans mes lacents, ie ne voy qu'vn grand feu, duquel ie n'ay osé appro-cher. Sa soeur, se doutant de ce que c'estoit, luy dit: Ah! mon frere, quel mal-heur! asseurément que vous aurez prins le Soleil au lacet: allez viste

---

394. Parlant des Montagnais, le jésuite écrivait: «De plus, ils croyent qu'il y a certains Genies du jour, ou Genies de l'air; ils les nomment *Khichikouai* du mot *Khichikou*, qui veut dire le jour et l'air» (Le Jeune, P., 1972e: 14). «*tshīshik*ᵘ, jour, journée, temps» (Mailhot, J. et Lescop, K., *op. cit.*: 343).

395. Voir la note 52, page 92.

le desgager, peut-estre que marchant la nuict, il s'est jetté là dedans sans y penser. Tchakabech bien estonné, s'en retourne, et ayant bien considéré, trouue qu'en verité il auoit prins le Soleil au colet. Il s'efforce de le deliurer, mais il n'en ose approcher. Il rencontre par cas fortuit vne petite souris, la prend, la souffle et la faict deuenir si grande qu'il s'en seruit pour detendre ses colets, et desgager le Soleil, lequel se trouuant libre, continua sa course à l'ordinaire. Pendant qu'il fut arresté dans ces lacets, le iour manqua ça bas en terre. De dire combien de temps, ny qu'est deuenu cét enfant, c'est ce qu'ils ne sçauent pas et qu'ils ne sçauroient sçauoir.

VARIANTE 17

Cette variante fut recueillie en langue indienne (enregistrement sonore) par Serge Mélançon, en 1967, à Schefferville. Le narrateur John Peastitute «appartient au groupe d'Indiens déménagé de Fort Mackenzie à Schefferville en 1955.» (Lefebvre, M., *op. cit.*: 13). Joseph Peastitute en avait d'abord fait une traduction anglaise, que Mélançon a par la suite traduite en français. Le texte indien lui-même ne fut pas transcrit. La traduction française reproduite ci-dessous fut publiée en 1971 (*Ibid.*: 21-33).

Il y avait un homme qui vivait avec sa fille et sa femme, ils étaient trois. Un jour il dit à sa fille: «J'ai l'intention de faire un canot. Il y a des bouleaux dans la montagne, nous irons les chercher. Je les écorcerai et je ferai un canot, ce sera notre bateau». La fille dit: «D'accord». Et l'homme dit à sa femme: «Viens avec moi». Alors ils partirent, la femme alla avec son mari et la fille garda le campement. Quand le soleil se coucha (sic), le père de la jeune fille ne revenait toujours pas. Elle était encore en train de l'attendre. Il ne revenait toujours pas et sa femme était enceinte d'un fils. Cette femme allait avoir un bébé dont le nom serait *Tshahapash*, l'araignée. Le garçon n'était pas encore né. Or c'est *Katshitushk* que l'homme et la femme avaient rencontré. Et tous deux étaient morts. *Katshitushk* les avait mangés. Et le nom du garçon était l'araignée. Lui ne fut pas mangé. *Katshitushk* retira l'utérus et le jeta au loin. Il se contenta de le jeter et ne dévora que la mère et le père. Alors ceux-ci n'étaient plus. Le soleil descendait et la fille se dit: «Je vais aller chercher mon père et ma mère». Alors elle partit à leur recherche. Elle arriva à l'endroit où quelqu'un les avait tués. Sa mère avait été entièrement dévorée, son père aussi. Il ne restait plus rien sur le sol. «Quelqu'un a tué mon père et ma mère», se disait-elle. Puis elle vit quelque chose qui dépassait de la neige. Elle s'en approcha. Alors elle vit et elle sut que c'était un bébé qui était dedans. Elle ramassa. Elle déchira l'enveloppe et elle vit un bébé. Celui-ci n'était pas endommagé. Alors elle pensa: «C'est mon frère». La jeune fille songeait. «Comment pourrais-je l'amener à la vie?» Alors elle prit son frère, et le déposa dans un petit chaudron qu'elle tenait. C'est ce qu'elle avait à la main, alors elle mit le bébé dedans. Après qu'elle l'y eut déposé, le bébé se mit à bouger. Elle posa un couvercle sur le chaudron, puis elle rentra au campement. Une fois chez eux, le bébé bougeait comme un homme. Il bougeait. Et elle gardait son frère. Elle songeait: «Comment pourrais-je l'amener à vivre?» Elle l'avait mis dans le chaudron, et le bébé grandit et fit tomber le couvercle qui se détacha du chaudron. Le bébé grandissait très vite. *Tshahapash* grandissait et maintenant il savait parler. Alors il dit: «Soeur». La fille répondait chaque fois: «Frère». Il dit: «Soeur, d'où est-ce que je viens? Comment pouvons-nous naître sans père ni mère?» La jeune fille dit: «Frère, notre père et notre mère ont été tués par quelqu'un alors que tu étais dans le ventre de notre mère, quand tu n'étais pas encore né. Ils ont été tués par quelqu'un. Tu n'as pas été dévoré, tu as été jeté au loin. Ensuite je t'ai recherché; puis je t'ai trouvé, et je t'ai amené au campement». Alors le garçon sut ce qui s'était passé. Il dit: «Oui, soeur, puis-je faire une tente à suerie[396]?». La jeune fille dit: «Oui.» Elle ne lui refusait jamais rien. C'est ce qu'il fit. Il construisit une tente à suerie, puis il y entra. Il riait sous la tente... Ensuite, il dit: «Soeur, casse la tente, casse-la». Avant d'être démolie, la tente était couverte de terre[397]. Il était assis et il était grand maintenant[398]. C'est qu'il était vraiment petit avant d'entrer. Il

---

396. «Le rite de la suerie, si répandue chez les peuplades de la famille linguistique algonquine, est un trait beaucoup plus général que l'on retrouve depuis l'océan glacial arctique — sauf quelques bandes esquimaudes, — et jusqu'au Mexique où les Aztèques l'on pratiqué. S'il sert fréquemment de remède physique, c'est d'abord une médication de l'âme et un moyen d'influencer l'esprit des animaux» (Rousseau, J. et M., 1953: 152). On dispose de description de la suerie pour les Indiens de l'Acadie (Biard, P., 1911: 16), pour les Montagnais (Le Jeune, P., 1972b: 6, 1634: 19), pour les Cris des Plaines (Paget, A.M., 1909: 117, Mandelbaum, D.G., *op. cit.*: 212), pour les Menomini (Hoffman, W.J., 1896: 117). Chez les Montagnais, «the sweat lodge is called *madatca'n*, *metesa'n*, without much variation among all the bands» (Speck, F.G., 1935: 212). «Waugh's notes on the Barren Ground band at David Inlet give the term as *madaicān*» (*Ibid.*: 212, note 25). Les cris des Plaines emploient le terme «*ma-too-tah-wee-ca-mick*, or vapour lodge» (Paget, A.M., *op. cit.*: 66). Pour les Menomini, Hoffman donne le terme *pémika'mik* (Hoffman, W.J., *op. cit.*: 310).

397. La suerie semble avoir eu lieu sous un dôme de terre. Pour en sortir, il demande à sa soeur de briser cette sorte de coquille. Généralement, la tente à suer n'a pas de porte comme telle; pour y entrer comme pour en sortir, on ne fait que soulever la peau ou la toile qui en recouvre la structure.

398. C'est ce que découvre la fille.

était devenu presque aussi grand qu'un homme. Il se façonnait lui-même. Et la jeune fille ne disait rien. Puis un matin il sortit. Il dit: «Soeur, puis-je me tailler des arcs et des flèches, puis-je fabriquer mon arc?» Il n'était pas aussi grand qu'un homme[399]. Il n'était pas très fort, mais il n'était pas faible. Quand il faisait quelque chose, il le faisait très vite. La fille dit: «Oui». Alors il partit à la recherche des mélèzes[400], puis il en équarrit un. Ces arbres sont très hauts. Et il existe des arbres qui ont l'air lisse, c'est ce qu'il voulait utiliser pour ses flèches. Il les aplanit, puis fit des pointes pour ses flèches. Il les rendit lisses, il allait s'en servir comme flèches. Puis il rentra chez lui. Il possédait trois flèches. Au campement il y avait à manger. Le repas avait été préparé pendant qu'il était parti. Dès qu'il fut entré, il mangea. Après avoir mangé, il dit à sa soeur: «Va chercher mon arc, je vais le travailler avec un couteau». Il avait le couteau de son père[401], il l'avait. Alors sa soeur alla chercher l'arc. Elle s'aperçut que son frère s'était contenté de l'équarrir. Alors la fille dit: «Ce n'est pas ainsi que l'on fait un arc» — «Cela n'a pas d'importance. Apporte-le moi». Alors elle transporta l'arc dans la tente. Puis il le travailla. Il fabriquait son arc. Il n'avait pas l'intention de le faire beau. Alors il dit: «C'est parfait, emporte-le dehors». Elle l'emporta à l'extérieur. «Apporte-moi mes flèches», et elle les lui apporta. Alors il les travailla mais il n'avait pas l'intention de faire de belles pointes, il se contenta de les polir. Il dit à sa soeur: «Apporte-moi cette corde.» Il voulait l'utiliser pour achever son arc. Tout en arrangeant ses flèches, il dit: «Soeur, [à propos de] notre père, quel est le nom de l'animal [qui l'a tué]?» — «Frère, cet animal est énorme. Il s'appelle *Katshitushk*, dit-elle, cet animal est énorme». *Tshahapash* dit: «Oui», puis il ne dit plus rien [sur ce sujet]. «Soeur, puis-je aller chercher des écureuils? Je me promènerai dans les environs», dit-il. La jeune fille accepta. Tout en se promenant, il était à la recherche de *Katshitushk*. Il arriva à l'endroit où son père et sa mère avaient été tués. Il y avait une grosse pierre. Il y alla et y cacha son arc et ses flèches, les mettant dans un trou et les recouvrant de neige. Puis il s'allongea sur la roche, chantant: *Katshitushk*, je cherche *Katshitushk*, je cherche *Katshitushk*. Quelqu'un dit soudain: «Qui est-ce [qui chante]?» Puis l'ours noir apparut, il s'approcha et vit quelqu'un étendu par terre. Le garçon dit: «Es-tu *Katshitushk*?» L'ours répondit: «Non, ce n'est pas moi» — «Rentre chez toi, je veux voir *Katshitushk*, c'est lui que je cherche», lui dit *Tshahapash*. Alors l'ours s'en alla et un animal s'informa

---

399. Le conteur semble y être allé un peu fort; pour introduire l'épisode suivant, il doit faire légèrement marche arrière.

400. Epinette rouge.

401. Sans doute un couteau croche (voir la note 197, page 148).

auprès de lui, disant: «Que fait-il?» L'ours répondit: «Tshahapash m'a dit: ce n'est pas toi que je veux, je veux *Katshitushk*». *Katshitushk* dit alors à l'ours blanc d'aller voir *Tshahapash*. L'ours blanc se rendit donc auprès du garçon qui le vit venir. Quand il fut tout près, *Tshahapash* l'appela: «Es-tu *Katshitushk*?», lui demanda-t-il. L'ours blanc répondit: «Non», à quoi *Tshahapash* répliqua: «Je cherche *Katshitushk*». Alors l'ours blanc s'en retourna et *Katshitushk* lui demanda: «Que fait-il?» — «Il cherche *Katshitushk* et il m'a dit de rentrer chez moi», répondit l'ours blanc. Alors *Katshitushk* s'informa: «Comment est-il?» — «Il est très petit, dit l'ours blanc, il est étendu au sommet d'une roche, il est tout petit, tout maigre et élancé» — «Je vais le trouver», dit *Katshitushk*. Puis il se leva et il était très grand. Quand il se levait toute la terre tremblait. *Tshahapash* n'avait pas oublié que la tête de *Katshitushk* atteignait le milieu des grands arbres. Alors il pensa que c'était lui et ne bougea pas. Il ne bougeait pas, il faisait semblant d'être mort. Alors *Katshitushk* arriva auprès du garçon qui était au sommet de la roche. *Katshitushk* dit: «Est-ce là celui qui cherche *Katshitushk*? Il est vraiment très maigre». *Tshaha-pash* écoutait et commençait à s'endormir. *Katshitushk* frappa le garçon avec sa trompe, c'est ce que *Tshahapash* avait prévu. Il pensait: «J'es-père que tu vas me frapper avec ta trompe». Il arriva près de son arc; *Katshitushk* projeta *Tshahapash* avec sa trompe, et celui-ci tomba à l'endroit où étaient cachés son arc et ses flèches, et se redressa, disant: «Il n'y a pas moyen de dormir tranquille!» Alors *Katshitushk* le regarda; *Tshahapash* prit ses flèches, il sortit son arc et ses flèches du trou où ils étaient cachés. Puis il dit: «Mon père et ma mère ont été tués par quelqu'un». *Katshitushk* dit alors désignant un gros arbre: «Je suis aussi dur que cela». *Tshahapash* alors prêt à décocher sa flèche, tira sur l'arbre et l'atteignit. L'arbre tomba en morceaux. *Katshitushk* remarqua: «Ce n'était pas tellement dur, ce n'était pas tellement dur». Il y avait une pierre au sommet de la montagne. *Katshitushk* dit: «Cette pierre est aussi dure que moi». Il lui montrait la pierre. *Tshahapash* ramassa son arc. Il tira et la pierre s'écroula. Aors *Katshitushk*, effrayé, fit demi-tour. *Tshahapash* n'avait plus qu'une flèche. Quand *Katshitushk* se retourna, il lui tira dans le dos. *Katshitushk*, le dos fracassé, tomba. Il se mit à ram-per. *Tshahapash* récupéra toutes les flèches qu'il avait lancées, puis il les décocha de nouveau sur le dos de *Katshitushk*. Alors celui-ci dit: «Oui, tu as réussi». *Katshitushk* était presque mort. Avant de mourir il dit: «Tu m'as tué, voilà ce que tu m'as fait. Tu vas me dépecer. Découpe mes oreilles, c'est ce que tu utiliseras comme couverture». Alors *Tshahapash* le dépeça entièrement. Puis il se servit de ses oreilles comme couverture». Il avait les deux oreilles attachées ensemble. Il rentra au campement et les déposa près de la porte. Sa soeur lui donna à manger. *Tshahapash* lui dit:

«J'ai rapporté quelque chose. Tu peux t'en servir». Alors sa sœur alla le chercher. C'étaient de grandes choses poilues. La jeune fille était effrayée. Elle recula et rentra [dans la tente]. Elle dit: «Frère, qu'est-ce que c'est que ça?» *Tshahapash* dit: «Notre père et notre mère ont été tués par quelqu'un. Ce sont ses oreilles, je l'ai tué. Apporte-les moi dans [la tente] et arrange-les. Tu pourrais m'en faire des couvertures. Tu pourrais te servir de l'une et moi de l'autre». Elles étaient grandes. La jeune fille les déposa dans la tente. Puis elle les cousit pour en faire des couvertures. Le lendemain matin, *Tshahapash* entendit quelque chose. «Sœur, qui se balance[402] là-bas?» — «Frère, n'y va pas, ils sont fous. Si tu vas près d'eux, ils vont te faire un tour de balançoire. Ils ont fait un feu là-bas et ils ont suspendu un énorme chaudron. L'eau [qui s'y trouve] est bouillante et l'homme meurt parfois» — «Oh, sœur, je ne m'en approcherai pas. Je suis tout effrayé par ton histoire», dit *Tshahapash*. Après s'être habillé, il s'y rendit. Ils le virent descendre de la colline. Ses raquettes étaient très grandes, son arc aussi, mais il semblait très maigre et mince. Ils dirent: «Voici venir un ami» — Il n'avait pas écouté sa sœur — Ils dirent: «Eh, étranger, veux-tu faire un tour de balançoire?» Alors *Tshahapash* vit le chaudron. Il déposa ses flèches [de façon à ce qu'elles soient] debout; quant à son arc, il ne le déposa pas par terre. Avant d'y aller, il enduisit tout son corps de l'onguent de sa sœur[403]. C'est ce qu'il fit. Il en mit sous ses bras. Il arrangea sa ceinture pour qu'elle ne puisse tomber. Il était prêt à se balancer. Il n'avait pas enlevé ses raquettes. Il avait son arc à la main et il n'avait pas enlevé ses raquettes. Alors il dit: «Voici ce que vous allez faire. Vous allez couper cette corde et je vais tomber dans votre chaudron. Une fois tombé, je vais bouillir. Asseyez-vous tout autour quand je serai en train de bouillir». Puis il se balança très vite et l'un d'eux coupa la corde. Au moment où *Tshahapash* arrivait au-dessus du chaudron, il y sombra. Il avait alors envie de pleurer. Il n'était pas mort, il regarda autour de lui. Un homme dit: «Faites ce qu'il a dit». Et tous vinrent autour du chaudron, *Tshahapash* se dit que chacun s'approchait. Alors il renversa le chaudron et éclaboussa tous ceux qui étaient autour. Tous avaient la poitrine brûlée. Alors ils se mirent tous à pleurer. Tout le monde avait le visage brûlé et les yeux aussi, [ils étaient brûlés de] partout. Il les frappa tous à la tête avec son arc. Il les tua tous. Puis il se dit: «Ah, ces étrangers voulaient me manger!» Ensuite, il s'en alla. Il rentra au campement et il ne raconta pas à sa sœur ce qui s'était passé. Puis le lendemain, de nouveau, il dit à sa sœur: «Qui

402. Voir la note 46, page 90.
403. Voir la note 203, page 208.

sont ces gens qui grattent des peaux de caribou[404]?» — «Ne t'approche pas d'eux, frère, leur mère te tuerait. Elle tue les gens. Elle s'appelle *Tshennishkwaw*[405]. Et il y a deux autres femmes, celles-ci mangent du caribou et leur mère mange les gens. Elle se bat avec les gens qui s'approchent d'elle et il y a quelque chose de pointu qui sort de terre. Quand elle se battra avec toi, elle te jettera sur cette chose pointue. Et tu auras un trou dans le dos et tu mourras. Les gens meurent quand elle leur fait cela» — «Sœur, je n'irai pas, je suis effrayé maintenant que tu m'as raconté cette histoire», dit *Tshahapash*. Une fois habillé, *Tshahapash* dit: «Sœur, je vais seulement faire un tour dans les environs». Il ne voulait pas lui dire qu'il avait l'intention d'aller voir les gens. Arrivé dans la forêt, il se dirigea vers l'endroit d'où venait le bruit qu'il entendait. Alors il s'approcha des gens. Les femmes grattaient des peaux de caribou. L'une d'elles dit à sa sœur: «Voici un étranger[406]». Alors il se tint éloigné. Les filles se mirent à rire. La mère était à l'intérieur. «Mes filles, de qui riez-vous?», demanda-t-elle. L'une d'elles dit: «Un geai est en train de picorer les peaux de caribou». La mère regarda dehors, et elle vit un homme qui se tenait debout. La mère dit: «Mes filles, est-ce un homme qui vient?». L'une des filles dit à *Tshahapash*: «Ne viens pas nous parler». La mère se taisait, *Tshahapash* se tenait droit. Alors la fille dit: «Notre mère va te tuer. Quand un homme vient, notre mère le tue». *Tshahapash* dit: «Oui». La mère alors les appela: «Mes filles, venez». Elles ne voulaient pas y aller. Alors *Tshahapash* dit: «Entrez, je vais entrer aussi», et elles entrèrent après quoi *Tshahapash* entra à son tour. Puis il s'assit près de la porte. La mère dit: «Je vais lui donner à manger». Elle voulait lui donner de la chair humaine. *Tshahapash* savait qu'elle mangeait les gens. Il ne voulait pas prendre cet aliment. Elle insistait pour lui donner à manger. Il ne voulait pas en prendre. Les filles lui donnèrent de la viande de caribou. *Tshahapash* mangea, puis il sortit. La mère sortit également. Elle vit l'arc et les flèches debout contre la paroi extérieure de la tente. Alors elle les prit. Il y avait de l'onguent dessus. Elle ne put bander l'arc. «Mes filles, amenez-moi l'homme, je veux me battre avec lui», dit-elle. *Tshahapash* voulut alors sortir[407]. L'une d'elles dit: «Ne t'approche pas d'elle». Ils sortirent tous les trois. *Tshahapash* dit: «Oui», puis ils sortirent tous les trois. «Bon, mes filles, je vais me

---

404. Voir la note 35, page 87.
405. Voir la note 86, page 185.
406. Voir la note 33, page 86.
407. N'était-il pas déjà à l'extérieur de la tente?

battre avec lui», dit la mère. Alors *Tshahapash* pensa à ce que sa sœur lui avait dit. Puis il lutta avec elle. Il se disait qu'elle allait le projeter sur le pieu. Ils se déplaçaient dans cette direction tout en se battant. Alors il vit la chose pointue. La mère voulut le soulever et le jeter sur le pieu. Elle ne pouvait pas le battre, elle ne pouvait pas le faire tomber non plus. Alors il dit aux deux femmes: «Est-ce que vous allez pleurer, si je tue votre mère?». La mère dit alors: «Tu me tuerais? Tu ne peux me vaincre, je suis plus forte que toi! Tu ne réussiras jamais à me tuer!» Les filles: «Non. Chaque fois que nous voulons épouser un homme, elle le tue». Les filles ramassèrent des bâtons par terre, puis elles frappèrent leur mère aux jambes, elles rouaient ses mollets de coups. Après qu'elles l'eurent frappée de leurs bâtons, l'une d'elles dit: «Je ne pleurerai pas si tu la tues». La mère protesta: «Mes filles, attendez une minute», et elle luttait contre *Tshahapash*. Celui-ci vit une chose pointue plantée en terre. Elle l'entraînait vers cette chose. Alors il souleva la mère, il la souleva et la laissa tomber, l'anus sur la chose pointue. C'était douloureux, cela s'enfonçait en elle, c'était de l'acier. Elle ne pouvait pas bouger. Alors *Tshahapash* dit: «Allez-vous pleurer si je tue votre mère?» Les filles dirent: «Non». Puis elles reprirent les bâtons. Elles frappèrent leur mère sur la tête. Ces deux jeunes filles tuèrent leur mère. Ensuite *Tshahapash* dit: «Ma sœur est là-bas, vous pouvez venir avec moi, elle vous gardera». Les jeunes filles acquiescèrent. Ils se rendirent au campement de *Tshahapash*. Celui-ci entra. Il dit: «Sœur, je t'amène des amies». La sœur jeta un coup d'œil par la porte et aperçut deux femmes qui se tenaient debout: «Frère, tu as tué leur mère?» — «Elle voulait me tuer, alors je l'ai tué le premier», riposta *Tshahapash*. Les deux jeunes filles étaient restées dehors quand *Tshahapash* était entré. «Sœur, fais-les entrer», dit-il. Alors la sœur ouvrit la porte: «Entrez, entrez», dit-elle. Ce qu'elles firent. Puis elles vécurent avec [le frère et la sœur]. Et elles restèrent là. Puis le lendemain, ils entendirent que l'on faisait un trou dans la glace. [Les gens qui faisaient cela] cherchaient de gros castors[408]. Alors Tshahapash entendit que l'on creusait un trou: «Sœur, quel est ce bruit?» La sœur dit: «Laisse-les tranquilles, frère, ne t'en approche pas. Ils cherchent de gros castors. Quelquefois ils disent à un homme de sortir un gros castor de l'eau et l'homme tombe [dans le lac]. Alors ils rient». Elle dit: «Ce sont de méchantes gens, des *metshiyutsh*[409]». Alors il s'ha-

---

408. Voir la note 32, page 86.

409. «Cannibales apparentés au géant mythique *atshen*» (Lefebvre, M., *op. cit.*: 112) (voir la note 86, page 185).

billa, puis il fit: «Puis-je aller chasser des écureuils?» Après être entré
dans la forêt, il se dirigea vers l'endroit d'où venait le bruit. Un bruit de
quelqu'un qui creuse dans la glace, voilà ce qu'il entendait. Puis il vit des
gens qui chassaient de gros castors, il les vit creusant un trou. Un homme
dit: «Un étranger vient»[410]. Ils cherchaient de gros castors. *Tshahapash*
se souvenait encore de ce que sa sœur lui avait raconté. Un homme dit:
«Nous avons fermé [la maison du castor] de sorte que tu puisses en attraper un à la main». Alors le garçon s'allongea sur la neige et mit ses mains
dans l'eau. Il attrapa un castor par la queue. Il n'avait pas déposé son
arc. Il prit le castor, le frappa sur la tête avec son arc et le jeta sur la
neige. Puis de nouveau, il passa ses mains dans le trou. Il fit la même
chose avec un autre castor. Il le frappa et le jeta au loin. Cela en faisait
deux. *Tshahapash* détacha la corde de son arc et attacha ensemble les
deux castors. Il les mit sur son dos, puis s'en fut, les emportant. Un
homme dit: «Rattrape-le», c'est ce qu'il dit au plus jeune des garçons.
Alors ils allèrent vers *Tshahapash*. Celui-ci les vit s'approcher. *Tshahapash* avait l'air tout petit mais il avait de grandes raquettes[411]. Les deux
hommes dirent: «Défais-toi de ces castors», et l'un d'eux ajouta: «Pourquoi prends-tu nos castors? Donne-les nous. Pourquoi les as-tu pris?
Donne-les nous. Ote-les de ton dos». Puis les deux hommes voulaient les
lui enlever. *Tshahapash* tordit les bras de l'un d'eux, puis de l'autre. Ils
ne pouvaient bouger leurs bras, parce que *Tshahapash* les leur avait
tordus, ainsi personne ne pouvait plus le battre. Il leur cassa les bras; les
os étaient déplacés. Ensuite il rentra au campement. Les hommes
disaient: «Regardez ce qu'il nous a fait», et l'un d'eux ajouta: «Nous
voulions reprendre les castors. Regardez ce qu'il nous a fait. Allons les
chercher, allons les chercher. Nous allons le rouer de coups». Quand
Tshahapash fut arrivé au campement, sa sœur écorcha les castors. Puis
elle les mit dans un chaudron pour les faire cuire. Tandis qu'ils bouil-
laient, *Tshahapash* dit à sa sœur: «Retire ces castors du feu, nous pouvons les manger». Puis sa sœur alla chercher de la neige. Et elle entendit
venir les gens: «Frère, quelqu'un vient. Je crois que tu as volé ces castors». *Tshahapash* répondit: «Je croyais qu'ils me les avaient donnés.
Apporte-moi mes chaussettes». Il avait tout [ce qu'il fallait]. Il lança ses
chaussettes en l'air. Elles retombèrent sous forme de pierres. Lui se tenait
sous [l'amas de pierres]. Puis tous les gens atteignirent la tente. Ils ne

---

410. Voir la note 33, page 86.
411. Il avait réduit sa taille.

savaient pas par où entrer, la tente était complètement entourée de pierres. Il y avait de grosses pierres tout autour. Quant à *Tshahapash*, il se tenait à l'intérieur. Il dit à haute voix: «Sœur, retire tous les castors de la marmite. Je crois qu'ils sont cuits». C'est qu'il voulait se faire entendre des gens. Personne ne pouvait entrer. Ils ne pouvaient pas non plus casser la maison. Elle était complètement entourée de pierres. Alors chacun dit: «Laissons-le. Un jour, quand il aura oublié, nous pourrons l'attraper». Tous s'en allèrent. Alors il mangea tout ce qui avait été cuit. Après avoir mangé, il reprit sa chaussette. Puis ce fut l'hiver et il resta là. L'été suivant ils s'installèrent près du rivage, et sa sœur dit: «Frère, ne décoche pas tes flèches dans l'eau. Il y a un gros poisson dans l'eau et il t'attraperait!» Alors il dit: «Oui» à sa sœur. *Tshahapash* ne la croyait jamais, mais quelquefois il faisait semblant de la croire. Un jour, il lui dit: «Sœur, jette ton hameçon à l'eau, je voudrais manger du poisson. Plante un bâton dans le sol et attaches-y ta ligne à laquelle tu fixeras ton hameçon». Sa sœur acceptait toujours de faire ce qu'il demandait. Elle le fit. Elle planta un bâton à l'intérieur de la tente et elle y attacha la ligne. Puis *Tshahapash* se promena aux alentours. Tout en marchant, il décocha une flèche dans l'eau. La flèche flottait sur l'eau, alors il se dit qu'il irait la chercher et il y alla en chantant: «L'océan est rouge, l'océan est rouge[412]. Alors le poisson l'entendit. Puis il le vit venir. Il dit: «Qui est-ce?» Quand il faisait quelque chose, *Tshahapash* était très petit. Alors le poisson l'avala. *Tshahapash* dit: «Ne me mords pas. Avale-moi seulement». Alors le poisson ne le mordit pas, il l'avala. *Tshahapash* lui dit: «Ne m'entraîne pas là où est ton estomac. Installe-moi seulement de façon à ce que ma tête sorte de ta bouche». Le corps de *Tshahapash* fut installé entre les dents du poisson, sa tête sortant de la bouche de celui-ci. *Tshahapash* dit: «Promène-toi par ici». Il vit l'hameçon de sa sœur, puis il vit sa ligne. Il dit. «Je vois quelque chose par là-bas, reviens en arrière». Et le poisson fit demi-tour. Puis il dit: «Vois-tu cela? Attrape-le». Alors le poisson l'attrapa, il l'avala. *Tshahapash* tira l'hameçon, puis il le retint. Le garçon retenait l'hameçon, puis il le retint. Le garçon retenait l'hameçon. Le poisson le tirait aussi. C'était l'hameçon de sa sœur [celui dont la ligne était attachée à un bâton dans la tente]. Et ce bâton à l'intérieur de la tente bougea. Alors la sœur sut qu'un poisson était pris à l'hameçon. Alors elle s'en approcha et tira la ligne, puis elle sortit le poisson de l'eau. C'était un *kamiutshiutskoshwa*[413]. Alors la fille tua le poisson. Puis elle

412. Détail que nous ne sommes pas parvenus à éclaircir.
413. L'identité de cette espèce nous est inconnue.

l'amena chez elle. *Tshahapash* pensait: «Ma sœur va me tuer. Elle va me couper le ventre». Puis elle ouvrit le poisson. *Tshahapash* se tenait au fond de l'estomac du poisson, il se réfugia là. Elle jeta les intestins. Alors *Tshahapash* sortit: «Sœur, cette odeur m'a tout imprégné». La fille dit: «Je ne peux pas le croire, tu es fou! Je t'avais dit de ne pas aller près de l'eau. Tu devais être en train de nager et il t'a avalé». *Tshahapash* n'était pas mort. Ensuite il resta dans les environs. Un jour qu'il était encore en train de se promener, il attacha une flèche en haut d'un arbre, puis il descendit de l'arbre et y remonta. Quand il eut atteint sa flèche, il souffla dessus et l'arbre se mit à grandir. Il continua à souffler et l'arbre devint très grand. Alors il atteignit le soleil. Sur le soleil c'était comme sur la terre, il alla s'y promener. Il y avait beaucoup d'écureuils sur le soleil. Il vit l'arc-en-ciel. C'était très joli. Tout était très joli en ce lieu. Puis il décida de rentrer au campement. En chemin il se fit un lit pour dormir dans l'arbre. Par trois fois il se fit un lit, il se faisait une sorte de nid pour dormir. C'est là qu'il pourrait dormir quand il reviendrait. Revenons à sa sœur. Pendant qu'il était parti, les gens [dont il avait pris les castors], les méchantes gens vinrent. Ils enlevèrent sa sœur. Les deux filles n'avaient pas été touchées. Seule sa sœur avait été enlevée. Alors il dit: «Où est ma sœur?» — «Ta sœur n'est pas ici. Nous avons vu venir quelqu'un. Ta sœur a été enlevée. Ils sont partis par là. C'est dans cette direction qu'ils sont allés en pagayant», dirent les filles. *Tshahapash* dit: «Oui». Après avoir mangé il dit: «Je vais chercher ma sœur, je la trouverai». Puis il sortit, n'emportant que ses arcs et ses flèches. Il n'avait que son arc à la main. Ensuite il alla près du rivage et se mit à marcher sur l'eau. On aurait dit qu'il marchait sur la glace. Il tenait son arc comme une canne. C'était comme s'il patinait sur la glace, c'est ce qu'il fit. Tout le monde croyait qu'il patinait. Bientôt la fille [qui était restée sur le rivage] perdit son mari de vue... Puis il atteignit l'endroit où était sa sœur. Il entra dans la longue tente et arriva auprès de sa sœur. Puis il la prit dans ses bras et la fit sortir, la soulevant. Elle était étendue sur un lit. Il l'éventa, passa ses bras sous les siens et ils se dirigèrent vers la sortie. Quand ils arrivèrent sur le rivage, il fit quelque chose pour la réveiller. Il souffla sur elle seulement et elle s'éveilla. Puis ils s'en furent. Alors un homme dit: «Que faites-vous? Allez les chercher.» [Les poursuivants de *Tshahapash*] étaient nombreux. Ils s'approchèrent du rivage, ils lançaient des haches. *Tshahapash* courait avec sa sœur. Tout en courant, il attrapait les haches et les leur renvoyait, atteignant toujours son but. Ainsi il en tua beaucoup. Le vieil homme dit: «Laissez-le, laissez-le, il a déjà tué un trop grand nombre d'entre nous». Alors *Tshahapash* s'en fut. Il courait sur l'eau. Tout en courant avec sa sœur, il la soutenait dans le dos. C'est ce qu'elle lui avait demandé: «Soutiens-moi dans le dos. Quand il se pas-

sera quelque chose, reste auprès de moi». Tandis qu'ils couraient toujours, la fille donna naissance à des bébés. Ces bébés se mirent à grandir.
«Soeur, ne les élevons pas. Ils pourraient combattre les gens. Il pourrait y
en avoir beaucoup, ils grandissent très vite», dit *Tshahapash* et il les prit,
les frappa sur la tête et les jeta au loin. Chaque fois qu'un bébé grandissait, c'est ce qu'il faisait. Tous les bébés [que portait la soeur de *Tshahapash*] vinrent au monde. Ensuite ils arrivèrent au campement. «Soeur,
fuyons ces gens, dit *Tshahapash*, voilà où nous allons demeurer: j'ai
trouvé un endroit par là-bas où nous pourrons vivre». Sa soeur accepta.
Alors le lendemain ils s'en allèrent. «Maintenant, soeur, c'est ici que
nous grimpons». Alors ils montèrent. Ses femmes, sa soeur et lui grimpèrent dans l'arbre, lui venant le dernier. Une femme était sur le point de
tomber et tomba. Il la rattrapa et la déposa dans l'un des nids qu'il avait
préparés. Il était le dernier. Ils dormirent trois fois. Puis ils atteignirent le
pays du soleil, et ils y restèrent. «Soeur, voici la terre que j'ai trouvée»,
dit-il. Et sa soeur dit que c'était très joli. Alors il demeurèrent là, et, bien
qu'il n'ait jamais vu la lune, il décida de s'en emparer. Il l'attendit au
milieu de l'arc-en-ciel. Quand la lune fut proche, *Tshahapash* commença
à dormir. Alors la lune qui marchait passa par-dessus lui. Quand il se
réveilla, elle avait disparu. Il ne l'avait pas encore vue. «Quelle est cette
chose?», se dit-il. Il pensait à faire un piège. Alors il alla trouver sa soeur.
«Apporte-moi ce fil, je voudrais m'en servir», dit-il. Et elle le lui donna.
«C'est ce que je voulais», dit *Tshahapash*. Le fil était très, très long. Il
souffla dessus pour le solidifier, pour l'empêcher de se rompre. Il le travailla pour qu'il ne casse pas. Puis il l'emporta et le suspendit sur le chemin de la lune, après quoi il rentra chez lui et alla dormir pendant que les
trois filles restaient assises. Soudain, il fit noir et sa soeur remarqua:
«Frère, regarde comment c'est. Ce n'est pas comme avant». Alors il se
réveilla. Il faisait très sombre, il ne voyait rien: «Soeur, c'est mon
piège!», dit-il. Il se rappelait son piège. Elle[414] s'y débattait et il ne pouvait pas s'en approcher beaucoup parce que c'était très chaud. Alors il
jeta son vison et dit: «Ronge ce fil». Et le vison roula comme une balle
près de la lune et fut brûlé. Ensuite il envoya son écureuil et celui-ci brûla
aussi. Alors, prenant la souris, il souffla dessus, après quoi il la lança. Le
fil fut coupé par les dents de la souris. Elle rongea la corde et celui-ci se
cassa. Alors l'astre s'envola en faisant des zigzags et il fit jour. *Tshahapash* déclara: «Ce sera ainsi. Quelquefois il fera nuit et quelquefois il fera
jour». Il dit: «Soeur, ce sera ainsi. Nous dormirons la nuit et nous nous
éveillerons le jour». C'est pourquoi il fait jour et nuit. Quelquefois, il

---

414. C'est la lune qui aurait été prise au collet?

fait nuit, c'est alors que les gens racontent des histoires. C'est la fin de cette histoire, de cet *atnokan*[415]. C'était *Tshahapash*.

VARIANTE 18

Cette variante de 1915 est attribuée à un dénommé Ka'kwa de Mistassini. Elle nous est parvenue en anglais (Speck, F.G., 1925: 26). La traduction française est de moi.

En ce temps là il n'y avait pas de nuit. Dans le ciel, le soleil et la lune avaient chacun leur sentier. Ainsi s'en trouvait-il toujours un des deux au-dessus de l'horizon. C'est cet état de fait que *Tsəka'bec* décida de modifier. Sa sœur lui avait donné quelques uns de ses cheveux en lui disant: «Si jamais tu désires attraper quelque chose, sers-toi de cela». Un jour il se mit à chanter et demanda à sa sœur un autre de ses cheveux. «Toi, tu prépares quelque chose!», lui dit-elle. «Mais non», répondit-il. Elle lui donna alors un autre de ses cheveux. C'était pour faire un collet[416]. Il le tendit à un des bouts du sentier de la lune et celle-ci s'y prit. La nuit vint alors pendant quelque temps. *Tsəka'bec* alla trouver sa sœur en pleurant à cause de ce qu'il venait de faire. Il avait chez lui un sac dans lequel il avait mis divers petits animaux: souris, taupes, écureuils, musaraignes, insectes, etc. Il le demanda à sa sœur. «Qu'as-tu encore en tête?», dit-elle. «Oh! rien du tout. Donne-moi seulement le sac». Il emporta les animaux avec lui, alors qu'il retournait vers la lune pour la libérer du collet où elle s'était prise. Avant que la musaraigne réussisse, tous les animaux s'y étaient essayés au prix de leur vie. Une fois dégagée, la lune s'éleva comme elle le fait encore maintenant. C'est depuis lors qu'on peut voir la lune et le soleil se comporter comme aujourd'hui. Le jour et la nuit alternent pour le plus grand bien des humains.

---

415. «*ātanūkan*, légende, mythe» (Mailhot, J. et Lescop, K., *op. cit.*: 37). «Les Micmacs des provinces maritimes parlent d'*ahtookwŏkun* (Rand, S.T., 1894: 75; 1888: 156), les Ojibwa du nord de l'Ontario d'*atiso'kanak* (Hallowell, A.I., 1967: 216), les Ménomini du Wisconsin d'*a'tano'gen* (Hoffman, W.J., 1896: 297), les Cris de l'Ouest canadien d'*ātayōhkäwin* (Bloomfield, L., 1930: 6), etc. [...] Bloomfield donne pour les Cris du XXe siècle «akwah nitātayōhkām, je suis en train de raconter une histoire sacré» (*Ibid.*: 9)» (Savard, R., 1977: 64). A propos des Montagnais, «le mot Nitatahokan en leur langue, signifie, ie raconte vne fable, ie dis vn vieux conte fait à plaisir» (Le Jeune, P., 1972e: 13).

416. Voir la note 52, page 92.

VARIANTE 19

Cette variante de 1915 est attribuée à un dénommé Ka'kwa de Mistassini. Elle nous est parvenue en anglais (Speck, F.G., 1925: 26-27). La traduction française est de moi.

Tsəka'bec avait sa soeur à sa charge. C'était il y a longtemps. «Qui sont donc celles qui grattent des peaux là-bas?[417]», demanda-t-il un jour (il les avait aperçues à distance). «Ce sont celles dont la mère fait bouillir les gens tout entiers (et qui les mange)», lui répondit sa soeur. Il s'en alla trouver ces filles qui grattaient ainsi des peaux. En arrivant près d'elles, il riait. «Ne ris pas si fort, lui dirent-elles, notre mère pourrait t'entendre. C'est à cause d'elle que nous ne pouvons aller avec les hommes». Mais il riait de plus en plus fort. «Qui donc rit ainsi? Ce ne peut être qu'un homme», cria leur mère. «C'est seulement à cause de nos grattoirs. Nous les jetons aux geais», répondirent-elles. Elle sortit de la tente pour aller trouver ses filles (elle aperçut là *Tsəka'bec*). Elle courut chercher sa marmite et y mettre de l'eau à bouillir afin de le faire cuire. Comme elle se dirigeait vers lui, *Tsəka'bec* se trouvait assis entre les deux filles. Elle voulait lui briser le dos (afin de le faire tenir dans la marmite). «Ne me brise pas ainsi les os, sinon tu ne tireras aucune graisse de moi. Il vaut mieux me faire bouillir tout d'un morceau. Ainsi je garderai toute ma graisse». Voilà ce qu'il lui dit. Et il ajouta: «Quand les bijoux que je porte aux oreilles commenceront à tinter, cela signifiera que je serai cuit à point». Avant de quitter sa soeur il lui avait demandé un de ses contenants de graisse[418], qu'il avait placé sous sa chemise. Dès que l'eau commença à bouillir, il en laissa échapper un peu à la surface. Ensuite il aita bruyamment ses pendants d'oreilles. La vieille retira alors la marmite du feu. Ses filles lui dirent: «Si ce repas te fait tant plaisir, assieds-toi tout près de la marmite afin de le mieux contempler». «D'accord», dit-elle. Elle s'approcha de la marmite afin de jouir pleinement de la vue de son repas. C'est ce moment que choisit *Tsəka'bec* pour renverser le tout. La géante ébouillantée. Il amena les deux filles chez lui. Elles devinrent ses épouses.

417. Voir la note 35, page 87.
418. Voir la note 47, page 90.

VARIANTE 20

Cette variante est attribuée à Charles Metowic. On disait de lui, en 1935, qu'il
était «the late ex-chief of the Mistassini Band» (Speck, F.G., 1935b: 159). Il reste
difficile de préciser la date de la cueillette; elle pourrait se situer entre 1915 et
1920. Le récit nous est parvenu en anglais (*Ibid.*: 160). La traduction française est
de moi.

Tsəka'bec vivait près d'une montagne en compagnie de sa sœur. Chaque
fois qu'il prévoyait partir pour la chasse, il commençait par chanter.
C'est à cela qu'elle savait qu'il partirait. Mais cette fois-là elle craignait
pour lui. «Ne va pas au-delà de la montagne, sinon tu seras tué. Il y a là
un monstre qui dévore les gens». «Ne me parle pas ainsi, lui dit-il. Chaque fois que tu m'interdis d'aller à quelque part, je deviens craintif.
Pourquoi tiens-tu tant à ce que j'évite cet endroit? Qui donc a déjà été
mangé par ce monstre?». «Il a tué et dévoré nos chers parents», dit-elle.
«Ouf! De quoi peut bien avoir l'air une telle créature? Quel est son
nom?», demanda *Tsəka'bec*. «Il est aussi gros qu'un rocher et on le
nomme *Katchi·to'wɑck'ᵘ, l'ours aux articulations rigides*[419]. N'y va pas.
Il te dévorerait toi aussi. Je resterais alors toute seule», dit-elle en lar-
moyant. *Tsəka'bec* prit néanmoins son arc et ses flèches et s'en alla au-
delà de la hauteur des terres, là précisément où on disait que le monstre se
tenait. Rendu sur place, il chercha les traces de *Katchi·to'wɑck'ᵘ*. Il
allait çà et là en chantant son chant de chasse: «Ours aux articulations
rigides, me voilà à ta poursuite!» Il finit par rencontrer un gros animal
blanc et se mit en position d'attaque. «Es-tu *Katchi·to'wɑck'ᵘ*?» —
«Non, répondit l'animal, je suis l'ours blanc». «Alors tu n'es pas celui
que je cherche. Où donc puis-je le trouver?», demanda *Tsəka'bec*. «Plus
loin encore. Il est très dangereux. Aucune flèche ne peut en venir à bout.
Si tu t'en approches, il te dévorera comme il a dévoré les autres», dit
l'animal. «Il ne me fait pas peur, rétorqua *Tsəka'bec*. Je vais l'attaquer».
Et il partit en chantant son chant de chasse. Il finit par trouver *Kat-
chi·to'wɑck'ᵘ*. Il avait la taille d'un rocher. «Es-tu *Katchi·to'wɑck'ᵘ*?»,
lui demanda-t-il. «Oui. Et pourquoi viens-tu ici. Ignores-tu que tu seras
dévoré?» — «Non je ne serai pas mangé. Je suis venu ici pour te tuer. Je
suis *Tsəka'bec*» — «Tu ne pourras pas me tuer avec cette flèche. Vois-tu

---

419. «Stiff-jointed bear». Speck ajoute la note suivante: «The Montagnais living nearer
to the settled country, who have seen pictures of animals of the world, give this name to the
elephant. I found one hunter who had seen an elephant himself and said it was correct»
(*Ibid.*: 160, note 4).

le tamarack là-bas? Je suis plus dur que ça. Alors ta flèche volera en éclat quand tu la lanceras» — «Si ce n'est que ça, ma flèche te tuera. Regarde bien». Il décocha une flèche sur l'arbre qui vola aussitôt en éclats. «Bon, dit *Katchi·to'wɑck'ᵘ* sur un ton moins rassuré, je suis plus dur encore que ce rocher». Il indiquait alors un rocher tout près. *Tsəka'bec* dit alors: «Je peux quand même te tuer». Il décocha sa seconde flèche et le rocher vola en éclats. Ceci fit peur à *Katchi·to'wɑck'ᵘ* et il prit la fuite. *Tsəka'bec* alla retirer sa flèche prise dans le rocher et, sans même pouvoir le voir, il visa dans la direction où le monstre avait disparu. Son tir était si précis qu'il l'atteignit; l'animal tomba mort. *Tsəka'bec* prit cette direction et trouva *Katchi·to'wɑck'ᵘ* mort, percé de la flèche. Afin de vérifier si c'était bien lui qui avait dévoré ses parents, il l'éventra au moyen de son couteau. Il trouva deux mèches de cheveux dans l'estomac: l'une provenant du fixe-cheveux que les hommes portent derrière la tête, l'autre d'une des pièces de bois que les femmes se laissent tomber sur les oreilles après y avoir enroulé leurs cheveux[420]. Il les emporta au camp où l'attendait sa soeur. Après qu'il lui eut montré les cheveux, elle sut qu'il avait exterminé le monstre ayant jadis dévoré leurs parents.

VARIANTE 21

Cette variante serait due à Joe Iserhoff de Ruper House. Au début du siècle, A. Skinner en publiait une traduction anglaise (Skinner, A., 1911: 100-102). La traduction française est de moi.

Il était une fois un jeune garçon nommé *Tcika'pis*, qui vivait seul avec sa soeur. Trop longtemps avant pour que le garçon puisse s'en souvenir, leur mère et leur père avaient été tués par un animal appelé *Katci'tos*. Quand il fut assez grand pour aller chasser, il demanda à sa soeur de

---

420. «After a woman's hair has been combed half of it is collected on each side of the head and rolled or wound up on small pieces of board [...] similar in shape to the 'winders' on which darning or knitting cord is wrapped. Strands of beads are now placed upon these to hold the air in place» (Turner, L., *op. cit.*: 320). Turner donne une illustration de ces petits morceaux de bois (*Ibid.*: fig. 147). Mis en présence de cette illustration, Penashue Pepine de La Romaine les désignait par le terme *uskanapetuan* (Pepine, P., communication personnelle, 1970).

quelle couleur étaient les cheveux de ses parents. Elle répondit: «Ceux de notre père étaient foncés, ceux de notre mère étaient clairs». Il prit son arc et ses flèches et partit en chantant. Sa chanson disait qu'il aimerait rencontrer l'animal ayant tué son père et sa mère. L'ours apparut. «Est-ce moi que tu cherches?», demanda-t-il. «Manges-tu les gens quand tu les rencontres?», lui demanda à son tour *Tcika'pis*. «Oh non, dit l'ours, je m'enfuis». «Alors ce n'est pas toi que je veux», dit *Tcika'pis*. D'autres animaux vinrent et lui firent la même réponse. Finalement *Katci'tos* vint. «Est-ce moi que tu cherches?», demanda-t-il. «Manges-tu les gens», lui demanda *Tcika'pis*. «Oui», répondit l'animal. «Tu es fort comment, toi?», demanda *Tcika'pis*. «Autant que ce *jackpine*[421]», dit l'animal en indiquant un arbre. *Tcika'pis* se retourna et, pour vérifier sa force, tira une flèche sur l'arbre qui vola en éclats. L'animal fut pris de frayeur et s'enfuit. *Tcika'pis* courut chercher sa flèche. L'animal était maintenant hors de vue, mais *Tcika'pis* tira dans la direction où il avait disparu. Quand il rejoignit l'animal, il vit que sa flèche l'avait coupé en deux de la tête à la queue. Il trouva dans son ventre les cheveux de son père et de sa mère. Il en reconnut la couleur. Il les[422] emporta à sa sœur. Un jour *Tcika'pis* dit à sa sœur d'installer un hameçon pour prendre du poisson. Elle le fit. *Tcika'pis* retourna alors son arc et y monta comme dans un canot. Il avait effectivement le pouvoir de se faire soit très petit, soit aussi grand qu'un homme normal. Il se promenait ainsi sur l'eau quand un gros poisson s'approcha. Celui-ci s'apprêtait à avaler *Tcika'pis*, son canot et tout, quand il dit au poisson: «Avale-moi tout rond, ne me mords pas». C'est ce que fit le poisson avant de s'éloigner. De l'estomac du poisson où il se trouvait, *Tcika'pis* regardait par la bouche. Il vit l'hameçon que sa sœur avait tendu. «Qu'est-ce que c'est?», dit-il au poisson. Ce dernier alla voir et mordit à l'appât. Plus tard la sœur de *Tcika'pis* retira sa ligne et prit le poisson. Quand elle l'éventra, *Tcika'pis* en sauta. Sa sœur lui reprocha ce qu'il avait fait, mais il ne fit qu'en rire. Un jour d'hiver, *Tcika'pis* entendit tailler la glace pour le castor. Il dit à sa sœur: «Je vais aller aider ces gens à attraper du castor». «N'y va pas,

---

421. «Pinus divaricata (Ait.) Dumont. — Pin divariqué. — Pins gris, Cyprès. — (Jack Pine). — La plus parfaite oxylo-xérophyte de nos Abiétacées, notoirement absente des régions calcaires ou argileuses. C'est aussi un arbre essentiellement boréal qui pénètre très loin au nord de la péninsule labradorienne, presque jusqu'à la limite des arbres. [...] Par une confusion difficile à expliquer, les Canadiens français du nord (lac Saint-Jean, Abitibi, etc.) nomment le Pin divariqué 'Cyprès'; l'emploi de ce nom était déjà général au commencement du XIXe siècle. Le célèbre roman de Louis Hémon, *Maria Chapdelaine*, a vulgarisé cette erreur dans les deux mondes» (Marie-Victorin, *op. cit.*: 142).

422. Qu'emporta-t-il? L'ours, les cheveux...?

lui dit-elle, ce sont des géants et ils prennent d'énormes castors. Ils t'inviteront à saisir la queue d'un castor[423] et tu seras entraîné sous l'eau. Ils riront alors de toi». «Sois sans crainte, dit *Tcika'pis*, je m'en vais». *Tcika'pis* se fit très petit et alla à la rivière. Les géants se moquèrent de lui. Ils l'invitèrent à prendre un castor par la queue, car ils espéraient se payer sa tête quand il serait entraîné sous l'eau. *Tcika'pis* attrapa un castor par la queue et le sortit sans difficulté. L'ayant balancé par-dessus son épaule, il partit vers son campement. Voyant cela, les géants s'écrièrent: «Eh! ramène notre castor!» *Tcika'pis* répliqua: «C'est le mien, je l'ai attrapé». Quand il arriva chez lui, sa sœur était effrayée. «Ce soir, dit-elle, les géants vont venir nous tuer». *Tcika'pis* rit et dit: «Je ne les crains pas». Ce soir-là, il transforma son wigwam en pierre. Les géants vinrent et tentèrent de briser sa demeure. Mais c'était solide comme de la pierre et *Tcika'pis* ria d'eux. Un jour *Tcika'pis* entendit des filles gratter des peaux[424]. Il dit à sa sœur: «Je vais voir ces filles». «N'y va pas, lui dit-elle, leur mère mange les gens». Mais *Tcika'pis* n'avait pas peur et se rendit chez les filles. Elles étaient deux. Il se mit à faire l'amour avec elles, et la vieille ne tarda pas à les entendre parler et rire. Elle s'approcha. *Tcika'pis* dit aux filles: «Avez-vous objection à ce que je tue votre mère?» — «Non», dirent-elles, car elle tuait tous leurs amoureux. *Tcika'pis* dit alors: «Quand elle me fera cuire, dites-lui de s'asseoir près de la marmite pour y voir monter la graisse». *Tcika'pis* avait une vessie pleine de graisse[425] sous sa veste. Quand la vieille femme le jetta dans sa marmite, il en laissa échapper le contenu. Ça ne tarda pas à bouillir. Passé un moment, les filles dirent: «Mère, si tu veux voir monter la graisse, assied-toi tout près de ta marmite». C'est ce qu'elle fit. *Tcika'pis* en sauta et ébouillanta à mort la vieille. *Tcika'pis* retourna chez lui avec les deux filles. «Sœur voici deux filles pour te tenir compagnie, dit-il; ainsi tu ne seras plus jamais seule». «Quelle sottise as-tu encore fait?», lui dit-elle. «Rien, dit *Tcika'pis*, j'ai seulement tué la vieille femme, et les filles ont dit qu'elles approuvaient mon geste». *Tcika'pis* monta un jour dans un arbre. Rendu au sommet, il se mit à souffler sur l'arbre qui commença à croître. L'arbre s'allongea jusqu'à atteindre le ciel. *Tcika'pis* y mit pied et découvrit un beau sentier. C'était le chemin suivi par le soleil à chaque jour dans le ciel. *Tcika'pis* se demandait bien qui avait pu tracer ce magnifique sentier. Aussi s'étendit-il pour en attendre le responsable. Quand le soleil arriva, il dit à *Tcika'pis*: «Enlève-toi de mon chemin.

423. Voir la note 32, page 86.
424. Voir la note 35, page 87.
425. Voir la note 47, page 90.

Passe au-dessus de moi», répondit séchement *Tcika'pis*. Le soleil commença par refuser. Mais après discussion, et voyant que *Tcika'pis* ne bougerait pas, il s'avança et passa par-dessus. La chaleur fut telle que la veste en peau de caribou que portait *Tcika'pis* brûla. Il en fut si contrarié qu'il décida de se venger. Il tendit un collet à l'intention du soleil. Le lendemain, quand le soleil passa par là, il se prit dans le collet et se débattit pour pouvoir s'en dégager. De tels efforts causèrent des grands éclats de lumière entrecoupés d'obscurité, des jours et des nuits. Ça ne pouvait certes durer ainsi. Aussi *Tcika'pis* essaya-t-il de libérer le soleil. Mais la chaleur était telle qu'il ne pouvait s'en approcher. Finalement, il persuada une musaraigne au très long nez d'aller couper le collet avec ses dents. *Tcika'pis* décida ensuite de s'installer là-haut pour vivre. Il descendit chercher ses deux épouses et sa soeur. Tous montèrent dans l'arbre. *Tcika'pis* souffla dessus. L'arbre s'étira vers le haut à un point tel que sa soeur et ses épouses furent prises d'étourdissements et tombèrent. Chaque fois qu'elles tombaient ainsi, *Tcika'pis* les attrapait et les remettait dans l'arbre.

VARIANTE 22

Cette variante fut trouvée sous forme manuscrite en anglais aux Archives publiques du Canada (Robert Bell's Papers, MG.29, B.15, vol. 32)[426]. Le manuscrit porte la signature d'un certain C Hin (?) Gordon. Il est daté du 13 mars 1895. La traduction française est de moi.

Une partie de l'histoire de Chakapash

Les Indiens ont diverses façons de faire débuter cette tradition. Tous sont cependant d'accord sur les faits suivants concernant *Chakapash* — ou l'homme qui vit présentement dans la lune: c'était un jeune enfant habitant avec sa soeur, leurs parents ayant été dévorés par un ours. Son principal objectif était de retrouver le territoire de cet animal, afin de venger leurs parents. Quand il était à la chasse, il demandait à tous les gros animaux qu'il rencontrait s'ils n'avaient pas un jour tué un indien. S'ils répondaient que non, il ne s'en occupait pas. Un jour qu'il était ainsi à la

426. Je remercie Alain Boisvert de m'avoir signalé l'existence de ce manuscrit.

chasse, il trouva des pistes spécialement grosses. Les ayant suivies, il arriva au repaire d'un ours énorme. *Chakapash*, qui n'avait pas la réputation d'être timide, lui posa la même question qu'aux autres. Mais cette fois-là, il eut la réponse qu'il attendait depuis longtemps. L'ours commença à regretter d'avoir dit la vérité, car il avait maintenant la certitude que *Chakapash* le tuerait. Aussi imagina-t-il une astuce pour tenter de s'en sortir. «Pas plus qu'elle ne pourrait traverser le genévrier sec que tu vois là-bas, une flèche ne saurait me transpercer. Mon corps est plus dur que ça», dit-il. Sand dire un mot, *Chakapash* banda son arc et tira une flèche sur l'arbre. Ce dernier vola en pièces. «J'ai fait erreur, dit l'ours, c'est de cette grosse roche à droite de l'arbre dont je voulais parler». *Chakapash* tira sa seconde et dernière flèche. La roche éclata comme l'avait fait le genévrier. L'ours comprit alors qu'il était battu. Mais il n'était pas assez rapide pour échapper à notre héros. *Chakapash* courut récupérer ses flèches, le tint en joue, l'atteignit au bon endroit juste au moment où il allait disparaître et le tua instantanément. Ayant ouvert sa proie, il y trouva deux sortes de cheveux qu'il décida d'emporter. Il découpa aussi les deux oreilles, qui représentaient déjà une charge, et revint vers sa soeur. Il lui dit qu'il devait avoir vengé leurs parents, puisqu'il venait de tuer un gros ours ayant avoué avoir déjà mangé un homme et une femme. Lui montrant ensuite les cheveux, il demanda s'ils ressemblaient à ceux de leurs parents. Il fut très content quand sa soeur lui répondit que oui. Il lui demanda de lui fabriquer une veste avec les oreilles. Elle en cousut une, qu'il porta ensuite en toutes occasions[427].

Un chapitre de l'histoire de Chakapash

Comme d'habitude, *Chakapash* était en tournée de chasse. Il portait son fameux arc. Il visa un écureuil, au moment où celui-ci grimpait dans un grand arbre. Sa flèche resta prise à une des branches. En montant pour aller la chercher, il fut étonné de voir qu'elle grimpait devant lui. Un coup d'oeil en bas lui fit comprendre qu'il s'éloignait de la terre. Tout ceci le conduisit dans une région étrange, plus belle encore que tout ce qu'il aurait pu imaginer. En s'y promenant, il trouva une piste ne ressemblant à rien de ce qu'il connaissait. Il ne pouvait identifier l'animal qui l'avait faite. Aussi décida-t-il de l'épier. Il resta si longtemps à surveiller

---

427. «C'est la façon indienne de raconter comment *Chakapash* vengea la mort de ses parents. Suivent plusieurs aventures que je n'ai pas eu le temps de noter. A la page suivante j'ai tenté de transcrire la tradition indienne de la lumière du jour. C Hin Gordon Ruper House».

qu'il tomba endormi. Une chaleur intense finit par l'éveiller. Il vit un corps brillant s'avancer lentement, mais inexorablement, vers l'endroit où il était étendu. *Chakapash* lui demanda — à ce qui devait se révéler être *Pesim*[428] ou le Soleil — de changer de direction, car cette chaleur lui devenait insupportable à mesure que le corps approchait. Le soleil répondit: «C'est impossible. Je vais toujours dans la même direction. Je ne puis m'éloigner de mon chemin». «Alors passe au-dessus de moi, lui dit *Chakapash*. J'ai chaud, je suis las et ne veux plus être dérangé». «Très bien», dit le soleil. *Chakapash* se couvrit de sa veste et s'étendit tout honteux. Le soleil s'efforça de passer au-dessus de lui, mais la chaleur était telle que la veste en fut roussie. *Chakapash* était très vexé. Aussi résolut-il de lui régler son compte la prochaine fois qu'il visiterait ces lieux. Il descendit sur terre de la même façon qu'il en était monté. Il alla vers sa sœur et lui demanda une corde. Elle lui en offrit d'abord une faite à partir de l'écorce de saule, mais ça ne lui convenait pas. Pas plus que celles faites en nerf ou en peau de caribou, qu'elle lui tendit ensuite. Elle lui donna finalement un poil de son propre corps. Il le prit et s'en retourna. Tout en marchant il passa plusieurs fois dans sa bouche le poil entier, ce qui lui conféra la solidité d'un fil de fer. Il remonta dans l'arbre, retourna à l'endroit où il avait rencontré le soleil, y installa son collet[429] et redescendit. En arrivant chez lui, épuisé de tant d'efforts, il s'endormit. En s'éveillant, il expérimenta pour la première fois l'obscurité profonde. Revenu de sa surprise, il se dit: «Ce doit être mon collet, ma chasse. Je dois avoir attrapé le soleil». Il raconta alors à sa sœur ce qu'il avait fait. Elle lui dit: «Il ne pourra faire continuellement noir; tu devrais tenter de le libérer». Il y retourna, mais la chaleur intense l'empêcha de s'en approcher. Apercevant une souris, il lui dit d'aller souffler sur le collet jusqu'à ce qu'il se casse et libère le soleil. La souris y alla, mais ses oreilles, ses pattes et sa queue en furent roussies. C'est pourquoi, aujourd'hui, cette espèce de souris n'a pas de poil aux oreilles[430].

VARIANTE 23

Cette variante fut trouvée sous forme manuscrite en anglais aux Archives

---

428. Voir pages 118-122.
429. Voir la note 52, page 92.
430. «D'autres aventures suivent que je n'ai pas eu le temps de noter. C Hin Gordon».

publiques du Canada (Robert Bell's Papers, MG.29, B.15, Vol. 32)[431]. Le manuscrit porte la mention «This story is written out by Revd E. Richard, Rupert House». Aucune date n'est indiquée. La traduction française est de moi.

Un garçon nommé *Chakapas* vivait avec sa soeur dans une tente, près d'un lac où il y avait d'énormes poissons. Un jour *Chakapas* dit à sa soeur: «Installe donc un hameçon dans le lac afin de prendre un poisson. Fixe le bout de la ligne à un poteau de la tente». *Chakapas* était devenu un bon archer. Il allait souvent chasser à l'arc et, généralement, il ne tuait que de l'écureuil. Sa soeur lui avait déconseillé de trop s'approcher de l'eau, sous prétexte que d'énormes poissons se trouvaient dans le lac. S'il s'aventurait trop près, l'un d'eux pourrait très bien l'avaler. Il ne sembla pas prêter beaucoup d'attention à ce que sa soeur lui avait dit. «Oh! Ma soeur essaie seulement de me faire peur», dit-il. Un jour qu'il chassait ainsi, une de ses flèches tomba malencontreusement dans l'eau. Se servant de son arc comme d'un canot, il s'y assit, pagaya jusqu'à la flèche, parvint à la récupérer, revint en pagayant jusqu'au rivage et se retrouva sur la terre ferme sans danger. En touchant la rive, il dit: «Aucun poisson ne m'a encore avalé». Un autre jour sa flèche tomba encore à l'eau. Comme la fois précédente, il mit son arc à l'eau, s'y assit, pagaya et parvint à nouveau à récupérer sa flèche. Quand il fut sur le point de reprendre pied au rivage, il dit: «Aucun poisson ne m'a encore avalé». A peine avait-il fini sa phrase qu'un énorme poisson l'avala. Pendant que le poisson l'avalait, il lui dit: «Ne me mords pas, car je serai bientôt digéré». *Chakapas* fut avalé tout rond, mais demeura vivant. Il dit ensuite au poisson: «Tu dois te tenir toujours très près du rivage». De l'intérieur du poisson, il vit l'hameçon de sa soeur dans l'eau et dit: «Va jusqu'à cet objet blanc là-bas dans l'eau et prend le dans ta gueule». Le poisson prit alors l'hameçon dans sa gueule. *Chakapas* se saisit de l'hameçon et le secoua vigoureusement. Dans la tente où elle se tenait, sa soeur vit que quelque chose secouait la ligne. Elle tira l'hameçon jusqu'au rivage et fut étonnée de voir qu'un énorme poisson y était accroché. Elle monta le poisson à terre et constata qu'il était plein. Elle alla chercher son couteau et se mit à l'aiguiser. Alors *Chakapas*, qui se trouvait dans le poisson, eut très peur quand il réalisa que sa soeur aiguisait son couteau. Elle commença à ouvrir le poisson. Dès qu'il fut ouvert, *Chakapas* en sortit d'un bond en disant: «Je n'ai pas été digéré par le poisson». Sa soeur lui dit alors: «Tu fais toujours d'étranges choses». *Chakapas* dit un jour à sa soeur: «Donne-moi une corde pour faire un

---

431. Je remercie Alain Boisvert de m'avoir signalé l'existence de ce manuscrit.

collet»[432]. Elle lui en donna une et il s'en alla chercher un endroit où installer son collet. En marchant il finit par trouver un sentier bien battu. Mais il ne posa son collet qu'une fois rendu à un autre sentier. Il revint ensuite à la tente où se trouvait sa sœur. Pendant qu'il était sous la tente, il se mit tout à coup à faire noir. Il venait de prendre le soleil dans son collet, d'où l'obscurité soudaine. Sa sœur lui dit alors: «Tu fais toujours des choses bizarres». Il courut alors à son collet. La chaleur du soleil était telle que le collet se consuma, libérant ainsi le soleil. Aussitôt la clarté revint. Et *Chakapas* retourna à sa tente. Ce *Chakapas* était un téméraire; jamais il n'obéissait à sa sœur. Si un bruit un peu particulier se produisait et que sa sœur lui interdisait d'y aller, il répondait: «Oh! Ma sœur essaie seulement de me faire peur». Ils entendirent un jour un bruit étrange non loin d'eux. Mais avant même que *Chakapas* n'aille en direction du bruit, il vit venir vers lui un homme. Celui-ci savait que *Chakapas* n'avait peur de rien et il souhaitait le rencontrer. *Chakapas* alla hardiment vers l'homme et, ayant en main son arc et ses flèches, il vint s'arrêter face à lui. Après un échange de quelques mots, *Chakapas* tira une flèche sur un genévrier et le réduisit en pièces. Il décocha une autre flèche sur un rocher et le réduisit lui-aussi en morceaux, faisant ainsi montre de ses remarquables qualités d'archer.

VARIANTE 24

Cette variante fut trouvée sous forme manuscrite en anglais aux Archives publiques du Canada (Robert Bell's Papers, MG.29, B.15, vol. 32)[433]. Le manuscrit porte la signature d'un certain David Baxter. Il est daté du 27 août 1896, et porte la mention Waswanipi. La traduction française est de moi.

Cha-ka-baesh et sa sœur aînée vivaient seuls. Il lui demanda un jour: «Pourquoi sommes-nous ainsi seuls? N'avons-nous jamais eu de parents?» Elle ne put d'abord lui répondre, car elle était trop bouleversée. Elle finit par lui avouer qu'ils avaient eu une mère et un père, mais que *Ka-chee-toe-musk* les avait tués. *Cha-ka-baesh* composa un chant, dans lequel il était question de son désir de tuer *Ka-chee-toe-musk*. Puis il

---

432. Voir la note 52, page 92.
433. Je remercie Alain Boisvert de m'avoir signalé l'existence de ce manuscrit.

partit en chantant. Un ours fonça sur lui et lui demanda: «Est-ce moi que tu cherches?». *Cha-ka-baesh* lui posa la question suivante: «Que fais-tu quand tu vois les traces d'un indien?» «Je m'empresse de fuir», répondit l'ours. Il quitta ce dernier et poursuivit sa route en chantant. Après un certain temps, *Cha-ka-baesh* rencontra *Ka-chee-toe-musk* sans pourtant savoir que c'était lui. Il s'enquit auprès de lui de la solidité de *Ka-chee-toe-musk*. Indiquant un tamarack, l'autre lui répondit: «Il est aussi dur que cet arbre». *Cha-ka-baesh* décocha une flèche sur l'arbre et le détruisit. *Ka-chee-toe-musk* dit alors qu'il était aussi dur qu'un rocher des environs. *Cha-ka-baesh* tira une autre flèche et le rocher se brisa. Constatant les prouesses de *Cha-ka-baesh*, *Ka-chee-toe-musk* prit peur et s'enfuit. *Cha-ka-baesh* comprit seulement alors qu'il devait s'agir de *Ka-chee-toe-musk*. Il était déçu de l'avoir éloigné sans avoir pu venger sa mère et son père. Bandant alors son arc, il tira une flèche dans la direction prise par *Ka-chee-toe-musk*. Et quand il alla la récupérer, il vit qu'elle l'avait tué. Il l'éventra et y trouva deux sortes de cheveux qu'il rapporta chez lui. Il découpa aussi une des oreilles, en se disant qu'elle ferait une excellente porte de tente. De retour chez lui, il interrogea sa sœur: «De quelle couleur était les cheveux de notre mère?» Ceux de notre mère étaient clairs et ceux de notre père noirs», répondit-elle. Il lui montra alors les cheveux trouvés dans *Ka-chee-toe-musk*. Il lui dit de conserver ceux de sa mère et qu'il en ferait autant de ceux de son père. Un peu plus tard, il demanda à sa sœur: «Qui sont ceux qu'il m'arrive parfois d'entendre quand je me promène, comme si on brisait la glace pour le castor?»[434]. Elle lui dit que c'étaient des géants qui chassaient le castor, qu'il devait éviter de s'en approcher car ceux qu'ils attrapaient étaient mis sous la glace en guise de nourriture pour les castors. *Cha-ka-baesh* se fit ensuite la réflexion suivante: «Ma sœur ne cherche qu'à m'effrayer». Il composa alors un chant et partit en chantant à la recherche des géants. Quand il arriva là où ils étaient en train de tailler la glace, il se donna l'apparence d'un enfant. Il s'approcha d'eux tout en restant hors d'atteinte. Les géants se demandaient qui il pouvait être. L'un d'eux en conclut que ça devait être *Cha-ka-baesh*, car nul autre que lui n'aurait osé s'approcher d'eux. Ils s'élancèrent vers lui et, l'ayant attrapé, découvrirent qu'il s'agissait d'un enfant portant des vêtements d'homme. Ils lui demandèrent: «A qui appartiennent ce manteau de caribou, ces jambières et ces raquettes que tu portes?» «A mon père», répondit-il. Il donna la même explication au sujet de son arc et de ses flèches. Les géants, qui venaient tout juste d'enfermer un castor dans son trou,

---

434. «as if chiselling beaver» (voir la note 32, page 86).

demandèrent à *Cha-ka-baesh* de le sortir de là. Quand il eut saisi l'animal, ils essayèrent de le pousser sous la glace. Cependant il recouvra sa taille normale et ils ne purent venir à bout de lui. Il sortit le castor de son trou. Ils le lui réclamèrent, mais il ne voulut pas leur donner. Il n'avait rien pour porter le castor jusqu'à sa tente. Il se servit de la corde de son arc. Alors qu'il était en route vers chez lui, deux garçons le rattrapèrent et lui demandèrent le castor. Il refusa de leur donner. Ils s'agrippèrent à sa charge. Il se retourna, leur frappa les bras et en brisa un à chacun. Quand *Cha-ka-baesh* arriva à sa tente, il demanda à sa sœur le sac en peau d'écureuil de terre qu'elle possédait. Elle lui dit que s'il voulait le sac, c'était qu'il avait en tête une autre bêtise. Cependant elle le lui donna. Il lui ordonna alors de se dépêcher à enlever la peau de castor et de suspendre au-dessus du feu une partie de l'intestin dont il précisa le nom. Ils pouvaient maintenant entendre les géants s'approcher en chantant un chant de vengeance. Debout dans sa tente, tenant le sac fait de peau d'écureuil de terre, *Cha-ka-baesh* transforma sa tente en pierre, bien qu'elle conserva toutes les apparences d'une tente ordinaire. En arrivant, les géants cherchèrent à y entrer. Ils réalisèrent que la chose n'était pas aussi facile qu'ils l'avaient cru. Ils tentèrent de la briser, mais comprirent que c'était aussi au-dessus de leurs forces. De l'intérieur, *Cha-ka-baesh* pouvait très bien les entendre cogner. Pour ajouter à leur dépit, il parla à sa sœur à haute voix, l'enjoignant de veiller à ce que le repas ne brûle pas. Quand les géants se furent retirés, *Cha-ka-baesh* demanda à sa sœur: «Qu'est-ce que j'entends quand je me promène, comme quelqu'un qui gratterait?» Elle lui dit de ne pas s'approcher de ces gens-là, car il s'agissait d'une femme vêtue de peaux des victimes des géants[435], qu'elles[436] vivaient avec leur mère et que plusieurs fois des hommes avaient été tués par la vieille pour avoir voulu les épouser. *Cha-ka-baesh* avait remarqué que sa sœur s'enduisait les cheveux de graisse d'ours conservée dans une petite vessie[437]. Ayant attendu qu'elle soit sortie, il prit la vessie et se mit à chanter qu'il irait voir celles qui grattent les peaux. Quand il arriva au camp de la vieille, les jeunes femmes étaient à l'extérieur. Elles lui demandèrent la raison de sa visite, lui faisant remarquer que leur mère le tuerait comme tous ceux qui étaient venus les voir. *Cha-ka-baesh* leur répondit par des mots impropres à être répétés ici, ce qui les fit rire. La vieille leur demanda pourquoi elles riaient. Elles dirent qu'elles riaient de Whiskey-Jack[438]. Mais on ne lui passait pas

435. Voir la note 40, page 88.
436. Les filles de cette femme.
437. Voir la note 47, page 90.
438. Voir la note 38, page 87 et la page 149.

n'importe quoi. Elle sortit voir par elle-même, portant une grande marmite pour la cuisson. Lorsqu'elle aperçut *Cha-ka-baesh*, elle s'en saisit. Elle s'apprêtait déjà à lui rompre le dos pour le faire tenir dans sa marmite, quand il lui dit de ne pas agir ainsi, sinon elle n'en tirerait pas de graisse. Elle le mit donc tout entier dans la marmite. Il lui dit aussi qu'il serait à point quand les plumes de sa coiffure commenceraient à tourner. Les filles invitèrent leur mère à s'asseoir tout près du feu, si elle tenait à manger l'écume. *Cha-ka-baesh*, qui commençait à trouver ça plutôt chaud, renversa la marmite d'un coup et courut hors de la tente en disant aux filles: «Votre mère m'a donné tout un réchauffement». Il leur dit aussi d'aller la voir à l'intérieur. Elles la trouvèrent morte ébouillantée. Il ramena chez lui les jeunes femmes et dit à sa sœur qu'il les luit ramenait en guise de compagnes. Une autre fois *Cha-ka-baesh* demanda à sa sœur qui faisait toujours du bruit dans l'eau. Elle répondit que c'était un gros *jack-fish*, que s'il allait dans l'eau il l'attraperait et l'emporterait. Mais il crut qu'elle ne cherchait qu'à l'effrayer. Un peu plus tard, alors qu'il visait des écureuils, sa flèche tomba à l'eau. Comme c'était trop profond, il mit son arc à l'eau et s'en servit comme canot[439]. Mais il chavira. Un *jack-fish* l'avala et l'entraîna au fond. Quand *Cha-ka-baesh* vit que le poisson l'avait pris, il lui dit de ne pas trop le mâcher pour éviter de le digérer trop facilement. Le *jack-fish* l'avala et s'en alla nager en eau profonde. Mais *Cha-ka-baesh* lui dit de longer la rive. Apparemment bien disposé, le poisson lui obéit. La sœur de *Cha-ka-baesh* avait un hameçon fait d'un os de lynx[440]. Elle le mit à l'eau, fixant l'autre extrémité de la ligne à un des poteaux de la porte de la tente. Assise à l'intérieur, elle notait une pression sur le poteau. Elle retira sa ligne et constata qu'un gros *jack-fish* y était accroché. Elle fit le nécessaire pour le monter sur le rivage. Il avait l'air si plein qu'elle se demanda ce qu'il avait bien pu manger. Néanmoins elle l'ouvrit. *Cha-ka-baesh* en sortit d'un bond, déclarant que la créature aux nageoires rouges l'avait souillé. Une autre fois qu'il chassait l'écureuil, sa flèche reste prise au sommet d'un grand arbre. Il se mit à grimper pour la récupérer, mais constata que c'était plus haut que ce qu'il avait cru. Il souffla...[441] Comme il soufflait, l'arbre se mit à croître. Mais il continua à grimper. Plus il grimpait, plus il soufflait, plus l'arbre s'élevait. Ainsi se retrouva-t-il dans un autre monde plus beau que celui qu'il avait quitté. Il était si content de cette nouvelle

---

439. Soit qu'il diminua sa taille, soit qu'il augmenta celle de son arc.

440. «*pisho*, Lynx canadensis canadensis, Canada lynx» (Harper, F.G., 1964: 83). «*pishu*: loup-cervier, Lynx canadensis» (Mailhot, J. et Lescop, K., *op. cit.*: 246).

441. Le manuscrit pose ici une difficulté. Dans la phrase suivante, un mot n'a pu être déchiffré: «he began to blow with the ? exercice».

région qu'il retourna dire à sa sœur qu'il avait trouvé une nouvelle place où la vie serait de beaucoup meilleure. Tous partirent et grimpèrent dans l'arbre. *Cha-ka-baesh* fermait la marche, craignant que les femmes ne tombent. Une fois rendus là-haut, *Cha-ka-baesh* alla faire un tour pour se familiariser avec son nouvel environnement. Il découvrit un sentier très bien battu. «Je veux voir qui passe si souvent là», dit-il. Il surveilla le sentier. Au bout d'un moment, il vit une chose étrange s'approcher très lentement. Quand elle arriva là où se trouvait *Cha-ka-baesh*, la chose lui dit: «Laisse-moi passer». «Non, passe par-dessus moi», répondit *Cha-ka-baesh*. L'étranger sauta par-dessus lui et *Cha-ka-baesh* trouva que c'était très chaud. Il vit ensuite que sa veste en peau de caribou avait été roussie et en fut très vexé. Quand il arriva chez lui, sa sœur lui demanda ce qui était arrivé à sa veste. Il lui répondit qu'elle avait été accrochée et déchirée par des branches pendant qu'il chassait les écureuils. *Cha-ka-baesh* demanda à sa sœur quelque chose pour fabriquer un collet[442]. Elle soupçonna qu'il avait encore quelque bêtise en tête. Néanmoins elle le lui donna l'enjoignant de ne le porter en aucun cas à sa bouche. Dès qu'il fut sorti, il mit le collet à sa bouche. Ce dernier devint rigide. Et plus il l'humectait, plus il se rigidifiait. Arrivé au sentier, il installa le collet et revint chez lui. De retour à la tente, comme il avait très sommeil, il se coucha et s'endormit. A cette époque, il n'y avait pas de nuit. Or tandis qu'il dormait, ce fut l'obscurité complète. Sa sœur sut aussitôt que ça devait être de sa faute. Elle le secoua et lui dit qu'il avait dû faire quelque chose pour que ce soit si noir. *Cha-ka-baesh* se leva d'un bond et courut à son collet. Mais il ne pourrait s'en approcher. Tout était éclairé autour de son collet, alors que partout ailleurs il faisait noir. Il vit une souris près de lui, et lui dit de couper son collet. Elle fit le nécessaire pour y arriver, mais en fut roussie. Dès que le collet fut coupé, l'objet qui y était pris redevint libre et la lumière réapparut aussitôt. *Cha-ka-baesh* lui cria: «Ça t'apprendra à brûler ma veste!». C'était le soleil qu'il avait pris dans son collet, après quoi il y eut toujours le jour et la nuit. Les gens ignoraient le sommeil. Depuis que *Cha-ka-baesh* a pris le soleil au collet, il leur faut dormir durant la nuit.

---

442. Voir la note 52, page 92.

VARIANTE 25

Cette variante fut trouvée sous forme manuscrite en anglais aux Archives publiques du Canada (Robert Bell's Papers, M.G.29, B.15, vol. 32)[443]. Le manuscrit serait dû à un certain révérend Mowat, qui l'aurait recueilli à York Factory en 1892. Il est à noter que l'orthographe du nom du héros varie à l'intérieur du manuscrit. La traduction française est de moi.

Chă-kă-pāsh et les géants[443a]

Chakapash habitait avec une sœur beaucoup plus âgée que lui. Personne ne vivait avec eux. *Chakapash* était très imaginatif et intrépide. Il cherchait toujours à s'amuser à quelque chose. Sachant cela et craignant qu'il ne se mette un jour dans quelque situation embarrassante, sa sœur le surveillait sans arrêt. Mais malgré cette surveillance, il lui arriva d'étranges aventures dont celle-ci avec les géants. Alors qu'il était encore assez jeune, un jour qu'il était assis à la porte de la tente en train de fabriquer des flèches ou quelque chose d'autre, il crut entendre le tonnerre. Il tendit l'oreille, mais le son ne semblait pas exactement celui du tonnerre. Il demanda donc à sa sœur: «Sœur, qu'est-ce que j'ai entendu?» — «Peu importe, répondit-elle, ça ne te fera aucun mal si tu ne le déranges pas. Alors cesse de t'énerver». Mais la curiosité de *Chakapash* était piquée, au point qu'il ne pouvait rien faire d'autre que d'écouter. Aussi finit-il par se lever et dire à sa sœur qu'il s'en allait trouver la source du bruit. «N'y va pas, dit-elle, n'y va pas sinon tu ne reviendras jamais». «Alors, ma sœur, dis-moi ce que c'est», demanda *Chakapash*. «Ce que tu entends, ce sont les géants travaillant des peaux de castor»[444], lui dit-elle. «Oh! assez, assez, dit *Chakapash*, j'ai peur, n'ajoute rien ma sœur». *Chakapash* lui dit qu'il avait peur, mais en réalité il n'en était rien. Il parlait ainsi pour détourner ses soupçons afin que, quand il irait voir les géants, elle ne se doute de rien. Par la suite il visita les géants plusieurs fois. Avant de quitter la tente, il disait à sa sœur en indiquant une autre direction: «Je m'en vais par là». Mais dès qu'il se retrouvait hors de vue, il corrigeait sa course et allait chez les géants. *Chakapash* était un type de bonne compagnie et il était toujours bien accueilli par les jeunes femmes qui travaillaient les peaux de castor. Mais si les personnes âgées s'étaient rendues compte de ses visites, celles-ci n'auraient pas mis de temps à cesser. Malheureusement il finit par être découvert. Ça se

---

443. Je remercie Alain Boisvert de m'avoir signalé l'existence de ce manuscrit.

443a L'orthographe du nom du héros varie à l'intérieur du manuscrit.

444. Voir la note 32, page 86.

passa ainsi. C'était lors d'une des visites habituelles de *Chakapash*. A quelque distance des tentes, les filles étaient disposées en ligne, chacune occupée à gratter la chair et le gras d'une peau de castor étendue sur un cadre circulaire. S'avançant lentement, en rampant, des bouts de peaux les plus éloignés des jolies artisanes, *Chakapash* les agaçait en fourrant ses doigts dans les trous des peaux, les retirant juste avant que les jolies manieuses de grattoir n'abaissent celui-ci sur les doigts. Les filles en étaient infiniment amusées, comme en témoignaient leurs éclats de rire. Finalement une vieille sortit de la tente et demanda pourquoi on riait tant. Les rires cessèrent aussitôt et les filles eurent peur que leur ami soit découvert. L'une d'elles dit qu'elles riaient parce que les souris venaient chercher ce qu'elles enlevaient des peaux[445]. La vieille fut satisfaite de cette excuse. Mais la gaieté devint bientôt folle et bruyante, au grand déplaisir de la vieille. Elle resta un moment à l'écart, mais son caractère de chipie[446] l'emporta et elle sortit en trombe. Notre héros tenta de se cacher mais trop tard. La furie était trop rapide pour lui. Saisissant un vieux grattoir, elle le lança sur sa pauvre tête avec toute la force dont dispose une géante. Tout en se dirigeant vraiment vers son but, le grattoir *arracha le pénis de Chakapash et lui fendit sérieusement le crâne*[447]. La furie se pencha sur lui, le releva et, sans plus de cérémonie ni de préparation, le mit dans une grosse marmite. Il lui suffit d'un instant pour poser la marmite sur le feu. Pauvre *Chakapash*. Tout le village s'assembla autour et attendit que la marmite commence à bouillir. Ses ex-amies de cœur étaient du groupe, anxieuses de goûter à leur compagnon. L'eau atteignit bientôt le point d'ébullition. Comme *Chakapash* était gras et en bonne condition, la graisse apparut bientôt en surface. Les vieilles sorcières passaient leur temps à jeter un coup d'œil pour voir comment il se comportait. La vieille regarda à nouveau. A ce moment un bouillon d'eau lui envoya de la graisse chaude dans les yeux. Elle recula en hurlant, disant: «Que l'une d'entre vous regarde si le repas est cuit, la graisse m'a sauté aux yeux et je ne vois plus». Une autre vieille chipie[448] s'avança, mais l'eau qui bouillait fort lui réserva le même sort. Elle se retira à son tour et la cuillère alla à une autre, qui se fit elle-aussi aveugler. La cuillère fut ainsi passée jusqu'à ce qu'il ne reste plus aucune sorcière. Les filles vinrent ensuite les unes après les autres, jusqu'à ce qu'aucune d'elles ne puisse voir. Les hommes et les garçons vinrent

---

445. Les souris se sont substituées aux geais.
446. «hagship».
447. Le sens du passage souligné reste incertain, en raison de la calligraphie du collectionneur.
448. «Old hag».

ensuite; tous reçurent au visage du bouillon de *Chakapash*. Le dernier se retira penaud. Le village entier était devenu aveugle. Ils purent néanmoins entendre un bruit sourd revenant à intervalle régulier. Quand le bruit cessa, il n'y avait plus de géants vivants au village, ni homme, ni femme, ni enfant. Mais qui avait fait ça? L'homme bouilli évidemment. Mais comment cet homme, qui les avait d'abord rendu aveugle et qui ensuite leur avait fait perdre leurs autres sens, pouvait-il se tenir debout là, sans que la perte de graisse et le coup sur la tête n'aient eu de suite? *Chakapash* savait qu'il n'avait pas encore tué tous les hommes. Quelques-uns étaient à la chasse. Aussi prit-il rapidement son arc et sa flèche — il n'en portait jamais plus d'une à la fois — et regagna-t-il sa tente. En arrivant, il dit à sa soeur ce qu'il avait fait aux géants. «Oh! mon frère, dit-elle, tu es l'artisan de ta propre ruine et je serai moi aussi victime de ton étourderie». «Oh! ne dis pas ça ma soeur, ne dis pas ça, tu me fais peur», répondit comme d'habitude *Chakapash*. «J'entends venir les géants, dit la soeur, les voilà, je les vois». Avant même de pouvoir lui répondre, *Chakapash* jeta un coup d'oeil et les vit venir. N'ayant pas le temps de préparer sa défense, *Chakapash* prit sa cuillère en os et s'en recouvrit après s'être étendu sur le sol. Les géants le virent caché sous la cuillère. Ils tentèrent de la soulever mais, quelle qu'ait été leur force, la cuillère les élimina tous. Et *Chakapash*, complètement dissimulé sous elle, se trouva en toute sécurité. Les géants martelèrent, tirèrent et frappèrent la cuillère à coups de couteau, mais ils y renoncèrent finalement en désespoir de cause, tout en se disant les uns aux autres: «Nous allons y renoncer, mais nous prendrons sa soeur». Ils la sortirent de la tente et tous se mirent en marche. Tant qu'il entendit des pas, *Chakapash* ne bougea pas. Quand tout danger fut écarté, il se leva et se mit à les suivre. Les géants marchaient l'un derrière l'autre, sa soeur se trouvant au milieu de la file. «Je vais porter secours à ma soeur», dit *Chakapash* sans se laisser intimider. «Maintenant ma flèche, bonne flèche, vraie flèche, tu vas aller tuer tous les géants. Quand je te lancerai avec mon arc, tu iras frapper la tête du dernier des géants et tu rebondiras de là sur le prochain». *Chakapash* tira. La flèche partit et il eut le plaisir de voir tous les géants tomber morts les uns à la suite des autres. Sauvetage complet.

Chă-kă-pāsh et le poisson

Cette aventure survint quand *Chakapash* était âgé d'environ 14 ans. Son arc et sa flèche étaient les fidèles compagnons grâce auxquels il abattait le petit gibier des environs. Près de la tente, il y avait un lac qui les fournissait en poissons, petits et grands. Ses rives étaient attrayantes et remplies d'oiseaux de toutes espèces. Soyez assurés que c'était là le principal terrain de chasse de *Chakapash*. Un jour qu'il quittait la tente en quête de gibier, sa sœur lui lança: «Où vas-tu?» «Je descends au lac», répondit *Chakapash*. «Tu es constamment autour de ce lac, remarqua-t-elle. Sois prudent et ne tire pas ta flèche dans l'eau. S'il t'arrivait de le faire, n'essaie pas d'aller la chercher». «Pourquoi? Donne-m'en la raison?», dit *Chakapash*. «Il s'y trouve un gros poisson qui t'avalera s'il en a la chance», dit la sœur. «Me crois-tu assez fou pour lui en donner l'occasion, sœur, après ce que tu viens de me dire? Non, non». *Chakapash* changea alors de direction et fut bientôt hors de vue. Il ne mit pas de temps à arriver au lac. De loin il le regarda en pensant à ce que sa sœur lui avait dit. Il s'en approcha et s'assit en se laissant aller aux pensées suivantes. «Que l'eau est belle et claire. Quel magnifique sable sur le rivage. Se pourrait-il qu'une chose aussi monstrueuse et aussi méchante, le gros poisson par exemple, habite ses profondeurs cristallines? Certains des poissons que nous y pêchons sont gros, mais je n'en ai pas encore vu un qui pourrait m'avaler comme un poisson de taille raisonnable le fait avec l'hameçon et l'alléchant morceau de viande qui y est accroché. Je n'arrive pas à croire qu'un poisson tel que celui dont il fut question puisse exister. Bon, peut-être dans quelque autre lac. Certainement pas dans ce beau là, si calme, si clair et si tranquille». *Chakapash* en était là dans son évaluation du pour et du contre, quand il surprit un lagopède venant dans sa direction. Il s'écrasa contre le sol, mit sa flèche en position de tir et surveilla. L'oiseau fut bientôt à portée de tir. Il visa rapidement et la flèche partit. Mais elle rata le but et *Chakapash* eut la honte de la voir tomber à l'eau à une certaine distance du rivage. «Dommage, se dit *Chakapash*, de rater le lagopède et de perdre ma flèche». Il alla au rivage et vit qu'il pourrait facilement aller la récupérer. Mais le monstrueux poisson lui vint à l'esprit et, malgré la conclusion à laquelle il en était arrivé avant que le lagopède ne se présente, il hésita. *Chakapash* hésita un moment, mais finalement son courage l'emporta et il s'avança. Un, deux, trois, quatre pas. L'eau ne lui allait encore qu'au-dessus du genoux. Il avança encore jusqu'à ce que finalement il attrape sa flèche. Il était en train de tourner pour revenir à terre, quand il crut voir quelque chose en eau profonde pas loin de lui. Il s'arrêta et regarda à nouveau. Oui, il vit quelque chose. Qu'est-ce que c'était? «Oh! c'est le gros poisson. Je suis perdu. Je devrais plutôt plonger tête première», dit *Chakapash*. Comme il penchait la tête et attendait les événements, d'un coup le poisson fut là où *Chakapash* attendait avec résignation. Une lampée et *Chakapash* avait disparu. La nuit vint et *Chakapash* n'était toujours pas de retour. Sa sœur commença à s'inquiéter. Elle sortit pour le trouver. Ayant suivi ses traces jusqu'au lac et voyant l'arc et la flèche de son frère flotter là où *Chakapash* les avait laissés, elle comprit parfaitement ce qui était arrivé au garçon téméraire. Il ne lui fallut que quelques minutes pour retourner à la tente chercher son plus gros hameçon et sa plus grosse ligne, et se mettre à pêcher. Durant un moment, elle n'eut aucun succès. Que faisait vraiment *Chakapash*? Nous allons jeter un coup d'œil dans son habitacle (...)[449] et nous le saurons. Il s'y trouve tout à fait indemne, pressant le poisson de s'approcher de l'endroit où il avait été pris; sa sœur viendrait l'y chercher et le poisson pourrait la prendre elle-aussi[450]. Garçon rusé, il savait que le poisson avalerait goulûment l'appât que sa sœur mettrait à l'eau. Le poisson finit par le voir et fut attrapé. Bien qu'il se défendît vigoureusement, il fut monté sur le rivage et tué. *Chakapash* entendit le couteau de sa sœur pénétrer dans le poisson et, craignant d'être coupé, cria de l'intérieur: «Ne me coupe pas, ma sœur, je suis ici mais tout à fait indemne». *Chakapash* fut bientôt libéré de sa prison sans aucun mal, mais il était très visqueux. Il dit à sa sœur de gratter la substance lui enduisant le corps. Elle le gratta partout, sauf sur la tête et autour des organes sexuels[451]. Quand sa sœur eut fini, *Chakapash* dit: «Que le poil pousse sur le corps des hommes là où je n'ai pas été gratté».

Comment Chăkăpăsh prit le soleil au collet[452]

Un jour que *Chakapash* était à la chasse, il découvrit un sentier battu orienté est-ouest. Ignorant qui l'avait tracé, il posa un solide collet pour attraper tout ce qui voyageait dans cette direction. Il retourna chez lui pour la nuit et dormit profondément. Il s'éveilla reposé, mais le soleil n'était pas encore levé. Croyant qu'il faisait erreur et qu'il n'avait pas assez dormi, il se recoucha et chercha à se rendormir. Il mit quelque temps à y parvenir. Il s'éveilla une autre fois. Encore pas de soleil! «Qu'est-ce qui peut bien se passer?», pensa *Chakapash* en sortant pour voir le temps qu'il faisait. Tout était clair. Aucun nuage entre lui et les étoiles. Autrement, il faisait noir comme à minuit. *Chakapash* réfléchit un moment et dit: «Peut-être ai-je attrapé le soleil dans mon collet. Je dois aller voir». Prenant son arc et la seule flèche qu'il emportait toujours, il partit. A mesure qu'il approchait du collet, l'obscurité se dissipait, jusqu'à ce que, arrivé au bord d'une colline, il trouve la lumière du soleil répandue tout autour et le soleil lui-même suspendu au-dessus d'un

449. Mot incompréhensible.
450. Suggestion faite au poisson.
451. Le collectionneur écrit: «with the exception of his head and about the 'privates'».
452. Voir la note 52, page 92.

endroit[453]. Ses points de repère ne tardèrent pas à lui démontrer que c'était juste au-dessus de son collet. Arrivé là, il vit qu'il avait pensé juste. Le soleil était pris au collet et tirait pour s'en libérer. *Chakapash* voulut s'en approcher pour couper la corde, mais il dut reculer quand il réalisa à quel point sa capture était chaude. «Que devrais-je alors faire?», pensa *Chakapash*. Si je ne laisse pas partir le soleil, nous serons dans l'obscurité pour longtemps, peut-être pour toujours». Au même moment, il vit une souris en train de courir à toute vitesse, l'une de celles qui sont pourvues d'un long nez et qui ont le corps nu. «Approche, mon ami, coupe le collet pour moi», dit-il. «D'accord, dit la souris. Si tu peux me lancer dessus, je le ferai». *Chakapash* prit la souris et la lança juste sur le collet. Elle trouva l'endroit plutôt chaud, mais ne tarda pas à couper le collet de malheur au moyen de ses dents pointues. Alors le soleil s'éloigna d'un bond pour rattraper le temps perdu. *Chakapash* retourna satisfait à sa tente, mais la souris eut le nez terriblement roussi. Ainsi en est-il aujourd'hui de toutes les souris de cette espèce.

Chakapash et les ours

Un jour que *Chakapash* était assis dans la tente, plongé dans une profonde réflexion solitaire, il demanda à sa sœur: «Sœur, pourquoi sommes-nous seuls? En a-t-il toujours été ainsi? Et si oui, pourquoi n'avons-nous pas eu de père, de mère et de parenté comme les géants que j'ai tués?» Sa sœur dit: «Nous avions aussi un père et une mère, mais ils connurent une fin malheureuse». «Comment, dis-moi comment?», demanda son frère. «Frère, les ours les ont tués», ajouta-t-elle. «Dis-moi où les trouver et je vais aller tirer vengeance», dit *Chakapash*. «Toi, tirer vengeance! Les ours te tueront plutôt toi aussi. Les ours dont je parle sont très différents de ceux que tu as vus. Bien que noirs, ils sont très forts. Ils ont des griffes et des dents énormes, et leur cuir repoussera ta flèche qui ne leur fera aucun mal». «Assez, sœur. N'en dis pas plus. J'ai peur quand tu en parles. Dis-moi seulement où ils sont et jamais je ne m'approcherai de leur tanière». «Là», dit la sœur en pointant du doigt. «Ne va jamais dans cette direction, sinon tu me laisseras sans frère». Au bout d'un moment, *Chakapash* se leva et dit à sa sœur qu'il partait chasser. Peu après il s'en alla chasser dans une autre direction que celle des terribles ours. Dès qu'il fut hors de vue, il fit un détour pour contourner la tente et courut vers le danger qui l'avait tant effrayé. Il voyagea un moment sans rien voir de particulier. Finalement il trouva une piste très

453. Collet à ressort (voir la note précédente).

sinueuse. Elle était large et bien battue comme si elle avait été faite par des hommes, mais elle était tellement sinueuse. Qu'est-ce que ça pouvait signifier? S'ils avaient eu l'intention de s'en servir, des hommes l'auraient tracée droite. Il suivit ses détours à travers la forêt épaisse, sur et au travers des rochers, au-delà des torrents, jusqu'à ce qu'il se retrouve au bord d'une petite plaine avec des collines en avant-plan, ainsi que des arbres isolés et d'immenses roches erratiques de chaque côté. Pas tellement loin, une chose noire était étendue le dos au soleil. En entendant *Chakapash*, la masse noire commença à se mouvoir, émit un grognement et se leva. *Chakapash* savait qu'il voyait devant lui l'un des ours les plus *redoutables*[454]. Prenant sa flèche, il se dressa bravement. L'ours s'avança de quelques pas et dit: «Qu'est-ce qui t'amène ici?». «Je suis ici pour te tuer», répondit *Chakapash*. «Quoi! Penses-tu vraiment que ta misérable flèche pourra y parvenir? Je crois que tu vas me servir de déjeuner», dit l'ours. *Chakapash* ne bougea pas et l'ours était toujours à la même place. Ils s'observaient réciproquement. Tout en montrant un arbre des environs, l'ours dit: «Si tu peux casser cet arbre avec ta flèche, tu pourrais faire ce qui t'amène ici». «Je vais le faire à l'instant», dit *Chakapash*. Il tira la corde de son arc jusqu'à son oreille et la flèche atteignit vraiment son but, fendant l'arbre, passant à travers et allant tomber plus loin dans l'herbe. «Très bien, dit l'ours d'une voix plutôt hésitante, je vois que tu sais tirer. Mais ma peau est plus résistante que du bois. Si tu peux arracher un morceau de ce rocher, je me considérerai vaincu». *Chakapash* alla chercher sa flèche et vint reprendre la même position. Il tira dans la direction indiquée par l'ours. La flèche arracha un gros morceau de roche dure et alla tomber de l'autre côté. «Quel individu fort que celui-là, se dit l'ours. Il vaut mieux courir me cacher, sinon il me tuera sûrement». En disant ceci, il fit un tête-à-queue et se mit à courir. *Chakapash* alla chercher sa flèche et tira sur l'ennemi en fuite. C'était loin, mais il atteignit l'animal. La flèche brisant les deux pattes de droite de l'ours, ce dernier tomba sur le côté et demeura immobile. *Chakapash* courut chercher sa flèche. Quand l'ours vit après quoi il courait, il se traîna sur le sol et s'empara de la flèche avec sa gueule. *Chakapash* essaya de la lui arracher, mais sans succès. Il prit donc un bâton et frappa l'ours si fort qu'il rugit de douleur et laissa évidemment tomber la flèche. *Chakapash* s'en saisit et, sur le point de la tirer sur son ennemi, il s'arrêta en apercevant deux autres bêtes gigantesques. Eveillées par le rugissement de leur compagnon, elles descendaient la colline en chargeant *Chakapash*. Il attendit la première et la tira. Elle s'écroula morte. L'autre se présenta et il lui

454. Le mot est incertain.

réserva le même sort. *Chakapash* se concentra ensuite sur sa toute première victime et la mit tout à fait hors d'état de nuire. Il sortit alors son
couteau et ouvrit chacun des ours. Il inspecta leurs entrailles à tour de
rôle. Dans le premier, il ne trouva qu'un seul cheveu de son père. Le
second était vide. Il trouva un cheveu de sa mère dans le troisième. Ce fut
tout ce qu'il put récupérer de ses parents. «Ça suffira», dit-il en retour-
nant chez lui. En y arrivant, il ne dit rien à sa soeur de ce qu'il avait fait.
Il enveloppa chacun des cheveux dans un morceau d'écorce qu'il suspendit à un arbre[455]. Le lendemain, il se retira dans sa tente rituelle[456] et se mit
à faire de la magie[457]. Il dit à sa soeur de lui donner les deux morceaux
d'écorce suspendus dans l'arbre, en lui interdisant formellement de
regarder à l'intérieur de ces paquets. Sa soeur alla décrocher les paquets
mais, sa curiosité l'emportant, elle regarda dans chacun. N'y trouvant
rien, sauf un cheveu dans chacun, elle dit: «Quels chichis fait mon frère
avec ça!» Elle vint les lui tendre dans la tente. Elle resta à l'extérieur
toute la journée durant à écouter son frère pratiquer sa magie[458]. Elle
entendit les esprits lui parler et, finalement, elle crut reconnaître la voix
de sa mère puis celle de son père. Elle était effrayée mais continuait à
écouter. Oui. Il ne pouvait y avoir aucun doute. C'était les voix de son
père et de sa mère. *Chakapash* mit fin à tout ceci en criant de l'intérieur:
«Soeur, viens voir notre père et notre mère». Elle se précipita à côté de la
tente, en souleva la couverture et entra. Avant qu'ils ne disparaissent,
elle n'eut que le temps d'apercevoir une vision fugitive de ses parents.
«Oh! Misérable soeur, dit *Chakapash*, pourquoi avoir regardé dans
l'écorce alors que je t'avais dit de n'en rien faire. Vois maintenant ce que
tu as fait. Nos parents seraient demeurés avec nous si tout s'était passé
dans l'ordre. Maintenant nous ne les reverrons jamais».

Cha-kapash déménage et a une autre aventure

Chakapash en avait assez de rester au même endroit. Il souhaitait connaître d'autres lieux, d'autant plus que le temps lui paraissait long depuis
qu'il avait tué tous ses dangereux voisins. Il parla de ses projets à sa
soeur, qui ne voulut d'abord rien entendre. A force d'insister, il finit par
obtenir son accord. Mais il ignorait tout de la région à visiter, et il voulait
bien en découvrir la partie la plus dangereuse. Aussi dit-il: «Ma soeur,

---

455. Voir pages 106-107.
456. «conjuring tent».
457. «began to conjure».
458. «listening to her brother conjuring».

c'est là que nous irons», sachant bien qu'elle serait d'accord si la direction indiquée n'offrait aucun danger. «D'accord!», dit-elle. Trouvant une excuse, *Chakapash* pointa dans une autre direction, puis dans une autre quand il vit que la seconde ne satisferait pas son esprit aventureux. Il finit par découvrir un endroit dangereux et sa sœur hésita. Il insista pour savoir pourquoi elle ne voulait pas aller dans cette direction. Après un certain temps, elle finit par lui en dire la raison. C'est qu'elle savait qu'un danger s'y cachait. «Oh!, dit-il, nous nous échapperons». Il voulut aussi connaître la nature du danger. Elle dit alors tenir de leur père que des bêtes énormes parcouraient cette région; qu'elles étaient beaucoup plus grosses que des loups, tout en ayant des comportements similaires. Leur peau était tachetée et tout leur corps couvert d'yeux. Elles étaient munies de longues griffes et, douées d'une force considérable, elle tuaient quiconque avait le malheur de les rencontrer. Ils levèrent le camp et partirent. Ils voyagèrent longtemps. Un jour elle lui dit qu'elle n'allait pas plus loin, de peur de rencontrer les bêtes. Il aurait bien continué, mais sa sœur ne le voulait pas. Il n'avait rien d'autre à faire qu'à dresser la tente et à tout prévoir pour elle. Le lendemain, il arrangea un bâton, le polit, le planta devant l'entrée de la tente, et dit à sa sœur que, quel que fut le danger qui pourrait subvenir en son absence, le bâton tomberait. S'il tombait vers la tente, c'est que le danger menacerait celle-ci; si au contraire le bâton tombait de l'autre côté, ce serait lui qui serait en danger. «S'il tombe du côté de la tente, tu dois grimper dans cet arbre», dit-il en pointant du doigt un long frêne dans lequel on pouvait facilement grimper. «Monte aussi haut que tu le pourras, dit-il, et n'en descend pas avant mon retour. Mais avant d'y grimper, dépose un tison encore ardent dans l'entrée de la tente, sinon l'animal va s'y installer». *Chakapash* s'en alla après avoir ainsi parlé à sa sœur. Il marchait depuis peu, quand il entendit une bête féroce qui le suivait. Apercevant une roche élevée, il y grimpa et découvrit qu'elle bordait une falaise, au pied de laquelle le sol était dur et rocheux. Mais il n'avait plus de temps à perdre, les bêtes monstrueuses étant déjà là. Il se transforma en vison et se cacha près du précipice. Les bêtes s'arrêtèrent, quand elle ne virent que des pistes de vison. Il sortit la tête de son trou; deux bêtes l'apercevant se ruèrent sur lui. Il sauta à nouveau dans la falaise et ses poursuivants, incapables de s'arrêter à temps, tombèrent au fond du précipice et furent déchiquetés. En répétant le même stratagème, il élimina ainsi toutes les bêtes. Ensuite il revint chez lui. Mais voyons ce qui arrivait à sa sœur durant ce temps. Lorsque les bêtes s'étaient élancées à la poursuite de *Chakapash*, certaines d'entre elles avaient suivi ses traces en sens inverse. Quand elles furent à proximité du campement, le bâton tomba vers l'entrée de la tente dans laquelle se trouvait alors la femme. Elle se leva rapidement et grimpa dans l'arbre. Rendue à mi-chemin, elle se rendit compte qu'elle avait oublié de placer un tison devant l'entrée. Mais il était trop tard pour y penser. Les bêtes furieuses sortaient de la forêt et la cherchaient. Elles finirent par découvrir sa cachette, arrachèrent l'écorce du pied de l'arbre au moyen de leurs dents aiguisées et essayèrent d'y grimper. Elle fut bien réconfortée de voir qu'elles en étaient incapables. Cinq d'entre elles s'installèrent dans la tente et les autres partirent à la course; ces dernières furent de celles qui finirent au fond du précipice. La femme resta longtemps à attendre dans l'arbre et finit par penser que *Chakapash* s'était perdu. Elle ne voulait cependant pas descendre, craignant les cinq bêtes installées dans la tente. Voyant revenir son frère, elle lui cria qu'il y avait du danger en bas, de ne pas s'approcher. «Oh!, tu seras la cause de ma mort, dit-il, pour avoir oublié de faire ce que je t'avais dit». Mais il n'eut pas le temps d'ajouter un mot; les bêtes fonçaient sur lui et il devait voir à se protéger. Il dit à sa flèche: «Maintenant, ma flèche, tu dois revenir chaque fois que je te lance; sinon je serai tué». Il tua ainsi trois bêtes qui étaient ensemble, mais sa flèche n'eut pas le temps de revenir avant que les deux autres ne l'atteignent. Il en prit une dans chaque main et dit: «Ma sœur, descends et tire-les». Comme elle avait peur, elle tarda à descendre. Quand elle se décida, *Chakapash* était rendu au bout de ses forces. Il lâche prise et tomba d'épuisement. «Je suis fait cette fois, dit-il. Trop tard ma sœur, trop tard». Il tomba, mais les bêtes s'étaient tellement fait serrer qu'elles furent bien contentes de prendre la fuite. Même lorsqu'il fut tombé, sa sœur attendit pour descendre de l'arbre que tout danger fut bien écarté. *Chakapash* ne mit pas de temps à se remettre.

VARIANTE 26

Cette variante fut recueillie par G.W. Bauer, alors qu'il était instituteur à Fort George. Le conteur était Thomas Rupert, alors âgé de 77 ans. Enregistré en langue cris, le récit aurait été traduit par Robert Kanatewat. Notre traduction française fut faite à partir de la version anglaise publiée par Bauer (Bauer, G.W., 1971: 58-65). L'enregistrement aurait eu lieu au milieu des années 1960. Trois des cinq épisodes (chasse aux castors, meurtre de *Kachichidask* et ascension finale) avaient déjà fait l'objet de publications (Bauer, G.W., 1966: 53-54; 1967: 35).

Mon père se nommait Rupert. C'est de lui que je tiens ces histoires. Le garçon dont je vais vous parler se nommait *Chikapash*. Une créature avait tué ses parents, et depuis lors il vivait avec sa sœur. A la manière d'un enfant, il ne chassait que l'écureuil. En ce temps-là les écureuils étaient beaucoup plus gros qu'aujourd'hui. Un jour il dit à sa sœur qu'il avait entendu quelque chose sur le lac. Elle l'avertit de ne pas y retourner. Plus tard, alors qu'il chassait l'écureuil, une de ses flèches tomba à l'eau. Sa sœur le prévint. Elle lui parla de la créature. «Si tu t'approches du lac, cette créature répugnante t'avalera». Le garçon répondit à sa sœur: «Ne parle pas de ça, tu me fais peur»[459]. Il dit ensuite à sa sœur de poser une ligne à pêche dans le lac[460]. Le garçon était très embêté d'avoir tiré ses flèches à l'eau. Aussi s'organisa-t-il pour aller les chercher. Il s'assit sur son arc comme dans un canot et se servit d'une flèche en guise d'aviron. Ainsi se mit-il à pagayer. Il chantait qu'il allait récupérer ses flèches. Il chantait aussi au sujet du poisson (le monstre dont sa sœur lui avait parlé) susceptible de l'avaler. Tandis qu'il chantait ainsi, un énorme poisson fit surface et l'avala. Le garçon lui dit: «Ne me mords pas, sinon je ne tarderai pas à être digéré». Le poisson ne le mordit pas, se contentant de l'avaler tout d'une pièce. Le garçon était donc à l'intérieur du poisson, qui nageait en faisant le tour du lac. Le garçon surveillait attentivement pour voir la ligne à pêche de sa sœur. S'il lui avait demandé d'en installer une, c'était en prévision d'une situation embarrassante comme celle dans laquelle il se trouvait maintenant. Il finit par apercevoir la ligne et dit au poisson d'aller voir ce qui en était. Le poisson nagea jusqu'à la ligne, y mordit, mais s'en éloigna. «Oh! Oh!, dit *Chikapash*, essaie donc une autre fois». Le poisson se reprit. Cette fois, le garçon tira sur l'hameçon et l'accrocha à l'intérieur de la gueule du poisson. Il y avait vraiment un poisson[461]. La sœur le vit bien à l'autre bout de la ligne et se mit à tirer. C'était un gros poisson. Elle se mit en frais de l'ouvrir. A l'intérieur le garçon craignait que, en s'en prenant au ventre (de la bête), elle ne le coupe. Il sortit en sautant. «Oh! Oh!, dit-il à sa sœur, je suis tout couvert de boyaux de poisson». «Mon Dieu, dit-elle, tu veux vraiment tout essayer». Le garçon courut se laver au lac. Il dit plus tard à sa sœur de ne manger que la chair du poisson, pas les entrailles. Un jour qu'il chassait au temps des premières gelées, *Chikapash* crut entendre des gens briser la glace du lac. Dès qu'il le put, il en parla à sa sœur. Elle lui dit de ne pas aller chez ces gens, car c'étaient des géants qui chassaient des castors géants. «Quand quelqu'un essaie de tuer les castors, les

---

459. «Chikapash ne pensait pas vraiment ainsi. Il se moquait simplement de sa sœur» (Note du traducteur).

460. «Ils devaient habiter près d'un lac, puisqu'il dit à sa sœur de poser une ligne au milieu du lac et de fixer l'autre extrémité à un des poteaux de la tente» (Note du traducteur).

461. Constatation faite par la sœur.

géants le poussent à l'eau», dit-elle. «Ne dis pas ça, dit-il, tu me fais peur»[462]. Avant d'aller trouver ces gens, le garçon avait diminué sa taille. Ses vêtements étaient trop grands pour lui, même ses raquettes. Il arriva chez les géants par le large du lac. Les plus jeunes géants voulurent évidemment se payer sa tête. Les géants plus âgés dirent à leurs enfants: Ne lui faites rien car ce doit être le garçon nommé *Chikapash*. Il aime faire n'importe quoi[463]. Ne vous en occupez pas». Quand *Chikapash* atteignit les géants, ils avaient fermé un des tunnels du castor. Les plus jeunes géants dirent au garçon: «Tu attrapes le castor quand il sort»[464]. Le garçon s'assit pour être prêt à saisir le castor quand il sortirait. Aussitôt il recouvra sa taille normale. Quand le castor sortit, il l'attrapa. A ce moment-là, les plus jeunes géants essayèrent de le pousser sous l'eau. Le garçon dit: «He! Qu'essayez-vous de faire là? Pourquoi voulez-vous me pousser dans l'eau?» Il tira le castor de l'eau et le frappa avec une de ses flèches. *Chikapash* dit: «C'est gentil de votre part de m'offrir ainsi votre castor». «Eh! Ne le prends pas», dit l'un des jeunes géants. «Non?, dit le garçon; vous m'aviez dit de le prendre». Le garçon détacha la corde de son arc et la fixa au castor. Le jeune géant dit: «Ne le prends pas. Tu ferais mieux de nous le remettre». Le garçon ne lui accorda aucune attention et partit pour chez lui. Les plus jeunes géants le suivirent car ils voulaient lui reprendre le castor. «Eh!, dit le garçon, laissez-moi seul». Mais ils essayèrent encore, jusqu'à ce que le garçon en soit excédé. Il s'élança sur eux et leur tordit les bras sans toutefois les leur arracher. Ils retournèrent chez eux en gémissant et en se lamentant. A leur retour, les géants plus âgés leur dirent: «Vous voyez ce qui arrive. Nous vous avions dit de ne pas en faire de cas». En arrivant chez lui, *Chikapash* lança le castor dans la tente avant d'y entrer lui-même. «Soeur, dit-il, voilà ce que m'ont donné les géants». «Non!, dit-elle. Et toutes ces lamentations que j'ai entendues?» «Oh!, dit-il, c'étaient les jeunes géants. Ils ont essayé de m'enlever le castor». «Tu n'aurais pas dû faire ça, car les géants nous auront bien». Ils enlevèrent la peau du castor et le préparèrent pour la cuisson. Le garçon dit à sa soeur: «Me donnerais-tu un coquillage marin, si tu en as?». Elle lui en donna un. Le garçon le plaça juste à côté du feu. Bientôt ils entendirent les géants s'avancer à travers la forêt. «Alors, tu vois ce que je t'avais dit, dit la soeur. Ils vont nous tuer. C'est ce qui arrive quand tu ne fais pas ce qu'on te dit. Ça finit mal pour toi». «Non,

462. «Il disait ça juste pour tromper sa soeur, car il était sûr d'aller trouver ces gens» (Note du traducteur).

463. «C'est-à-dire qu'il est capable des plus grands exploits, en raison du pouvoir qu'il possède» (Note du collectionneur).

464. Voir la note 32, page 86.

soeur, dit le garçon, ne dis pas ça car tu me fais peur». Quand les géants furent proches, le garçon renversa le coquillage marin. Comme par magie, le wigwam devint soudainement aussi solide que de la pierre. Les géants pouvaient entendre *Chikapash* dire sous la pierre: «Oh! soeur, brasse donc la viande»[465]. Les géants essayèrent de casser la pierre, mais ça ne marchait pas. Ils ne purent rejoindre le garçon et sa soeur. Ils abandonnèrent finalement et s'en allèrent. Quand ils furent partis, le garçon retourna le coquillage marin et la voûte de pierre disparut. Il alla chez les plus jeunes géants, qui étaient encore à se plaindre et à murmurer à cause de leurs bras tordus. Il leur dit: «Voyez à quel degré d'impuissance vous en êtes réduits. Parfois quand les gens m'appellent, je pourrai les aider. Mais ne me demandez pas de vous aider, pour ensuite faire ce que vous avez essayé». Le garçon prit alors les cendres du feu et en recouvrit leurs blessures aux bras. Les bras furent aussitôt guéris. Une autre fois le garçon était à la chasse aux écureuils. Bientôt il entendit un raclage, comme celui que font les gens quand ils grattent des peaux de castor[466]. Il raconta à sa soeur ce qu'il avait entendu. Elle lui dit: «N'approche pas de ces gens, sinon leur mère te tuera». Le garçon dit: «Ne dis pas ça ma soeur, tu me fais peur». Il lui demanda alors s'il pouvait avoir un peu de graisse dans un contenant fait d'une trachée animale[467]. «Que veux-tu faire de cette graisse?», demanda-t-elle. Le garçon ne répondit point. Il ne fit que prendre la graisse et alla en direction du bruit qu'il avait entendu. Il vit deux jeunes femmes grattant des peaux de castor à l'extérieur de leur wigwam. Le garçon s'assit, observa et causa avec les filles. Dans le wigwam, la vieille femme dit: «Mes filles, vous riez et gloussez avec un homme». «Non, dirent-elles, nous ne faisons que lancer des roches à un geai»[468]. Le garçon dit: «Venez vivre avec moi. J'habite seule avec ma soeur. Il n'y a personne d'autre». «Non, dirent les filles, nous ne pouvons vivre avec toi. Plusieurs hommes s'y sont essayé mais n'ont pas réussi car, chaque fois, notre mère a découvert qu'un homme voulait vivre avec nous et elle l'a tué. Si tu souhaites vivre avec nous, tu subiras le même sort». Le garçon dit: «Comment aimeriez-vous ça si je tuais votre mère?». «Nous serions contentes, dirent-elles, car nous déplorons la façon dont elle traite les hommes qui entrent dans nos vies». «Très bien alors, dit *Chikapash*, je vais vous dire quoi lui raconter, car elle tentera

---

465. «Ce qui signifique que le garçon n'était pas préoccupé par les géants» (Note du traducteur).

466. Voir la note 35, page 87.

467. Voir la note 47, page 90.

468. Dans une autre publication, Bauer écrit: «We are throwing stones at a whiskey jack (the wiskey jack is a Canada jay)» Bauer, G.W., 1967: 35.

de me faire bouillir. Dites-lui de se réjouir d'avoir encore gagné». La vieille n'était vraiment pas contente d'entendre ses filles rire à nouveau, qu'elles soient en train ou non de jouer avec les geais. Elle sortit du wigwam et vit le garçon en compagnie de ses deux filles. La vieille entra rapidement. «Alors tu vois, dirent les filles, elle va sûrement essayer de te tuer». Elle sortit à nouveau avec une grosse marmite. Elle y mit un peu de neige pour faire de l'eau et, quand elle jugea qu'il y en avait assez, elle fonça sur le garçon. Et juste à ce moment-là, là où il se trouvait, elle le frappa au milieu[469] pour le casser en deux. «Hé!, dit le garçon, ne fais pas ça sinon tu ne tireras aucune graisse de moi». Elle fit donc comme il lui avait dit. Elle le mit tout entier dans la marmite pour le faire bouillir d'une seule pièce. Quand la marmite se mit à bouillir, *Chikapash* devint très chaud. De temps à autre, il faisait sortir un peu de graisse en pressant sur le contenant, afin de tromper la vieille en lui laissant croire qu'il cuisait. Les filles surveillaient et, quand elles virent la graisse, elles dirent à leur mère: «Mère, il est cuit. Retire la marmite du feu et sois contente; tu as encore gagné». Ainsi fit-elle. Je veux dire qu'elle allait le faire mais, quand elle fut près de la marmite, *Chikapash* en sauta, retourna la marmite sur la vieille et courut au wigwam. Il dit aux filles: «Votre mère m'a fait presque cuire à mort». Il courut se rouler dans la neige pour se refroidir. La vieille était morte. «Alors vous voyez, dit-il aux filles, j'ai tué la vieille. Vous pouvez m'accompagner et nous retournerons chez ma sœur». Les sœurs dirent: «Nous sommes contentes que tu l'aies tuée, parce que nous n'aimions pas ce qu'elle faisait aux hommes quand ils nous désiraient». *Chikapash* avait maintenant deux épouses à ramener et à pourvoir, mais il était content. Aussi retourna-t-il chez lui. En arrivant, le garçon dit à sa sœur: «Je t'ai amené deux compagnes». Sa sœur dit: «En es-tu bien sûr?»[470] «Oui», dit-il. Sa sœur alla donc voir et elle aperçut les deux filles. Elle les fit entrer et alors *Chikapash* eut deux épouses. *Chikapash* était un jour chez lui en train de s'interroger et de réfléchir. Tout en pensant il dit à sa sœur: «Comment avons-nous été faits? Avons-nous eu des parents?» «Ne sois pas stupide, dit-elle. Comment pourrions-nous exister sans parent? Bien sûr que nous en avons eus, mais ils furent tués par un monstre énorme nommé *Kachichidask*». Le garçon demanda: «Quelle était la couleur des cheveux de notre mère et de notre père?» «Notre mère avait les cheveux bruns et ceux de notre père étaient noirs», répondit-elle. Le garçon partit avec son arc et ses flèches. Il fut absent durant plusieurs semaines. Au fur et à mesure qu'il s'éloignait, il

---

469. «In the stomach» (Note du collectionneur).

470. «*Chikapash* jouait toujours des tours. Aussi sa sœur ne pouvait jamais savoir quand il disait la vérité» (Note du traducteur).

se mit à chanter. Son chant disait: «Je suis à la poursuite de *Kachichidask*». En entendant cela, toutes les créatures vivantes sortirent de la forêt et demandèrent: «Comment peux-tu te vanter ainsi? As-tu déjà tué quelque chose de plus gros qu'un écureuil?» Le garçon répondit que cela ne lui était jamais arrivé. «Alors, dirent les créatures, si tu te penses si bon, tu vois ce tamarack là-bas? *Kachichidask* est aussi fort que cela. Toi, l'es-tu?» *Chikapash* prit son arc et sa flèche, visa et tira sur le tamarack. Il abattit l'arbre, tant sa flèche était rapide. «Ah!, dit une créature, *Kachichidask* est vraiment beaucoup plus fort que cela. Vois-tu la montagne là-bas? Alors *Kachichidask* est aussi fort que cela». *Chikapash* prit une autre flèche, banda son arc et tira. La flèche vola rapidement vers son but et fit s'écrouler la moitié de la montagne en la frappant. Les créatures étaient vraiment impressionnées. Elles savaient maintenant que le garçon était doué d'une grande force et d'une grande puissance, et qu'il serait un adversaire redoutable pour *Kachichidask*. Mais *Chikapash* ignorait que le monstre, caché derrière un buisson, avait observé la scène; quand il se rendit compte de la force et de la puissance du garçon, il se sauva au pas de course. Il était presque hors de vue quand le garçon mit une autre flèche à son arc. Quand il l'aperçut, le monstre avait presque disparu. Il tira aussi vite qu'il put vers l'endroit où le monstre avait disparu, disant à sa flèche déjà en marche: «Va tout droit, ma flèche». Le garçon alla dans la forêt, là où il avait tiré sa dernière flèche, et aperçut le monstre qu'il venait d'abattre. La flèche l'avait coupé en deux, dans le sens de la longueur. Sans tarder, *Chikapash* ouvrit les boyaux et trouva une pelote de cheveux bruns et de cheveux noirs. Il la prit et eut l'idée de donner les bruns à sa sœur et de garder les noirs pour lui. En arrivant chez lui, il dit à sa sœur qu'il avait tué le monstre responsable de la mort de sa mère et de son père. «En es-tu bien sûr, lui demanda-t-elle, toi qui n'a jamais rien tué de plus gros qu'un écureuil?». «Oui, dit-il, et j'ai même rapporté une de ses oreilles. Elle est si grosse que nous pouvons l'utiliser comme porte de wigwam». La sœur sortit donc pour vérifier et aperçut l'oreille que le garçon avait ramené. Il donna à sa sœur les cheveux bruns et lui dit qu'il garderait les noirs. Un jour, beaucoup plus tard, *Chikapash* était encore parti chasser l'écureuil. La journée était belle. Le ciel était bleu. Il était heureux. En marchant dans la forêt, il vit un écureuil et tira dessus. Aveuglé par le soleil, il manqua son coup et la flèche se piqua haut dans un arbre. Il se mit donc à grimper pour la récupérer. Il souffla sur l'arbre qui se mit à grandir. Etonné d'une telle chose, il souffla à plusieurs reprises et à chaque fois l'arbre devenait plus grand. Finalement, il était rendu si haut qu'il vit une autre terre. Cependant, il s'agissait de la lune. C'était très beau là-haut et il vit quantité de pistes d'écureuils. Il redescendit donc de l'arbre pour aller faire part à sa sœur de sa découverte. En arrivant chez lui, il lui dit que ce serait un bon endroit à habiter. «Ne soit pas stupide, lui dit sa sœur, nous ne pourrons jamais grimper là-haut». «Certainement que nous le pouvons, dit le garçon. Allons-y. Nous vivrons là-haut tous les quatre». «Non, dit sa sœur, ne sois pas insensé. Nous ne pourrons y arriver». «Tu le peux, dit *Chikapash*, si tu fais ce que je te dis. Vous trois, grimpez d'abord. Je viendrai derrière. Mais ne regardez pas en bas. Si vous tombez, je vous attraperai». Alors ils commencèrent à grimper dans l'arbre. Quand ils furent à mi-chemin, sa sœur et ses deux épouses devinrent étourdies et tombèrent chacune leur tour. A chaque fois, il les attrapa. Finalement, ils atteignirent l'endroit. Le garçon leur dit: «Ça semble très agréable à habiter. C'est ici que nous demeurerons». Un jour qu'il était en promenade, il découvrit un sentier. Ce dernier était très beau et bien battu. Il se demanda alors qui pouvait bien marcher dans un sentier si bien battu. Il lui vint à l'esprit d'attendre pour découvrir qui en était le responsable. Il s'étendit alors en travers du sentier. Peu à peu il entendit quelque chose venir en grondant. Aussitôt il se mit à avoir chaud. C'est alors qu'il vit venir le soleil. Quand ce dernier vit le garçon étendu dans son sentier, il dit: «Enlève-toi de là, car je ne m'arrête jamais». «Passe par-dessus moi», dit le garçon. «Enlève-toi de là, car je ne m'arrête jamais». «Passe par-dessus moi», dit le garçon. C'est évident que le soleil ne pouvait s'arrêter. Quand il atteignit le garçon, il passa juste au-dessus. *Chikapash* en fut presque rôti. Quand il s'éveilla[471], il vit que ses vêtements étaient brûlés. Il était fâché contre le soleil, parce que celui-ci avait brûlé sa veste. «Attend, dit-il, je t'aurai bien un jour pour avoir brûlé mes vêtements». Le soleil se contenta de rire et continua son chemin. Le garçon revint chez lui et demanda à sa sœur de lui trouver quelque chose pour faire un collet[472]. Elle lui présenta toutes sortes de matériaux, mais aucun ne convenait pour le type de collet qu'il voulait faire, jusqu'à ce qu'elle lui donne un de ses poils pubiens. «Oui, c'est ce qu'il me faut, dit-il. Ça devrait aller». «Mais ne le passe pas entre tes dents, dit-elle, car c'est un poil pubien». Il le fit néanmoins et le poil se transforma en fil de métal. Il partit donc installer son collet. Tout en marchant, il se disait en lui-même: «Je vais t'avoir, soleil, pour avoir ainsi brûlé ma veste». Quand il eut installé son piège, il retourna chez lui et tomba endormi, car il n'y avait jamais de nuit en ce temps là. Il faisait continuellement jour. Les femmes étaient debout, occupées à leurs tâches, quand tout devint soudainement noir. Elles en furent un peu effrayées et coururent éveiller *Chikapash*. «Regarde ce qui arrive», dirent-elles. «Mon Dieu!», dit le

---

471. «J'imagine que la chaleur lui avait fait perdre connaissance» (Note du traducteur).
472. Voir la note 52, page 92.

garçon. «Qu'as-tu encore fait?», lui demanda sa sœur. Rendu là-bas, il vit le soleil se débattant dans le collet et, pour la première fois, il imagina comment ce serait terrible s'il faisait continuellement nuit. Il réalisa à quel point ce ne serait pas bon. Aucune personne, aucun animal, aucune autre chose ne pourrait vivre continuellement dans l'obscurité. C'est pourquoi *Chikapash* rassembla autour de lui tous les animaux qui habitaient dans la lune et les envoya tenter de briser le collet pour libérer le soleil. Ils échouèrent tous, car dès qu'il s'approchaient du soleil ils étaient brûlés à mort. Finalement il prit le dernier des animaux, une souris des champs, et lui dit qu'elle représentait leur ultime espoir; une telle absence de lumière signifierait la fin de tout. Il souffla sur la souris qui s'envola et vint tomber jusque sur le fil de métal. Ce dernier craqua aussitôt. Et dès que le soleil eût repris son chemin à travers les cieux, le long de son sentier bien battu, la lumière du jour revint. *Chikapash* dit: «C'est ainsi que les choses se passeront dorénavant. Le jour succédera à la nuit, et la nuit au jour, car dans l'avenir les hommes chasseront, trapperont, poseront des collets et pêcheront; c'est le soir, dans le wigwam, autour du feu, qu'ils planifieront ces activités. Le jour venu, ils exécuteront leurs plans de la soirée précédente. La nuit sera consacrée aux projets du lendemain et aux plaisirs de la vie familiale. Le jour sera pour travailler». Et il en est ainsi depuis lors. Si *Chikapash* n'avait pas pris le soleil au collet, il n'y aurait pas de nuit. Il ferait continuellement jour et ce ne serait pas bon. Ce serait presque aussi pire que l'obscurité perpétuelle, comme au temps où le soleil était pris dans le collet. Quand la lune est pleine, si tu regardes attentivement, tu es presque assuré d'apercevoir un homme brassant le contenu d'une grosse marmite posée sur le feu. Ce serait *Chikapash*. Tu peux aussi voir la vapeur sortir de la marmite. J'ai entendu dire que les Blancs tentaient d'atteindre la lune. Je me demande si vous réalisez que les Indiens racontent depuis longtemps cette histoire au sujet de la façon dont le garçon, *Chikapash*, atteignit la lune par ses propres pouvoirs. Je me demande parfois si un jour les Blancs, quand ils voyageront sur la lune, rencontreront *Chikapash*.

VARIANTE 27

Racontée par William Moses de la rive est de la baie James, cette variante fut traduite en anglais par Lillian Śmall (Small, L., 1972: 19-22). La version française est de moi.

Il était une fois un vaillant Indien nommé *Cha-kapesh*. Il habitait un wigwam avec sa soeur. Il lui demanda un jour ce qui était arrivé à leurs parents, qui les avait tué. Elle répondit que longtemps auparavant un homme grand et fort, nommé *Ka chee toosk*, les avaient tués. Il se mit donc en tête de retrouver ce méchant *Ka chee toosk*. Il fabriqua plusieurs flèches pour son arc. Ensuite, tous les jours, il alla dans la forêt en chantant: «Je cherche *Ka chee toosk*». De temps à autre il rencontrait soit un animal soit un homme. A chaque fois il demandait: «Quel est ton nom?» Il continua ainsi jour après jour. Une fois, alors qu'il chantait ces mots, il fit la rencontre d'un gros homme qui semblait à demi animal. Il lui demanda son nom et l'homme répondit: «Je suis le puissant *Ka chee toosk*». Non loin de là, il y avait une grande épinette rouge. Il banda son arc et visa l'épinette en disant: «On raconte que *Ka chee toosk* est aussi fort que cette épinette rouge». Sa flèche vint frapper l'arbre en plein milieu, le réduisant en pièces. Voyant ensuite une grosse pierre tout près de là, il dit: «*Ka chee toosk* passe pour être aussi fort que cela». Il visa la pierre et tira. Elle fut réduite en pièces. Voyant cela, *Ka chee toosk* prit peur. Il se mit à courir. Mais avant qu'il ne soit rendu trop loin, *Cha-kapesh* lui décocha une flèche et il tomba mort sur le coup. *Cha-kapesh* était ravi. Il venait de tuer le meurtrier de ses parents. Il ouvrit le gros estomac de cet homme et y trouva deux touffes de cheveux humains. L'une était foncée, l'autre claire. Il les emporta afin de les faire voir à sa soeur. Rendu chez lui, il lui dit qu'il avait tué le puissant *Ka chee toosk*. Il lui montra aussi les deux touffes de cheveux qu'il avait trouvées dans son estomac. Elle se mit à pleurer, car elle savait qu'ils s'agissait là des cheveux de leurs parents. Ceux de leur père étaient noirs, ceux de leur mère clairs. Il donna ces derniers à sa soeur, en lui disant de les conserver. «Je conserverai les cheveux noirs de notre père», dit-il. Un jour *Cha-kapesh* marchait sur un lac[473] et il aperçut des gens qui s'apprêtaient à poser un filet à castor sur la glace. «Je vais aller les trouver», pensa-t-il. C'étaient des géants. Il y en avaient des petits, les fils des gros. Après un moment, ils s'aperçurent qu'un castor s'approchait du filet; il était gros lui aussi. Il les aida à attraper le castor au filet. Après qu'ils l'eurent sorti, il le mit de côté croyant qu'il l'apporterait chez lui pour le manger avec sa soeur. Les jeunes géants essayèrent de l'empêcher de partir. Ils ne voulaient pas le voir emporter le castor. Il les frappa au moyen de ses flèches à la pointe lourde et les abattit l'un après l'autre. Les géants adultes dirent à leurs jeunes: «Laissez-le faire. Qu'il emporte le castor. Nous irons le trouver ce soir». Il rapporta le gros castor à la tente et dit à sa soeur que les géants

---

473. C'est-à-dire sur la surface gelée du lac.

le lui avaient laissé. Elle demanda: «Pourquoi as-tu pris leur castor?» Elle craignait les géants. Il lui dit de dépouiller le castor de sa fourrure et de le mettre à cuire. Les géants ne lui faisaient pas peur. Ce soir-là, il s'adonna à une de ses pratiques magiques et sa tente se transforma en voûte rocheuse. Plus tard dans la nuit, ils entendirent les géants essayer d'entrer et frapper contre la pierre. Mais ils ne pouvaient même pas en faire partir le moindre éclat. Aussi laissèrent-ils tomber. Il dit alors à sa sœur que la seule façon de sortir était de se glisser par le petit trou au sommet de la tente. Il ajouta qu'il soufflerait sur un des arbres servant de pôles à la tente et qu'il s'étirerait à chaque fois qu'il soufflerait[474]. «Nous irons vivre ailleurs, sur la lune, lui dit-il. Quand nous grimperons, tu passeras devant». Ils partirent et il souffla sans arrêt sur l'arbre qui devint de plus en plus haut. Ils atteignirent finalement la lune et il dit à sa sœur: «As-tu ce qu'il faut pour fabriquer un collet?[475]» «Non», répondit-elle. «Donne-moi un de tes longs cheveux», dit-il. Elle lui en donna un et il fit un collet. Il attrapa la lune et il se mit à faire très noir. Voilà comment et pourquoi les nuits sont parfois très sombres. C'est parce que *Cha-kapesh* a pris la lune au collet. Cette légende comporte une autre partie. Mais c'est trop long. Je ne puis tout raconter maintenant.

VARIANTE 28

Cette variante est attribuée à Willie Archibald, un Cris de Albany. A. Skinner (1911: 102-104) en a publié une version anglaise, que j'ai traduite en français.

(Alors que leurs parents se faisaient dévorer par des ours bruns, *Tcikāpis* et sa sœur se réfugièrent dans un arbre où ils ne pouvaient être vus)[476]. *Tcikāpis* et sa sœur vivaient près d'un lac. Un jour, elle lui dit de ne pas s'aventurer sur un arbre qui s'avançait au-dessus de l'eau. Mais *Tcikāpis* tua un oiseau qui tomba à l'eau. Afin de le récupérer, il grimpa sur l'ar-

---

474. Le wigwam étant devenu dur comme de la pierre, ils durent sortir par le trou d'aération formé par l'entrecroisement des arbres formant la tente circulaire. C'est ensuite un de ces arbres qui s'agrandira jusquà la lune, sous l'effet du souffle de *Cha-kapesh*.

475. Voir la note 52, page 92.

476. Parenthèse dans le texte.

bre et fut dévoré par un poisson[477]. Alors sa sœur alla à sa recherche. Soupçonnant le poisson de l'avoir avalé, elle l'attrapa à l'hameçon. Quand elle vint pour ouvrir sa prise, *Tcikāpis* s'écria: «Lentement, lentement, tu vas me couper». Quand il fut délivré, il lui dit: «Ne gratte pas la bave qui se trouve sur ma tête ainsi que sur ma lèvre supérieure, alors les gens qui naîtront plus tard auront du poil en ces endroits». Le lendemain, alors qu'il chassait, *Tcikāpis* entendit du bruit et revint chez lui. Sa sœur lui lança: «Ce sont les ours qui ont tué nos parents. N'y va pas». Il y alla quand même et tua les ours. Dans l'un d'eux il trouva une mèche de cheveux de sa mère. Il brûla les carcasses. Le lendemain il retourna chasser. De nouveau il entendit du bruit et revint chez lui. Sa sœur lui dit: «N'y va pas. Ce bruit provient des peaux de castors grattées par les femmes géantes». Le lendemain il partit et découvrit les femmes géantes à l'oeuvre. Il tua un geai, revêtit sa peau et s'envola. Il s'empara de la graisse que les femmes enlevaient des peaux. Les géantes surent qu'il s'agissait de *Tcikāpis*[478]. L'une d'elles lui lança son grattoir et le tua. Elles le mirent ensuite à bouillir dans une marmite et s'amusèrent de le voir rouler dans l'eau. *Tcikāpis* n'était pas réellement mort. Soudain il sauta hors de la marmite et les brûla tous à mort. Le lendemain, il vit des géants en train de creuser la glace pour attraper des castors[479]. Il se fit petit et alla vers eux. Ils lui demandèrent de sortir un castor géant de l'eau en l'attrapant par la queue; ils étaient bien certains qu'il serait alors entraîné sous l'eau. Mais, à leur grand étonnement, il y parvint. *Tcikāpis* ouvrit le revêtement de tendon de son arc et y déposa le castor. Les géants lui crièrent de le leur redonner, mais il refusa. Il porta le castor à sa sœur pour qu'elle le cuise. Tandis qu'il enlevait la graisse de la marmite dans laquele bouillait le castor, en vue de le manger, les géants se présentèrent armés de leurs lances de guerre en vue de le frapper à travers le mur de la tente. *Tcikāpis* avait un coquillage plat et rond. Il s'en recouvrit. Les géants pénétrèrent dans la tente, mais ne purent briser le coquillage. Ils savaient néanmoins qu'il était caché dessous. Ils le menacèrent alors d'enlever sa sœur s'il ne sortait pas. Il ne bougea point. Ils brûlèrent la tente et emmenèrent sa sœur. Après leur départ, *Tcikāpis* sortit et mit sa corde à son arc. Il les suivit et le rejoignit alors qu'ils franchissaient un marécage. Il dit alors à sa flèche: «Ne tombe pas sur les petits, seulement sur les grands». Il décocha ensuite cette flèche qui détruisit tous les géants mais épargna sa sœur. Le lendemain *Tcikāpis* sortit à nouveau et

---

477. Il fit sans doute une chute.

478. Par son déguisement, le héros incarne le double sens du mensonge que, selon d'autres versions, les filles font oralement. Voir la page 149.

479. Voir la note 32, page 86.

découvrit un beau sentier. Il revient chez lui en parler à sa sœur. «C'est le sentier que le soleil emprunte durant la nuit», dit-elle. *Tcikāpis* reçut une espèce de corde de sa sœur et fabriqua un collet[480]. Quand le soleil y arriva, le soir venu, il s'y prit. Le lendemain il n'y eut pas de jour. *Tcikāpis* ne savait que penser. Néanmoins il finit par se lever et allumer le feu. Après quoi il avoua à sa sœur qu'il avait attrapé le soleil. Comme il était impensable qu'il fasse ainsi toujours nuit, *Tcikāpis* convoqua tous les animaux afin de libérer le soleil en coupant la corde. C'est aux plus petits animaux qu'il demanda d'abord d'essayer, croyant qu'ils seraient moins susceptibles de se faire brûler. Il utilisa d'abord la belette pygmée, mais la chaleur la fit mourir. Finalement il utilisa la musaraigne qui réussit à libérer le soleil.

VARIANTE 29

Cette variante fut recueillie par J.R. Cresswell, auprès d'élèves de l'Indian Boarding School de Norway House (Manitoba, Swampy Cree). Il en publia une version anglaise (1923: 404-406). La traduction française est de moi.

Il y a longtemps vivait un petit garçon. Il avait une sœur. Ils habitaient seuls dans la hutte où leur père et leur mère étaient morts. Un jour que le petit garçon s'apprêtait à partir, elle lui dit: «Ne tire pas de flèche sur un écureuil qui est près de l'eau». Il s'en alla donc, emportant avec lui son arc et sa flèche. Tout en marchant, il entendit les cris d'un écureuil. Il le visa sans parvenir à le tuer. Il entendit plutôt un éclaboussement d'eau et vit qu'il avait été causé par sa flèche. S'étant dévêtu, il plongea. Comme il approchait de sa flèche, il dit: «Gros poisson, gros poisson, avale-moi». Un gros poisson l'avala aussitôt. Le petit garçon lui dit: «Ne me mords pas, contente-toi de m'avaler». Pendant ce temps, la fille ignorait où se trouvait son frère. Elle était maintenant très seule. Un jour, elle eut l'idée d'aller pêcher. Quand elle lança son hameçon à l'eau, le petit garçon le vit et dit au poisson: «Va prendre ça!» Le poisson fonça sur l'hameçon et s'y trouva pris. Alors qu'elle éventrait sa prise, la femme entendit une voix provenant de l'intérieur: «Ne me coupe pas, ne me coupe pas, sœur». Elle fut si contente de retrouver son frère qu'elle se

480. Voir la note 52, page 92.

pencha sur son cou et l'embrassa. Le garçon alla chez lui pour manger. Après son repas il retourna dans la forêt et le soleil brûla sa veste en peau d'orignal. Le petit garçon en fut alors très vexé. Il retourna auprès de sa sœur et lui demanda un cheveu. Il tendit ensuite un collet[481] pour attraper le soleil. Le lendemain matin, le soleil ne se leva point. «Je serais prête à parier que tu as fait quelque chose de mal!», dit la sœur. Il répondit: «Je n'ai fait que tendre un collet en forêt hier; je vais aller le visiter». Il s'éloigna et découvrit que le soleil était pris dans son collet. Il essaya de le libérer, mais c'était trop chaud. Il tenta vainement de faire mordre le cheveu par des insectes. Il alla même jusqu'à mettre des souris sur le cheveu, mais rien n'y fit. Finalement il y déposa une musaraigne qui le mordit. Le soleil monta bien haut dans le ciel. Depuis ce temps-là la musaraigne n'a jamais pu voir, car le soleil lui avait brûlé les yeux. A un autre moment il demanda à sa sœur: «Quel est ce bruit?» Elle répondit: «Ne va pas là. C'est l'ours qui a tué notre père et notre mère». En entendant ces mots, le petit garçon songea à la mort de son père et de sa mère. Il y pensa tellement qu'il alla dans la forêt pour voir l'ours. Il parvint ainsi en un endroit couvert de pierres. Il aperçut l'ours assis près de son trou. L'animal lui déclara: «Si tu ne peux briser cet arbre avec ta flèche, tu n'arriveras pas à me tuer». Le garçon tira sur l'arbre et le réduisit en morceaux. L'ours dit alors: «Si tu ne peux briser cette pierre, tu ne pourras jamais me tuer». Il tira sur la pierre et la réduisit en pièces. L'ours eut si peur qu'il sauta dans son trou. Juste comme il y disparaissait, le garçon tira une flèche et le tua. Il prit quelques morceaux de sa fourrure, les enveloppa dans de l'écorce de bouleau et suspendit le tout dans leur demeure[482]. Il enjoignit sa sœur de ne pas regarder à l'intérieur. Le lendemain le garçon et la fille entendirent crier dans la forêt. Ils accoururent à l'endroit d'où venaient les cris, mais ne virent personne. A nouveau ils entendirent des cris, allèrent voir en forêt qui avait crié, mais ne virent encore personne. Une autre fois encore quelqu'un cria. Ils coururent dans la forêt, mais la même chose se produisit. Le garçon alla voir sa sœur et lui dit: «Tu as trop regardé cette chose». Et il pleura.

481. Voir la note 52, page 92.
482. Voir les pages 107-108.

VARIANTE 30

Dollard Dubé la recueillit chez les Attikamek de Manouan (Haut Saint-Maurice) en 1933. La même année, il publiait la version française ci-dessous (Dubé, D., 1933: 13-15).

Tcakabish était un tout petit homme, oh! bien plus petit encore que Castor dont je vous parlerai, et dix fois plus agile. Au surplus, il était rusé comme pas un. Sa vie ne se passait pas à chasser ni à pêcher, mais à jouer des tours à tous ceux qu'il rencontrait. Il avait tellement de tours dans son sac que plusieurs le redoutaient plus que le géant Kamichak, qui vivait alors en nos forêts. Tcakabish habitait avec sa sœur cadette. Comme celle-ci était d'âge à se marier, elle demandait souvent à son frère de lui amener quelqu'un de joli dont elle voulait faire son mari. Tcakabish disait toujours qu'il n'en rencontrait pas. «Bien, écoute, lui dit un jour sa sœur, moi je suis fatiguée de vivre toujours toute seule. Trouvemoi un mari ou je te quitte» — «Fais comme tu voudras. Je ne suis pas capable de t'en faire un mari, moi. On ne fait pas cela comme on fait une flèche. Cherchez-en un». Et il partit d'un côté pendant que sa sœur s'en allait à l'opposé. Tout à coup, Tcakabish se mit à siffler. Comme il se trouvait alors non loin de la hutte du géant Kamichak, celui-ci sortit tout en colère. Il avait son arc bandé et une flèche toute prête à partir. Il regarda partout mais ne vit rien. Pourtant le sifflement n'arrêtait pas. Le géant alors s'avança de plusieurs pas pour découvrir d'où pouvait bien venir ce bruit. C'est alors qu'il vit *Tcakabish*. «Tais-toi, petit laid, ou je te darde une flèche au cœur!». «Je ne suis pas plus laid que toi, lui répondit Tcakabish, et je ne me tairai pas». «Non, bien prend cela», dit le géant en lançant sur Tcakabish l'une de ses grosses flèches. Mais Tcakabish, qui était très habile, comme je vous l'ai dit, sauta à cheval sur la flèche, juste au moment où celle-ci passait à ses côtés et fit aussi un beau tour dans l'air. Après quoi, Tcakabish s'en alla encore dans la forêt, à la recherche de nouveaux tours à jouer. Il marcha longtemps. Au bout de deux jours, il aperçut au loin plusieurs huttes. «Tiens, se dit-il en lui-même, je vais avoir quelque chose à faire là». En s'approchant il vit plusieurs femmes qui grattaient avec des pierres une belle grande peau d'orignal tendue entre des raies de bois[483]. Il réussit, sans être vu, à se mettre dessous. A chaque coup de pierre que les femmes donnaient sur la peau, Tcakabish coupait celle-ci par en-dessous. «Qu'est-ce que cela veut bien dire, s'écria l'une des femmes? La peau était pourtant bonne il y a

---

483. Voir la note 35, page 87.

un instant». Mais Tcakabish, entendant cela, ne put s'empêcher de rire. Ce fut son malheur. Une des femmes le vit, l'empoigna et le porta dans une marmite pleine d'eau qui chauffait sur le feu. «Tiens, mon petit sorcier, dit-elle. Tu as fini de rire de nous autres. Tu nous as fait gaspiller notre peau d'orignal, tu vas bouillir là maintenant». Et elle s'éloigna, après avoir fermé hermétiquement le couvert de la marmite. Heureusement, l'eau n'était pas encore bouillante. Tcakabish sortit doucement de la marmite, y enleva toute l'eau avec laquelle il éteignit le feu, puis s'éloigna en riant. Mais à un détour du chemin il se trouva face à face avec Kamichak. Celui-ci se baissa pour l'empoigner, mais Tcakabish lui passa entre les deux jambes et se cacha vite dans la forêt. «Je finirai bien par t'avoir», dit le géant tout en colère, pendant que Tcakabish, invisible, s'éloignait en sifflant. Le lendemain, Tcakabish se trouva au bord d'un grand lac qu'il n'avait jamais vu. «Tiens, on va aller voir du pays nouveau», se dit-il. Et il se coupa une branche de sapin, embarqua à cheval dessus et prit le large. Il n'arriva sur l'autre rivage qu'au bout d'une semaine. Vous comprenez, il était tout exténué de fatigue et avait presque la peau du ventre collée dans le dos. Il mangea alors quelques petits poissons, pour se renforcir un peu, puis il partit. Mais le pays où il se trouvait était complètement nouveau. Pas d'animaux comme ceux qu'il venait de laisser, excepté les poissons, et pas d'hommes ni de femmes non plus. «C'est bien ennuyant, pensait-il en lui-même. Je ne suis pas capable de jouer de tour à personne». Puis il s'assit et jongla longtemps. Il attendait toujours la fin du jour pour se coucher et la noirceur ne venait pas. Le soleil restait presque toujours en face de lui. «Bien, écoute, dit-il au soleil. Ton frère qui était là-bas où j'étais, se couchait à tous les soirs comme nous autres. Tu vas faire comme lui, toi aussi!» Et Tcakabish fit un gros collet[484] avec une corde de cuir qu'il avait attachée autour de son corps et alla l'ajuster sur une montagne, non loin, au-dessus de laquelle le soleil devait passer. Puis il attendit. Combien de temps? Il aurait pu difficilement le dire lui-même. En tout cas, il resta ainsi, assis sur une roche du voisinage et tenant le bout du collet pendant plusieurs jours. Mais il disait: «Attends, mon vieux soleil, tu ne riras pas de moi à la fin. Je te dis que tu vas te coucher!» Au bout d'on ne sait combien de temps, il vit le soleil s'engager en plein dans son collet. Il le laissa bien entrer, puis tira fortement sur l'extrémité qu'il tenait dans sa main. A ce moment, une noirceur affreuse se produisit, tellement que Tcakabish ne voyait pas à un pas en avant. Il voulut quand même descendre et retourner au pays d'où il était parti, pour conter son exploit, mais en descendant du rocher, il tomba dans un grand trou et on n'entendit plus jamais

---

484. Voir la note 52, page 92.

parler de lui! Depuis ce temps, il est, paraît-il, dans le monde, un endroit où le soleil ne s'est jamais montré. Si vous trouvez cet endroit, vous pourrez dire que c'est là que Tcakabish a étranglé le soleil en le prenant au collet.

VARIANTE 31

Cette variante fut recueillie par D.S. Davidson, en 1925, dans une communauté attikamek de la vallée du Saint-Maurice. L'auteur ne précise pas laquelle. Il en a publié une version anglaise (Davidson, D.S., 1928a: 271). La traduction française est de moi

Il y avait jadis des cannibales tuant et mangeant tous ceux qu'ils pouvaient trouver. C'est ainsi qu'ils tuèrent un jour tous les habitants d'un campement et partirent après en avoir mangé plusieurs. Cependant ils n'avaient pas noté la présence d'une jeune fille encore vivante. Quand les cannibales furent partis, elle sortit de sa cachette. S'étant rendue sur les lieux où ils avaient tué sa mère, elle y trouva son corps. En l'examinant, elle remarqua des mouvements sur son ventre. Elle prit un couteau, éventra sa mère et y trouva un bébé qu'elle emporta et qu'elle éleva. Le garçon, son frère, grandit et vécut avec elle. Il se nommait *Tcikabis*. Voilà d'où il est venu.

VARIANTE 32

Cette variante fut recueillie par D.S. Davidson, en 1925, dans une communauté attikamek de la vallée du Saint-Maurice. L'auteur ne précise pas laquelle. Il en a publié une version anglaise (Davidson, D.S., 1928a: 271). La traduction française est de moi.

Tcikabis se promenait toujours avec un arc et une flèche. Un jour la flèche qu'il venait de tirer alla tomber dans un lac. Il descendit au rivage, mit à l'eau son arc qui se transforma aussitôt en canot. Il y monta, se servant d'une autre flèche en guise d'aviron. Il avait déjà parcouru la moitié du trajet quand un brochet géant l'avala, lui, son canot et tout. *Tcikabis* parla au brochet à l'intérieur duquel il se trouvait. Il avait dit à sa sœur de mettre à l'eau une ligne munie d'un hameçon. Alors il dit au brochet: «Ne te tiens donc pas en eau profonde. Va plutôt le long de la berge». Le brochet se retrouva à proximité de l'hameçon. «Attrape donc ça, dit *Tcikabis*, c'est excellent à manger». Obéissant, le brochet mordit à l'hameçon. Mais dès qu'il voulut s'éloigner, l'hameçon l'accrocha et il ne put s'échapper. Voyant qu'il y avait quelque chose au bout de sa ligne, la sœur de *Tcikabis* la retira. Avec son couteau, elle se mit en frais d'éventrer le brochet. *Tcikabis* vit entrer le couteau. Il craignait d'être coupé. «Attention, sinon tu vas me couper», dit-il à sa sœur. Son étonnement fut grand de découvrir *Tcikabis* dans le poisson

VARIANTE 33

Cette variante fut recueillie par D.S. Davidson, en 1925, dans une communauté attikamek de la vallée du Saint-Maurice. L'auteur ne précise pas laquelle. Il en a publié une version anglaise (Davidson, D.S., 1928a: 271-272). La traduction française est de moi.

Il y avait un jour deux filles qui grattaient des peaux de castors près de leur wigwam[485]. *Tcikabis* arriva chez elles et les filles, en l'apercevant, commencèrent à se moquer de lui. Leur mère les entendit rire de l'intérieur de la tente. Elle leur cria: «De qui riez-vous donc ainsi?» «De personne», répondirent-elles. Mais elle ne les crut point. «Il doit bien y avoir quelqu'un, sinon vous ne ririez pas ainsi», dit-elle. «Mais nous rions simplement de voir les geais mordre les peaux»[486], dirent-elles. La mère ne devait pas accepter une telle explication. Jetant un coup d'œil à l'extérieur, elle aperçut un homme. Sans dire un seul mot, elle s'empara de sa marmite et alla puiser de l'eau au lac. Elle alimenta le feu en bois et y fit chauffer son eau. *Tcikabis* ne cessa de l'observer, sans tenter un seul instant de fuir. Quand l'eau fut chaude, la vieille vint le prendre. Il n'essaya même pas de se débattre. Elle voulut le casser en deux pour qu'il puisse tenir dans la marmite. «Eh! la vieille, ne me brise pas le dos, sinon

---

485. Voir la note 35, page 87.
486. Davidson écrit: «We are just laughing at some whisky-jacks (Canadian Jays)».

toute la graisse va se répandre hors de mon corps», dit *Tcikabis*. Alors, plutôt que de lui casser le dos, elle le courba contre la paroi interne de la marmite. L'eau ne tarda pas à bouillir. *Tcikabis* avait avec lui une vessie de canard pleine de graisse[487]. Il l'ouvrit et en laissa échapper un peu dans l'eau. Quand la vieille vit la graisse flotter sur l'eau bouillante, elle crut que *Tcikabis* devait être cuit à point. Aussi retira-t-elle la marmite du feu et se mit-elle en frais d'en extraire *Tcikabis*. Mais juste comme elle venait pour le sortir, il sauta hors de la marmite. Il renversa ensuite celle-ci sur la vieille, qui mourut ébouillantée.

VARIANTE 34

Après avoir rapporté la variante précédente (33), Davidson ajoutait ce qui suit (Davidson, D.S., 1928a: 272). La traduction française est de moi.

Il existe une version différente: il était une fois des géantes qui grattaient des peaux de castors[488]. Dans l'une de ces peaux, il y avait un trou. *Tcikabis* rampa jusque-là et fourra son doigt dans le trou. Apercevant le doigt qui sortait du trou, elles s'en saisirent et firent *Tcikabis* prisonnier. Elles allumèrent un feu, le placèrent dans une marmite et le mirent à bouillir. Quand l'eau eut bouilli assez fort, les géantes s'assemblèrent pour extraire *Tcikabis* de la marmite. Il sauta hors du contenant en le renversant. L'eau bouillante fit mourir toutes les géantes. *Tcikabis* se mit à rire et s'en alla.

VARIANTE 35

Cette variante fut recueillie par D.S. Davidson, en 1925, dans une communauté attikamek de la vallée du Saint-Maurice. L'auteur ne précise pas laquelle. Il en a publié une version anglaise (Davidson, D.S., 1928a: 272-273). La traduction française est de moi.

487. Voir la note 47, page 90.
488. Voir la note 35, page 87.

Tcikabis était très fier de grimper aux arbres. Il était doué d'un pouvoir magique, grâce auquel il les faisait grandir. Rendu au sommet, il soufflait sur l'arbre qui s'allongeait. Après avoir atteint le sommet, il répétait l'opération. Ainsi lui était-il possible d'aller très haut. Un jour qu'il avait monté beaucoup plus que d'habitude, il découvrit un sentier large et droit traversant le ciel. «Qui donc peut faire un sentier aussi beau, et aussi large?», pensa-t-il. Déterminé à découvrir l'identité de l'être qui utilisait un tel sentier, il se coucha en travers de ce dernier et s'endormit. Mais il ne tarda pas à être éveillé par l'arrivée de quelqu'un. «Voilà que je saurai qui utilise ce chemin», pensa-t-il. Il regarda et vit venir le soleil. «Enlève-toi de mon chemin», ordonna le soleil. «Fais le tour», rétorqua *Tcikabis*, tout en restant là où il reposait. «Je ne puis m'éloigner de mon sentier, dit le soleil. Tu dois t'enlever». Mais *Tcikabis* n'était nullement effrayé. «Saute par-dessus moi», dit-il en riant, bien décidé à lui faire obstacle. Quand le soleil comprit qu'il était inutile d'argumenter avec lui, il passa au-dessus et poursuivit sa route. *Tcikabis* faillit mourir de chaleur. Il constata que ses vêtements avaient brûlé. Lui-même était roussi. Il fut très fâché contre le soleil d'avoir ainsi brûlé ses vêtements et redescendit sur terre. Sa sœur le vit venir et remarqua que ses vêtements avaient été presque détruits par le feu. «Comment as-tu brûlé tes vêtements?», lui demanda-t-elle. Il lui raconta son aventure. Il conçut l'idée de jouer un tour au soleil, pour lui rendre la monnaie de sa pièce. Il était très fâché. Il se fit un collet[489]. «Que vas-tu faire de ce collet, *Tcikabis*?», lui demanda sa sœur. «Je vais me venger du soleil, répondit-il. N'a-t-il pas brûlé mes vêtements hier?». Elle lui déconseilla la chose, mais *Tcikabis* n'avait peur de rien. Ayant fait monter l'arbre à nouveau jusqu'au sentier, il posa son collet et attendit. Le soleil ne tarda pas à se présenter, dans le cadre de sa marche quotidienne. Il se prit dans le collet et tout devint instantanément sombre. L'obscurité dura quelque temps. Finalement, *Tcikabis* réalisa qu'il ferait toujours noir, à moins que le soleil ne soit libéré. Il voulait bien le faire, mais ne pouvait s'en approcher sans être brûlé. Il savait d'expérience quels dommages pouvait causer la chaleur du soleil. *Tcikabis* réunit tous les petits animaux et les chargea chacun leur tour d'aller libérer le soleil. Ils périrent les uns après les autres. La chaleur du soleil était trop forte pour eux. C'est finalement la souris qui réussit l'opération. Le soleil poursuivit alors son voyage et aussitôt la lumière revint.

---

489. Voir la note 52, page 92.

VARIANTE 36

Cette variante fut recueillie par D.S. Davidson, en 1925, dans une communauté attikamek de la vallée du Saint-Maurice. L'auteur ne précise pas laquelle. Il en a publié une version anglaise (Davidson, D.S., 1928a: 273-274). La traduction française est de moi.

Il y avait une fois des géants qui perçaient la glace pour attraper le castor[490]. *Tcikabis* les aperçut sur le lac et décida d'aller les trouver. «Je vais rejoindre les géants qui chassent le castor à la cabane», dit-il à sa sœur. Elle lui servit l'avertissement suivant: «*Tcikabis*, ne t'aventure pas là-bas, car les géants te mangeraient». Il se contenta de rire, car il ne craignait rien. *Tcikabis* se fit tout petit, si petit qu'il se perdait dans ses vêtements. Ceci lui donnait un air très comique. Les géants le virent venir mais ne le reconnurent pas. Son costume les fit rire. «A qui sont les pantalons que tu portes?». «Ce sont ceux de mon père», répondit-il. «Et à qui appartient cette veste?». «C'est celle de mon père», dit-il. Ils restèrent sur l'impression qu'il s'agissait d'un petit garçon et crurent qu'ils pourraient se payer sa tête. «Va au trou et sors le castor», lui dirent-ils. «D'accord», répondit-il. Certains se placèrent derrière lui, s'apprêtant à le pousser dans le trou d'eau. *Tcikabis* attrapa un castor et le sortit de l'eau. Les géants voulurent l'y pousser, mais il se mit à reculer tout en recouvrant graduellement sa taille normale. Il transperça le castor de sa flèche pour le tuer. Il prit ensuite la corde de son arc pour en faire une sangle frontale. Il l'attacha au castor, s'envoya l'animal sur le dos et commença à s'éloigner. Les géants étaient très contrariés. Ils crièrent à *Tcikabis*: «Ramène notre castor». «Vous me l'avez donné», dit-il en riant. Et il poursuivit sa route. Deux des géants le rejoignirent à la course et s'emparèrent du castor. Sans même se retourner, *Tcikabis* se contenta de saisir sa flèche et d'asséner un coup derrière chacune de ses épaules. Il frappa si fort qu'il brisa le bras avec lequel chacun des deux géants avait saisi le castor. Ils le laissèrent alors aller et il rejoignit sa demeure. Quand il arriva chez lui, sa sœur l'attendait. «Où as-tu pris ce castor?», lui demanda-t-elle. «Je l'ai trouvé», dit *Tcikabis*. «Pas du tout, tu l'as volé», répliqua-t-elle. «Mais non, dit *Tcikabis*, je l'ai moi-même sorti de l'eau». Sa sœur avait peur. «Oh! *Tcikabis*, dit-elle, les géants vont venir nous tuer». «Qu'ils viennent donc», dit-il. Il n'avait pas peur. *Tcikabis* dit à sa sœur de prélever la queue du castor et de la faire cuire. Quand

490. Voir la note 32, page 86.

elle fut à point, il lui dit de l'installer comme un paillasson devant la porte du wigwam. Il faisait ça pour taquiner les géants. Chaque fois qu'ils sortaient ou entraient, lui et sa sœur, ils en prenaient une bouchée. Finalement, il ne resta presque rien. Un jour, ils regardèrent à l'extérieur et virent venir les géants. La sœur était complètement terrorisée, mais lui n'avait pas peur. Quand les géants furent assez près, *Tcikabis* demanda à sa sœur ses deux pierres magiques. Il les mit dans le feu pour les faire chauffer. Quand elles furent très chaudes, il les frappa l'une contre l'autre. Le wigwam se trouva aussitôt enchâssé dans un gros rocher. Il ne restait qu'une petite ouverture pour permettre à la fumée de s'échapper. Les géants frappèrent sur la pierre, sans parvenir à la briser. Ils étaient très fâchés de ne pouvoir atteindre *Tcikabis*. Ce dernier s'assit tout simplement à l'intérieur et se mit à rire.

VARIANTE 37

Cette variante fut recueillie chez les Algonquins du Grand Lac Victoria (Québec) en juin 1926, par D.S. Davidson qui en publia une version anglaise (Davidson, D.S., 1928a: 277-278). La traduction française est de moi.

Quand *Tcakabesh* fut devenu un jeune homme, il commença à s'inquiéter au sujet de son père et de sa mère. «Que sont devenus notre père et notre mère?», demanda-t-il à sa sœur. «Tous les deux furent tués par un gros ours il y a longtemps», répondit-elle. Dès cet instant, *Tcakabesh* décida de les venger. «Jusqu'à quel point cet ours est-il fort?», demanda-t-il à sa sœur. La question effraya la fille. «Oh! ne t'approche pas de lui, conseilla-t-elle. Il est très gros et très puissant, il te tuera toi aussi. Vois-tu cette grosse pierre sur la colline, demanda-t-elle en pointant du doigt un énorme rocher faisant saillie au flanc de la montagne. L'ours est aussi résistant que ça». *Tcakabesh* n'avait cependant pas peur. Il prit son arc et ses flèches et quitta le wigwam. Tant qu'ils étaient à l'intérieur, ses flèches et son arc étaient de taille normale. Rendus dehors, ils devenaient gigantesques. «Viens voir comme je suis fort», dit-il à sa sœur. Il mit une flèche à son arc, visa le rocher et relâcha la corde. La flèche atteignit la cible avec une force telle que le rocher fut réduit en mille morceaux. Il fut pulvérisé au point que, en tombant, ses débris évoquaient une chute de neige. *Tcakabesh* commença alors à rechercher l'ours. Il ne cessait de chanter: «*Makwa*[491], *kagikiwa ci·inak*, ours, celui qui les a tués». Il finit par le trouver et il le tua.

VARIANTE 38

Cette variante fut recueillie chez les Algonquins du Grand Lac Victoria (Québec) en juin 1926, par D.S. Davidson qui en publia une version anglaise (Davidson, D.S., 1928b: 275-277). La traduction française est de moi.

Un jour que *Tcakabesh* était encore petit, *Misabe* (grand homme, géant)[492] arriva en provenance du nord. Ils devinrent de bons amis. Souvent ils jouaient ensemble. *Misabe* n'était cependant pas toujours grand. Il avait le pouvoir de devenir aussi petit que *Tcakabesh*. Quand il était à l'intérieur d'un wigwam, ou encore quand *Tcakabesh* et lui se retrouvaient seuls, il se transformait toujours en petit garçon. Rendu à l'extérieur, il retrouvait sa taille habituelle. Il était très grand et ses jambes étaient si longues qu'il pouvait enjamber les montagnes. *Misabe* et *Tcakabesh* passaient le plus clair de leur temps, l'hiver, à percer la glace pour attraper des castors[493]. Au retour, *Misabe* portait *Tcakabesh* autour de son cou. Il lui demandait: «As-tu froid *Tcakabesh*?». Si celui-ci répondait affirmativement, *Misabe* le couvrait de ses longs cheveux. «As-tu encore froid, *Tcakabesh*?», demandait-il ensuite. «Non. Maintenant j'ai chaud. Merci», répondait *Tcakabesh*. Mais *Misabe* n'était pas toujours aussi gentil envers *Tcakabesh*. Un jour qu'ils cassaient la glace pour prendre du castor, *Tcakabesh* venait tout juste d'en attraper un gros et tentait de le hisser hors du trou. C'est alors que *Misabe* décida de se payer sa tête en le poussant dans l'eau. Mais *Tcakabesh* ne devait pas être dupe. Il s'attacha solidement et se mit à reculer lentement en s'éloignant du trou et en traînant en même temps son castor. Quand il fut hors de danger, il s'arrêta et lia ensemble les pattes du castor au moyen d'une sangle frontale. Puis, portant le castor en bandoulière, il s'en alla chez lui. Mais *Misabe* n'était pas pour se laisser ainsi rouler. Il se mit à courir derrière *Tcakabesh* et tenta de couper la sangle au moyen d'un ciseau à

---

491. Voir la note 3, page 81.
492. *Mistapeo* (voir la note 44, page 89).
493. Voir la note 32, page 86.

glace. Quand *Tcakabesh* sentit que l'autre était en train de couper la sangle, il frappa un bon coup par-dessus son épaule au moyen de l'arc qu'il portait à la main. Le coup fut si fort que *Misabe* en eut les bras coupés. En arrivant chez lui, *Tcakabesh* fut accueilli par sa sœur. «Où as-tu pris ce castor?», demanda-t-elle. «Je l'ai attrapé», répondit-il en toute franchise. Mais elle ne le crut pas. «Tu as dû le voler à *Misabe*». Elle craignait de lui enlever la peau, car elle pensait qu'il avait été volé. Elle avait très peur de *Misabe*. Pendant qu'ils causaient ainsi, ils entendirent un vacarme de plus en plus fort. C'était comme un bruit de tonnerre et de vent violent. La sœur était effrayée. «Oh! *Misabe* s'en vient, disait-elle. Que devrions-nous faire?» *Tcakabesh* n'avait cependant pas peur. La seule évocation de *Misabe* le faisait rire. Quand ce dernier fut près du campement, presque sur le point de se cogner la tête sur le wigwam, *Tcakabesh* dit à la montagne: «Montagne, mon amie, protège-nous de *Misabe* en transformant notre demeure en pierre». Aussitôt *Tcakabesh* et sa sœur se retrouvèrent abrités d'un grand wigwam en pierre. *Misabe* vint et grimpa sur la montagne. Il cherchait *Tcakabesh*. Quand il frappa contre le toit, *Tcakabesh* demanda: «Qui est-ce?». «C'est moi *Misabe*», se fit-il répondre. «Alors cesse de frapper ainsi et va-t-en, répliqua *Tcakabesh*. Tu es en train d'abîmer mon toit». *Misabe* ne sut trouver le moyen d'entrer. Il lui fut impossible de détruire cette montagne de pierre servant de demeure à *Tcakabesh*. Désespéré, il se résolut à partir. Après son départ, *Tcakabesh* parla à la montagne et la demeure retrouva son état originel.

VARIANTE 39

Cette variante fut recueillie chez les Algonquins du Grand Lac Victoria (Québec) en juin 1926, par D.S. Davidson qui en publia une version anglaise (Davidson, D.S., 1928b: 277). La traduction française est de moi.

Un jour *Tcakabesh* tendit un collet[494] à l'est. Il désirait attraper un écureuil. Quand vint le moment habituel du lever du jour, sa sœur remarqua qu'il faisait encore noir. «Pourquoi n'avons-nous pas la lumière du jour?», demanda-t-elle. «Je n'ai fait que poser un piège pour un écu-

---

494. Voir la note 52, page 92.

reuil», répondit-il. «Alors, il vaudrait mieux aller vérifier ton collet, dit-elle. Quelque chose est sûrement arrivé». *Tcakabesh* s'empressa d'aller à l'est. Arrivé non loin de son collet, il constata qu'il avait attrapé le soleil. Voilà pourquoi il faisait encore nuit. Il tenta de le libérer, mais la chaleur était trop intense. Il ne pouvait s'approcher assez du collet pour le relâcher. *Tcakabesh* décida alors de demander l'aide des animaux. Les ayant tous rassemblés, il les informa de la situation dans laquelle se trouvait l'astre du jour. L'un après l'autre, ils tentèrent de libérer le soleil. L'écureuil essaya d'aller mordre le collet, mais la chaleur le força à sauter vers l'arrière. Voilà pourquoi, de nos jours, les écureuils sautent souvent à reculons et pourquoi ils sont si agiles. Voilà pourquoi, depuis lors, le bout de leur queue est toujours recourbé. Tous les autres animaux échouèrent également dans leur tentative pour libérer le soleil. Du moins jusqu'à ce que la souris se présente. Après plusieurs essais, elle parvint à ronger le collet et le soleil put finalement reprendre sa course. La souris ne s'en tira cependant pas indemne. Pendant qu'elle s'efforçait de ronger le collet, presque tous les poils de son dos furent roussis. Les souris actuelles exhibent encore les effets de cette expérience subie par leur ancêtre; les poils de leur dos n'ont jamais poussé. Ils sont restés courts.

VARIANTE 40

Cette variante fut recueillie chez les Timigami Ojibwa du nord e l'Ontario vers 1913, par F.G. Speck qui en publia une version anglaise (Speck, F.G., 1915: 54-55). La traduction française est de moi.

Tcaka·bis vivait avec sa grand-mère. Il entreprit un jour un long voyage, qui le tint éloigné de chez lui durant longtemps. Il arriva chez les géantes qui grattaient des peaux de castors gelées: kac kac[495]. De retour chez lui, il dit à sa grand-mère: «J'ai entendu des gens qui grattaient des peaux de castors». «Ne t'approche pas d'elles», lui conseilla sa grand-mère. Elle lui répéta souvent cette recommandation. Il retourna cependant un jour à l'endroit où il avait entendu les géantes. A son arrivée, elles étaient occupées à chasser le castor sur un lac gelé. Immédiatement elles surent de qui il s'agissait. «Eh! *Tcaka·bis*, viens donc». Il approcha. «Il y a un

---

495. Onomatopée rendant le bruit fait en grattant les peaux (voir la note 35, page 87).

gros castor, tu devrais le sortir de l'eau[496]», lui dirent-elles. *Tcaka·bis* étant tout petit, elles étaient sûres que le castor l'entraînerait sous l'eau. Cependant il l'attrapa par la queue et réussit à le sortir. Alors elles l'invitèrent à rester avec elles, mais il s'en alla avec la queue du gros castor (elle avait deux mètres de long). Il retourna chez sa grand-mère et lui montra la queue. «Tu l'as volée?», demanda-t-elle. «Non, non», répondit-il. Il se servit de la queue comme porte de tente. La femme géante[497] ne tarda pas à venir chez lui. «*Tcaka·bis*, cria-t-elle, tu es un homme mort». Elles étaient venues pour dévorer la grand-mère et son petit-fils. «Je t'avais pourtant averti de ne pas y aller; maintenant elles disent que tu es un homme mort». «Ne crains rien grand-mère, je te protègerai». Il lança sa pierre magique en l'air et la tente se transforma en voûte rocheuse, à l'exception d'un petit trou au sommet pour laisser sortir la fumée. La pierre était si épaisse qu'on ne pouvait même pas y entendre cogner les géantes de l'extérieur. Elles dûrent se résoudre à partir, tandis que *Tcaka·bis* était couché en toute sécurité à l'intérieur. La seule chose qui l'incommoda, ce fut d'avoir mangé un peu trop de graisse de castor. Un peu plus tard il retourna chez les géantes. Cette fois elles étaient occupées à broyer des os d'orignaux et à les faire bouillir pour préparer une soupe. L'une d'elles l'attrapa et le lança dans le chaudron. Il y resta longtemps à bouillir et à tourner, mais sans mourir. Quand les géantes eurent convenu que la graisse était prête, elles le puisèrent avec une cuillère de bois et le lancèrent hors du chaudron. Quand il revint chez sa grand-mère, il était très maigre. Il avait bouilli si longtemps. On ne lui voyait plus que la peau et les os. Voilà tout. C'était un tout petit bonhomme.

VARIANTE 41

Cette variante fut recueillie chez les Timigami Ojibwa du nord de l'Ontario vers 1913, par F.G. Speck qui en publia une version anglaise (Speck, F.G., 1915: 69). La traduction française est de moi.

Il était une fois un garçon qui posait des collets[498] pour manger. Il trouva un jour une piste dans laquelle la neige avait fondu. Après avoir réfléchi,

496. Voir la note 32, page 86.
497. Seule la dirigeante des géantes est mentionnée même si, comme on le verra, les autres l'accompagnent chez *Tcaka·bis*.
498. Voir la note 52, page 92.

il décida d'y installer un collet pour attraper l'animal en question. Après quoi il retourna chez les siens. C'était la piste du soleil. Quand ce dernier passa par là, le lendemain, il se prit dans le collet. Ce jour-là, il n'y eut pas de lever du soleil. Il faisait noir. Les gens en furent intrigués. «Où donc as-tu mis ton collet?», lui demandèrent-ils. Quand il leur eut indiqué l'endroit, ils s'y rendirent tous. Ils virent que le soleil s'y trouvait pris, mais personne ne put s'en approcher assez pour le libérer. Ce fut finalement le castor-souris qui réussit à tailler le collet avec ses dents et à libérer ainsi le soleil. Mais la chaleur était telle qu'elle eut les dents brûlées. Depuis lors ses dents sont brunes. Mais le soleil a pu reparaître, et c'est ainsi que nous avons la lumière du jour.

VARIANTE 42

Cette variante aurait été recueillie vers 1830 par Henri Rowe Schoolcraft, dans une communauté Ojibwa; il n'a pas précisé laquelle. J'ai fait la traduction française à partir du texte anglais édité par L. William Mentor (Mentor, L.W., ed., 1956: 256-257).

A l'époque où les animaux régnaient sur la terre, ils avaient tué tous les gens sauf une fille et son jeune frère. Ces deux-là vivaient dans la peur et le secret. Le garçon était un nain. Il ne devint jamais plus grand qu'un enfant. Au contraire, la taille de la fille crut avec les années. C'est donc entièrement sur ses épaules que retombaient le soin d'aller chercher de la nourriture et celui de prévoir un abri. Elle allait chaque jour chercher du bois pour le feu. Elle amenait alors son jeune frère pour qu'il ne lui arrive rien; il était trop jeune pour rester seul. Un gros oiseau aurait pu l'emporter dans les airs. Elle lui fabriqua un arc et des flèches et, un jour, elle lui dit: «Je vais te laisser là où j'ai coupé du bois. Tu dois te cacher. Bientôt tu apercevras *Gitshee-gitshee-gaunia-see-ug* (les oiseaux des neiges) venir extraire des vers du bois là où j'ai bûché (car c'était l'hiver). Tues-en un et rapporte-le chez nous». Il obéit, fit de son mieux pour en tuer un, mais revint bredouille. Elle lui dit qu'il ne devait pas se décourager, d'essayer à nouveau le lendemain. Elle revint chez elle, après l'avoir laissé à l'endroit où elle prenait le bois. A la nuit tombante, elle entendit ses petits pas dans la neige. Il était triomphant quand il entra et lança à terre celui des oiseaux qu'il avait tué. «Ma soeur, dit-il, je voudrais que tu enlèves la peau et que tu l'étires. Quand j'en aurai tué plus, on m'en

fera une veste». «Mais que devrions-nous faire du corps?», demanda-
t-elle. Les humains n'avaient pas encore commencé à manger de la nourriture animale. Ils vivaient uniquement de végétaux. «Coupe-le en deux,
répondit-il, et sers-toi d'une partie à la fois pour assaisonner notre
potage». C'est ce qu'elle fit. Le garçon, qui était de très petite taille,
persévéra avec succès dans ses tentatives et tua dix oiseaux. Sa sœur lui
fit une petite veste avec les peaux. «Sœur, dit-il un jour, sommes-nous
seuls au monde? N'y a-t-il personne d'autre de vivant?» Elle lui répondit
que ceux qu'ils craignaient, et qui avaient tué tous les leurs, vivaient en
un lieu où il ne devait aller en aucun cas. Ceci ne fit qu'exciter sa curiosité
et attiser son ambition. A quelque temps de là il prit son arc et ses flèches
et partit dans cette direction. Après avoir marché longtemps sans rencontrer personne, il se sentit fatigué et se coucha sur un monticule où la neige
avait fondu sous l'effet des rayons du soleil. Il tomba rapidement
endormi. Durant son sommeil, le soleil plomba si fort que sa veste en
peau d'oiseau fut roussie et séchée. Quand il s'éveilla et commença à
s'étirer, il se sentit comme emprisonné dans son vêtement. Il constata
alors que la veste était abîmée. Il se mit en colère, fit des reproches au
soleil et jura de se venger. «Ne crois pas t'en tirer parce que tu es placé si
haut, dit-il, je me vengerai». De retour chez lui il raconta ses malheurs à
sa sœur et se plaignit amèrement de ce que sa veste était abîmée. Il ne
mangerait plus! Comme pour un jeûne, il se coucha sans bouger et sans
changer de position durant dix jours, bien qu'elle mit tout en oeuvre pour
le faire se lever. Au bout de dix jours, il se retourna et resta encore dix
jours dans cette position. Quand il se leva, il dit à sa sœur de lui fabriquer un collet[499], car il avait l'intention d'attraper le soleil. Elle répondit
qu'elle n'avait pas ce qu'il fallait. Elle trouva finalement un bout de
tendon de chevreuil sec laissé là par son père, et elle s'empressa d'en faire
un bon collet. Quand elle le lui montra, il lui dit que ça ne faisait pas et
qu'il lui fallait trouver quelque chose d'autre. Elle lui dit qu'elle n'avait
rien d'autre, rien du tout. Mais finalement elle pensa à ses cheveux. En
ayant arraché un, elle en fit une corde. Mais il ne fut pas plus satisfait et
lui ordonna sèchement et de façon impérative de lui fabriquer un collet.
Elle dit qu'elle n'avait pas ce qu'il fallait et sortit de la demeure. A l'extérieur, quand elle fut seule, elle se dit: neow obewy[500] indapin (je vais
prendre mes poils pubiens)». C'est ce qu'elle fit. Elle fit une mince corde
en les tressant et la tendit à son frère. Apercevant cette étrange tresse, il
déclara: «Cela fera l'affaire». Il se la passa ensuite entre les lèvres. A
mesure que la tresse sortait de sa bouche, elle était transformée en un fil

499. Voir la note 52, page 92.
500. Voir la note 199, page 149.

de métal rouge[501] qu'il s'enroula autour du corps et des épaules jusqu'à ce qu'il en eut une bonne longueur. Il prépara ses affaires et partit un peu après minuit, afin de pouvoir attraper le soleil avant qu'il ne se lève. Il tendit son collet là où le soleil toucherait le pays en s'élevant au-dessus de la terre[502]. Et effectivement il l'attrapa. Le soleil était si bien pris dans le collet qu'il ne se leva pas. Les animaux qui gouvernaient la terre furent aussitôt très embarrassés. Ils n'avaient plus de lumière. Ils s'assemblèrent pour en discuter et charger quelqu'un d'aller couper le fil. L'entreprise était périlleuse, car les rayons du soleil brûleraient toute personne qui s'en approcherait. Ce fut finalement le loir qui s'en chargea. A l'époque, c'était le plus gros des animaux de l'univers. Quand il se dressa, il avait l'apparence d'une montagne. Arrivé tout près du soleil, son dos commença à fumer, puis à brûler avec une intense chaleur. La partie supérieure de son corps se transforma en un énorme tas de cendre. Il réussit cependant à tailler le fil de métal avec ses dents et à libérer le soleil. Mais il devint très petit et, depuis lors, il est resté tel. Les hommes le nomment *Kug-e-been-gwa-kwa*, la femme aveugle.

VARIANTE 43

Cette variante fut recueillie aux environs de 1910 chez les menomini du Wisconsin. On en trouve une version anglaise dans une publication de l'American Museum of Natural History (Skinner, A. et Satterlee, J.W., 1915, no 12: 360-361). La traduction française est de moi. «The Menomini or Wild Rice People, are a small tribe of Algonkian-speaking Indians who dwell in their reservations in Shawano and Oconto Counties, Wisconsin, not far from their original habitat on Green Bay» (Skinner, A., 1913: 3).

Il était une fois un petit garçon qui vivait seul avec sa mère. Muni d'un petit arc et de flèches appropriées, il sortit et alla tuer des petits oiseaux. Quand il en eut deux, il les rapporta à sa mère qui leur enleva la peau et l'étendit sur un cadre de séchage. Elle coupa les oiseaux en deux, les fit cuire et les offrit à son fils qui les mangea. Quand il en eut tué douze, il put avoir un petit manteau de plumes dont il se revêtit. Un jour il se dit:

501. Laiton.
502. A l'est.

«Cette fois j'irai pêcher». Il mit son manteau en peau d'oiseau et s'en alla. Il ne tarda pas à entendre le tonnerre gronder et courut chez lui. Mais il fut rattrapé par la pluie avant d'y arriver et devint tout trempé. Il enleva son manteau pour le faire sécher. Mais le manteau resta suspendu trop longtemps, de sorte qu'il se défit en morceaux quand il voulut le remettre. Il se tourna donc vers le soleil et lui reprocha d'être trop ardent. «Le mauvais soleil a trop séché mon manteau, comme s'il l'avait tout mâché», dit-il à sa mère. «C'est ta faute, lui dit-elle, tu l'as laissé trop longtemps à l'extérieur». «Maman, tu aurais dû le rentrer, tu sais bien à quel point je suis occupé», rétorqua-t-il en continuant à faire des reproches au soleil. «Tu vas me payer ça, soleil», dit-il. Et il ajouta: «Maman, tu ferais mieux d'aller me chercher de la corde de tilleul, car je voudrais prendre le soleil au collet»[503]. Elle tenta de l'en dissuader. «Si tu fais ça, dit-elle, il fera noir». Elle refusa même de fabriquer la corde. Il partit lui-même et en fit une en tressant trois brins jusqu'à ce qu'il ait une grosse pelote. Il attendit ensuite de voir un faucon d'hiver et l'interpella ainsi: «Grand-père, pourrais-tu m'amener jusqu'au soleil; il faudrait que je lui parle». Le faucon l'emporta là-haut, ainsi que la corde qu'il cachait contre sa poitrine. Rendu là, il passa une boucle au cou du soleil et redescendit en laissant se défaire la pelote de corde. Une fois rendu sur terre, il avait beaucoup de corde en trop. Il la tendit, se mit à courir et étrangla le soleil jusqu'à ce qu'il commence à faire noir. Sa mère s'inquiéta et soupçonna qu'il avait fait quelque bêtise. Elle s'empressa d'aller voir, regarda attentivement ce qui se passait et constata que le soleil était sombre et le reste clair. «Qu'as-tu fait?», demanda-t-elle à son fils. «J'étouffe le soleil par vengeance», répondit-il. Prise de panique, elle le gronda en ces termes: «Si tu tues le soleil il n'y aura plus de jour et, faute de voir, tu ne pourras plus chasser». Elle lui demanda alors comment il avait pu arriver là-haut jusqu'au soleil. Il lui expliqua que son grand-père faucon l'y avait conduit et l'en avait ramené. Peu de temps après, quand l'obscurité fut complète, ils aperçurent le faucon et l'appelèrent. Elle dit à son garçon d'aller libérer le soleil. Elle lui donna un couteau pour couper la corde près de la gorge de l'astre. Le garçon libéra le soleil et revint grâce aux bons soins du faucon. C'est ainsi que le soleil reprit vie.

---

503. Voir la note 52, page 92.

VARIANTE 44

Cette variante fut recueillie aux environs de 1910 chez les Menomini du Wisconsin. On en trouve une version anglaise dans une publication de l'American Museum of Natural History (Skinner, A. et Satterlee, J.W., 1915: 357-360). La traduction française est de moi. A propos des Menomini, voir la présentation de la variante 43.

Il y avait une fois une famille qui vivait près d'un lac. Elle comptait une fille et un garçon. Leur père gardait un jeune aigle qui leur servait de compagnon. Le père partait souvent à la chasse. Un jour qu'il revenait chez lui, il traversa un lac gelé, tomba à l'eau et se noya. On crut que l'ours blanc habitant le fond du lac l'y avait entraîné. Peu après, en allant chercher de l'eau au lac, son épouse se noya. La fille et le garçon devinrent ainsi orphelins. Chaque matin, elle allait chercher du bois pour le feu. Ayant souvent noté qu'un groupe d'oiseaux se posait sur le bois, elle dit à son jeune frère d'en tuer quelques-uns avec son arc. Il tuait les oiseaux et la fille leur enlevait la peau. Quand elle en eut plusieurs, elle put fabriquer une couverture pour son jeune frère. Au printemps suivant, lors de l'arrivée des oiseaux, le jeune garçon sortit avec son arc et ses flèches pour en tuer. Il emporta sa couverture avec lui. Cependant, la trouvant assez embarrassante, il la déposa sur une pierre. Quand il revint la chercher, il se rendit compte que la couverture avait été brûlée par le soleil. Son chagrin fut tel qu'il se mit à pleurer. De retour à la maison, sa sœur lui demanda ce qu'il avait à pleurer. Il lui dit que c'était parce que le soleil avait brûlé sa couverture. «Ne pleure pas, lui dit-elle, je t'en ferai une autre». «Oh! ce sera long», dit-il en sanglotant. Il ne cessa pas de pleurer pour autant et, s'adressant au soleil, il lui dit: «Tu verras ce que je te réserve». Il alla chercher un petit bâton dont il fit un piège. Il le courba comme un arc et le fixa au moyen d'une corde[504]. Tout en faisant cela, il causait avec l'aigle. Ce dernier avait maintenant grandi et nichait au sommet d'un gros arbre tout près de l'endroit où ils habitaient. «Tu dois mettre un appât au piège que tu as fait», lui dit l'aigle. «Et que devrais-je prendre comme appât?», demanda le garçon. «Tu devrais te servir de quelques poils de ta sœur», répondit l'aigle. Le garçon alla voir sa sœur et lui fit part de ce que l'aigle lui avait dit. «Il m'a suggéré quelque chose en guise d'appât», lui dit-il. Il hésitait cependant à dire exactement ce dont il s'agissait. «Mais dis-moi donc ce que tu veux avoir», lui dit sa sœur. Finalement il se décida à lui demander quelques-uns de ses

504. Voir la note 52, page 92.

poils pubiens. «Pourquoi ne pas l'avoir tout simplement demandé», lui dit-elle. Elle s'arracha quelques poils et les lui donna. Il se rendit aussitôt mettre cet appât sur son piège. L'aigle s'envola en direction du sud, emportant le piège qu'il installa à l'endroit où le soleil devait passer à midi. Dès le lever du jour, le jeune garçon surveilla le soleil. A midi il le vit se prendre en voulant s'approprier les poils de la fille. «Regarde ma sœur, voilà que j'ai attrapé le soleil qui avait brûlé ma couverture», dit-il. Et parlant cette fois au soleil, il dit: «C'est parce que tu avais brûlé ma couverture que j'ai fait ça». Au bout d'un moment, et même s'il n'était que midi, il se mit à faire noir. La fille se tourna vers son frère et lui dit: «Si tu tues le soleil, il fera toujours noir. Tu aurais dû en parler à ton aigle». Il alla voir ce dernier, qui lui dit d'attraper une souris et de la lui porter. L'aigle s'envola ensuite avec la souris, à qui il ordonna de ronger la corde qui tenait le soleil prisonnier. La souris obéit et le soleil fut libéré. Un peu plus tard la fille dit à son jeune frère de se tenir loin du lac. «Mais pourquoi?», demanda-t-il. «Il serait mauvais pour toi de même seulement t'approcher du rivage», répondit-elle. Elle alla jusqu'à suggérer qu'il serait peut-être mieux d'aller vivre ailleurs. Mais le garçon s'objecta, sous prétexte que leur père les avait laissés là et qu'il aimait causer avec son aigle. Il se mit un jour à se demander pourquoi sa sœur lui avait défendu d'aller au lac. Obsédé par tant de mystère, il décida de s'y rendre. Comme il déambulait sur le rivage, il aperçut une sorte de bouillonnement au centre du lac. Au même moment un ours émergea et chargea en sa direction. Le garçon s'éloigna rapidement de quelques verges et s'arrêta. Quand il vit l'ours continuer à foncer sur lui, il le mit en joue et le tua. «C'est donc pour ça que ma sœur m'interdisait de venir ici», se dit-il. Ensuite il coupa une patte de l'ours, la fixa à la corde de son arc et revint chez lui. En arrivant, il n'entra que la moitié de son arc, laissant dehors la partie à laquelle il avait fixé la patte de l'ours. Après un moment il dit à sa sœur: «Oh! ma sœur, j'ai égaré mon arc et mes flèches». Elle aperçut le bout de son arc dans l'entrée. «Alors comment se fait-il que ton arc soit là?», lui demanda-t-elle. «Tu n'as qu'à me la donner. C'est tout», lui répondit-il. La saisissant, elle vit la patte d'ours qui y était accrochée. Etonnée, elle s'écria: «Pourquoi es-tu allé au lac malgré ma défense?» Pour toute réponse, le garçon lui dit: «Nous devrions quand même aller le dépecer». Et c'est ce qu'ils firent. En ouvrant l'estomac, ils trouvèrent une natte de cheveux de leur mère. «Je savais bien que ma mère avait été tuée par cet ours, dit-elle. D'une certaine façon il est bon que tu l'aies tué, mais de l'autre tu n'aurais pas dû me désobéir». Ils transportèrent l'ours à leur camp et en mangèrent. La fille répéta ensuite à son frère l'interdiction de s'approcher de l'eau. Plus tard le garçon alla néanmoins au lac et, quand il en fut tout près, il y eut un bouillonnement au milieu; un autre ours en sortit aussitôt. Il le mit en joue et le tua. Il lui coupa une patte, la fixa à son arc et rapporta le tout. Arrivé chez lui il déposa l'arc à l'entrée et, au bout de quelques instants, demanda à sa sœur de le lui apporter. S'étant levée pour prendre l'arc, elle sécria: «Mon Dieu, tu as une autre patte d'ours». Elle se mit alors à lui reprocher d'avoir désobéi. «Vois-tu, lui dit-il, je me suis souvenu que l'ours avait tué notre père et j'ai seulement voulu venger ce dernier». Il lui demanda aussi de venir l'aider à dépouiller l'ours. En ouvrant l'estomac de ce dernier, ils trouvèrent la chevelure de leur père, rapportèrent le gibier au campement et en mangèrent. Après quoi le lac ne leur inspirait plus de crainte, puisqu'il avait tué tous les êtres puissants qui l'avaient habité. Le garçon allait souvent s'y amuser. Un jour qu'il y folâtrait bruyamment, il aperçut dix hommes qui lui demandèrent d'où il était. Il leur répondit qu'il habitait à quelques verges seulement de là. Il apprit d'eux que onze femmes viendraient sous peu les retrouver, que chacun d'eux en aurait une, qu'il s'en trouverait donc une de disponible et qu'il était invité à rester pour faire connaissance avec elle. Le garçon acquiesca et les femmes arrivèrent. Elles les invitèrent à venir chez elles, non loin de là. Quand ils y furent rendus, le garçon comprit que chacun coucherait avec celle avec laquelle il s'était tenu. Sa compagne étant une vieille, il ne tenait pas tellement à passer la nuit avec elle. «Je vais tenter de m'enfuir», se dit-il. Quand les réjouissances furent sur le point de débuter, il se sauva en direction de chez lui. A son arrivée sa sœur lui demanda où il était allé. Il lui raconta que, alors qu'il s'amusait au lac, dix hommes s'étaient approchés et lui avait demandé d'où il était, et qu'il avait répondu qu'il vivait à quelques verges de là. Il ajouta qu'ils lui avaient dit que onze femmes devaient venir et que, s'il voulait seulement attendre, il y en aurait une pour lui. Et que quand elles avaient été là, il avait compris qu'on lui avait réservé une vieille femme et qu'il n'avait pas voulu passer la nuit avec elle. La fille s'amusa de ce que lui racontait son frère et elle lui dit: «Mais c'était la plus jeune; elle se faisait seulement passer pour une vieille. Tu peux aller avec elle». Le lendemain le garçon retourna au même endroit et y rencontra le même groupe qui, au bout d'un moment, fut rejoint par les femmes. Il alla vers celle avec laquelle il s'était tenu la veille et lui dit: «Tu seras ma partenaire». «Oh! mon petit-fils, lui dit-elle en se moquant de lui, ne te rends-tu pas compte que je suis une vieille femme?» «Peu importe, je serai ton partenaire», répondit-il. Tous entrèrent donc dans la cabane. Après seulement quelques minutes, la vieille dit: «Laisse-moi sortir un peu». Quand elle revint, c'était une magnifique jeune femme. Ils dormirent ensemble jusqu'au matin. Quand les hommes s'éveillèrent, les femmes avaient déjà quitté. Quelques-uns d'entre eux dirent: «Allons les chercher». Ils demandèrent au garçon de venir avec eux. «D'accord», dit-il. En suivant les traces de femmes, ils furent conduits jusqu'à une prairie; le vent avait effacé toutes traces. Le garçon alla cueillir des glands et les apporta là où étaient restés ses compagnons. Il les ouvrit, les vida, réduisit la taille de ses amis et plaça chacun dans un des glands vidés. Il en fit autant pour lui. Ayant ensuite provoqué un vent puissant, il lui ordonna de souffler dans la direction prise par les femmes. Le vent les emporta et, quand il eut cessé de souffler, le garçon sortit de sa coquille et aperçut à nouveau le traces des femmes. Aussi brisa-t-il toutes les autre coquilles, en fit sortir ses compagnons et on se remit à la poursuite des femmes. Ils finirent ainsi par arriver chez un des oncles de celles-ci. Celui-ci les voyant arriver s'écria: «Venez mes gendres». Les filles étaient là. Ils entrèrent et dormirent chez lui. Le lendemain la poursuite recommença[505]. «Nous allons poursuivre ces femmes», dirent-ils en s'éveillant. Ils parvinrent finalement chez la mère de celles-ci; elles s'y trouvaient. Ils entrèrent et chacun s'assit auprès de celle qu'il avait choisie[506].

VARIANTE 45

Cette variante fut recueillie vers 1890 chez les Menomini (Voir la présentation de la variante 43). On en trouve une version anglaise dans le *Fourtheenth Annual Report of the Bureau of American Ethnology of the Smithsonian Institution* (Hoffman, W.J., 1896: 181). La traduction française est de moi.

Un jour que ses deux frères aînées étaient allés chasser, leur cadet se cacha et bouda parce qu'il n'avait pas eu la permission de les accompagner. Il avait avec lui son arc, ses flèches et sa veste de castor. Quand le soleil fut assez haut, il se sentit fatigué et se coucha pour pleurer, en se couvrant entièrement de sa veste pour se protéger du soleil. Quand ce dernier fut au zénith et aperçut le garçon, il émit un rayon qui brûla la veste à plusieurs endroits, la diminuant jusqu'à ce que le garçon soit à découvert. Et le soleil sourit quand le garçon se mit à pleurer plus fort. Ce dernier réalisait qu'il était traité avec cruauté et par ses frères et par le

505. Les femmes avaient sans doute encore quitté avant le réveil des hommes
506. Le collectionneur écrit: «Rendu là, mon informateur fut pris d'un malaise. Comme aucune occasion ne s'est présentée par la suite, il n'a jamais pu terminer son histoire».

soleil. Il dit donc à celui-ci: «Tu m'as traité cruellement et tu as brûlé ma veste, alors que je ne le méritais pas. Pourquoi me punir ainsi?» Sans rien dire, le soleil continua de sourire. Ramassant son arc, ses flèches et sa veste brûlée, il retourna au wigwam, s'y coucha dans un coin sombre et pleura encore. A son arrivée, sa sœur était absente. Aussi ignorait-elle qu'il s'y trouvait quand elle revint au wigwam pour y travailler. Entendant pleurer, elle alla vers l'endroit d'où provenaient les gémissements et trouva son jeune frère en détresse. «Qu'as-tu à pleurer, mon frère?», lui demanda-t-elle. «Regarde-moi, répondit-il. Je suis fâché parce que le soleil a brûlé ma veste de castor. On m'a traité bien cruellement aujourd'hui». Puis il se détourna et continua à pleurer. Il sanglotait même dans son sommeil, tant sa détresse était grande. En s'éveillant, il dit à sa sœur: «Ma sœur, donne-moi une corde. Je veux en faire quelque chose». Elle lui offrit un tendon, mais il dit: «Non, ce n'est pas ce que je veux. C'est une corde en poil que je désire». «Prend ça, dit-elle, c'est solide». «Non, répéta-t-il, ce n'est pas là le genre de corde que je veux. J'en veux une en poil». Comprenant alors ce qu'il souhaitait avoir, elle arracha un poil de son corps et le lui donna. «Voilà ce que je voulais», dit-il. Prenant ensuite chaque bout du poil, il se mit à l'étirer doucement jusqu'à ce qu'il devienne aussi long que la distance maximum entre le bout des doigts des deux mains. Après quoi il alla là où le sentier du soleil touche la terre. Rendu là où le soleil avait brûlé sa veste, le petit garçon fit un nœud coulant et l'installa dans le sentier[507]. Quand le soleil y arriva, le nœud se referma sur son cou et il se mit à se secouer jusqu'à en perdre le souffle. L'obscurité s'installa et le soleil fit appel aux ma'nidos[508]. «Aidez-moi mes frères, coupez la corde avant qu'elle ne me tue». Les ma'nidos vinrent, mais la corde avait tellement pénétré la chair du cou du soleil qu'il ne purent l'enlever. Après que tous eurent essayé, sauf un, le soleil appela la souris. Elle vint et rongea la corde, mais la tâche était bien difficile car la corde était chaude et très enfoncée dans le cou du soleil. Après y avoir travaillé un bon moment, la souris réussit. Le soleil recommença à respirer et l'obscurité se dissipa. Si elle n'y était pas parvenue, le soleil serait mort. Le garçon dit alors: «C'est pour ta cruauté que je t'ai puni. Maintenant tu peux partir». Le garçon revint chez sa sœur, satisfait de ce qu'il avait fait.

507. Voir la note 52, page 92.

508. Il s'agit sans doute de la forme grammaticale péjorative de *manitu* («*manitush*, animal maléfique, cancer», Mailhot, J. et Lescop, K., *op. cit.*: 104).

VARIANTE 46

Cette variante fut recueillie par Emile Petitot, en 1980, auprès d'Alexis Enna-azé, un Tchippewayan d'Athabasca (nord de l'Alberta). Nous reproduisons ici la version française publiée par le collectionneur (Petitot, E., 1967: 411-412).

Un frère et sa sœur vivaient tout seuls il y a fort longtemps. Ils pourvoyaient à leur subsistance comme nous le faisons aujourd'hui, c'est-à-dire par la chasse et la pêche. La sœur tendait chaque jour ses lacets sur les arbres de la forêt pour y capturer les faisans, les perdrix blanches, les lièvres blancs, et jusqu'aux lynx eux-mêmes. Mais tant elle que son frère s'apercevaient avec terreur que les jours et les nuits se succédaient à intervalles de plus en plus rapprochés; que les jours diminuaient sans cesse; que le soleil (Sa) se montrait à peine, pour se dérober aussitôt sous le disque terrestre dans le Sud-Sud-Ouest, là où est la *bouche de la terre* (nni-odhaé). Ils comprirent alors avec effroi que la terre allait se congeler, et que toute vie allait s'éteindre à sa surface. Ils résolurent donc tous deux d'y mettre bon ordre. Un jour que la sœur avait tendu ses collets à lynx, comme d'ordinaire, sur les sapins de la forêt, elle aperçut dans l'un d'eux la figure ronde et violacée du soleil qui s'y était pris et s'y étranglait. Elle en avertit son frère; ils accoururent pour s'emparer de l'astre rétif et l'étrangler tout à fait. Mais lui, les implorant pour sa vie. «Si vous me laissez vivre, dit-il, je ferai grandir les jours et je répandrai de nouveau la vie avec la chaleur sur la terre». A cette condition, ils le laissèrent repartir, et c'est depuis cette époque, dit-on, que l'on voit le soleil briller si longtemps à la voûte des cieux.

VARIANTE 47

Cette variante fut recueillie au début du XXème siècle à Athabasca (Alberta) (Lowie, R.H., 1912: 184). La traduction française est de moi.

Un certain *Ayãs* voyageait en forêt. Il parvint jusqu'à un sentier où toutes les branches avaient été brûlées et s'y étendit pour dormir. Durant son sommeil, quelque chose passa au-dessus de lui et brûla sa veste en peau de chevreuil. En s'éveillant, il fut très contrarié de voir son vêtement brûlé. Enlevant la corde de son arc, il s'écria: «Je vais découvrir qui est passé ici». Il fit un collet de sa corde et l'installa dans le sentier. Il retourna chez lui. Le lendemain, le soleil n'avait pas l'air de vouloir se lever. La soeur de *Ayās* soupçonna son frère d'y être pour quelque chose. «Tu es toujours en train de jouer des mauvais tours», lui dit-elle. Il répondit: «J'ai posé un collet, je vais aller voir si quelque chose s'y est pris». Il constata qu'il avait attrapé le soleil. Tous les animaux essayèrent de le libérer, mais il sautait ici et là de sorte que c'était trop chaud pour eux. Finalement, une petite souris jaune se mit à ronger la corde jusqu'à ce qu'elle se brise. Mais la souris mourut de ses brûlures. Le soleil reprit sa course. C'est ainsi que la peau d'une espèce de souris devint jaune. S'il en avait été autrement, le soleil serait resté prisonnier.

VARIANTE 48

Extrait d'un long récit intitulé *TUMAXALE A culture Heroe*, recueilli au début du XXème siècle à Peace River près de Vermillon (nord de l'Alberta). On en trouve la version anglaise dans Goddard, P.E., 1917: 303. La traduction française est de moi.

Soudain il dormit. Il y avait un passage étroit où il avait l'habitude d'installer un collet. Il s'étendit. Il faisait très noir. Le jour ne revint pas. Il grimpa pour apercevoir l'aube. Mais le jour ne revenait pas. Maintenant il n'avait plus de bois. Il alla visiter le collet qu'il avait tendu. C'était toujours la nuit. Le soleil était pris. Il ne put s'en approcher, car il aurait été brûlé. «Que tous les animaux viennent!», pensa-t-il. Il les appela. Ils arrivèrent tous avec empressement. En vain essayèrent-ils. Finalement la souris arriva au pas de course. Elle paraissait brûlée. Elle avait sectionné la corde. Il se rendit à l'endroit où il avait tendu son collet et le récupéra. Le soleil avait été pris.

VARIANTE 49

Cette variante fut recueillie en 1891 par Alexander F. Chamberlain, auprès d'un Indien kutenai (Michel) vivant près de la mission St-Eugène. Les Kutenai

(Kituhahan) vivaient dans le nord du Montana, ainsi que dans l'Etat d'Idaho (USA) (Boas, F., 1918: 44-47). La traduction française est de moi.

Il y avait deux *Tsa'kap*[509], le frère et la soeur. (Le frère) se fit dire: «Ne va pas là-bas». Il pensa: «J'irai là-bas». Il partit. Il s'en alla. Un écureuil était assis sur un arbre. Il le tira. Il ne l'atteignit point. Il prit sa flèche manitou[510] et tira. Il l'atteignit. Il le tua. Il observa. Il y avait un lac. Juste au milieu[511] il enleva ses vêtements. Il se baigna. Un peu plus loin dans l'eau il y avait un omble. Il l'avala. Il y avait sa soeur. Le *Tsa'kap* avait disparu. La femme pensa: «Pourquoi *Tsa'kap* n'est-il pas là?». La femme partit en direction du lac. Elle examina sa ligne à pêche. Elle la retira. Elle retira l'omble de l'eau. Elle l'ouvrit. Le *Tsa'kap* parla (de l'intérieur). Il dit: «Ouvre-le en deux». Alors elle l'ouvrit en deux. Elle ouvrit le ventre. Le *Tsa'kap* en jaillit. Eux deux, le frère et la soeur *Tsa'kap* retournèrent ensemble à leur tente. Elle lui dit: «Ne va pas là». Il pensa: «J'irai». Il y alla. Il y avait un écureuil sur un arbre. Il le tira. Il ne l'atteignit point. Il prit sa flèche manitou et tira. Il l'atteignit. Il alla chercher sa flèche. Il continua à marcher. Il y avait une tente. Il entra. Il y avait une femme assise. Elle lui dit: «Qu'est-ce que c'est?». Il lui dit: «Je cherche ma flèche». Elle lui dit: «Allons-y. Nous irons nous balancer[512]». Il lui dit: «D'accord». Elle lui dit: «Toi d'abord». Il s'assit. Il lui dit: «Toi d'abord». Elle lui dit: «Toi d'abord». Alors le *Tsa'kap* se balança. (La corde) ne cassa pas. Le *Tsa'kap* revint à terre. Il dit à la femme: «Maintenant tu te balances». (La corde) cassa et la femme mourut. Le *Tsa'kap* partit et arriva à sa tente. Il se fit dire par sa soeur: «Ne va pas là-bas». Il partit. Il vit un *manitou*[513] cherchant du castor[514]. Ils étaient plusieurs manitous. Il dit: «Laisse-moi prendre le castor». Il le tua[515]. Il le prit. Il s'en alla. Le *Tsa'kap* est poursuivi. On lui dit: «Mets ça à terre, ça m'appartient». Il dit: «Non, c'est à moi». Il s'en alla à sa tente. Il dit à sa soeur: «N'avons-nous pas de père?» Elle dit: «Non». Il pensa: «Oh, si j'avais eu un père». Le lendemain il dit à sa soeur: «Tu as menti. Il faut bien que j'aie un père». Elle lui dit: «Tu as un père. Ton père fut tué par l'ours grizzly. Il y a une montagne là-bas». Le lendemain le *Tsa'kap*

---

509. «Chamberlain translate this word by 'ghost'. My informant did not know the word» (*Ibid.*, 44, note 1).
510. Voir la note 508, page 319.
511. Sans doute à mi-chemin entre les deux extrémités du lac.
512. Voir la note 46, page 90.
513. Voir la note 508, page 319.
514. Voir la note 32, page 86.
515. Le garçon tua le castor.

partit. Il y arriva. Il dit: «Viens, je te tuerai». L'ours grizzly vint. Il dit aux deux (les *Tsa'kap*): «Qu'as-tu dit?». L'ours[516] dit: «Je te tuerai». Il dit: «Tire sur ça». Le *Tsa'kap* tira sur un arbre. L'arbre tomba. (Le *Tsa'kap*) dit (à l'ours grizzly): «Va-t-en». Le grizzly s'en alla dans la montagne. Il y arriva. L'ours grizzly s'arrêta. De loin il fut tiré et tué. Le *Tsa'kap* se rendit là. Il le dépeça. De loin il fut tiré et tué. Le *Tsa'kap* se rendit là. Il le dépeça. Il prit les cheveux de son père. Il s'en alla. Il arriva à la montagne. Il dit: «Viens, ours grizzly, je te tuerai». L'ours grizzly partit. Il arriva là. Il dit: «Qu'est-ce que c'est?» Le *Tsa'kap* dit: «Je te tuerai». L'ours grizzly dit: «Tire sur cet arbre». Il tira dessus. L'arbre tomba. L'ours grizzly dit: «Je ne vais pas te tuer, *Tsa'kap*». (Le *Tsa'kap*) dit: «Je vais te tuer». Il dit à l'ours grizzly: «Va-t-en». L'ours grizzly s'en alla dans la montagne. Il arrêta. Il fut tiré et tué. Le *Tsa'kap* y alla. Il l'éventra. Il prit ses cheveux[517]. Il retourna à sa tente. Il y resta. Le lendemain il dit à sa sœur: «Déménageons». Il s'en alla. Il alla de l'autre côté de la montagne.

---

516. Sans doute une erreur de traduction; c'est le garçon qui répète ici ce qu'il avait dit antérieurement à l'ours.

517. *his hair*, sans doute d'autres cheveux de son père.

5.   Tshakapesh au-delà des mots

Tout me portait donc à croire que le chef du village de La Romaine, en m'introduisant à Penashue Pepine, lui avait clairement fait savoir que je tenais à enregistrer des *mythes*[1]. Ne l'avais-je pas entendu lui parler d' *ātanūkan*? Les Montagnais, a-t-on pu dire, classifient leurs récits en deux catégories: *tipātshimun* et *ātanūkan*. Un dictionnaire récent donne: «nouvelle, histoire, récit, événement» pour le premier de ces termes, «légendes, mythes» pour le second[2]. Quelques années auparavant, chez les Ojibwa dont la langue s'apparente à celle des Montagnais, Hallowell avait noté une classification semblable: «The Ojibwa distinguish two general types of traditional oral narrative: (1) «News or tidings» (*täbǎt-camowin*), i.e. anecdotes, or stories, refering to events in the lives of human being (*änícinábeck*). In content, narratives of this class range from everyday occurences, to those which verge on the legendary [...]. (2) Myths (*ätiso'kanak*), i.e. sacred stories, which are not only traditional and formalized; their narration is seasonaly restricted and is somewhat ritualized»[3]. Ainsi avais-je pris soin de préciser au chef que je m'intéressais au genre *ātanūkan*, mon objectif étant précisément de ramener une collection de *mythes*.

Pourtant je nageais déjà en pleine ambiguité, avant même d'avoir enregistré un seul de ces récits. Car si *tipātshimun* nous paraît renvoyer à des événements réels ou plausibles et *ātanūkan* à des fantasmes jaillissant d'une activité purement imaginaire, le point de vue algonquien inverse cette perspective: l'*ātanūkan* coule de source sûre, alors qu'une erreur ou même une intention mensongère peut toujours arriver à se glisser dans un *tipātshimun*. A la lumière de ce qui a été présenté en seconde partie du présent ouvrage, on peut penser que, loin d'apparaître comme des équivalents linguistiques, *ātanūkan* et *mythe* ont des significations radicalement opposées.

---

1. Voir la note 415, page 262.
2. Mailhot, J. et Lescop, K., *op. cit.*: 320 et 37.
3. Hallowell, A.I., *op. cit.*: 215.

Hallowell avait d'ailleurs compris qu'il fallait aller bien au-delà de ce repérage sans doute illusoire de *genres littéraires*. Ainsi pouvait-il écrire à propos des *ätiso'kanak* ojibwa: «The significant thing about these stories is that the characters in them are regarded as living entities who have existed from time immemorial. [...]. Whether human or animal in form or name, the major characters in the myths behave like people, though many of their activities are depicted in a spatio-temporal frame-work of cosmic, rather than mundane, dimensions. There is 'social inter-action' among them and between them and *änícinábek*»[4]. L'auteur en arrive même à croire que, dans l'usage linguistique ojibwa, le terme *ätiso'kanak* ne désigne pas une catégorie de récit, mais plutôt une classe de personnes autres qu'humaines mentionnées dans certains récits, et avec lesquelles les humains eux-mêmes entrent en interaction: «When they use the term *ätiso'kanak*, they are not refering to what I have called a 'body of narratives'. The term refers to what we could call the characters in these stories; to the Ojibwa they are living 'persons' of an other-than-human class. A synonym for this class of persons is 'our grandfathers'»[5].

Au début du XVIIe siècle, le jésuite Le Jeune avait observé la même chose chez les Montagnais: «ils m'ont répondu qu'ils ne sçavoient pas qui estoit le premier Autheur du monde, que c'estoit peut-estre *Atahocam*, qu'ils ne parloient d'Atahocam que comme on parle d'vne chose si éloignée, qu'on ne peut tirer aucune assurance, et de fait *le mot Nitatahokan en leur langue, signifie, ie raconte vne fable, ie dis vn vieux conte fait à plaisir*»[6]. Un jour que Penashue Pepine s'adressait à ceux que nous avons pris l'habitude d'appeler *esprit-maîtres des animaux*, dans le cadre du rituel de la suerie, je l'entendis les désigner par la forme plurielle de *ātanūkan*.

Ainsi, pour les analystes de la littérature populaire que nous prétendions être, la joie de retrouver des *genres* dans l'usage linguistique des Indiens eux-mêmes pourrait s'apparenter soit à celle des monothéistes croyant déceler dans leurs croyances l'image du Grand Dieu, soit à celle de certains anthropologues croyant retrouver sous la diversité des cultures des besoins *naturels* constituant leurs racines obligées.

Ce ne fut que plus tard que je mesurai la portée de ma requête auprès de Penashue. Par l'emploi d'un terme m'apparaissant alors comme une simple étiquette servant à classifier des récits (*ātanūkan*), j'abordais à mon insu un des aspects majeurs du réel mis à jour par un imaginaire d'une toute autre facture que celui m'ayant conduit à formuler une telle

---

4. *Ibidem*.
5. *Ibid.*: 216.
6. Le Jeune, P., 1972e: 13, mon soulignement.

demande. Celle-ci ne pouvait que paraître désinvolte aux yeux de Penashue. Il avait toutefois l'habitude de la désinvolture des miens. Un autre
de ces blancs entendait donc mesurer son savoir? Soit! Il serait servi,
d'autant plus qu'il promettait de payer. Penashue me fit comprendre
qu'il était prêt à commencer dès le lendemain. Le jour suivant, comme ce
fut souvent le cas pour d'autres collectionneurs, il ouvrit cette longue
série d'entretiens en me parlant de *Tshakapesh*. Les grandes orgues de
l'imaginaire algonquien! Une pièce de résistance. C'est ainsi qu'un matin
de l'été 1970, je me retrouvai en face de lui dans une petite salle de l'école
déserte de La Romaine. Entre nous, un magnétophone.

Deux hommes, deux démarches cognitives. Celle qui m'avait conduit
là, mise en place au cours de la Renaissance européenne sur la base d'une
distance nécessaire entre le monde et celui qui l'observe. Celle de Penashue, beaucoup plus ancienne, tablant au contraire sur tout ce qui rappro-
che les diverses formes prises par la vie, y compris le sujet connaissant
lui-même.

Deux approches ayant chacune leurs grandeurs et leurs misères, mais
dont l'efficacité ne peut être évaluée sans tenir compte de leur point de
départ respectif. Deux imaginaires. Deux façons de concevoir son rapport au monde.

Pour la science occidentale la notion de *nature impersonnelle* est
centrale[7]. Au point que, pour devenir sociale ou humaine, cette démarche
cognitive a cru nécessaire de devoir envisager ses objets *comme des choses*. La notion de *nature impersonnelle* en arrivait ainsi à inclure la classe
d'êtres dans laquelle se recrute le sujet même d'une telle activité
cognitive.

De façon inverse la démarche de l'homme assis devant moi en vient à
rapatrier, dans la catégorie de *personne*, des entités que nos habitudes de
pensée nous suggèrent depuis longtemps de renvoyer à la *nature impersonnelle*: animaux, plantes, minéraux, astres, phénomènes météorologi-
ques, etc.

Hallowell avait noté que, pour les Ojibwa, «any regularity in the
movements of the sun is of the same order as habitual activities of human
beings. There are certain expectations, of course, but on occasion, there
may be temporary deviation in behavior 'caused' by other persons.
Above all, any concept of impersonal 'natural' forces is totally foreign to
Ojibwa thought.»[8] L'auteur faisait remarquer que ses interlocuteurs
«were as puzzled by the white man's conception of thunder and lightning
as natural phenomena as they were by the idea that the earth is round and

7. Voir page 33.
8. Hallowell, A.I., *op. cit.*: 217.

not flat.»[9] Et il ajoutait: «I was pressed on more than one occasion to explain thunder and lightning, but I doubt whether my somewhat feeble efforts made such sense on them. Of one thing I am sure: My explanations left their own beliefs completely unshaken.»[10] Une telle attitude des Ojibwa ne rappelle-t-elle pas celle des Blancs demandant périodiquement qu'on leur parle d'*ātanūkan*, sans jamais pour autant paraître vouloir se départir de leur savoir concurrent?

Deux démarches cognitives. *Positivisme* et *animisme* a-t-on plus ou moins fini par conclure. Pourquoi pas, si on entend par là deux lectures ayant chacune leurs quotas de succès et d'échec, mais dont aucune ne peut prétendre épuiser à elle seule la texture encore largement mystérieuse de la vie?

Où se trouverait donc la zone d'efficacité maximum de la démarche autochtone? Sans doute là où nous la soupçonnons de se fourvoyer le plus. Ceux qui ont eu l'occasion de recueillir les confidences de personnes montagnaises ayant échappé au lavage de cerveau organisé par l'administration coloniale (ils sont plus nombreux qu'on aimerait peut-être le croire), savent que le quotidien de ces gens est tissé d'expériences qui nous apparaissent tout à fait inhabituelles: lévitation, communication à distance, voyages astraux, conversations avec différentes espèces animales, métamorphoses d'humains en animaux et réciproquement, rêves prémonitoires, procédés divinatoires de toutes sortes, boules de feu annonciatrices de décès, manipulation des conditions climatiques, apparitions éphémères d'entités ou de phénomènes échappant généralement à la perception sensorielle, acquisition de pouvoirs exceptionnels de toutes sortes, etc.[11]

Il n'est généralement pas de bon ton de signaler de tels faits, à moins que ce soit pour en démontrer le caractère illusoire ou frauduleux. Nous avons vu en seconde partie du présent ouvrage que l'anthropologie savante avait été investie de la mission de débiliter tout imaginaire remettant en question celui de la classe détentrice du pouvoir (progrès, positivisme, etc.). Mais si, misant sur la proximité des diverses formes de vie plutôt que sur ce qui les différencie, l'imaginaire autochtone était parvenu à déceler des propriétés du réel échappant encore à nos procédés de lectures? Et si c'était de ça dont me parlait Penashue en traitant, par son récit, du lien charnel entre ses gens et l'ensemble de ce qui constitue leur cadre de vie: arbres, lacs, rivières, gibiers de toutes sortes, soleil, lune, etc.?

---

9. *Ibid.*: 219-220.
10. *Ibid.*: 220.
11. Voir le film *La mémoire battante* du cinéaste Arthur Lamothe (1983).

Cercle de vie dont l'espèce humaine ne constitue qu'un des multiples chaînons. Fraternité réelle et non métaphorique des êtres, fondée sur leur filiation commune par rapport à *assī* (l'univers). Démonstration concrète de la notion de *Terre-Mère* souvent mentionnée dans le discours autochtone actuel. Bien avant l'arrivée des Européens, les Montagnais dûrent avoir à défendre leur monde contre divers autres groupes qui tentèrent de les en arracher. Mais, depuis quelques siècles, c'est de nous que provient cette menace. Plus massive que celles d'antan, elle a ceci de spécifique qu'elle ne se limite pas au territoire et à ses ressources; c'est à toute la conception montagnaise des rapports avec le monde qu'elle s'en prend. D'ailleurs, si je me trouvais en train d'explorer scientifiquement l'imaginaire de Penashue Pepine, n'était-ce pas d'abord parce que les miens avaient entrepris depuis un moment d'y substituer le leur? Notre conversation ne se déroulait-elle pas dans l'école qu'ils y avaient construite? Il m'est souvent arrivé de penser que, chez ces populations, l'intérêt pour le récit sans doute très ancien de *Tshakapesh* s'est accru durant les dernières décennies. Et même si on nous l'a souvent servi, on peut dire à la façon de Hallowell que nos certitudes n'en sont pas moins demeurées «completely unshaken»; pour nous, il reste toujours un *mythe*. C'est que nous n'avons jamais consenti à l'entendre autrement qu'en cliniciens chargés de poser des diagnostics.

Navrant malentendu. Je te dis que les tiens en prennent vraiment trop large chez moi; tu notes sur ton carnet que mes ancêtres ont peut-être rencontré des mammouths! Je te répète que vous venez court-circuiter nos rapports avec le monde; tu en conclus, un sanglot dans la voix, que je suis une archive vivante! Tu me soupçonnes d'être prisonnier d'un délire m'interdisant toute prise sur le réel, alors que tu fais de moi une pièce majeure de ton propre imaginaire! Et pendant que tu t'emploies ainsi studieusement à m'évacuer dans ton passé, les tiens s'acharnent à m'extirper de mon espace.

Comment se traduit une telle inaptitude à saisir la parole de l'autre? A l'instar de plusieurs peuples rencontrés par les anthropologues, les Montagnais privilégient la parenté comme outil majeur de production de signification. Issus de la Terre-Mère à travers leur héros *Tshakapesh*, ils affirment entretenir avec les autres formes de vie des liens de fraternité. C'est ce personnage «assinien» qui a mis au point les divers aspects de leur mode de vie: économiques, sociaux, religieux, etc. Et pour nous parler de ce mode de vie (et des difficultés que nous lui causons), le récit de *Tshakapesh* leur sert tout autant que les grilles économistes, écologiques ou utilitaristes nous servent à décrire le nôtre. Car, dans nos sociétés, c'est l'économie qui constitue l'outil privilégié de lecture de la vie: nos automobilistes *négocient* les courbes des routes, tandis que nos ancêtres *achetaient* des indulgences! Comment s'étonner alors que, pour la majorité d'entre nous, un récit comme celui de *Tshakapesh* apparaît au mieux comme un divertissement hérité du passé, au pire comme le produit d'un esprit sans consistance? L'anthropologue Marshall Sahlins avait peut-être trouvé la réponse, lorsqu'il écrivait que «toutes nos sciences sociales partagent l'opinion courante que la société est produite par l'esprit d'entreprise»[12].

Gens de l'intérieur, les Montagnais ont été récemment refoulés à la mer par l'administration coloniale. Penashue Pepine fut inhumé à La Romaine face au golfe Saint-Laurent. Gravé sur sa pierre tombale, un texte en langue indienne dont voici la traduction:

LE VIEUX PENASHUE PEPINE
QUI CESSA DE VIVRE LE 13 JANVIER 1978
C'ÉTAIT UN VÉRITABLE INDIEN DE L'INTÉRIEUR
TOUS LES SIENS RECEVAIENT DE LUI UN TRAITEMENT ÉGAL
TANT IL LES AIMAIT

Tout en gardant forcément la trace de l'imaginaire dans lequel il prend sa source (la tradition occidentale), le présent ouvrage s'est efforcé d'en montrer les limites. Non pas pour souscrire à une quelconque mode anti-scientifique; tout chercheur consciencieux connaît très bien ces limites. Surtout quand il entreprend une opération aussi périlleuse que celle de traiter de l'imaginaire des autres! Il ne visait pas non plus à offrir un supplément d'âme à une certaine intelligentsia désenchantée par ses dogmes d'hier; le phénomène *castenedien* a souvent pour fonction subtile de réduire l'autochtone à une sorte d'être fantômatique, d'archange halluciné tout à fait détaché du réel, ce qui facilite à d'autres la tâche de lui glisser en douce sous les pieds notre propre réalité. Le propos du présent ouvrage est au contraire de suggérer que la *réalité* ne peut être épuisée par la lecture que nous en faisons et que celle de l'autochtone, si insolite qu'elle puisse nous paraître, pourrait bien lui avoir permis d'accéder à des replis de la vie que nos lectures nous interdisent encore. Y voir une condamnation globale de la science occidentale serait tout ignorer des doutes, des incertitudes et de la dose d'humilité accompagnant la passion de connaître, quel que soit d'ailleurs l'imaginaire dans lequel cette passion est vécue. En ces matières, la superbe et le décret trahissent le politicien travesti en savant.

12. Sahlins, M., 1980: 73.

BIBLIOGRAPHIE

AUBIN, F.G., - 1975 *A Proto-Algonquian Dictionary*. Ottawa, Musée National de l'homme, Collection Mercure.

BACON, P. et VINCENT, S., (édité par) - 1979 *Atanutshe nimushum*. Québec, Conseil Attikamek-Montagnais.

BAINVILLE, J., - 1924 *Histoire de France*. Paris. Fayard.

BARRIAULT, Y., - 1971 *Mythes et rites chez les Indiens Montagnais*. La Société historique de la Côte Nord.

BAUER, G., - 1966 «Tales of Chikapash». *The Beaver*. Vol. 296: 53-54.

    - 1967 «Chikapash Acquires Wives». *The Beaver*. Vol. 297: 35.

    - 1971 «Cree Tales and Beliefs». *Northeast Folklore*. Vol. 12.

BAYET, C., KLEINCLAUSZ et PFISTER, C., - 1981 *Le Christianisme, les barbares mérovingiens et carolingiens*. Paris, Tallandier.

BENVENISTE, E., - 1969 *Le Vocabulaire des institutions indo-européennes*. Vol. 2. Pouvoir, droit, religion. Paris, Editions de Minuit.

BERGER, T.R., - 1977 *Le Nord: terre lointaine, terre ancestrale*. Rapport de l'enquête sur le pipeline de la vallée du Mackenzie. Vol. 1. Canada, Ministère des Approvisionnements et Services.

BLOOMFIELD, L., - 1930 *Sacred Stories of the Sweet Grass Cree*. Imprimeur du Gouvernement. Ottawa, Ministère des Mines, Musée national du Canada, Bulletin 60, Série anthropologique 11.

BOAS, F., - 1918 *Kutenai Tales*. Report of the Bureau of American Ethnology LIX. Washington.

BORY, J.L., - 1972 Préface de l'*Humanité en marche 1830-1848*: 11-18. Paris, Editions Martinsart.

BOUCHARD, S., - 1979 «Faux combats, tristes arènes, réflexion critique sur l'amérindianisme d'aujourd'hui». *Recherches amérindiennes au Québec*. Vol. IX, no 3: 183-193.

BOUCHARD, S. et MAILHOT, J., - 1973 «Structure du lexique: les animaux indiens». *Recherches Amérindiennes au Québec*. Vol. 3. Nos 1-2. Montréal.

CAMPEAU, L. - 1975 *Les finances publiques de la Nouvelle-France sous les Cent-Associés 1632-1665*. Montréal, Bellarmin.

CARTWRIGHT, G., - 1792 *A Journal of Transactions and Events during a Residence of nearly Sixteen Years on the Coast of Labrador*. Vol. 1. Newark.

CERTEAU, M. de, - 1974 *La Culture au pluriel*. Paris, Union Général d'Editions, 10/18.

CHAUNU, P., - 1966 *La Civilisation de l'Europe classique*. Paris, Arthaud.

       - 1969 *Conquête et exploitation des nouveaux mondes (XVIe siècle)*. Paris, P.U.F.

CLERMONT, N., - 1982 *La culture matérielle des Indiens de Weymontachie*. Montréal. Recherches Amérindiennes au Québec.

COOPER, J.M., - 1938 *Shares, Deadfalls, and other Traps of the Northern Algonquians and Athapaskans*. Washington, D.C., Catholic University of America, Anthropoligical Series No 5.

CRESSWELL, J.R., - 1923 «Folk-Tales of the Swampy Cree of Northern Manitoba». *Journal of American Folklore*. Vol. 36: 404-406.

CULIN, S., - 1975 *Games of the North American Indians*. New York, Dover Publications Inc. (Reproduction de «Games of the North American Indians», accompagning Paper of the *Twenty-Fourth Annual Report of the Bureau of American Ethnology to the Smithsonian Institution 1902-1903* by W.H. Holmes, 1907).

DAVIDSON, D.S., - 1928a «Some Tête-de-Boule Tales». *Journal of American Folklore*. Vol. 41: 262-274.

       - 1928b «Folk Tales from Grand Lake Victoria, Quebec». *Journal of American Folklore*. Vol. 41: 275-278.

DELANGLEZ, J., - 1950 *Louis Jolliet. Vie et voyages (1645-1700)*. Les études de l'Institut d'Histoire de l'Amérique française. Montréal, Edition Granger.

DELUMEAU, J., - 1967 *La Civilisation de la Renaissance*. Paris, Arthaud.

DESBARAT, P., (edited by) - 1969 *What they used to tell about. Indian Legends from Labrador*. Toronto, McClelland and Stewart Ltd.

DETIENNE, M., - 1979 «Repenser la mythologie». *La fonction symbolique, essais d'anthropologie*. Réunis par Michel Izard et Pierre Smith. Paris, Gallimard: 71-82.

      - 1981 *L'Invention de la mythologie*. Paris, Gallimard.

DIONNE, N.E., - 1909 *Le Parler populaire des Canadiens français*. Québec, Laflamme et Proulx imprimeurs.

DIXON, R.B., - 1909 «The Mythology of the Central and Eastern Algonkins». *Journal of American Folklore*. Vol. 22: 1-9.

DUBÉ, D., - 1933 «Légendes indiennes du St-Maurice». *Les Pages Trifulviennes*, Série C, No 3.

DUBY, G., - 1978 *Les Trois Ordres ou l'imaginaire du féodalisme*. Paris, Gallimard.

DUMÉZIL, G., - 1948 Préface (datée de 1948) au *Traité d'Histoire des Religions* de Mircea Eliade. Paris, Payot, 1953: 5.

DURKHEIM, E., - 1922 *Education et sociologie*. Paris, Félix-Alcan.

ECO, U., - 1972 *La Structure absente. Introduction à la recherche sémiotique*. Paris, Mercure de France.

FISHER, M.W., - 1946 «The Mythology of Northern and Northeastern Algonkians in reference to Algonkian Mythology as a whole». *Man in Northeastern North America*. Papers of the R.S. Peabody Foundation for Archaeology. Vol. 3: 226-262.

GODDARD, P.E., - 1917 «Beaver Texts Beaver Dialect». *Anthropological Papers of the American Museum of Natural History*. Vol. X. Parts V and VI. New York.

GOUVERNEMENT DU CANADA, - 1976 *La Convention de la Baie James et du Nord québécois*. Québec, Editeur officiel du Québec.

GUILLAUMIN, C., - 1980 Préface à *L'Origine des espèces au moyen de la sélection naturelle ou la lutte pour l'existence dans la nature*. Traduit de l'anglais par Edmond Barbier. Paris, François Maspero.

HALLOWELL, A.I., - 1967 «Ojibwa world view». *The North American Indians, a source book* (edited by R.C. Owen, J.J.F. Deetz, & A.D. Fisher). New York, The MacMillan Company et Londres, Collier-MacMillan Limited.

HARPER, F., - 1958 *Birds of the Ungava Peninsula.* University of Kansas. Museum of Natural History. Miscellaneous Publication no 17. Lawrence, Kansas, The Allen Press.

          - 1961 *Land and Fresh-water Mammals of the Ungava Peninsula.* University of Kansas. Museum of Natural History. Miscellaneous Publication no 27. Lawrence, Kansas, The Allen Press.

          - 1964 *The Friendly Montagnais and Their Neighbors in the Ungava Peninsula.* Lawrence, Kansas, University of Kansas.

HOFFMAN, W.J., - 1896 «The Menomini Indians». *Fourteenth Annual Report of the Bureau of American Ethnology to the Smithsonian Institution.* Washington.

HOLTVED, E., - 1951 «The Polar Eskimos. Language and Folklore, I: texts». *Meddellelser om Grönland*, bd. 152. No 1.

HUTCHINS, F.G., - 1979 *Maspee. The Story of Cape Cod's Indian Town.* West Franklin (N.H.), Amarta Press.

ISHPATAO, B., BELLEFLEUR, S. et MESTOKOSHO, D. - 1979 *Tsakapesh.* Nutashkuan.

JACQUIN, P. - 1976 *Histoire des Indiens d'Amérique du Nord.* Paris, Payot.

JOLLIET, L., - 1944 «Journal de Louis Jolliet allant à la descouverte de Labrador, 1694». *Rapport de l'Archiviste de la Province de Québec pour 1943-1944.* Imprimeur de Sa Majesté le Roi: 147-206.

KEITH, S., - 1972 «Les Indiens d'Amérique du Nord: un peuple en voie de disparition». *Le Livre blanc de l'ethnocide en Amérique.* Textes et documents réunis par Robert Jaulin. Paris, Fayard: 15-36.

LAFITEAU, F.F., - 1724 *Mœurs des Sauvages américains comparées aux mœurs des premiers temps.* Tome 1. Paris, Saugrain et Hochereau.

          - 1974 *Customs of the American Indians compared with the Customs of Primitive Times by Father Joseph-François Lafiteau.* Edité par W.N. Fenton et E.L. Moore. 2 vol. Toronto, The Champlain Society.

- 1983 *Mœurs des Sauvages américains comparées aux mœurs des premiers temps.* Edition partielle. Paris, François Maspero.

LALEMANT, J., - 1858 «Relation de ce qvi s'est passé de plvs remarqvable és missions des Peres de la compagnie de Iesvs, en la Novvelle France en l'année 1647». *Relations des Jésuites contenant ce qui s'est passé de plus remarquable dans les missions des pères de la Compagnie de Jésus dans la Nouvelle France.* Ouvrage publié sous les auspices du Gouvernement canadien. Québec, Augustin Côté, éditeur-imprimeur près de l'Archevêché. Vol. 11.

LAMOTHE, A., (cinéaste) - 1980 *Ninan Nitassinan* (film).

- 1983 *La Mémoire battante* (film).

LA ROMAINE (Comité culturel de) - 1978 *Eukun eshi aiamiast ninan ute ulamen-shipit.* La Romaine.

LA RUSIC, I. et autres, - 1979 *La négociation d'un mode de vie. La structure administrative découlant de la Convention de la Baie James; l'expérience initiale des Cris.* Montréal, ssDcc Inc.

LAVERDIÈRE, C.H., - 1870 *Œuvres de Champlain.* Publiées sous le patronage de l'Université Laval. Seconde édition. Québec.

LEACOCK, E.B., - 1954 *The Montagnais «Hunting Territory» and the Fur Trade.* American Anthropologist, Vol. 56. No. 5. Part 2. Memoir no. 78.

- 1981 *Myth of Male Dominance: Collected Articles on Women Cross-Culturally.* New York et Londres, Monthly Review Press.

LEFEBVRE, M., - 1971 *Tshakapesh. Récits Montagnais-Naskapi.* Québec, Série Cultures Amérindiennes. Collection Civilisation du Québec. Québec, Editeur officiel du Québec.

LE JEUNE, P., - 1972a «Brieve relation dv Voyage de la Novvelle France fait au mois d'Auril 1632», *Relations des Jésuites 1611-1636,* 1. Montréal, Editions du Jour.

- 1972b «Relation de ce qvi s'est passe en la Novvelle France en l'annee 1633». *Relations des Jésuites 1611-1636,* 1. Montréal, Editions du Jour.

- 1972c «Relation de ce qvi s'est pass en la Novvelle France svr le grand flevve de S. Lavrens en l'annee 1634». *Relations des Jésuites 1611-1636,* 1. Montréal, Editions du Jour.

- 1972d «Relation de ce qvi s'est pass en la Novvelle France en l'annee 1635». *Relations des Jésuites 1611-1636*, 1. Montréal, Editions du Jour.

- 1972e «Relation de ce qvi s'est passe en la Novvelle France en l'annee 1637» *Relations des Jésuites 1637-1641*, 2. Montréal, Editions du Jour.

- 1972f «Relation de ce qvi s'est passe en la Novvelle France en l'annee 1638». *Relations des Jésuites 1637-1641*, 2. Montréal, Editions du Jour.

LE MERCIER, F.I., - 1972 «Relation de ce qvi s'est passe en la Mission de la Compagnie de Iesvs av pays des Hurons en l'annee 1637». *Relations des Jésuites 1637-1641*, 2. Montréal, Editions du Jour.

LÉVI-STRAUSS, C., - 1949 *Les Structures élémentaires de la parenté*. Paris, P.U.F.

- 1950 «Introduction à l'œuvre de Marcel Mauss». *Sociologie et Anthropologie* de M. Mauss. Paris, P.U.F.

- 1958 *Anthropologie structurale*. Paris, Plon.

- 1960 «L'Analyse morphologique des contes russes». *International Journal of Slavic Linguistics and Poetics*, III. Mouton & Co'S — Gravenhague.

- 1964 *Mythologiques. Le cru et le cuit*. Paris, Plon.

- 1966 *Mythologiques. Du miel aux cendres*. Paris, Plon.

- 1968 *Mythologiques. L'origine des manières de table*. Paris, Plon.

- 1971 *Mythologiques. L'homme nu*. Paris, Plon.

LOWIE, R.H., - 1912 «Chipewyan Tales». *Anthropological Papers of the American Museum of Natural History*. Vol. X. Part. III. New York.

LUOMALA, K., - 1940 *Oceanic, American Indian, and African Myth of Snaring the Sun*. Honolulu, Hawaï, Bernice P. Bishop Museum, Bulletin 168.

MAILHOT, J. et MICHAUD, A., - 1965 *Northwest River. Etude ethnographique*. Québec, Institut de Géographie. Université Laval.

MAILHOT, J. et LESCOP, k., - 1977 *Lexique montagnais-français du dialecte de Schefferville, Sept-Iles et Maliotenam*. Québec, Ministère des Affaires culturelles.

MAILHOT, J. et VINCENT, S., - 1980 *Le Discours montagnais sur le territoire*. Rapport soumis au Conseil Attikamek-Montagnais. Québec.

MANDELBAUM, D.G., - 1940 «The Plains Cree». *Anthropological Papers of the American Museum of Natural History*. Vol. 37. Part II. New York.

MARIE-VICTORIN - 1964 *Flore Laurentienne*. Deuxième édition entièrement revue et mise à jour par Ernest Rouleau. Montréal, Les Presses de l'Université de Montréal.

MENTOR, L.W., (Edité par) - 1956 *Schoolcraft's Indian Legends*. East Lansing, Michigan, Michigan State University Press.

MERCIER, P., - 1966 *Histoire de l'anthropologie*. Paris, P.U.F.

MICHELSON, T., - 1936 «'Mammoth' or 'Stiff-Legged Bear'». *American Anthropologist*. Vol. 38: 141-143.

MONOD, J., - 1972 «Vive l'ethnologe!». *Le Livre blanc de l'ethnocide en Amérique*. Textes et documents réunis par R. Jaulin. Paris, Fayard: 377-431.

MONTAGU, M.F., - 1944 «An Indian Tradition Relating to the Mastodon». *American Anthropologist*. Vol. 46: 568.

OUELLET, F., - 1976 *Le Bas-Canada 1791-1840. Changements structuraux et crise*. Ottawa, Editions de l'Université d'Ottawa.

PAGET, A.M., - 1909 *People of the Plains*. Toronto, William Briggs.

PANASUK, A.M. et PROULX, J.R., - 1981 *La Résistance des Montagnais à l'usurpation des rivières à saumon par les Euro-Canadiens du 17ᵉ au 20ᵉ siècle*. Mémoire collectif présenté à la Faculté des Etudes Supérieures en vue de l'obtention du grade de maître ès sciences (M. Sc.). Montréal, Université de Montréal.

PEPINE, P., - (non daté) *Iskueship ka iashuapmat napeshipa*. La Romaine.

PETITOT, E., - 1967 *Traditions indiennes du Canada Nord-Ouest*. Paris, G.P. Maisonneuve & Larose, Editeurs. Publié originellement en 1888.

POIRIER, J., - 1968 «Histoire de la pensée ethnologique». *Ethnologie générale*. Sous la direction de Jean Poirier. Paris, Gallimard, Encyclopédie de la Pléiade: 1-179.

RAGUENEAU, P., - 1858 «Relation de ce qvi s'est passe de plvs remarqvable és missions des Peres de la compagnie de Iesvs en la Novvelle France és annee 1650 et 1651». *Relations des Jésuites contenant ce qui s'est passé de plus remarquable dans les missions des pères de la Compagnie de Jésus dans la Nouvelle France.* Ouvrage publié sous les auspices du Gouvernement canadien. Québec, Augustin Côté, éditeur-imprimeur près de l'Archevêché. Vol. II.

RAND, S.T., - 1888 *Dictionary of the Language of the Micmac Indians, who reside in Nova Scotia, New Brunswick, Prince Edward Island, Cape Breton and Newfoundland.* Halifax. SS: Nova Scotia Printing Compagny.

       - 1894 *Legends of the Micmacs.* New York et Londres, Longmans, Green and Co.

RICHET, D., - 1973 *La France moderne, l'esprit des institutions.* Paris, Flammarion.

ROGERS, E.S., - 1967 *The Material Culture of the Mistassini.* Ottawa, Musée National du Canada, Secrétariat d'Etat, bulletin 218.

ROUSSEAU, J. et M., - 1952 «Persistances païennes chez les Amérindiens de la forêt boréale». *Les Cahiers des Dix.* No 17.

       - 1953 «Rites païens de la forêt québécoise: la tente tremblante et la suerie». *Les Cahiers des Dix.* No 18: 129-155.

SAHLINS, M., - 1980 *Au cœur des sociétés. Raison utilitaire et raison culturelle.* Traduit de l'anglais par Sylvie Fainzang, Paris, Gallimard.

SAVARD, R., - 1966 *Mythologie esquimaude. Analyse de textes nord-groenlandais.* Québec, Centre d'Etudes Nordiques. Travaux divers 14. Université Laval.

       - 1973 «Structure du récit: l'enfant couvert de poux». *Signes et Langages des Amériques.* No spécial de *Recherches amérindiennes au Québec.* Vol. V. No 2: 13-37.

       - 1974 *Carcajou et le sens du monde. Récits montagnais-naskapi.* Troisième édition revue et corrigée. Québec, Série Cultures amérindiennes, Collection Civilisation du Québec, Editeur officiel du Québec.

       - 1977 *Le Rire précolombien dans le Québec d'aujourd'hui.* Montréal, Parti Pris/L'Hexagone.

       - 1981 *Le Sol américain: propriété privée ou terre-mère... L'en-deçà et l'au-delà des conflits territoriaux entre autochtones et blancs au Canada.* Montréal, L'Hexagone.

SAVARD, R. et PROULX, J.R., - 1982 *Canada: derrière l'épopée, les autochtones.* Montréal, L'Hexagone.

SHALL, L., - 1972 *Indian Stories from Bay James.* Cobalt, Ontario Highway Book Shop.

SILVY, A., - 1974 *Dictionnaire montagnais-français (1678-1684).* Transcription L. Angers, D.E. Cooter et G.E. McNulty. Québec, Presses de l'Université du Québec.

SKINNER, A., - 1911 «Notes on the Eastern Cree and Northern Saulteux». *Anthropological Papers of the American Museum of Natural History.* Vol. IX. Part. 1. New York.

- 1913 «Social Life and Ceremonial Bundles of the Menomini Indians». *Anthropological Papers of the American Museum of Natural History.* Vol. XIII. Part. I. New York: 1-165.

SKINNER, A. et SATTERLEE, J.V., - 1915 «Folklore of the Menomini Indians». *Anthropological Papers of the American Museum of Natural History.* Vol. XIII. Part III. New York: 215-543.

SMALL, L., - 1972 *Indian Stories from Bay James.* Cobalt, Ontario Highway Book Shop.

SPECK, F.G., - 1915 *Myths and Folklore of the Timiskaming Algonquin and Timigami Ojibwa.* Ottawa, Imprimeur du Gouvernement, Canada, Ministère des Mines, Commission géologique, Mémoire 71, Série anthropologique No 9.

- 1925 «Montagnais-Naskapi tales from the Labrador Peninsula». *Journal of American Folklore.* Vol. 38: 1-32.

- 1931 «Montagnais-Naskapi bands and early Eskimo distribution in the Labrador peninsula». *American Anthropologist.* Vol. 33. No 4: 557-600.

- 1935a *Naskapi. The Savage Hunters of the Labrador Peninsula.* Norman, University of Oklahoma Press.

- 1953b «Mammoth or Stiffed-Legged Bear». *American Anthropologist.* Vol. 37: 159-163.

STOUTENBURGH, J.L., - 1940 *Dictionary of the American Indian.* New York, Philosophical Library.

STRONG, W.D., - 1930 «Notes on Mammals of the Labrador Interior». *Journal of Mammalogy.* Vol. II (1): 1-10.

- 1934 «North American Indian Traditions suggesting a knowledge of the Mammoth». *American Anthropologist.* Vol. 36: 81-84.

SWINDLEHURST, F., - 1918 «Folklore of the Cree Indians». *Journal of American Folklore*. Vol. 18: 139-143.

TANNER, A., - 1979 *Bringing Home Animals. Religious Ideology and Mode of Production of the Mistassini Cree Hunters*. Social and Economic Research, St-John. Memorial University of Newfoundland.

TERRAY, E., - 1969 *Le Marxisme devant les sociétés «primitives». Deux études*. Paris, François Maspero.

TRIGGER, B.G., - 1976 *The children of Aataentsic. History of the Huron People to 1660*. Montréal et Londres, McGill-Queen's University Press. 2 vol.

TRUDEL, M., - 1963 *Histoire de la Nouvelle-France. Les vaines tentatives 1524-1603*. Montréal et Paris, Fides.

        - 1966 *Histoire de la Nouvelle-France. Le comptoir 1604-1637*. Montréal et Paris, Fides.

TURNER, L., - 1894 «Ethnology of the Ungava District, Hudson Bay Territory». *Eleventh Annual Report of the Bureau of Ethnology to the Secretary of the Smithsonian Institution* 1889-1980: 159-350. Washington.

TYLOR, E.B., - 1958 *Religion in Primitive Culture*. New York, Evanston et Londres, Harper Torchbooks, Harper & Row Publishers.

        - 1964 *Early History of Mankind and the Development of Civilization*. Edited and abridged, with an introduction by Paul Bohannan. Chicago et Londres, Phoenix Books, The University of Chicago Press.

VINCENT, S., - 1973 «Structure du rituel: la tente tremblante et le concept de Mista.pe.w». *Signes et Langages des Amériques*. No spécial de *Recherches amérindiennes au Québec*. Vol. 3. Nos 1 et 2: 69-83.

TABLE DES CARTES

LISTE DES TABLEAUX

TABLE DES MATIÈRES

COLLECTION POSITIONS ANTHROPOLOGIQUES

A explorer la culture des autres, on découvre la sienne, car l'étranger nous renvoie à nous-mêmes. Il nous paraît alors moins lointain et nous révèle l'étrangeté de ce qui nous avait paru incontestable ou familier.

Encore faut-il lui donner la parole et l'écouter attentivement, pour ne pas le réduire à nos préjugés ni le soumettre à nos intérêts. La compréhension des autres, proches ou lointains, ne va pas non plus sans informations précises, sans détours par le savoir le plus rigoureux, sans refus de toute complaisance ou sympathie facile. Car il s'agit de les reconnaître pour ce qu'ils sont, dans leur différence, afin de les connaître et de se connaître.

Ce sont là deux faces d'une même médaille, deux objectifs de cette collection ou peuvent se rencontrer le savoir anthropologique et la réflexion sur le destin des hommes d'ici et d'ailleurs.

Ce volume
composé en Times corps 10
a été achevé d'imprimer
sur les presses des Ateliers Graphiques Marc Veilleux Inc.
à Cap-Saint-Ignace, en novembre 1985

Imprimé au Québec (Canada)